公的資格試験 ビジキャリ®

ビジネス・キャリア検定試験® 標準テキスト

労務管理

廣石 忠司・山本 圭子 監修
中央職業能力開発協会 編

3級

第3版

JN046465

発売元 社会保険研究所

ビジネス・キャリア検定試験
標準テキストについて

　企業の目的は、社会的ルールの遵守を前提に、社会的責任について配慮しつつ、公正な競争を通じて利潤を追求し永続的な発展を図ることにあります。その目的を達成する原動力となるのが人材であり、人材こそが付加価値や企業競争力の源泉となるという意味で最大の経営資源と言えます。企業においては、その貴重な経営資源である個々の従業員の職務遂行能力を高めるとともに、その職務遂行能力を適正に評価して活用することが最も重要な課題の一つです。

　中央職業能力開発協会では、「仕事ができる人材（幅広い専門知識や職務遂行能力を活用して、期待される成果や目標を達成できる人材）」に求められる専門知識の習得と実務能力を評価するための「ビジネス・キャリア検定試験」を実施しております。このビジネス・キャリア検定試験は、厚生労働省の定める職業能力評価基準に準拠しており、ビジネス・パーソンに必要とされる事務系職種を幅広く網羅した唯一の包括的な公的資格試験です。

　３級試験では、係長、リーダー等を目指す方を対象とし、担当職務に関する専門知識を基に、上司の指示・助言を踏まえ、自ら問題意識を持って定例的業務を確実に遂行できる人材の育成と能力評価を目指しています。

　中央職業能力開発協会では、ビジネス・キャリア検定試験の実施とともに、学習環境を整備することを目的として、標準テキストを発刊しております。

　本書は、３級試験の受験対策だけでなく、その職務の担当者として特定の企業だけでなくあらゆる企業で通用する実務能力の習得にも活用することができます。また、異動等によって初めてその職務に就いた方々、あるいは将来その職務に就くことを希望する方々が、職務内容の体系的な把握やその裏付けとなる理論や考え方等の理解を通じて、自信を持って職務が遂行できるようになることを目標にしています。

標準テキストは、読者が学習しやすく、また効果的に学習を進めていただくために次のような構成としています。

　現在、学習している章がテキスト全体の中でどのような位置付けにあり、どのようなねらいがあるのかをまず理解し、その上で節ごとに学習する重要ポイントを押さえながら学習することにより、全体像を俯瞰しつつより効果的に学習を進めることができます。さらに、章ごとの確認問題を用いて理解度を確認することにより、理解の促進を図ることができます。

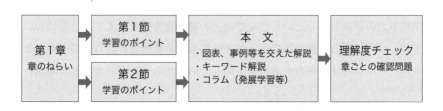

　本書が企業の人材力の向上、ビジネス・パーソンのキャリア形成の一助となれば幸いです。

　最後に、本書の刊行に当たり、多大なご協力をいただきました監修者、執筆者、社会保険研究所編集部の皆様に対し、厚く御礼申し上げます。

中央職業能力開発協会

（職業能力開発促進法に基づき国の認可を受けて
設立された職業能力開発の中核的専門機関）

目次

ビジネス・キャリア検定試験　標準テキスト
労務管理 **3級**〔第3版〕

法令名の表記について

本書におきましては、法令名について「正式名称」または「略称」にて表記しています。それぞれの名称は以下のとおりです。

また、施行令（政令）は「令」、施行規則（省令）は「則」と表記しています。

（五十音順）

正式名称	略称
育児休業、介護休業等育児又は家族介護を行う労働者の福祉に関する法律	育児・介護休業法、育介法
外国人の技能実習の適正な実施及び技能実習生の保護に関する法律	技能実習法
会社分割に伴う労働契約の承継等に関する法律	労働契約承継法
勤労者財産形成促進法	財形法
健康保険法	健保法
厚生年金保険法	厚年法
高年齢者等の雇用の安定等に関する法律	高年齢者雇用安定法、高齢者法
国民年金法	国年法
個人情報の保護に関する法律	個人情報保護法
個別労働関係紛争の解決の促進に関する法律	個別労働関係紛争解決促進法
雇用の分野における男女の均等な機会及び待遇の確保等に関する法律	男女雇用機会均等法、均等法
雇用保険法	雇保法
最低賃金法	最賃法
出入国管理及び難民認定法	入管法
障害者虐待の防止、障害者の養護者に対する支援等に関する法律	障害者虐待防止法
障害者の雇用の促進等に関する法律	障害者雇用促進法
職業安定法	職安法
女性の職業生活における活躍の推進に関する法律	女性活躍推進法
専門的知識等を有する有期雇用労働者等に関する特別措置法	特例法
短時間労働者及び有期雇用労働者の雇用管理の改善等に関する法律	パートタイム・有期雇用労働法
中小企業退職金共済法	中退金法
賃金の支払の確保等に関する法律	賃金支払確保法、賃確法
労働安全衛生法	安衛法
労働関係調整法	労調法
労働基準法	労基法
労働組合法	労組法
労働契約法	労契法
労働時間等の設定の改善に関する特別措置法	労働時間等設定改善法
労働施策の総合的な推進並びに労働者の雇用の安定及び職業生活の充実等に関する法律	労働施策総合推進法
労働者災害補償保険法	労災法
労働者派遣事業の適正な運営の確保及び派遣労働者の保護等に関する法律	労働者派遣法、派遣法
労働審判法	労審法
労働保険の保険料の徴収等に関する法律	労働保険徴収法、徴収法

序章

―はしがきに代えて―

1　刊行の趣旨

　ビジネス・キャリア検定試験は、教育訓練の成果を確認するためのビジネス・キャリア制度修了認定試験（ビジネス・キャリア・ユニット試験）として1994（平成6）年度に開始されて以降、2007（平成19）年度に企業実務に即した実務能力を客観的に評価するための試験として現在の試験形態となり、当初から考えれば30年になろうとしている。この間の受験者・合格者も多数にのぼることだろう。また、2007（平成19）年に標準テキストシリーズの一環として労務管理2級・3級テキストが出版されたが、その後の人事制度、労務管理の変化はきわめて大規模なものとなっていった。

　第2版刊行後の動きだけでも「働き方改革関連法」関係の法律改正は大きいものがあり、またいわゆるパワーハラスメント防止義務の法制化、高齢者雇用安定法における70歳までの就業確保措置の努力義務化など、これらも実務担当者泣かせの状況であったと思われる。

　そこで、このたびビジネス・キャリア検定試験標準テキスト2級・3級を全面改訂することとなった次第である。なお、第2版の序章でも述べたところだが、本テキストはビジネス・キャリア検定試験合格を目指したテキストではあるが、日常の労務管理の実務に役立つよう項目を選択し、記述した点には変わりがない。晴れて合格した暁には実務書として活用いただきたい。

2　「人事部門」との違い

　さて、人事労務とよく一口にいうが、ビジネス・キャリア検定試験では人事部門と労務管理部門とに二分されている。この違いについては第1章で述べるが、簡単にいえば人事は採用から退職までの一連の人事施策、つまり募集、異動、評価といった問題を取り扱い、労務管理は賃金・労働時間などの労働条件、労働組合との関係を取り扱うものである。

　そうはいっても、両者は不可分ではないか、という向きもあるだろう。そのとおりである。たとえば、コース別雇用管理制度について賃金はどのように位置づけるか、人事異動の範囲はどうするかといったことは別々に検討することはできない。しかしながら、人事・労務管理を１つの部門に統合するとその範囲は広くなりすぎ、受験生が勉強する負担も大きくなる。こうした試験上の都合もあり、人事部門と労務管理部門を区分したというのが実情である。したがって受験生諸氏、読者諸氏におかれては、労務管理部門を受験した後には人事部門にもぜひ挑戦していただきたい。

3　全体の構成

　本テキストはまず労使関係の概要から始まり、就業管理、安全衛生・福利厚生という順で記述がなされている。その趣旨について述べておこう。

　昨今は労働組合（以下、「労組」と略す）の組織率が16％台（厚生労働省「令和３年労働組合基礎調査」）と低くなっているが、労使関係に関する重要性が薄れたわけではない。確かに、労組がない無組合企業は多くなっている。ただ、いつ企業内で組合が結成されるか、あるいは、合同労組が従業員を組合員化し、団体交渉を求めてくるかわからない。そのときにどう対応するかわからない、ということでは労務管理の担当者としては務まらない。労組に関する基礎知識、労組法・労調法などの基礎知識は必要不可欠である。これは、労組がある企業では労使双方とも知っておくべき知識であることはいうまでもない。

　就業管理は本テキストの中心をなす部分である。賃金・労働時間を二本柱とする労働条件であるが、昨今は雇用形態の多様化、妊産婦や障害者の雇用など個別対応すべき問題が頻出している。従来のように、一律の労働条件で従業員を管理することは難しくなってきたのである。そのため、第２章は大変細かい構成になっている。煩雑に思うかもしれないが、今後、従業員が働きやすい環境づくりを行うためには重要な部分で

あることをご理解願いたい。

　そして、第3章では安全衛生・福利厚生を取り扱う。ホワイトカラーが中心の職場ではあまり関心をもたれないかもしれないが、製造現場や建築現場は危険に満ちているといっても過言ではない。安全・安心な現場をつくっていくことは労務管理担当者の重要な任務の1つである。また、長時間労働やストレスの問題はホワイトカラー職場にも多発している。特に、昨今議論が多いメンタルヘルスは生死にかかわる問題でもあり、きわめて重要な課題である。長時間労働に対する面接制度など法改正が行われた直後でもあり、ぜひ関心をもっていただきたい分野である。

4　2級テキストとの関係

　本テキストは3級、すなわち労務管理担当者の基礎的知識を論じるものとなっている。当然、合格者は次の2級を目指して勉強に励むことになることが期待されている。それでは2級テキストはどういう構成であり、本テキストとどのような関係になっているかを述べておこう。

　基本的な構成は労務管理、就業管理、安全衛生・福利厚生と変わらない。しかし、レベルが異なっている。ベテラン労務管理担当者のイメージである。3級では「わが社ではなぜこのような施策をとっているのか」を理解するレベルだが、2級では「わが社はいかなる施策をとるべきであるのか」を考えるレベル、といえばわかりやすいかもしれない。そして、第4章では特に労基法・労組法といった基本法令 Key Word の理解だけでは不十分となってきていることから、最近の重要な労務管理にかかわる関係法令をまとめて論じている。

　実は、労働関係の法律問題は成文法（条文の形でまとまった法律）の解説だけでは十分でない。実務では法律の内容を解説した政令（たとえば、時間外割増手当は何％にするかは労働基準法ではなく、政令で決められている）、省令（施行規則）、さらには厚生労働省から発せられた通達・告示 Key Word までの理解が担当者には求められる。また、裁判所の

判断である判決も実務に大きな影響を与えることがある。本テキストではそれぞれの部分において実務上必要な限度に限り諸法令を参照したが、進んだ勉強を重ねたい向きには専門書の講読をお願いいたしたい。また、こうした法令は常に改定されている。一定の年月を経れば本テキストの改訂も考えねばならないが、その間は専門誌の講読によって知識をアップデートしていただくことをあわせて期待するところである。

このように述べると、1級のレベルも問われるだろう。1級では「経営戦略と連動した人事労務管理施策の立案」であろう。経営戦略にも明るい人事労務のプロフェッショナルというイメージである。ビジネス・キャリア検定試験では1級まで挑戦する多数の応募者を期待している。

5　国際労働関係

なお、一般常識として知っておいたほうがよい事項について若干触れ

Key Word

法令──法令とは、法律、政令、省令の総称である。政令は、法律の規定を実施するため、または法律の委任に基づいて内閣が制定する命令で、省令は、法律・政令を施行するため、または法律・政令の特別の委任に基づいて各省大臣が発する命令である。

通達・告示──通達とは、行政内部において、上級機関から下級機関に細目的な職務事項や法律解釈・判断を文書で示すものである。たとえば、労働基準行政において「基発」とは厚生労働省労働基準局長から各都道府県労働局長あての通達、「発基」とは厚生労働省事務次官から各都道府県労働局長あての通達、「基収」とは各都道府県労働局長からの法令の解釈の疑義についての問い合わせに対する厚生労働省労働基準局長による回答、また「労発」とは旧労働省労政局長名通達である。

これらは国民や裁判所を直接に拘束するものではないが、法律や行政解釈を知る手段として重要なものである。なお、告示とは、公の機関が必要な事項を一般公衆に広く知らしめることである。

ておこう。まず国際的な問題である。

　一言でいえば、日本の常識は世界の常識ではないということである。一例を示すと、日本の職能資格制度のように能力を基準とした賃金制度は世界的にはきわめてまれである。基本は職務給制度、つまり仕事に値段がついており、どの仕事をしているからあなたにはいくらの賃金を支払う、という形態である。これを筆者は「日本はひと基準人事、世界はしごと基準人事」と表現したことがあるが、各国で事業を展開し、その国の労務管理を考える場合には特に留意していただきたい。論理的に納得できる内容か否かがポイントである。

　また、労働組合の位置づけや労働協約の効力も国によってさまざまである。フランスでは、労働組合の組織率は低いのに労働協約の効力をきわめて強く認めているため、結果として労働組合の力が政治的に強くなっている。

　こうした中で、国際的に統一的な最低基準の労働条件を保持し、労働者の保護にあたっている機関がある。1919年、ベルサイユ条約の履行の一部として設立された国際労働機関—ILO（International Labour Organization）—がそれである。ILOではさまざまな条約を提案・議決し、締結国が批准した場合にはそれを国内法として制定するなどの方法により実施を求めている。ILOの動きが直接国内の実務に反映するとはいえないが、こうしたことも常識として知っておいていただきたい。

　また、今後外国人を国内で雇用する、あるいは国際的な人事異動を現場技能職まで行うという動きも、おそらく活発化するであろう。労務管理担当者としても今後国内の人事労務管理を国際化していくためにどうすべきかが、問われることにもなる。

6　ジョブ型雇用とメンバーシップ型雇用

　昨今、巷間ではジョブ型雇用導入について盛んに議論されている。人事労務管理上大きなテーマであるが、主として人事部門の範疇であろう。

ただし、労務管理部門においても無視はできない。この点、3級では高
度な面もあるため、2級の終章で「最近の動向」の1つとして取り上げ
ておいた。関心のある向きはそちらも参照していただきたい。

労使関係の概要

この章のねらい

　第1章では、まず本テキストのテーマでもある労務管理とは何かについて、自分なりに考えながら理解してもらいたい。

　企業がその事業目的を達成するために人を雇う必要があるとき、そこに使用者と労働者という関係が生まれる。

　会社の従業員は、なぜ上司の指揮命令に従わなければならないのだろうか。それは労働契約そのものが使用従属関係を内包しているからである。しかし従属という言葉は、労働者を貶（おと）めるものではない。そのような関係にあるからこそ組織というものが成り立ち、1人の自然人にはなし得ないようなことを人間は達成してきたのである。

　使用者と労働者の関係を円滑にならしめて事業目標を達成していくために、労働基準法などの法令を遵守することは、労務管理の最低基準である。そして集団的・個別的な労使関係における労働規範（ルール）を定めて、それに則って運営管理していくことは、労務管理の基本である。

<table>
<tr><td>第 **1** 節</td><td># 労務管理の意義と範囲</td></tr>
</table>

第 1 節 労務管理の意義と範囲

学習のポイント

- ◆労働者は1人の人間であり、家族をもつ生活者であり、経営資源としての労働力でもある。
- ◆労使関係には、集団的労使関係と個別労働関係がある。集団的労使関係の主な部分は使用者と労働組合の関係であり、個別労働関係は使用者と労働者個人の間の関係である。
- ◆労働基準法は、労働者保護の基本法として労働関係における契約自由の原則を修正し、労働条件の最低基準を罰則付きで示している。

1 労務管理の意義・理念・目的・役割等

　労務管理とは何かを論じるのが本節の役割である。ところが、学問上の定説はない。そこで歴史を紐解いてみると、大きく二分できる。1つは労働条件、労使関係に関した分野が労務管理であり、それ以外の採用、異動、評価、昇進といった分野を人事管理（あるいは雇用管理）という考え方。他の1つは事務・技術系のホワイトカラーの雇用に関するものを扱うのが人事、技能職のブルーカラーの雇用に関するものが労務、という考え方である。

　なぜこのように考えられてきたかといえば、第二次世界大戦前の日本では労働組合の結成、そして争議行為について使用者はかなり神経を使い、まず労働組合対策、現場従業員対策の部署を作って対処したという経緯がある。そして当時の政府も社会主義思想を敵視していたので、こ

の思想と容易に結びつきやすい労働組合を警戒していたのである。企業
においては労務部、勤労部といった名称がつけられ、このスタッフによ
って講じられた労働組合対策が「労務管理」とされた。これが前記の第
2の考え方のもととなる。ホワイトカラーは数も少なく、幹部候補とさ
れていたので、総務や秘書部門が異動・昇進を担当していたところも多
い。特段、人事部を設けずとも対応できたのである。現在でも中央官庁
のキャリア組の人事は秘書課が所管しているところがあるが、そのイメ
ージである。

　第1の考え方は労働組合対策が先にあるのではなく、人事労務部門が
なすべき事柄を列挙し、その中で対応を切り分けていったことがもとと
なっている。歴史が古い企業では人事部というセクションが作られたの
は戦後というところも多いだろう。賃金、労働時間、福利厚生といった
分野は団体交渉の交渉事項となり、労働組合ができた場合には交渉で一
致点を見いだし、労働協約を締結するというプロセスをたどるため、労
働組合対応の専門部署が必要となり、それ以外の事項を担当する部署が
人事として独立したと考えればわかりやすいかもしれない。一部の大企
業では労務部が人事も担当していることもあった。

　さて、ひるがえって労務管理とは何か、その意義を検証しよう。担当
分野は労働条件としても何のために労務管理を行うのか。その方針はい
かなるものなのか。労働条件はよいに越したことはない。短時間高賃金
なら誰も異論はないだろう。しかし、これでは会社経営は成り立たない。
逆に、長時間低賃金だと従業員のやる気（モラール：morale）は落ち、
結果的に生産性も下がるだろう。

　会社に適切な利益を保持しながら従業員のモラールを維持向上させる
こと。労務管理の趣旨・目的はここにある。換言すれば、労使双方がwin-
winの関係になることである。その結果として、企業活動を通じて社会
に貢献していることが従業員に実感されれば、最高の会社といえるので
はなかろうか。架空のたとえ話であるが、自動車会社3社の工場を訪問
し、同じボルト締めの仕事をしている従業員に「あなたの仕事は何です

11

か」と聞いたとする。A社では「私はボルトを締めています」。B社では「私は自動車を作っています」。C社では「私は自動車に多くのお客様が乗って、喜んでもらう仕事をしています」と答えたとする。どの会社の従業員のモラールが一番高く、製品の品質も高いか、おのずから明らかである。どうすればC社のような会社になるのか。労務管理部門はその最先端を担っているのである。

　ある労働法学者から、労務管理といえば労働組合つぶしをイメージすると、筆者はいわれたことがある。確かに、そのような役割を労務管理部門に押しつけた使用者もいるであろう。労働組合があると団体交渉、場合によってはストライキをはじめとする争議行為、そして法廷闘争とわずらわしいことも多い。そのため労働組合を敵視することも理解できないことはない。だが一面では、労働組合は重要なコミュニケーションツールなのである。労働組合がなかったとしよう。使用者はどのように従業員の意向を聴取するのだろうか。使用者は直属の上司から聴取しているといったとすれば、人事考課権を有する上司に苦情・不平をいうことができるかという反論が可能である。労働組合があれば、従業員は「仲間」である労働組合幹部を通じて意見を述べることができる。

　これは無組合企業でも同じことがいえる。実は、無組合企業のほうが労務コストは高いという指摘もある。従業員の不満・苦情を未然に防がないと労働組合ができてしまう。そのため、不満・苦情を先取りした施策を設ける必要が出てくるということである。不満が出ないように他社より好条件の労働条件を提示し、苦情が出ないよう職場のマネジメントをしっかり行い、そのために管理監督者の資質を向上させる研修を行い、そして経営者みずから現場に足を運んで実態を把握する、といったことが望まれる。しかし、どれだけの企業がこのようなことを行うことができるだろうか。そこで労務管理部門の出番がある。場合によっては従業員の声を経営者に伝達するため従業員側に立たねばならず、経営者と対立することもあろう。反対に経営者の意見に従うとすれば、従業員に強く主張することもせざるを得ない。結果として、労使双方の立場に立つ

ことがあるのが労務管理部門なのである。

そして労務管理担当者が忘れてはいけないことがいくつかある。それを述べて本項を閉じよう。

① 従業員は働くことが喜びとなっているか。

労働が苦痛だと思えばその成果は芳しくないことになるだろう。1人の人間として喜んで仕事をしてくれれば本人の喜びでもあり、会社としても歓迎すべきことである。

② 従業員は生活者である。

いかに仕事が喜びだとしても、従業員の背中には家族がいることも忘れてはならない。家族を満足させられる賃金水準であるのか、家族と過ごす時間を十分もつことができる労働時間であるのか。

③ 従業員は労働力である。

従業員は大切な資産である。経営戦略論においても資源重視理論（Resource Based View）が1990年代末から勃興し、「他社にまねができない資源を有している企業が競争に打ち勝つ」という感覚が浸透してきた。その「資源」の中でも、人的資産は容易にまねのできないものと位置づけられている。また、この感覚からすると人に対して支払う金銭、すなわち賃金や研修費用はコストではなく投資なのである。

ところが投資であるなら、それに見合った収益がなければならない。逆にいえば、将来の収益が見込めない人材には投資の必要はない。ある意味ではこの人材にはもはや投資しない、という冷徹な判断も労務管理担当者には要求されるのである。"Cool Head, but Warm Heart"というマーシャルの言葉がある。人間味豊かな感性や心をもちつつ、冷静な頭脳を兼ね備える。それが労務管理担当者の理想像の1つといえよう。

2 労務管理の範囲──集団的労使関係と個別労働関係

労務管理の中では集団的労使関係と個別労働関係という言葉が用いら

れる。集団的労使関係とは「使用者」 Key Word という「集団」と「労働組合」という「集団」間の関係を指す。したがって、労働組合と使用者（会社）とのさまざまな折衝・協定・紛争は、集団的労使関係に含めて議論される。そのため、無組合企業では本来、集団的労使関係は問題にならないはずである。しかしながら、前述したような従業員集団とのコミュニケーションをとる、つまり労働組合ではないが、「社員会」「親睦会」など多様な名称のもとに従業員集団と接点をもつ場合には、集団的労使関係としてとらえてよい部分もあろう。ただし、労働組合は本章第3節「集団的労使関係の基礎」で述べるとおり、法的に特別な保護を受けている。そのことによる大きな課題が存在するため、集団的労使関係の主な部分は使用者対労働組合の関係となっている。

　一方、個別労働関係は使用者対従業員個人間の関係である。具体的にいえば、個人的不平・不満・苦情の解決といった問題である。たとえば、評価に対する不満が従業員にあればそれを放置しておいてよいのかといえば、それは否である。評価者の評価能力に問題があるのか、被評価者の誤解なのか、それとも評価制度に問題があるのか、検討の必要がある。

　こうした個人的な問題も労使関係ととらえうる。しかも、いわゆるハラスメント問題などは法律で紛争解決に対して自主的に解決すべきこと

Key Word

使用者——労働契約法においては、その使用する労働者に対して賃金を支払う者とされている（同法2条）。個人企業の場合はその企業主個人を指し、会社その他の法人組織の場合はその法人そのもので、労働基準法でいう「事業主」に相当するものである。

　労働基準法において規制・処罰の対象となる使用者は、事業主または事業の経営担当者その他その事業の労働者に関する事項について、事業主のために行為をするすべての者とされ、個人にまで及ぶ広い概念となっている（同法10条）。

　労働組合法においては、現に労働契約の当事者である使用者のほか、親会社、派遣労働者についての派遣先企業など、団体交渉等の当事者になりうる者としてその範囲は広い。

を求めている。法律でも個別労働関係紛争（労使紛争という言葉を使っていない）解決促進法が制定され、各都道府県労働局において労働者 Key Word 個人と使用者の間の各種トラブルを解決するシステムが構築されている。従来なら、個人の不平・不満・苦情は「個人的見解」として一蹴されていただろうが、使用者もこうした問題への対処・解決が求められてきている。こうした個別労働関係についても本テキストで取り扱う問題となる。

3 最低基準、強行法規としての労働基準法

（1）労働条件の基本原則

労働基準法（以下、本章において「労基法」または「法」という）は、憲法25条1項の「すべて国民は、健康で文化的な最低限度の生活を営む

Key Word

労働者—— 労働契約法においては、使用者に使用されて労働し、賃金を支払われる者とされている（同法2条）。

労働基準法において、労働者とはその保護の対象となるものであり、職業の種類を問わず、事業または事務所に使用される者で、賃金を支払われる者とされ、「事業または事務所に使用される」という点でより具体的になっている（同法9条）。

両法ともに、労務提供の形態や報酬の労務対償性およびこれらに関連する諸要素を勘案して総合的に判断され、請負・委任その他の契約で労務を提供する者であっても、契約形式にとらわれず実態として、使用従属関係が認められる場合には、「労働者」に該当するものとされる。

労働組合法においては、「職業の種類を問わず、賃金、給料その他これに準ずる収入によって生活する者」とされ、現に使用されて賃金を支払われてはいない被解雇者、求職者（失業者）も団結権の主体として認められる（同法3条）。

その範囲は広く、たとえば日本プロ野球選手会の組合員など、一般的な労働契約ではない労務提供契約（請負または準委任契約）のもとで就業する者も、労働組合を組織し、団体交渉権を有する労働者として認められている。

権利を有する」という規定に基づいた同法27条2項「賃金、就業時間、休息その他の勤労条件に関する基準は、法律でこれを定める（勤労の基準）」を受け、労働者保護の基本法として労働関係における契約自由の原則を修正し労働条件の最低基準を労使に提示するために、1947（昭和22）年に制定・施行されている。この労基法を遵守することは、労務管理の範囲としても最低基準である。

次に掲げる労基法冒頭の7カ条は、労働憲章とも呼ばれる労働条件に関する基本原則であって、労基法の基本理念である。

① 労働条件の原則

労働条件は、労働者が人たるに値する生活を営むための必要を充たすべきものでなければならない。また、労基法で定める労働条件の基準は最低のものであり、労働関係の当事者は、この基準を理由として労働条件を低下させてはならない。そして労働関係の当事者は、その向上を図るように努めなければならない（法1条）。

この「労働条件」とは、賃金、労働時間だけではなく、解雇、災害補償、安全衛生、寄宿舎等に関する条件をすべて含む労働者の職場における一切の待遇のことである。

労基法は最低基準であるので、それをあたかも標準基準であるかのようにとらえるべきものではない。

「この基準を理由として労働条件を低下させてはならない」とは、たとえば1日所定労働時間7時間の労働条件を、「労基法が1日8時間を定めているからという理由」で8時間に変更してよいものではないということである。そのように低下させた場合、行政による罰則の定めはないが、民事的な労働条件の不利益変更に関する紛争の際には、その労働協約・就業規則・労働契約の効力について問われることになろう。もちろん「労基法が1日8時間と定めている」にもかかわらず、1日9時間として、三六（サブロク）協定の届出をせず、割増賃金を支払わない場合は、罰則の適用がある（法32条・37条・119条）。「向上を図るように努めなければならない」とは訓示的努力義務ではあるが、労働関係の当

事者である労働者個人も労働組合も使用者も使用者団体も、労働条件の
向上に向けて努力しなければならないということであり、それは労務管
理の基本姿勢の1つである。

② 労働条件の決定

労働条件は、労働者と使用者が、対等の立場において決定すべきもの
である。また、労働者および使用者は、労働協約、就業規則および労働
契約を遵守し、誠実におのおのその義務を履行しなければならない（法
2条）。この「履行しなければならない」という義務違反について直接の
罰則はない。

③ 均等待遇

使用者は、労働者の国籍、信条または社会的身分を理由として、賃金、
労働時間その他の労働条件について、差別的取扱いをしてはならない
（法3条）。この「信条」とは、特定の宗教的、政治的信念をいう。

④ 男女同一賃金の原則

使用者は、労働者が女性であることを理由として、賃金について、男
性と差別的取扱いをしてはならない（法4条）。「差別的取扱い」とは、
一般の社会通念に反して有利または不利に取り扱うことをいう。

労基法3条の「均等待遇」では、性別を理由とした差別的取扱いは禁
止していない。また、法4条の「女性であること」を理由として禁止し
ているのは賃金のみである。しかし、多数の裁判例は、女性の結婚・妊
娠・出産退職制、男女別定年制を民法90条の公序良俗違反として無効に
している。こうした判例を受け、男女雇用機会均等法は、募集・採用に
ついて均等な機会を与えなくてはならないと定め（均等法5条）、性別を
理由とした差別的取扱いを禁止している（同法6条）。詳細については、
第2章第9節「男女雇用機会均等法」で述べる。

⑤ 強制労働の禁止

使用者は、暴行、脅迫、監禁その他精神または身体の自由を不当に拘
束する手段によって、労働者の意思に反して労働を強制してはならない
（法5条）。日本においては、かつて建設現場・鉱山などに見られた「監

獄部屋」や「タコ部屋」を典型として、工場寄宿舎や風俗営業などでも強制労働とみなされる封建的悪習があった。この規定は、刑法の暴行（208条）、脅迫（222条）、監禁（220条）等よりも構成要件を広くし、強い罰則をもって禁止したものである。

⑥ 中間搾取の排除

何人も、法律に基づいて許される場合のほか、業として他人の就業に介入して利益を得てはならない（法6条）。

法律に基づいて許されている「他人の就業に介入」することとは、職業安定法が認めている範囲の民間の有料・無料の職業紹介（職安法30条・33条〜33条の4）、労働者募集事務の受託等（同法36条）、および一定の労働組合のみが認められている労働者供給である（同法45条）。

労働者派遣法の定める労働者派遣は「他人の就業に介入」することにはならない（同法4条7項）。詳細は第2章第8節「派遣労働者の雇用・就業管理」で述べる。

⑦ 公民権行使の保障

使用者は、労働者が労働時間中に、(1)公職の選挙権その他みずからの被選挙権、特別法の住民投票など、公民としての権利を行使し、または(2)衆議院議員等の議員、公職選挙法に定められた選挙立会人、裁判員など公の職務を執行するために必要な時間を請求した場合においては、拒んではならない（法7条）。ただし、権利の行使または公の職務の執行に妨げがない限り、請求された時刻を変更することができる。

（2）労働基準監督行政

労基法は、刑罰法規の性質をもっている。特別司法警察職員（刑訴法190条、労基法102条）の職務を行う労働基準監督官の是正勧告に従わない場合や悪質なケース、故意に各条に規定する義務に違反する行為であると認められるときは、処罰される。

① 労働基準監督署長の権限と職務

労働基準監督署長は、都道府県労働局長の指揮監督を受け、所属の職

員を指揮監督して、労基法に基づく次の事項をつかさどる（法99条）。

(1) 臨検、尋問

　労働基準監督官の権限である臨検、尋問についてその権限行使についての指揮権が付与されている。

(2) 許可、認定

　災害時等の場合の時間外・休日労働の許可（法33条）、監視断続的労働に従事する者の労働時間等の適用除外許可（法41条）、解雇制限の除外認定（法19条）、解雇予告の除外認定（法20条）等を行う。

(3) 審査、仲裁

　災害補償の実施に関する当事者間の異議について審査、仲裁を行う（法85条）。

(4) その他労基法の実施に関する事項をつかさどる。

② 労働基準監督官の権限と職務

労働基準監督官は、次の職務と権限を有している。

(1) 事業場、寄宿舎その他の附属建設物に臨検し、帳簿および書類の提出を求め、または使用者もしくは労働者に対して尋問を行うことができる（法101条）。臨検とは、労働基準監督官が労基法違反の有無を調査する目的で事業場等に立ち入ることである。

(2) 労基法を施行するため必要があると認めるときは、使用者または労働者に対し、必要な事項を報告させ、または出頭を命ずることができる（法104条の2）。

(3) 労働者を就業させる事業の附属寄宿舎が、安全および衛生に関して定められた基準に反し、かつ労働者に急迫した危険がある場合においては、次の権限を即時に行うことができる（法103条）。

　・使用者に対して、事業附属寄宿舎の全部または一部の使用の停止、変更その他必要な事項を命ずること

　・使用者に命じた事項について必要な事項を労働者に対しても命ずること

(4) 労働基準監督官は、労基法違反の罪について、刑事訴訟法に規定

する特別司法警察職員の職務を行う（法102条）。

（3）労働者の申告

労働者は、事業場に労基法またはそれに基づいて発する命令に違反する事実がある場合、その事実を労働基準監督署長または労働基準監督官に申告することができる。そのような申告をしたことを理由として、使用者が労働者を解雇その他不利益な取扱いをすることは禁止されている（法104条）。

（4）使用者の義務

使用者には、労基法の実施やそのための監督行政を適正に行うために、次のような義務を課せられている。

① 法令等の周知義務

使用者は、労基法およびこれに基づく政令・省令の要旨、就業規則、労使協定、労使委員会の決議を、常時各作業場の見やすい場所へ掲示し、または備え付けること、書面を交付すること、磁気テープ・磁気ディスクその他これに準ずるものに記録し、各作業場に労働者がその記録の内容を常時確認できる機器を設置することによって、労働者に周知させなければならない。また、寄宿舎に関する規定・規則を、寄宿舎の見やすい場所に掲示し、または備え付ける等の方法によって、寄宿舎に寄宿する労働者に周知させなければならない（法106条）。

② 労働者名簿の調製

使用者は、その事業場ごとに労働者名簿を、日々雇い入れられる者を除く各労働者について調製し、次の事項を記入しなければならない（法107条、労基則53条）。

(1) 労働者の氏名
(2) 生年月日
(3) 履歴
(4) 性別

(5) 住所

(6) 従事する業務の種類（常時30人未満の労働者を使用する事業においては要しない）

(7) 雇入れの年月日

(8) 退職の年月日およびその事由（退職の事由が解雇の場合にあっては、その理由を含む）

(9) 死亡の年月日およびその原因

また、これらの事項に変更があった場合は、遅滞なく訂正しなければならない。

③ 賃金台帳

　使用者は、事業場ごとに所定様式により賃金台帳を調製し、使用しているすべての労働者ごとに、次の事項を賃金支払いのつど、遅滞なく記入しなければならない（法108条、労基則54条・55条）。

(1) 労働者の氏名

(2) 性別

(3) 賃金計算期間（日々雇い入れられる者を除く）

(4) 労働日数（労働時間等に関する適用除外者・高度プロフェショナル特例者には要しない（労基則54条5項））

(5) 労働時間数（労働時間等に関する適用除外者・高度プロフェショナル特例者には要しない（労基則54条5項））

(6) 法定労働時間の延長時間数・法定休日の労働時間数・深夜労働時間数（就業規則に基づく所定時間外労働時間数をもって代えることができる。労働時間等に関する適用除外者には要しない）

(7) 基本給、手当その他賃金の種類ごとにその額（通貨以外のもので支払われる賃金がある場合は、その評価総額）

(8) 法令または労使協定により賃金の一部を控除した場合にはその額

なお、使用者は、この賃金台帳と前記の労働者名簿および年次有給休暇管理簿を合わせて調製することができる（労基則55条の2）。

④ 記録の保存

　使用者は、労働者名簿、賃金台帳および雇入れ、解雇、災害補償、賃金その他労働関係に関する重要な書類を5年間（当分の間3年間）保存しなければならない（法109条・143条）。

　この「労働関係に関する重要な書類」には、出勤簿、タイムカード等の記録、三六協定などの労使協定の協定書、残業に関する書類などが挙げられる。これらの書類は、労働基準監督官の臨検の際に提出を求められ、または出頭を命じられる際に持参することを指示されるものである。

　「5年間（当分の間3年間）保存」の起算日は次のとおりである（労基則56条）。

(1)　労働者名簿については、労働者の死亡、退職または解雇の日

(2)　賃金台帳については、最後の記入をした日（支払期日が最後記入日よりも遅い場合は、支払期日（労基則56条2項））

(3)　雇入れまたは退職（解雇を含む）に関する書類については、労働者の退職または死亡の日

(4)　災害補償に関する書類については、災害補償を終わった日

(5)　賃金その他労働関係に関する重要な書類については、その完結の日（支払期日が完結日よりも遅い場合は、支払期日（労基則56条2項））

（5）労基法の罰則

　労基法の罰則は、一部の努力義務規定を除き、「してはならない」「しなければならない」と規定された条項ごとに広範に定められている（法117条〜120条）。

〈罰則の量刑と義務・禁止事項の例〉

①　1年以上10年以下の懲役または20万円以上300万円以下の罰金
　　強制労働の禁止（法5条）に違反した者。

②　1年以下の懲役または50万円以下の罰金
　　中間搾取の排除（法6条）などの規定に違反した者。

③　6ヵ月以下の懲役または30万円以下の罰金

　均等待遇（法 3 条）、賠償予定の禁止（法16条）、週40時間・1 日
8 時間労働（法32条）、時間外・休日および深夜の割増賃金の支払い
（法37条）、年次有給休暇（法39条）などの規定に違反した者。監督機
関への申告に解雇その他不利益取扱い（法104条）をした者。
④　30万円以下の罰金
　労働条件の明示（法15条）、賃金の支払い（法24条）、就業規則の作
成・届出・意見聴取（法89条・90条）、労働者名簿の調製・賃金台帳・
記録の保存（法107条〜109条）などの規定に違反した者。
　労働基準監督官の臨検や出頭命令に対し、拒否・妨害・忌避、虚偽
の陳述・虚偽の帳簿記載・虚偽の報告等（法100条・101条・104条の
2 ）などの規定に違反した者。

　これらの違反行為をした者が、その事業の労働者に関する事項につい
て、事業主のために行為した代理人、使用人その他の従業者である場合
は、事業主に対しても、これらの罰金刑が科せられる。これを両罰規定
という。ただし、事業主は違反の防止のために必要な措置をした場合に
おいては免責される。
　また、事業主が違反の計画を知りその防止に必要な措置を講じなかっ
た場合、違反行為を知り、行為の中止を指示するなど、その是正に必要
な措置を講じなかった場合、または違反を教唆した場合においては、事
業主も直接に行為者として処罰される（法121条）。
　裁判所は、罰金とは別に、解雇予告手当（法20条）、休業手当（法26
条）、法定時間外・法定休日および深夜の割増賃金（法37条）、年次有給
休暇中の賃金（法39条）を支払わなかった使用者に対して、労働者の請
求により、これらの規定により使用者が支払わなければならない金額に
ついての未払金のほか、これと同一額の付加金の支払いを命ずることが
できる。この請求は、違反のあったときから 5 年以内（当分の間 3 年以
内）にしなければならない（法114条・143条）。

第2節 労働契約・就業規則・労働協約・労使協定の概要

学習のポイント

◆労働契約は、使用者と労働者との間に使用従属関係があることを前提として、労働保護法規によって規制されたものとなっている。

◆労働契約法は、それまでの判例法理を踏まえ、個別の労働関係の安定に資することを目的として、労働契約に関する基本的な事項を定めた民事的な成文法である。

◆1つの事業の中で円滑に使用者が使用し、労働者が労働するためには、一定の規範（ルール）が必要になる。それは、個別的・統一的・集団的な諸相をもつ。それが労働契約・就業規則・労働協約・労使協定である。

1 雇用契約と労働契約

「雇い」「雇われる」という雇用契約関係は、民法で次のように定義されている。

○同法623条（雇用）

雇用は、当事者の一方が相手方に対して労働に従事することを約し、相手方がこれに対してその報酬を与えることを約することによって、その効力を生ずる。

このような雇用の性格は、同じく民法に定義されている、広い意味で他人のために働く労務供給契約である請負、委任と比較すると明ら

かになる。

○同法632条（請負）

　請負は、当事者の一方がある仕事を完成することを約し、相手方がその仕事の結果に対してその報酬を支払うことを約することによって、その効力を生ずる。

○同法643条（委任）

　委任は、当事者の一方が法律行為をすることを相手方に委託し、相手方がこれを承諾することによって、その効力を生ずる。

○同法656条（準委任）

　この節（委任）の規定は、法律行為でない事務の委託について準用する。

　労働に従事する当事者である労働者は、請負人のように仕事の完成とその結果に対してではなく、労働そのものの対価として報酬を得るのである。またその労働は、訴訟など権利義務の変動を目的とする法律行為を代理する弁護士や患者に治療を行う医師のように、その専門的知識や技能によって「任せられて」するのではなく、使用者から指揮命令を当然に受けてするという性質をもっている。

　契約することについて、民法は当事者の自由で対等な合意に基づくことを原則としているが、実際に企業などの使用者と労働に従事する労働者の間には、その力関係に歴然とした差があり、また労働者は当然に使用者の指揮命令を受け、組織的な統制を受ける（「使用従属性」を有する）ものであるので、労働条件の低下と過剰な支配を生みがちである。

　そのため、労基法は、民法の雇用契約だけでなく請負・委任をも含めて、使用従属性がある労務供給契約を労働契約と名づけ、労働契約を締結する使用者に義務を課している。労働契約法など労働保護法規に属する法律も同様である。

2 労働契約の締結

（1）労働契約の成立と労働条件の明示

　労働契約法（以下、本節において「労契法」という）は、労働契約について、労働者が使用者に使用されて労働し、使用者がこれに対して賃金を支払うことについて、労働者および使用者が合意することによって成立するとしている（同法6条）。

　個別の労働契約は、使用され、賃金を支払うという債権契約であり、合意のみによって成立する諾成契約である。

　労働契約自体は口頭でも成立するが、労契法は、労使の意見の不一致を原因とした個別労働関係紛争を防止するために、使用者に、労働者に提示する労働条件および労働契約の内容について、労働者の理解を深めるようにすることを求め、労働者と使用者は、期間の定めのある労働契約に関する事項を含め、労働契約の内容について、できる限り書面により確認するものとしている（同法4条）。

　そして最低基準としての労基法は、使用者に、労働契約の内容である労働条件の一定の事項については、労働契約の締結に際して、違反すれば「30万円以下の罰金」という罰則付きで、労働者に明示することを義務づけている（同法15条・120条）。さらに、明示された労働条件が事実と相違する場合においては、労働者は、即時に労働契約を解除することができる。また、就業のために住居を変更した労働者が、契約解除の日から14日以内に帰郷する場合においては、使用者は、必要な旅費を負担しなければならない（同法15条）。

　なお、労働条件の明示は、職業安定法でも事業主に応募者・求人者・求職者に対して、義務づけられている（同法5条の3）。労基法の定めるものと明示の時期も内容も異なる。詳細は、『労務管理2級』第4章第1節「職業安定法」を参照。

（2）明示しなければならない労働条件

〈絶対的明示事項〉

次の事項は、労働契約締結の際に使用者が労働者に必ず明示しなければならない絶対的明示事項であり、⑤の「昇給に関する事項」を除き、原則として「労働条件通知書」などの書面の交付によって明示しなければならない（労基則5条1項各号）。

① 労働契約の期間に関する事項

労働契約の期間については、期間の定めのない労働契約の場合であっても、その旨を明示しなければならない（平11.1.29 基発45号）。

② 期間の定めのある労働契約を更新する場合の基準に関する事項

使用者は、期間の定めのある労働契約（有期労働契約）の締結に際し、労働者に対して、その契約期間の満了後における「更新の有無」を明示しなければならない。その場合において、使用者がその契約を更新する場合がある旨明示したときは、使用者は、労働者に対してその契約を更新する場合の「判断の基準」を明示しなければならない。

また、使用者は、有期労働契約の締結後に「判断の基準」に関して変更する場合には、その契約を締結した労働者との合意その他の方法により適法に変更される必要がある（平24.10.26 基発1026第2号）。

③ 就業の場所および従事すべき業務に関する事項

この「場所と業務」に関する事項については、雇入れ直後の就業場所および従事すべき業務を明示すれば足りる。将来の「場所と業務」をあわせて網羅的に明示することは差し支えない（平11.1.29 基発45号）。

④ 始業および終業の時刻、所定労働時間を超える労働の有無、休憩時間、休日、休暇ならびに労働者を2組以上に分けて就業させる場合における就業時転換に関する事項

⑤ 賃金の決定、計算および支払いの方法、賃金の締切りおよび支払いの時期に関する事項ならびに昇給に関する事項

この絶対明示事項としての「賃金」からは、この後の相対的明示事

項である⑦の退職手当および⑧の賞与などの賃金は除かれている。

⑥　退職に関する事項（解雇の事由を含む）

　この「退職・解雇」に関して明示することは、労働契約の終了に際して労使によるトラブルを防止・処理していくうえで重要である。

　これらの書面で明示すべき絶対的明示事項のうち、「所定労働時間を超える労働の有無」以外の④、および⑤と⑥の事項は、後述する就業規則の絶対的必要記載事項（→本節 6 (2)「就業規則に記載する労働条件」）でもあるので、「詳細は就業規則による」と示し、その就業規則の関係条項名を示すことでも最低基準としては足りる（平成 11. 1. 29 基発 45 号）。

　これらの原則として書面で明示すべき事項については、労働者が希望した場合は、以下のような方法で明示することができる（労基則 5 条 4 項 2 号）。

（1）ファクシミリ

（2）Web メールサービス、SNS メッセージ機能等、電子メールその他のその受信をする者を特定して情報を伝達するために用いられる電子通信の方法（ただし、出力して書面を作成できるものに限る）

　第三者に閲覧させることを目的としている労働者のブログや個人のホームページへの書き込みによる明示は認められない。

〈相対的明示事項〉

　次の事項は、使用者がこれらに関する定めをしている場合においてのみ、書面または口頭で明示しなければならない相対的明示事項である。

　たとえば、次の⑦に掲げる退職手当については、その事業場にいわゆる退職金制度が、実質的に制度化しているものを含めても「ない」のであれば明示しようもない。

⑦　退職手当の定めが適用される労働者の範囲、退職手当の決定、計算および支払いの方法ならびに退職手当の支払いの時期に関する事項

⑧　臨時に支払われる賃金、賞与およびこれらに準ずる賃金ならびに最低賃金額に関する事項

　「臨時に支払われる賃金、賞与に準ずる賃金」とは、労基則 8 条に定

める次のものである。

(1) 1ヵ月を超える期間の出勤成績によって支給される精勤手当

(2) 1ヵ月を超える一定期間の継続勤務に対して支給される勤続手当

(3) 1ヵ月を超える期間にわたる事由によって算定される奨励加給または能率手当

⑨ 労働者に負担させるべき食費、作業用品その他に関する事項

⑩ 安全および衛生に関する事項

⑪ 職業訓練に関する事項

⑫ 災害補償および業務外の傷病扶助に関する事項

⑬ 表彰および制裁に関する事項

⑭ 休職に関する事項

相対的明示事項が、絶対的明示事項に比べて重要度が低いということではない。たとえば⑧の「賞与」は、労働者の労働の成果に報いるものとして、かつ柔軟な原資配分を可能とする重要な人事賃金制度の1つである。また、⑩の「安全および衛生」は、使用者に課せられる安全配慮義務を履行するうえで、⑬の「表彰および制裁」、⑭の「休職」に関する定めは、企業秩序の維持や健康配慮義務の履行の具体的方法として、労使による紛争を防止し、処理していくうえでその重要性を増している。

〈パートタイム労働者・有期雇用労働者への明示事項〉

短時間労働者及び有期雇用労働者の雇用管理の改善等に関する法律（以下、「パートタイム・有期雇用労働法」という）では、労基法においては書面明示までを求めていない「昇給の有無」「退職手当の有無」「賞与の有無」および「短時間・有期雇用労働者の雇用管理の改善等に関する事項に係る相談窓口」について、文書の交付、労働者が希望した場合はファクシミリ・電子メール等による明示を義務づけている。違反の場合、パートタイム労働者または有期雇用労働者1人の契約ごとに10万円以下の過料を課せられる（パートタイム・有期雇用労働法6条・31条、短時間労働者及び有期雇用労働者の雇用管理の改善等に関する法律施行規則（以下、「パート・有期則」という）2条）。事業主は、パートタイ

ム・有期雇用労働法6条に基づき短時間・有期雇用労働者に対して明示しなければならない労働条件を事実と異なるものとしてはならない（パート・有期則2条2項）。

3　労基法における契約に関する規制

　労基法は、労働契約について、労働者に実質的に不利なものとなる内容や長期間にわたる拘束を規制し、労働者の保護を図るため、次の5つの規定を定めている。

（1）この法律違反の契約

　労基法で定める基準に達しない労働条件を定める労働契約は、その部分については無効となる。この場合、無効となった部分は、労基法で定める基準によるものとなる（同法13条）。

　これは労基法が強行規定であり、それに反する使用者・労働者間の合意、たとえば「労働者に時間外労働をさせた場合であっても、労働者はその割増賃金を請求せず、使用者はこれを支払わない」という特約が労働契約にあったとしても、その部分は無効であり（昭24.1.10 基収68号）、「割増賃金を支払わなければならない」（同法37条）という労基法の規定により、無効部分が補充されるということである。

（2）契約期間等

　労働契約は、期間の定めのないものを除き、一定の事業の完了に必要な期間を定めるもののほかは、原則として3年を超える期間について締結してはならない（労基法14条）。この有期労働契約の契約期間の詳細については、第2章第7節「短時間・有期雇用労働者の雇用・就業管理」で述べる。

（3）賠償予定の禁止

　使用者は、労働契約の不履行について違約金を定め、または損害賠償額を予定する契約をしてはならない（労基法16条）。

　「違約金」とは、債務不履行について不履行者がその相手方に支払う金銭のことであり、労働契約においては、それに基づく労働義務を労働者が履行しない場合、労働者本人や身元保証人の義務として損害発生の有無にかかわりなく取り立てるものである。また「損害賠償額の予定」は、債務不履行の場合に賠償すべき額を実損害額のいかんにかかわらず一定の金額を定めておくことである。いずれにしても労働者の足留め策に利用され、退職の自由を拘束することとなるので、厳に禁止されている。

　労働者の労働契約の不履行によって使用者が現実に損害を被った場合は、その実損害額に応じて賠償する旨の労働契約を締結することや、同様の趣旨を就業規則に定めることは、この規定に抵触するものではない。

　ただし、実際に民事的に認められる賠償額については、信義則と社会通念に照らして減額が行われる場合が多い。

（4）前借金相殺の禁止

　使用者は、前借金その他労働することを条件とする前貸しの債権と賃金を相殺してはならない（労基法17条）。

　「前借金」とは、労働契約の締結の際やその後に、労働することを条件に借り入れ、将来の賃金によって弁済することを約する金銭のことである。これを賃金と相殺することは、労働者の足留め策として行われ、強制労働あるいは人身売買にもつながることから、厳に禁止されている。

　通達は、使用者が労働組合との労働協約締結あるいは労働者からの申出に基づき、生活必需品の購入等のための生活資金を貸し付け、その後この貸付金を賃金より分割控除する場合においても、貸し付けの原因、期間、金利の有無等を総合的に判断して労働することが条件となっていないことがきわめて明白な場合には、本条の規定は適用されないとしている（昭63.3.14 基発150号）。この場合は賃金控除に関する労使協定が

必要である（労基法24条）。しかし、この労使協定によっても、この規定に対する脱法的なものであれば許されるものではない。

（5）強制貯金

使用者は、労働契約に付随して貯蓄の契約をさせ、または貯蓄金を管理する契約をしてはならない（労基法18条）。

「労働契約に付随して」とは、労働契約の締結または存続を条件とすることであり、「貯蓄金を管理する契約」には、使用者が労働者の預金を受け入れて直接管理する「社内預金」のほか、その通帳・印鑑を保管する「通帳保管」も含まれる。これも労働者の足留めとなり、使用者の事業資金への充当となって払い戻しが困難または不可能になることもあるので、この規定は、強制貯蓄を全面的に禁止し、労働者の貯蓄金をその委託を受けて管理しようとする場合においてのみ、次の制限のもとに認めるものである。

① 使用者は、その事業場の労働者の過半数代表 **Key Word** との書面による貯蓄金に関する労使協定を締結し、所定様式により所轄労働基準監督署長に届け出なければならない。

社内預金の場合、協定すべき事項は次のとおりである（労基則5条の2）。

（1）預金者の範囲

Key Word

労働者の過半数代表——「当該事業場に、労働者の過半数で組織する労働組合がある場合においてはその労働組合、労働者の過半数で組織する労働組合がない場合においては労働者の過半数を代表する者」として、就業規則の手続や労使協定の締結当事者として、労基法の条文に繰り返し規定されている。この概念は重要であり、十分に理解しておくことが望まれる。その要件・不利益取扱いの禁止・配慮義務については、本章第3節 **7**（2）「労基法に定められた労働者代表」を参照。

 (2) 預金者1人当たりの預金額の限度

 (3) 預金の利率および利子の計算方法

 (4) 預金の受入れおよび払戻しの手続

 (5) 預金の保全方法

 なお、社内預金の保全方法については、「賃金の支払の確保等に関する法律」にその内容が定められている（同法3条、同法施行規則2条）。

 通帳保管の場合、その管理の方法である管理規程に定める事項は、次のとおりである（昭63.3.14 基発150号）。

 (1) 預金先の金融機関名および預金の種類

 (2) 通帳の保管方法

 (3) 預金の出し入れの取り次ぎ方法　等

② 使用者は、貯蓄金の管理に関する規程を定め、これを労働者に周知させるため作業場に備え付ける等の措置をとらなければならない。

③ 使用者は、「社内預金」であるときは、利子を付けなければならない。この場合において、その利子が、金融機関の受け入れる預金の利率を考慮して厚生労働省令で定める利率による利子を下げるときは、その厚生労働省令で定める利率による利子を付けたものとみなされる。2022（令和4）年4月現在、この下限利率は、年5厘である。

④ 使用者は、労働者がその返還を請求したときは、遅滞なく、これを返還しなければならない。使用者がこの「返還」について違反した場合において、その貯蓄金の管理を継続することが労働者の利益を著しく害すると認められるときは、所轄労働基準監督署長は、使用者に対して、その必要な限度の範囲内で、その貯蓄金の管理を中止すべきことを命ずることができる。貯蓄金管理中止を命じられた使用者は、遅滞なく、その管理に係る貯蓄金を労働者に返還しなければならない。

4 就業規則・労働協約・労使協定の概要

　個々の労働者と使用者が締結する労働契約は、以下に説明する就業規則・労働協約・労使協定という事業場の労働条件に関して統一的・集団的に定めた文書の規制に服する。

（1）就業規則

　多数の労働者を労務管理していくために、わが国においては、個別に締結される労働契約で詳細かつすべての労働条件を定めるのではなく、使用者が定める職場規律や労働条件に関する規則の総称である就業規則によって統一的に労働条件を設定することが、広く行われている。

　使用者にとって基本的な労働条件および職場規律に関する統一的なルールを設定することは、組織を維持していくために必要なことであり、個々の労働者も、みずからの労働条件の向上を求めながら、同時に公平に扱われることを望んでいるのである。

　労働時間、賃金の支払い等の就業管理もそれに基づいて行われ、企業秩序を維持していくための方策や、退職・解雇など労働契約の終了もそのフィールドの中で行われる。このような実態から、労契法は、「労働者及び使用者が労働契約を締結する場合において、使用者が合理的な労働条件が定められている就業規則を労働者に周知させていた場合には、労働契約の内容は、その就業規則で定める条件によるものとする」（同法7条本文）と規定する。

　ただし、労働契約において、労働者および使用者が就業規則の内容と異なる労働条件を合意していた部分については、その部分が就業規則で定める基準を下回る場合を除き、その合意によることとされる（同法7条ただし書）。就業規則による労働条件の変更については、『労務管理2級』第1章第3節「労働契約の内容変更と終了」で述べる。

　常時10人未満の労働者を使用する使用者についても、労基法に定められた記載事項による作成義務はないものの、上記のような目的と意義か

ら「労働条件」と「服務規律」を内容とした「就業規則」を作成することが望ましい。本テキストでは、それを含めて「就業規則」と記述することがある。また、そのような「就業規則」であっても労基法の一部の適用を受け、労契法上の効力を有する（平成24.8.10 基発0810第2号）。

（2）労働協約の概要

労働協約は、労使関係においては、資本主義経済秩序の指導原理である契約自由の原則が、実質的に経済的弱者である労働者にとっては不利になることに抗して、労働者が団結して労働組合を結成し、その力によって交渉し、使用者と対等な立場に立って、労働条件やその他の集団的労使関係について合意し、締結するものである。

厚生労働省の2020（令和2）年「労使間の交渉等に関する実態調査」では、93.1%の労働組合が「労働協約を締結している」と回答している。労働協約は、労働組合運動の具体的な成果の1つでもあり、労働組合法16条は「労働協約に定める労働条件その他の労働者の待遇に関する基準に違反する労働契約の部分は、無効とする。この場合において無効となった部分は、基準の定めるところによる。労働契約に定めがない部分についても、同様とする」と規定する。その定義・内容・効力については、本章第3節「集団的労使関係の基礎」で述べる。

（3）労使協定の概要

労基法が定める労働条件の最低基準には、「～しなくてはならない」「～してはならない」という罰則付きの強行規定としての原則に対して、個々の事業場の状況に則し、その事業場ごとの労働者代表との労使協定の締結によって例外を許し、法律違反の責めを負うことのないこととする免罰的効力を定めるものが多くある。たとえば、労基法32条は「時間外労働」を原則として禁止し、同法35条は原則として週1回の休日の付与を義務づけているが、同法36条は、事業場の労働者代表との書面による協定、いわゆる三六協定を所轄労働基準監督署長に届け出た場合は、

時間外労働を規制する各規定および休日に関する規定にかかわらず、法定の上限に服するものの、その協定で定めるところによって労働時間を延長し、または休日に労働させることができるとしているのである。

労使協定は、一定の条件のもとで労基法の原則的な規定とは異なる労働条件の設定を許容する効力とともに、同法違反から免れるという免罰的効力がある。しかし、実際に労働者に対して労使協定に定められたとおりに労働させるという民事上の効力を得るには、その内容を個別の労働契約または就業規則・労働協約に規定しておく必要がある。

5 労働契約・就業規則・労働協約・法令間の関係および優先順位

労働契約、就業規則、労働協約、そして労働保護規定である法令相互の関係をまとめて述べる。

（1）労働契約と法令との関係

労基法で定める基準に達しない労働条件を定める労働契約は、その部分については無効となる。この場合において、無効となった部分は、労基法で定める基準によるものとなる（労基法13条）。

（2）労働契約と就業規則との関係

まず、就業規則で定める基準に達しない労働条件を定める労働契約は、その部分については無効となる。この場合において、無効となった部分は、就業規則で定める基準によるものとなる（労契法12条）。

前記 4 （1）で述べたように、労働契約締結時において、使用者が合理的な労働条件が定められている就業規則を労働者に周知させていた場合には、労働契約の内容は、その就業規則で定める条件によるものとなる。労働者と使用者が就業規則の内容と異なる労働条件を合意していた部分については、上記の「就業規則で定める基準に達しない」場合を除いて、

労働契約で定めるところによるものとなる（同法7条ただし書）。つまり、労働契約で定める労働条件が就業規則を上回るものであれば、労働契約は無効にはならない。

（3）労働契約と労働協約との関係

前記**4**（2）で述べたように、労働協約に定める労働条件その他の労働者の待遇に関する基準に違反する労働契約の部分は、無効となる。この場合において無効となった部分は、労働協約の基準の定めるところとなる。労働契約に定めがない部分についても同様となる（労働組合法16条）。

ただし、「（労働協約に）違反する労働契約の部分は無効とする」という同法の規定は、労働契約の定める労働条件（就業規則によって変更され、または補充された労働条件も含む）が労働協約の基準を下回ることはもちろん、上回ることも含んでいることになる。これは、労働組合が組合員の労働条件を集合的に使用者と団体交渉により決定する権限を有し、その成果が労働協約であるからである。労働協約により労働契約の労働条件を不利益に変更することについては、これを肯定した最高裁判例がある（朝日火災海上保険事件・最判平9.3.27）が、同時に一定の限界もあるとする判例も多い。詳細は、『労務管理2級』第1章第3節**1**「労働条件の変更」を参照。

（4）就業規則と法令・労働協約との関係

就業規則は、法令またはその事業場について適用される労働協約に反してはならない。労働基準監督署長は、法令または労働協約に牴触する就業規則の変更を命ずることができる（労基法92条）。

さらに、就業規則が法令または労働協約に反する場合には、当該反する部分については、①就業規則で定める労働条件が労働契約の内容となる効力は否定され、②就業規則の変更による労働条件の合理的変更が労働契約の内容となる効力は否定され、③就業規則で定める労働条件に達しない労働契約が無効とされ就業規則により補充される効力も否定され

る（労契法13条）。

　就業規則が、公序良俗に反することも含め、法令に反してはならない
ことは当然として、使用者が一方的に定め労働者の過半数代表の「意見
を聴く」ことが義務づけられる（労基法90条）にすぎない就業規則より
も、使用者が労働組合との「団体交渉における合意」により締結する
労働協約のほうが優先されるということは道理であろう。

6　就業規則

（1）就業規則の作成と届出・周知義務

　常時10人以上の労働者を使用するに至った事業場の使用者は、遅滞な
く一定の必要な事項を記載した就業規則を作成し、所轄労働基準監督署
長に届け出なければならない（労基法89条、労基則49条）。

　使用者は、就業規則の作成または変更について、労働者の過半数代表
の意見を聴いて、その意見を記した書面（意見書）を添付し、所轄労働
基準監督署長に届け出なければならない。その意見書は、労働者の過半
数代表の氏名を記載したものでなければならない（同法90条、同則49条）。

　パートタイム・有期雇用労働法は、事業主が短時間労働者に係る事項
について就業規則を作成し、または変更しようとするときは、その事業
所において雇用する短時間労働者の過半数を代表すると認められる者の
意見を聴くように努めるものとしている。同様に、事業主が有期雇用労
働者に係る事項について就業規則を作成し、または変更しようとすると
きも、その事業所において雇用する有期雇用労働者の過半数を代表する
と認められる者の意見を聴くように努めるものとしている（同法7条）。

　使用者は、就業規則を、次のいずれかの方法で周知させなければなら
ない（同法106条、労基則52条の2）。これは就業規則の変更があった場
合も同じである（平11.1.29 基発45号）。

　①　常時各作業場の見やすい場所へ掲示し、または備え付けること
　②　書面を労働者に交付すること

③ 磁気テープ、磁気ディスクその他これらに準ずるものに記録し、かつ各作業場に労働者が当該記録の内容を常時確認できる機器を設置すること

（2）就業規則に記載する労働条件

〈絶対的必要記載事項〉

次の事項は、使用者が就業規則に必ず記載しなければならない絶対的必要記載事項である（労基法89条）。

① 始業および終業の時刻、休憩時間、休日、休暇ならびに労働者を2組以上に分けて交替に就業させる場合においては就業時転換に関する事項

この始業および終業の時刻については、労基法41条3号に規定されている所轄労働基準監督署長の許可を受けた監視・断続的労働に従事する者についても定めなくてはならない（昭23.12.25 基収4281号）。

フレックスタイム制の対象となる労働者については、始業および終業の時刻を労働者の決定にゆだねる旨の定めをしておけばよい。ただし、コアタイムやフレキシブルタイムを設ける場合は、それに関する事項を定めておかなければならない（昭63.1.1 基発1号）。

始業および終業や休憩時間の繰下げ・繰上げが行われる場合は、その旨を記載しておかなければならない。

休日については、その日数と「1週につき2日」「原則として土曜日、日曜日」などの与え方があり、特定を要するかという問題がある。解釈例規は、「法35条は必ずしも休日を特定すべきことを要求していないが、特定することがまた法の趣旨に沿うものであるから就業規則ではできるだけ特定させるよう留意されたい」（昭23.5.5 基発682号）としている（→第2章第2節3 (3) ②「休日の特定」を参照）。

また、休日を振り替える必要がある場合に、それができるかという問題がある。解釈例規は、休日振替の規定を就業規則に設けておかなければならない（昭23.4.19 基発収1397号・昭63.3.14 基発150号）。

その場合にはできる限り、休日振替の具体的事由と振り替えるべき日を規定することが望ましい（昭23. 7. 5 基発968号・昭63. 3. 14 基発150号）としている（→第2章第2節 **3** **(4)** ③「休日振替と代休の違い」を参照）。

　休暇については、労基法に与えることを義務づけられている年次有給休暇・産前産後休暇・割増賃金の支払いに代えて与える休暇の制度、育児・介護休業法に定められている育児休業・介護休業のほか、任意の休暇制度があるならば、それも具体的に記載しなければならない。

　就業時転換に関する事項とは、労働者を2組以上に分けて交替に就業させる場合の交替期日や交替順序等に関することである。

②　賃金の決定、計算および支払いの方法、賃金の締め切りおよび支払いの時期ならびに昇給に関する事項

　賃金の決定、計算の方法とは、賃金表やそれによる個人別賃金の決定方法の記載までを求めておらず、現に行われている基本給や諸手当による賃金体系、時間給・日給・月給などの賃金の形態、能力・キャリア・成果などの個人別賃金を決定する際の要素の記載で足りる。

　もちろん、賃金表や賃金決定に関係する等級制度・人事考課制度などの人事賃金制度があるならばその内容を記載、または本則に委任条項を規定して別規程に記載しなければならない。

　賃金の支払いの方法とは、月給制・日給制・出来高払制、および直接支給・銀行振込・通勤手当の定期券による支給方法などのことである。

③　退職に関する事項（解雇の事由を含む）

　ここでいう「退職」とは、任意退職、期間満了による自然退職だけではなく、定年制、解雇など、労働契約が終了するすべての場合に関する事項である。また解雇については、どのような事実がある場合に解雇になるのかが明確になっていなければならない。

　解雇事由については、本章第4節「労働契約の内容の変化と終了」で述べる。

〈相対的必要記載事項〉

次の事項は、使用者が「定めをする場合においては」、就業規則に必ず記載しなければならない相対的必要記載事項である（労基法89条）。

④　退職手当の定めをする場合においては、適用される労働者の範囲、退職手当の決定、計算および支払いの方法ならびに退職手当の支払いの時期に関する事項

　　一時金として退職金や退職を支給事由とする企業年金などの退職手当制度は必ず設けなければならないものではないが、制度がある場合は、その各項目を記載しなければならない。また、退職手当に懲戒に関連した不支給事由や減額事由を設ける場合は、記載しておく必要がある（昭63.1.1 基発1号）。

⑤　退職手当を除く、臨時に支払われる賃金、賞与およびこれに準ずる賃金ならびに最低賃金額の定めをする場合においては、これに関する事項

　　これらの賃金等は、必ず支払わなければならないものではないが、その制度がある場合は、その支給条件、支給額の計算方法、支払期日等を記載しておかなければならない。

⑥　労働者に食費、作業用品その他の負担をさせる定めをする場合においては、これに関する事項

　　「その他の負担」とは、社宅費、共済組合費など労働者に経済的負担を課す場合をいう。

⑦　安全および衛生に関する定めをする場合においては、これに関する事項

　　安全に関する規程・衛生に関する規程の作成については、安全委員会・衛生委員会の付議事項とされているので（安全衛生規則21条・22条）、これらの定めを別途する場合は、両委員会の審議を経なければならない。

⑧　職業訓練に関する定めをする場合においては、これに関する事項

　　これは、行うべき職業訓練の種類、訓練に係る職種等訓練の内容、訓練期間、訓練を受けることができる者の資格等、職業訓練中の労働

者に対し特別の権利義務を設定する場合にはそれに関する事項、訓練
終了者に対する特別の処遇をする場合にはそれに関する事項等である
（昭44. 11. 24 基発776号）。

⑨　災害補償および業務外の傷病扶助に関する定めをする場合におい
　　ては、これに関する事項

　「災害補償に関する定め」とは、労基法8章に定める法定給付の細目
事項をいう。「業務外の傷病扶助に関する定め」とは、健康保険法・厚
生年金保険法で定める給付以外のものなどである。公的な補償だけで
は済まない使用者責任による災害・疾病補償というリスクを担保するた
めに、「災害補償規程」を就業規則の一部として定める場合が該当する。

⑩　表彰および制裁の定めをする場合においては、その種類および程
　　度に関する事項

　この制裁の種類と程度には、戒告、けん責、減給、出勤停止、降職、
諭旨退職、懲戒解雇など種々のものがある。

⑪　以上のほか、その事業場の労働者のすべてに適用される定めをす
　　る場合においては、これに関する事項

　この「労働者のすべてに適用される定め」とは、「休職に関する事項」
「財産形成制度等の福利厚生に関する事項」「旅費に関する規程」「出向
に関する規程」などが挙げられる。社宅など一定の範囲の労働者に適
用されるものであっても、すべての労働者に適用される可能性のある
事項については、これに含まれる。また、すべての労働者に適用され
る慣行等も含まれる（昭23. 10. 30 基発1575号）。

　以上の絶対的および相対的必要記載事項は、それを変更した場合も、
遅滞なく所轄労働基準監督署長に届け出なければならない（労基法89条
後段）。

　このほか、就業規則の制定趣旨や精神、労働条件の変更等につき労働
組合との協議を必要とする等の記載については、任意記載事項とされ、
労基法による義務と違反した場合の罰則の規制はない。

（3）就業規則に減給制裁を定める場合の制限

就業規則で、労働者に対して減給の制裁を定める場合においては、その減給は、次の額を超えてはならない（労基法91条）。

（1）１回の額が平均賃金の１日分の半額

（2）総額が一賃金支払期における賃金の総額の10分の１

これは１回の事案に対する減給の総額が平均賃金の１日分の半額以内でなければならないということで、１回の事案について何日にもわたって減給できるものではない（昭23. 9. 20 基収1789号）。

この平均賃金を算定すべき事由の発生した日は、減給の制裁の意思表示が相手方に到着した日である（昭30. 7. 19 基収5875号）。

一賃金支払期に発生した複数の事案に対する減給の制裁は、一賃金支払期における賃金総額の10分の１を超えて行うことができない（昭23. 9. 20 基収1789号）。もし、これを超えて減給の制裁を行う必要が生じた場合には、その部分の減給処分は次期賃金支払期において実施しなければならない。

就業規則に「将来にわたって本給の10分の１を減じる」というような定めをする場合、その降給が、従前の職務に従事させたまま賃金額のみを減じるものであれば、この制裁の制限に抵触する（昭37. 9. 6 基収917号）。一方、たとえば、使用者が交通事故を引き起こした自動車運転手を制裁として助手に格下げし、それとともに助手の賃金に低下させたとしても、交通事故を引き起こしたことが運転手として不適格であるから助手に格下げするものであるならば、その賃金の低下は、その労働者の職務の変更に伴う結果であるので、この減給の制限に抵触しない（昭26. 3. 14 基収518号）。

労働者が遅刻・早退をした場合、その時間に相当する分の減給をすることは、労働していない時間分の賃金は支払わないとするノーワーク・ノーペイの原則から問題ないが、遅刻・早退の時間を超える減給は、この制裁に関する規定の適用を受けることになる（昭63. 3. 14 基発150号）。

懲戒処分としての出勤停止中の賃金を支払わないことは、制裁として

の出勤停止中の当然の結果であり、この減給制裁とその制限の規定には関係がない（昭23.7.3 基収2177号）。

あらかじめ定められた人事考課等の結果に基づくものではなく、制裁として賞与から減額することが明らかな場合は、賞与も賃金であるので、1回の事案については平均賃金の1日分の2分の1を超え、総額については賞与額の10分の1を超えてはならない（昭63.3.14 基発150号）。

7 労使協定の種類

労基法に定められた労働条件の原則に反した内容の労働条件であっても、労働者の過半数組合、過半数代表との労使協定を締結すれば、その定めどおりの内容を実施しても労基法違反にならないことがある。その代表的なものとしては、「週40時間労働・1日8時間労働原則」（同法32条）の例外としての「時間外労働・休日労働に関する協定（同法36条）」、いわゆる三六協定が挙げられる。労使協定には次のような種類がある。

① 労働基準監督署長に届出を要する労使協定

以下の労使協定は、事業の種類・名称・所在地、常時使用する労働者数・業務の種類、労働者代表の職名氏名・選出方法、使用者の職名氏名を記入する所定様式の「協定届」により、所轄労働基準監督署長に届け出なければならない。

(1) 貯蓄金管理に関する協定（同法18条）

(2) 1ヵ月単位の変形労働時間制に関する協定（同法32条の2）

　　1ヵ月単位の変形労働時間制を定めることについては、労使協定のほかに、就業規則その他これに準ずるものによって定めてもよい。

(3) 1年単位の変形労働時間制に関する協定（同法32条の4）

(4) 清算期間が1ヵ月を超え3ヵ月以内のフレックスタイム制に関する協定（同法32条の3）

(5) 1週間単位の非定型的変形労働時間制に関する協定（同法32条の5）

(6) 時間外労働・休日労働に関する協定（同法36条）

(7) 事業場外労働に関する協定（同法38条の2）

　　1日のみなし労働時間が法定労働時間を超える場合に限る（労基則24条の2）。

(8) 専門業務型裁量労働制に関する協定（同法38条の3）

② 届出を要しない労使協定

　以下の労使協定は、労働者の過半数代表と締結した後、労働基準監督署長への届出は必要ないものの、労働基準監督官の臨検等があったときは、その求めに応じて提出しなければならない。

(1) 賃金控除に関する協定（同法24条）

(2) 清算期間が1ヵ月以内のフレックスタイム制に関する協定（同法32条の3）

(3) 交替休憩の実施に関する協定（同法34条）

(4) 割増賃金の代替休暇に関する協定（同法37条）

(5) 時間単位の年次有給休暇に関する協定（同法39条4項）

(6) 年次有給休暇の計画付与に関する協定（同法39条6項）

(7) 年次有給休暇中の賃金ベースを健康保険法の標準報酬月額の30分の1にする協定（同法39条9項）

③ 労基法以外のもの

　労使協定締結方式は、罰則規定のない他の法律にも拡大している。

　以下の労使協定の締結によって、事業主は、他の法令が定める義務から免責されたり、所定の権限を与えられたりする。

(1) 退職手当の法定保全措置によらない旨の協定（賃金支払確保法施行規則4条）

(2) 育児休業、介護休業等の制度の申出を拒むことのできる除外規定（育児・介護休業法6条・12条・16条の3・16条の6・16条の8・16条の9・23条）。詳細は、第2章第11節「育児・介護にかかわる者の就業管理」で述べる。

(3) 高年齢者就業確保措置のうち創業支援等措置を定める協定（高年

齢者雇用安定法10条の2第1項)

(4) 派遣労働者の待遇につき、均衡待遇方式に替えて労使協定方式を
とる場合における協定（労働者派遣法30条の4）

第 3 節 集団的労使関係の基礎

学習のポイント

◆憲法は、勤労者に団結権、団体交渉権、団体行動権という「労働三権」を保障している。

◆労働組合法に適合した労働組合は、同法による救済と保護を受けられる。

◆労働組合がない企業においても、労使コミュニケーションは労務管理上必要なことである。

1 労働組合

（1）労働組合の目的と憲法・労働組合法

　労働組合は、個々の労働者が団体組織に結集して労働力を独占し、その組織の力をもって使用者と対等の立場に立って交渉し、労働条件の維持改善等を主たる目的としている。

　1946（昭和21）年に公布された日本国憲法は、「勤労者の団結する権利及び団体交渉その他の団体行動をする権利は、これを保障する」（同法28条）として、勤労者に団結権、団体交渉権、団体行動権といういわゆる「労働三権」を保障している。1949（昭和24）年に全文改正されて施行された労働組合法（以下、本節において「労組法」という）は、次の3つを目的としている（同法1条）。

（1）労働者が使用者との交渉において対等の立場に立つことを促進することにより労働者の地位を向上させること

（2）労働者がその労働条件について交渉するためにみずから代表者を

選出することその他の団体行動を行うために自主的に労働組合を組織し、団結することを擁護すること

(3) 使用者と労働者との関係を規制する労働協約を締結するための団体交渉をすることおよびその手続を助成すること

これらの目的を達成するためにした正当な団体交渉や同盟罷業（ストライキ）などその他行為については、刑罰法規の要件に該当することであっても罰せられることはない。ただし、いかなる場合においても、暴力の行使は、許されるものではない（同法1条）。

また民事的にも、同盟罷業その他の争議行為であって正当なものによって損害を受けたことの故をもって、使用者は労働組合またはその組合員に対し賠償を請求することができない（同法8条）。

（2）労働組合の法的要件と取扱い

① 法適合労働組合の要件

労組法が定義する労働組合とは、次の要件を備えた団体またはその連合団体であることが要求される（同法2条）。

〈積極的要件〉

(1) 労働者が主体となって組織されたものであること

(2) 自主的に組織されたものであること

(3) 労働条件の維持改善その他経済的地位の向上を図ることを主たる目的として組織されたものであること

また、次のいずれにも該当しないものであることが要求される。

〈消極的要件〉

(1) 次のような使用者の利益を代表する者の参加を許しているもの

・役員

・雇入れ・解雇・昇進または異動に関して直接の権限をもつ監督的地位にある労働者

・使用者の労働関係についての計画と方針とに関する機密の事項に接し、そのためにその職務上の義務と責任とが当該労働組合の組

48

合員としての誠意と責任とに直接に抵触する監督的地位にある労
働者

・その他使用者の利益を代表する者

(2) 団体の運営のための経費の支出につき使用者の経理上の援助を受
けているもの

ただし、次のようなことは経理上の援助に当たらない。

・労働者が使用者と協議・交渉する時間について使用者が賃金を支
給すること

・労働組合の厚生資金、経済上の不幸・災厄を防止し救済するため
の支出に実際に用いられる福利その他の基金に使用者が寄付する
こと

・労働組合に最小限の広さの事務所を使用者が供与すること

(3) 共済事業その他福利事業のみを目的とするもの

(4) 主としてとして政治運動または社会運動を目的とするもの

② 労働委員会への立証と組合規約

労働組合は、労働委員会に証拠を提出して、前述の積極的要件を満た
し、消極的要件に該当せず、さらに組合規約が以下の労組法5条2項の
規定に適合していることを立証しなければ、同法に規定する手続に参与
する資格がなく、かつ同法に規定する救済を与えられない。この労働委
員会が行う労組法2条および5条2項に係る適合性審査を資格審査とい
う。ただし、この「救済を与えられない」とは、立証をしていない労働
組合に所属する組合員への不当労働行為に対する保護を否定するもので
はない（同法5条1項）。この場合、「組合員への不当労働行為」とは、
不利益取扱い（同法7条1号・4号）をいう。

労働組合の規約には、次の規定を含むことを要する（同法5条2項）。

(1) 名称

(2) 主たる事務所の所在地

(3) 単位労働組合 Key Word の組合員は、その労働組合のすべての問題
に参与する権利および均等の取扱いを受ける権利を有すること

(4) 何人も、いかなる場合においても、人種、宗教、性別、門地または身分によって組合員たる資格を奪われないこと

(5) 単位労働組合の役員は、組合員の直接無記名投票により選挙されること

連合団体である労働組合または全国的規模をもつ労働組合の役員は、単位労働組合の組合員またはその組合員の直接無記名投票により選挙された代議員の直接無記名投票により選挙されること

(6) 総会は、少なくとも毎年1回開催すること

(7) すべての財源および使途、主要な寄付者の氏名ならびに現在の経理状況を示す会計報告は、組合員によって委嘱された職業的に資格がある会計監査人による正確であることの証明書とともに、少なくとも毎年1回組合員に公表されること

(8) 同盟罷業（ストライキ）は、組合員または組合員の直接無記名投票により選挙された代議員の直接無記名投票の過半数による決定を経なければ開始しないこと

(9) 単位労働組合は、その規約は、組合員の直接無記名投票による過半数の支持を得なければ改正しないこと

連合団体である労働組合または全国的規模をもつ労働組合は、その規約は、単位労働組合の組合員またはその組合員の直接無記名投票により選挙された代議員の直接無記名投票による過半数の支持を得なければ改正しないこと

Key Word

単位労働組合——単位労働組合とは、個々の労働者を直接構成員とする労働組合で、かつ労働組合を直接構成員としていないものをいう。これを一般的に「単組」という。日本の労働組合の大部分を占める企業別組合は単位労働組合であり、その上部団体があるならば、それは単位労働組合を構成員とする連合団体としての労働組合である。労使交渉も、産業単位・職業単位・地域単位ではなく、一般的には単位労働組合である企業別組合と企業の経営者の間で行われている。

③　その他、労働組合の規範

　労働組合は、共済事業その他福利事業のために特設した基金を他の目的のために流用しようとするときは、総会の決議を経なければならない（労組法9条）。

　労組法に適合する旨の労働委員会の証明を受けた労働組合は、その主たる事務所の所在地において登記することによって法人となる（同法11条）。

　法人である労働組合には、1人または数人の代表者を置かなければならない。代表者が数人ある場合において、規約に別段の定めがないときは、法人である労働組合の事務は、代表者の過半数で決する（同法12条）。

　代表者は、法人である労働組合のすべての事務について、法人である労働組合を代表する。ただし、規約の規定に反することはできず、また、総会の決議に従わなければならない（同法12条の2）。

　労働組合は、規約で定めた解散事由の発生または組合員もしくは構成団体の4分の3以上の多数による総会の決議によって解散する（同法10条）。

（3）労働組合の活動および運営

① 　組合活動

　労働組合は、後述する団体交渉や争議行為、それに付随するビラの配布、文書の掲示などの行為のほかに、その本来の目的を達成するための加入の勧奨、会議・集会への参加、組合員の連帯意識や福利厚生を図るための諸行為などの組合活動を行っている。それらが「労働組合の正当な行為」に当たる場合は、刑事免責、民事免責、不当労働行為からの救済など、労働組合法による保護を受ける（労組法1条・7条・8条）。

　たとえば、労働組合によるビラ配布、横断幕掲示などの情報宣伝活動は、使用者の名誉・信用を毀損する場合であっても、その表現内容が労働条件に関する事項であり、かつ真実であるか、または真実であると信じる合理的な理由がある場合には違法性はないものとされる。ただし、それらが労働義務、服務規律に服する義務、企業の社会的信用や機密の保持など、企業内の秩序を維持する義務に反するものまで際限なく許容

されるものではない。

　また、本来、組合活動は勤務時間外に行うべきものであって、勤務時間中の組合活動は、原則として労務提供義務違反または業務命令違反となる（富士産業荻窪工場事件・東京地判昭25.6.30）。ただし、使用者の承諾や就業規則・労働協約に規定のある場合、労使慣行がある場合、または組合活動上不可欠ないし緊急性のある場合にのみ例外的に認められることがある。

　休憩時間は、労働者が自由に利用できる時間であるが、労働者は合理的な範囲で使用者の施設管理権に服さねばならず、組合活動についても同様である。休憩時間中の組合活動の正当性および組合活動を理由とする会社の処分の有効性は、それらの行為の企業秩序違反の程度いかんによって判断される（電電公社目黒電報電話局事件・最判昭52.12.13）。

　組合活動の権利は、憲法28条によって保障されているものであるが、多くの判例は、使用者の物的施設の管理権限を重視し、使用者が組合活動のために組合員が企業内の施設を自由に利用することを認めなければならないという受忍義務を負わないと解している（国鉄札幌運転区事件・最判昭54.10.30）。

　そのような組合活動と企業秩序を調整するため、基本的な労働協約に、交渉・協議時間の保障、施設利用の許容範囲と限度、組合休暇の保障等の便宜供与など、組合活動に関するルールを定めておく意義がある。

② 　労働組合への使用者による便宜供与

　日本の労働組合の多くは、労働組合の消極要件である経費援助や後述する不当労働行為に抵触しない範囲での便宜供与を受けている。

(1) チェック・オフは、労働組合が組合費を徴収するために、使用者が労働者に支払う賃金から天引きすることを合意して行うものである。厚生労働省の2011（平成23）年「労働協約等実態調査」では、85.5％の労働組合が「組合費のチェック・オフにつき何らかの規定がある」と回答している。

　　労基法に賃金の全額払いの規定（24条）があるために、労働協約

であるチェック・オフ協定のほかに、使用者と労働者の過半数代表との労使協定が必要になる（済生会中央病院事件・最判平元.12.11）。過半数組合の場合は、労使協定の当事者となることができる。

　また、天引きした組合費を使用者が労働組合に支払うことについて、使用者は組合加入時に組合員から委任を受けておくことが必要である（エッソ石油事件・最判平5.3.25）。

(2) 組合休暇は、組合員が代議員大会など一定範囲の組合業務に参加するとき、欠勤ではなく、無給休暇として取り扱うものである。

(3) 在籍専従は、労働組合が専従執行委員など一定範囲の要員を必要とするとき、その組合員が従業員としての地位を失うことなく、休職として取り扱うものである。

(4) その他、最小限の広さの事務所の供与、掲示板の設置などがある。

　使用者の便宜供与は、労働組合が当然にもつ権利ではなく、労使が合意した労働協約による。

　過剰な供与は、労働組合の自主性を失わせる使用者による支配介入として不当労働行為となる（労組法7条3号）。また、従来、労働協約および労使慣行によって行ってきた便宜供与を合理性なく一方的に打ち切ることも不当労働行為となることがある（大阪市事件・最判平31.4.25）。

2 労働協約の定義・内容・効力等

（1）労働協約の要件

　労働協約は、労働組合の活動および交渉・争議の結果締結される労働条件等に関する労使の協定であり、次の要件を満たすことで効力を生ずる（労組法14条）。

(1) 書面に作成すること

(2) 両当事者が署名し、または記名押印すること

　この定義に適合し、要件を満たすものであるならば、「労働協約」という名称ではなく「協定」「覚書」という名称をもつものであっても労組

法上の労働協約である。また、労働協約を締結する労働者側の当事者は労働組合であり、「その事業場の労働者の過半数で組織した」等の規模の要件は問われない。

また、労組法2条の（法適合）要件を満たす労働組合であればよく、同法5条2項の（労働委員会への立証）要件をも満たす労働組合である必要はない（昭24.8.8 労発317号）。

（2）労働協約の有効期間

労働協約に有効期間を定める場合は、3年を超える定めをすることはできない。もし3年を超える有効期間の定めをした場合は、3年の有効期間の定めをした労働協約とみなされる。

有効期間の定めがない労働協約は、当事者の一方が、署名し、または記名押印した文書によって相手方に、少なくとも解約しようとする日の90日前に予告して、いつでも解約することができる。

一定の期間を定める労働協約であって、その期間の経過後も期限を定めず効力を存続するという自動延長条項の定めがあるものについては、その期間の経過後に、同様に予告して解約できる。（労組法15条）

（3）労働協約の効力

使用者（使用者団体を含む）と労働組合（連合団体を含む）との間に締結された労働協約は、以下の効力を有する。なお、詳細は、『労務管理2級』第1章第2節**2**「労働協約」を参照。

① 規範的効力

労働協約で労働条件を規定する内容は、（1）労働契約で定める労働条件に優先し、労働契約がより低位な労働条件の場合はこれを労働協約に規定する内容に変更し、労働契約がより有利な労働条件を定める場合にもこれを労働協約に規定する内容に不利益変更する効力、および（2）労働契約で定めていない労働条件は労働協約で定める内容とする効力をいう（労組法16条）。

② 債務的効力

労働協約の当事者間の契約としての効力をいい、第1に履行義務であり、第2に（相対的）平和義務がある。平和義務とは、労働協約の有効期間中は、協約当事者が当該労働協約で規定する既定事項について、(1)改廃の団体交渉を申し入れることは自由であるが、相手方は交渉義務を負わず、また (2)改廃を目的にした争議行為を双方が行わないという義務をいう。

（4）労働協約の一般的拡張適用

労働協約がその規範的効力として拘束する労働者は、原則としては、その労働協約の当事者である労働組合の組合員であるが、その労働協約が一定の要件を満たす場合には、例外として、当事者である労働組合の組合員以外にも効力を拡張して適用される。これを一般的拘束力という。

① 事業場への拡張適用

1つの工場事業場に常時使用される同種の労働者の4分の3以上の数の労働者が1つの労働協約の適用を受けるに至ったときは、その工場事業場に使用される他の同種の労働者に関しても、その労働協約が拡張適用される（労組法17条）。

② 地域への拡張適用

1つの地域において従業する同種の労働者の大部分が1つの労働協約の適用を受けるに至ったときは、その労働協約の当事者の双方または一方の申立てに基づき、労働委員会の決議により、厚生労働大臣または都道府県知事は、その地域において従業する他の同種の労働者およびその使用者もその労働協約の適用を受けるべきことの決定をすることができる（同法18条）。

3 団体交渉の目的と当事者等

（1）団体交渉の目的

　労働組合の主たる目的は、団結した組織力によって使用者と対等な立場で交渉し、労働条件の維持改善その他経済的地位の向上を図ることにある（労組法2条）。

　団体交渉は、労働組合の主たる活動であり、その目的とするところは(1)法律が定める労働条件の最低基準を確保し、(2)法律に定めのない労働条件について独自の基準を定め、(3)さらに社会・経済の状況にかんがみてその基準を引き上げていくことにある。

　団体交渉の対象となる事項は、労働組合の目的から、原則として労働条件その他労働関係に直接に関係する事項となる。このような団結交渉の成果が労働協約の締結である。

（2）団体交渉の当事者等

　労働組合の代表者または労働組合の委任を受けた者は、労働組合または組合員のために使用者またはその団体と労働協約の締結その他の事項に関して交渉する権限を有する（労組法6条）。

　団体交渉は、労働協約に定めがある場合は、その手続により交渉することが原則である。いずれにせよ、労使対等の立場に立って、平和的かつ秩序ある方法によって行われるべきである。

　労働組合がその構成する組合員の労働条件等についての個別の不満や欲求を組織的に論議し、相互の利害を調整して一本化した要求を使用者が団体交渉において傾聴し、経営の実情を踏まえて交渉していくことは、使用者にとっても、良好な集団的労使関係を形成するだけではなく、必要な企業統治にも結実することになる。

4　不当労働行為と労働組合への救済手続

（1）不当労働行為の禁止

　労組法は、憲法28条が保障している勤労者の労働三権（団結権、団体交渉権、団体行動権）を保障するため、労働組合への不利益取扱い・団

交拒否・支配介入となる次の事項を不当労働行為として禁止している。

使用者は、次に掲げる行為をしてはならない（労組法7条）。

①　労働者が次のいずれかに該当することを理由に、その労働者を解雇しその他これに対して不利益な取扱いをすること

（1）労働組合の組合員であること

（2）労働組合に加入し、またはこれを結成しようとしたこと

（3）労働組合の正当な行為をしたこと

②　労働者が次のいずれかに該当することを雇用条件とする、いわゆる「黄犬契約」を締結すること

（1）労働組合に加入しないこと

（2）労働組合から脱退すること

　ただし、これら①、②とは逆に、労働組合が特定の工場事業場に雇用される労働者の過半数を代表する場合において、その労働者がその特定の労働組合の組合員であることを雇用条件とする労働協約、すなわちユニオン・ショップ協定を締結することは許される。

③　使用者が雇用する労働者の代表者と団体交渉をすることを正当な理由がなくて拒むこと

④　労働者が労働組合を結成し、もしくは運営することを支配し、もしくはこれに介入すること、または労働組合の運営のための経費の支払いにつき経理上の援助を与えること

　この「経理上の援助」からは、労働組合の法適合要件（同法2条2号）と同様に次のことは除かれる。

（1）労働者が労働時間中に時間または賃金を失うことなく使用者と協議し、交渉することを使用者が許すこと

　たとえば、労働組合の代表である労働者が労働時間中に使用者と団体交渉を行った場合に、使用者がその時間に相当する賃金を控除しなかったようなときは、不当労働行為には当たらない。

（2）厚生資金または経済上の不幸もしくは災厄を防止し、もしくは救済するための支出に実際に用いられる福利その他の基金に対す

　　る使用者からの寄付

　（3）最小限の広さの事務所の供与

⑤　労働者が次のいずれかに該当したことを理由に、その労働者を解
　　雇し、その他これに対して不利益な取扱いをすること

　（1）労働委員会に対し使用者が不当労働行為をした旨の申立てをし
　　　たこと

　（2）申立人の請求に係る都道府県労働委員会の初審命令または却下
　　　の決定に対して、中央労働委員会に再審査の申立てをしたこと

　（3）労働委員会における調査・審問・和解の勧め、または労働関係
　　　調整法による労働争議の調整をする場合に証拠を提示し、発言を
　　　したこと

（2）労働委員会の救済

　労組法は、使用者の不当労働行為に対して、労働組合の申立てにより、
中央労働委員会および都道府県労働委員会が、調査・審問を行うなど準
司法的な審査手続で判定を行い、救済命令等を発するという特別の救済
制度を定めている（同法27条～27条の18）。

5　労働争議

（1）争議行為の保障

　労働者と使用者との間の実質的な不平等を克服するために、労働者が
団結し対等な立場に立って交渉し、労働条件等を決定しようとする労働
組合運動は、使用者がその要求に同意しない場合、団結して労働を提供
しないという同盟罷業（ストライキ）その他の争議行為を行うことで主
張を通そうとすることになる。そのため憲法は、勤労者の団結権、団体
交渉権とともに、この争議行為を含む団体行動権を保障している（憲法
28条）。

　団体交渉や同盟罷業その他の争議行為を含む労働組合の行為で、使用

者と対等の立場に立つことによって労働者の経済的地位を向上させるという目的を達成するためにした正当なものについては、刑事上の免責を受ける（労組法1条）。

また、使用者は同盟罷業その他の争議行為で、正当なものによって損害を受けたことをもって、労働組合またはその組合員に対し損害賠償を請求することができないという民事上の免責を受ける（同法8条）。

法適合組合であれば、その要件である組合規約の定められているとおり、同盟罷業を開始するときには、組合員または代議員の直接無記名投票の過半数による決定を経なければならない（同法5条）。

（2）労働争議の調整

一方において争議行為は、使用者の生産の停滞および労働者の賃金の喪失をもたらすものであり、個別企業の運営の阻害は、場合によっては公共の福祉の阻害要因にもなりうるものである。

労基法、労組法と並んで、労働三法と呼ばれる労働関係調整法（以下、本節において「労調法」という）は、労組法と相まって、労働関係の公正な調整を図り、労働争議を予防し、または解決して、産業の平和を維持し、経済の興隆に寄与することを目的としている（労調法1条）。

① 労働争議と争議行為

労調法は、労働争議と争議行為について次のように定義している。

(1) 労働争議とは、労働関係の当事者間において、労働関係に関する主張が一致しないで、そのために争議行為が発生している状態または発生するおそれがある状態をいう（同法6条）。

(2) 争議行為とは、同盟罷業（ストライキ）、怠業（サボタージュ）、作業所閉鎖（ロックアウト）その他労働関係の当事者が、その主張を貫徹することを目的として行う行為およびこれに対抗する行為であって、業務の正常な運営を阻害するものをいう（同法7条）。

② 労使による自主的な防止と解決の原則

労働関係の当事者は、互いに労働関係を適正化するよう労働協約の中

に、常に労働関係の調整を図るための苦情処理機関などの設置およびその運営に関する事項を定め、特に労働争議が発生したときは、誠意をもって自主的に解決するように、特に努力しなければならない（同法2条）。

　政府は、労働関係に関する主張が一致しない場合に、労働関係の当事者が、これを自主的に調整することに対し助力を与え、これによって争議行為をできるだけ防止することに努める（同法3条）が、労働関係の当事者が、直接の協議または団体交渉によって、労働条件その他労働関係に関する事項を定め、主張の不一致を調整する努力をする責務を免除するものではない（同法4条）とし、あくまでも労働争議は、労使による自主的な防止と解決が原則であるとしている。

　また、当事者および労働委員会その他の関係機関は、できるだけ適宜の方法を講じて、事件の迅速な処理を図らなければならない（同法5条）。

③　争議行為の届出

　争議行為が発生したときは、その当事者は、直ちにその旨を労働委員会または都道府県知事に届け出なければならない（同法9条）。

　公益事業に関する事件につき関係当事者が争議行為をするには、その争議行為をしようとする日の少なくとも10日前までに、労働委員会および厚生労働大臣または都道府県知事にその旨を通知しなければならない（同法37条）。

　公益事業とは、次に掲げる事業であって、公衆の日常生活に欠くことのできないものをいう（同法8条）。

(1)　運輸事業

(2)　郵便、信書便または電気通信の事業

(3)　水道、電気またはガスの供給の事業

(4)　医療または公衆衛生の事業

　このほかにも、内閣総理大臣は、国会の承認を経て、業務の停廃が国民経済を著しく阻害し、または公衆の日常生活を著しく危うくする事業を、1年以内の期間を限り、公益事業として指定することができる。

④　労働争議の調整

　労働委員会は、当事者からの申請により、労働争議のあっせん、調停および仲裁を行う権限を有する（労組法20条）。公益事業に関する事件については、労働委員会は職権で調停を行うことができる（労調法18条）。

　ここでいう労働争議とは前述の定義のとおり、(1) 労働関係の当事者である使用者または使用者団体とこれとの間に取引をなすべき立場にある労働組合その他の労働者団体の間において、(2) 労働関係に関する主張に係るものであり、(3) その主張が一致しないために争議行為が発生している状態または争議行為が発生するおそれがある状態である。この3つの要件を備えていないものは、あっせん・調停・仲裁の申請がなされても受理されない。たとえば、個々の労働者と使用者との間の紛争（個別労働関係紛争）は、労調法による労働争議としては扱われない。

6　労使協議制の目的・形態・運営等

　わが国では、労使間のコミュニケーションを図り、事業所または企業における生産、経営などに関する諸問題につき、労働者ないし労働組合の意思を反映させるため、労使協議会、経営協議会等の常設的な機関として労使協議機関が普及している。この労使協議機関に関する法的定めはなく、労使間の取り決めにより運営される。

　厚生労働省の2019（令和元）年「労使コミュニケーション調査」によれば、労使協議機関は、37.1％の事業場または企業に設置され、企業規模が大きいほど設置率が高い。そのうち83.9％が、労働組合がある企業であり、当該企業での労使協議機関では労働組合が主役であると思われる。

　大企業では、経営のトップレベルと労働組合中央執行部との間で行われる中央労使協議会のほか、企業の組織に対応した支部などの労使間において事業部労使協議会、地域労使協議会、事業所労使協議会などが設けられ、その目的と協議内容としては次のようなことが挙げられる。

① 団体交渉事前協議

　春闘（春期労使交渉）など定期的な労働条件に関する団体交渉の前段

階として、労使双方から社会経済・業界・企業経営についての状況や労
働情勢などについて情報交換したうえで、団体交渉に移行する。

② 団体交渉に代わる機能を有する協議

本来、労働協約は団体交渉の結果としての成果物であるのだが、実際
には労使協議のみで労働協約の締結に至ることがある。労使協議制で協
議される事項については、解決しない場合にも争議行為を予定しないと
ころに特徴がある。争議行為に至る必要がある場合は、次に団体交渉に
移され、そこでも解決しない場合に争議行為に移される。

③ 苦情処理のための協議

集団的労使関係において労働組合が企業と協議する内容には、労働者
全体にかかわる事項だけではなく、日常の作業条件から生じる不平不満
や労働協約・就業規則等の具体的な個々人への適用をめぐる問題、さら
には時間外労働割増賃金未払い等の法令違反につながる実態問題までを
も含む個別の労働者の事項に関して協議することまで含まれる。

苦情処理については、「セクシュアルハラスメント相談窓口」など、使
用者が独自に苦情処理機関を設けて対処することが原則ではあるが、労
働協約に労使の代表による苦情処理委員会等を定めて対応する場合、そ
して労働組合の日常の組織活動の中で個々の問題点を汲み上げ、労使協
議制の協議範囲に含めて社内解決の方法としている場合もある。

④ 経営参加的な協議

使用者から経営計画の説明、事業・施設・要員の拡大・縮小・統合・
再編などを説明し、労働組合の理解・協力を得る手段として労使協議制
が活用されている。労働組合からそのような経営的事項について提言活
動がなされる場合もある。

7 労使コミュニケーション組織の目的・形態・運営等

（1）無組合企業における労使コミュニケーション組織

労働組合のない企業においても労使コミュニケーション組織は、有効

な労務管理策の一環として、社員会、職場懇談会などといった名称で設置され運営されている。

　社員会は、従業員の恒久的組織であって、規約など一定のルールを備えている。発言型従業員組織と親睦型従業員組織があるが、前者としての社員会については、労働組合のある企業に劣らない労使協議機関としての機能を有している。

　職場懇談会は、管理者と従業員が職場を単位として、一定の業務運営、職場環境等について話し合うための会合をいう。

　また、労働組合のない企業においても苦情処理委員会など、賃金、配置転換、日常の作業条件等について、従業員個人の苦情を解決するための労使代表で構成される常設機関が設置されている場合がある。

（2）労基法に定められた労働者代表

① 要件

　労基法は、労使協定等を締結する当事者として労働者の過半数代表（→第1章第2節 3 (5) Key Word を参照）を定めることを求めているが、これには次の要件がある（労基則6条の2第1項）。

(1) 労基法41条2号に規定する監督または管理の地位にある者ではないこと

(2) 労基法に規定する協定等をする者を選出することを明らかにして実施される投票、挙手等の方法による手続により選出された者であり、使用者の意向に基づき選出されたものでないこと

　ただし、事業場に管理監督者しかいない場合であって一定の選任事由のときは(2)を満たすことだけで足りる（労基則6条の2第2項）。

② 不利益取扱いの禁止

　使用者は、過半数代表者になろうとしたこと、過半数代表者であることまたは過半数代表者としての正当な行為を理由として労働条件につき不利益取扱いを禁止されている（労基則6条の2第3項）。

③ 必要な配慮

使用者は、過半数代表者がその事務を円滑に遂行できるよう必要な配慮をしなければならない。「必要な配慮」とは、意見集約等を行うにあたって必要となる機器の提供や事務スペースの提供をいう（労基則6条の2第4項）。

（3）労基法38条の4・42条の2の労使委員会

企画業務型裁量労働制および高度プロフェッショナル制度の導入には、使用者および事業場の労働者を代表する者で構成する労使委員会の決議が必要である。また、労使委員会の決議は労基法の労使協定の締結に代替できるとされる。

この労使委員会については、第2章第3節 4 「裁量労働制」で述べる。

（4）その他の法令に定める従業員代表の役割

① 労働者の過半数代表は、労働安全衛生法に定められた安全委員会、衛生委員会、安全衛生委員会の委員（議長を除く）の半数について事業者に推薦する権限を有する。この場合、事業主は推薦に基づいて委員を指名する義務がある（同法17条〜19条）。

② 厚生年金適用事業所の事業主が確定給付企業年金・確定拠出企業年金を実施しようとする場合、被用者年金被保険者等の過半数代表は、企業年金規約の制定・変更に係る厚生労働大臣への承認申請について、事業主に同意または不同意の意思表示を行う。この同意がないと企業年金は実施できない（確定給付企業年金法3条・6条、確定拠出年金法3条・5条）。

③ 労働時間等設定改善法6条に基づき設置される労働時間設定改善委員会の決議は、労基法の労使協定の締結に代替できる（同法7条・7条の2）。

第 4 節 労働契約の内容の変化と終了

学習のポイント

◆個別的労使関係には、配置転換や出向など、採用時からの変化がありうるが、就業規則や労働協約によって規定しておく必要がある。

◆労働契約法により、解雇は、客観的に合理的な理由を欠き、社会通念上相当であると認められない場合は、その権利を濫用したものとして、無効とされる。

◆労基法その他の法律にも解雇に関する制限がある。

1 労働契約の変化

　労働契約は、労働者が使用者の指揮命令に服して労働するという継続的な関係を内容としているが、特に長期雇用を予定した労働契約の内容は、時間の経過の中で、使用者・労働者本人・外部事情に起因する事情から、変化・変更がありうる。本項ではこうした変化等について述べる。

（１）異動──配転、配置転換・転勤

　配転とは、同一企業内において労働者の職務や勤務地を変更することである。このうち、一般に労働者の職務を同一事業所の他の部署等に変更することを配置転換とし、労働者の勤務地を変更することを転勤という。

　特に期間の定めのない労働契約である正社員については、人員の欠員・余剰の調整、適正配置等の組織ニーズによる人材活用策として、ま

た多能化・専門化やキャリアを積ませる人材育成策として、日本の企業においては大企業ほど頻繁に行われている。

　労働者の配転について最高裁は次のような場合、使用者は、労働者の個別の同意なしに労働者の転居を伴う配転（転勤）を命じる権限があるものとしている（東亜ペイント事件・最判昭61.7.14）。

(1) 採用時に場所や職種を限定する労使の合意がないこと

(2) 就業規則や労働協約の規定に根拠があること

(3) 実際にこれまでも配転を実施していること

　この判例は、家庭の事情を理由に転居を伴う転勤命令を拒否した労働者を会社が就業規則に基づき懲戒解雇し、労働者は転勤命令および懲戒解雇の無効を主張して提訴し、最終的に労働者が敗訴したものである。しかし、使用者は配転権があるとしても、その濫用は許されない（民法1条、労働契約法（以下、本節において「労契法」という）3条）。

　同判例は、次のような特別な事情がある場合は、権利濫用として無効であると判示している。

(1) その転勤命令について業務上の必要性が存しない場合

(2) 業務上の必要性が存する場合であっても、その転勤命令が他の不当な動機・目的をもってなされたものであるとき

(3) 労働者に対して通常甘受すべき程度を著しく超える不利益を負わせるものであるとき等

　また、「業務上の必要性」については、転勤先への異動が余人をもっては容易に替え難いといった高度の必要性に限定されることはなく、次のような企業の合理的運営に寄与する点が認められる限りは、業務上の必要性の存在を肯定すべきであるとしている。

(1) 労働力の適正配置、(2) 業務の能率促進、(3) 労働者の能力開発、

(4) 勤労意欲の高揚、(5) 業務運営の円滑化など

　「不当な動機・目的」とは、たとえば労働組合の活動家の排除、個人に対するいじめや報復、明らかに退職を強要する意図をもったものである。

　「通常甘受すべき程度を著しく超える不利益」とは、その労働者が転勤

したことにより家族の看護・介護が不可能になるといった相当程度重い
ものに限られている。

　なお、労働契約を締結するに際して、使用者に義務づけられている絶
対的明示事項には「就業の場所および従事すべき業務に関する事項」が
含まれるが、これは「雇入れ直後の就業場所および従事すべき業務」を
明示するだけで足りるとされている。→本章第2節 **2** **(2)**「明示しなけ
ればならない労働条件」

　なお、労働契約の締結時やその展開過程で、特殊な技術・技能・資格
を有する労働者や現地採用の労働者であって勤務地が限定されている者
（いわゆる限定正社員）と解される場合には、配置転換の同意が必要とな
る場合がある。

（2）異動──出向

　出向とは、使用者（出向元）と出向を命じられた労働者との間の労働
契約関係が終了することなく在籍させたまま、出向を命じられた労働者
が出向先に使用されて労働に従事することをいう。在籍出向と呼ぶこと
もある。

　出向は、大企業を中心に、子会社・関連会社への技術指導やそこでの
人材育成、グループ会社トータルでの人材活用や人員調整、そして中高
年齢者の処遇のために広く行われている。

　出向は、使用者が労働者に対する労務指揮命令権を他社の企業に譲渡
するものであるから、労働者の承諾が必要である（民法625条）。この承
諾について、労働者との個別の同意がある場合は問題にならないが、就
業規則や労働協約による包括的合意だけで出向を命じることができるか
ということが問題になる。

　労働者の出向について最高裁は次のような場合、使用者は、労働者の
個別の同意なしに労働者の出向命令を発することができるとしている
（新日本製鐵事件・最判平15. 4. 18）。

　（1）就業規則および労働協約において、出向させることがある旨定め

　　た規定があること

　(2) 社外勤務の定義、出向期間、出向中の社員の地位、賃金、退職金、
　　各種の出向手当、昇格・昇給等の査定その他処遇に関して出向労働
　　者の利益に配慮した詳細な規定が設けられていること

　このような場合は、前項の配転と同様な異動ということになる。

　また、出向は復帰が前提となっているものが多いが、高年齢者の雇用
継続制度として、定年まで関連会社への出向が続くというケースが増加
していくことが考えられる。その場合も、同判例は、出向者の労働条件
が明確に規定された、著しい不利益を生じるものではない労働協約など
による包括的合意があることによって容認している。

　このように使用者に出向を命じることができる場合においても、その
出向の命令が、その必要性や対象労働者の選定に係る事情その他の事情
に照らして、その権利を濫用したものと認められる場合には、その命令
は、無効とされる（労契法14条）。

　労働契約を締結することにより直ちに使用者が出向を命ずることがで
きるものではなく、どのような場合に使用者が出向を命ずることができ
るのかについては、労働協約・就業規則・労働契約の定めや労働者の同
意等に照らして、個別具体的な事案に応じて判断されることになる。

（3）異動——転籍

　転籍は、現在の使用者との労働契約関係を終了させ、別の使用者と労
働契約を成立させることである。転籍出向と呼ぶこともある。現在の労
働契約を合意解約して、新たな労働契約を締結する方法のほかに、使用
者たる地位を他に譲渡する方法があるが、どちらにしても就業規則・労
働協約による包括的同意だけでは足りず、労働者の個別の同意・承諾が
必要である。

　ただ、採用の際に転籍元の系列会社である転籍先への転籍について説
明を受けたうえでこれに同意し、労働条件については転籍元の就業規
則・労働協約を準用するという実質的に配転と異ならない状態の転籍命

令については、包括的同意で有効であるとした裁判例がある（日立精機
事件・千葉地判昭56.5.25）。

（4）休職

　休職とは、私傷病、労働組合の専従、その他労働者の個人的事情によ
り、労働者に労務を提供させることが不能・不適当なとき、直ちに労働
契約を解除するのではなく、労働契約関係は維持しながら、一定期間の
労務の提供を免除し、または禁止することである。

　労働契約において、労働者には、労務を使用者に提供する義務がある
（労契法2条）。提供できなければ、それは債務不履行、契約解除という
ことになるが、使用者には、「労働契約に伴い、労働者がその生命、身体
等の安全を確保しつつ労働することができるよう、必要な配慮をする」
（同法5条）という安全配慮義務があり、その義務には労働者の健康回復
に配慮することも含まれる。

　また長期雇用を予定した労働契約の場合、そのような労働者に安心し
て就労してもらうためには、労務管理政策としても、一定の休職期間を
設けることは必要なことだろう。

　その期間のうちに休職事由が消滅して復職することができれば問題は
ない。しかし、休職期間を満了してもなお復職できないのであれば解雇、
または就業規則や労働協約にそのような定めがあれば、労働契約の自動
的終了として自然退職ということになる。

（5）労働条件の変更

　長期雇用を前提とした期間の定めのない労働契約においては、たとえ
ば20歳前後から60歳定年までの長い期間の状況変化により、労働条件
の変更が必要となることもありうる。

　労働者および使用者は、その合意により、労働契約の内容である労働
条件を変更することが原則である（労契法8条）。しかし、当事者の合意
が成立しない場合であっても、労働条件が変更される場合がある。その

場合の第1は就業規則の変更によるもの、第2は労働協約の変更によるものである。詳細は、『労務管理2級』第1章第3節 **1** 「労働条件の変更」を参照。

2 労働契約の終了と解雇権濫用法理

（1）退職と解雇

個別的労働契約には始期がある以上、当然ながら終期がある。労働契約の終了は、大別して退職と解雇に分けられる。

退職には、労働者の一方的意思表示による労働契約の解除である任意退職や労働契約を終了させる旨の労使の合意による合意解約、定年など事実の到来による自動退職などの類別がある。

解雇は、労働契約を使用者が将来に向かって解約する意思表示である。解雇には、債務不履行としての普通解雇、懲戒処分の1つである懲戒解雇、使用者が人員削減のために行う整理解雇などの類別がある。

詳細は、『労務管理2級』第1章第3節 **2** 「労働契約の終了——退職と解雇」を参照。

（2）解雇権濫用法理

解雇は、労働契約を使用者が将来に向かって解約する意思表示である。

民法627条は、雇用について当事者双方の解約の自由を規定しているが、同じく民法1条の「権利の濫用は、これを許さない」との基本原則から、多くの判例によって解雇権濫用法理が確立している。

労契法は、これを「解雇は、客観的に合理的な理由を欠き、社会通念上相当であると認められない場合は、その権利を濫用したものとして、無効とする」（同法16条）と条文化している。

3 労基法等における解雇等に関する規制

労基法は、解雇等について、労働者の保護を図るため強行法規として、次のような必要最低限の規定を設けている。

（1）解雇制限

使用者は、労働者を次の期間は解雇してはならない（労基法19条）。

(1) 労働者が業務上負傷し、または疾病にかかり療養のために休業する期間およびその後30日間。これは私傷病による休業、出勤しながら治療中のため通院しているような一部休業を含まない。

(2) 産前産後の女性が労基法の産前産後休業の規定によって休業する期間およびその後30日間

産前産後休業については、第2章第10節「妊産婦等の就業管理」で述べる。

ただし、上記の期間においても、次の場合は、労基法としての解雇制限を受けない。

(1) 業務上の傷病により療養している労働者が療養開始後3年を経ても負傷または疾病が治ゆしない場合において、使用者が当該労働者の平均賃金の1,200日分（打切補償）を支払った場合

「治ゆ」とは、完治したことではなく、症状が残っていてもそれが安定して、もはや治療の効果が期待できず、療養の余地がなくなった状態をいう。

(2) 業務上の傷病により療養している労働者が療養開始後3年を経過した日において労災保険の傷病補償年金を受けている場合または同日後に傷病補償年金を受けることになった場合（労災法19条）

傷病補償年金とは、業務上負傷し、または疾病にかかった労働者が、療養の開始後1年6ヵ月を経過した日またはそれ以後において、当該負傷または疾病が治ゆしていず、障害の程度が傷病等級に該当するとき、その状態が継続している間、支給される。なお、治ゆし

た後に身体に障害が残った場合には、その障害の程度に応じて障害補償年金（障害等級第1級〜第7級）、障害補償一時金（同第8級〜第14級）が支給される。

　なお、療養の開始後1年6ヵ月を経過した日以後において、治ゆはしないが傷病等級にも該当せず療養補償給付および休業補償給付を引き続き受給している場合、使用者が療養開始後から3年経過後に前記（1）の打切補償を支払ったときにも、判例により労基法19条の解雇制限を受けないとされている（専修大学事件・最判平27.6.8）。

（3）天災事変その他やむを得ない事由のために事業の継続が不可能となった場合

　ただし、その事由については、所轄労働基準監督署長の認定を受けなければならない。

（2）解雇の予告

　使用者は、労働者を解雇しようとする場合においては、少なくても30日前にその予告をしなければならない。30日前に予告をしない使用者は、30日分以上の平均賃金（いわゆる「解雇予告手当」）を支払わなければならない（労基法20条）。

　この予告の日数は、1日について平均賃金を支払った場合においては、たとえば10日分の手当を支払えば予告は20日前でも可というように、その日数を短縮することができる。

　この解雇予告または解雇予告手当は、次の場合には必要がない。

（1）天災事変その他やむを得ない事由のために事業の継続が不可能となった場合

（2）労働者の責に帰すべき事由に基づいて解雇する場合

　ただし、これら（1）、（2）の事由については、所轄労働基準監督署長の認定を受けなければならない。

　この解雇予告または解雇予告手当の義務は、次の労働者については適用されない（同法21条）。

(1) 日々雇い入れられる者

　　ただし、これに該当する者が1ヵ月を超えて引き続き使用される
に至った場合には適用される。

(2) 2ヵ月以内の期間を定めて使用される者

(3) 季節的業務に4ヵ月以内の期間を定めて使用される者

　　ただし、この (2)、(3) に該当する者が所定の期間を超えて引き続
き使用されるに至った場合には適用される。

(4) 試の使用期間中の者

　　ただし、これに該当する者が14日を超えて引き続き使用されるに
至った場合には適用される。

（3）退職時等の証明

　使用者は、労働者が次の証明書を請求した場合、遅滞なくこれを交付
しなければならない（労基法22条）。

(1) 労働者が、（解雇を含む）退職の場合においては、使用期間、業務
の種類、その事業における地位、賃金または退職の事由。この「退職
の事由」が解雇の場合にあっては、その理由を含む。「退職の事由」
とは、自己都合退職・勧奨退職・定年退職・解雇等労働者が従業員
としての身分を失った事由である。

(2) 労働者が、**(2)** で解説した解雇の予告がされた日から退職の日ま
での間においては、当該解雇の理由。解雇の事由は、具体的に記載
する必要があり、就業規則の該当条項・該当事実を記入する。

　　ただし、解雇の予告がされた日以後に労働者が当該解雇以外の事
由により退職した場合においては、使用者は、当該退職の日以後、
これを交付することを要しない。即時解雇の場合は、解雇予告がな
されないため (2) の証明書でなく、(1) の証明書となる。

　これら退職時等の証明書には、労働者が請求しない事項を記入しては
ならない。

　使用者は、あらかじめ第三者と謀り、労働者の就業を妨げることを目

73

的として、労働者の国籍、信条、社会的身分もしくは労働組合運動に関する通信をし、または退職時等の証明書に秘密の記号を記入してはならない。いわゆるブラックリストの作成を禁止したものである。

退職時等の証明書の請求権の消滅時効は、その権利を行使できるときから起算して2年である（同法115条）。

（4）金品の返還

使用者は、労働者の死亡または（解雇を含む）退職の場合において、権利者の請求があった場合においては、7日以内に賃金を支払い、積立金、保証金、貯蓄金その他名称のいかんを問わず、労働者の権利に属する金品を返還しなければならない（労基法23条）。

その場合、賃金または金品について、その有無、種類、賃金・金銭の額について労使間に争いがある場合においては、使用者は、異議のない部分を、7日以内に支払うか、返還しなければならない。

権利者とは、労働者が退職した場合にはその労働者本人であり、死亡した場合にはその労働者の遺産相続人であって一般債権者は含まれない。死亡の場合に、請求者が正当な相続人であることを証明しない限り支払いまたは返還を拒否することができる。もし不注意によって正当な相続人でない者に支払いまたは返還し、その後正当な相続人が請求してきた場合、使用者はその正当な相続人にも支払いまたは返還しなければならない。なお、退職手当については、通常の賃金とは異なり、あらかじめ就業規則に定めた支払時期に支払えば、7日以内でなくとも労基法違反にはならない（昭26.12.27 基収5482号）。

そして、事業主が、退職した労働者に在職中の賃金（退職金を除く）を退職日（退職日後に支払期日が到来する場合は、支払日。以下同じ）までに支払わなかった場合は、退職日の翌日から支払いをした日まで、原則として年14.6％で計算した遅延利息を支払う義務がある（賃金支払確保法6条）。

金品のうち賃金以外の請求権の消滅時効は、その権利を行使できると

きから起算して２年である（労基法115条）。金品のうち、賃金請求権の消滅時効についてはその権利を行使できるときから起算して５年（当分の間３年）、退職手当の消滅時効についてはその権利を行使できるときから起算して５年である（同条・143条）。

（5）差別的取扱いによる解雇の禁止

労基法３条「均等待遇」の「その他の労働条件」には、解雇に関する基準も含まれる（昭63. 3. 14 基発150号）。したがって、使用者が労働者の国籍、信条または社会的身分を理由として解雇することは禁止されている。

（6）監督機関への申告を理由とした解雇等の禁止

労働基準監督署長への申告を理由とした解雇その他不利益な取扱いは禁じられている（労基法104条）。

なお、同様の監督機関への申告を理由とした解雇その他不利益な取扱いの禁止は、労働安全衛生法（97条２項）、最低賃金法（34条２項）、賃金支払確保法（14条２項）などにも規定されている。

（7）その他の法律による解雇等の制限

労基法等の罰則付の労働保護法規以外にも、使用者が労働者を解雇等不利益な取扱いを禁止している法律がある。これらの禁止条項に違反した解雇等の不利益取扱いは無効とされる。

① 労働契約法

期間の定めのない労働者については、解雇は客観的に合理的理由を欠き、社会通念上相当であると認められない場合は、「その権利を濫用したものとして無効」とされる（同法16条）。

期間の定めのある労働者については、同法17条に解雇制限規定がある。詳細は、第２章第７節 **2** (6)「有期雇用労働者の就業管理」で述べる。

② 労働組合法

本章第3節 **4**「不当労働行為と労働組合への救済手続」で解説した「不当労働行為」として、解雇その他不利益な取扱いが禁止されている（同法7条）。この規定に違反した不利益取扱いは、無効となる（民法90条、昭25. 6. 15 労収2141号）。

③ 男女雇用機会均等法

男女雇用機会均等法では、労働者の性別を理由としたさまざまな場面における解雇その他不利益な取扱いが禁止されている（同法6条・9条）。

また、職場におけるセクシュアルハラスメントおよび職場における妊娠・出産等に関するハラスメントに係ることを、事業主に相談したこと、事業主による当該相談に協力した際に事実を述べたことおよび都道府県労働局長に紛争解決の援助を申し出たこと、調停の申請をしたことを理由として、解雇その他不利益な取扱いをすることが禁止されている（同法11条2項・11条の3第2項・17条2項・18条2項）。

④ 育児・介護休業法

育児・介護休業法では、育児休業（産後パパ育休を含む）、介護休業、子の看護休暇、介護休暇、その他の措置が講じられたことに係る解雇その他不利益な取扱いが禁止されている（同法10条・16条・16条の4・16条の7・16条の10・18条の2・20条の2・23条の2）。

また、職場における育児休業等に関するハラスメントに係ることを、事業主に相談したこと、事業主による当該相談に協力した際に事実を述べたことおよび都道府県労働局長に紛争解決の援助を申し出たこと、調停の申請をしたことを理由として、解雇その他不利益な取扱いをすることが禁止されている（同法25条2項・52条の4第2項・52条の5第2項）。

⑤ 労働施策総合推進法

職場におけるパワーハラスメントに係ることを、事業主に相談したこと、事業主による当該相談に協力した際に事実を述べたことおよび

都道府県労働局長に紛争解決の援助を申し出たこと、調停の申請をしたことを理由として、解雇その他不利益な取扱いをすることが禁止されている（同法30条の2第2項・30条の5第2項）。

⑥　パートタイム・有期雇用労働法

パートタイム・有期雇用労働法では、通常の労働者と短時間・有期雇用労働者との間における不合理な待遇が禁止され（同法8条）、さらに、通常の労働者と同視すべき短時間・有期雇用労働者に対する短時間・有期雇用労働者であることを理由にした待遇の差別的取扱いが禁止されている（同法9条）が、この「待遇」には解雇の取扱いも含まれる（平31. 1. 30 基発0130第1号）。

また、パートタイム・有期雇用労働者が都道府県労働局長に解決の援助を求めたこと、調停の申請をしたことを理由としての解雇その他不利益な取扱いが禁止されている（同法24条2項・25条2項）。

⑦　障害者雇用促進法

障害者雇用促進法は、募集・採用・賃金の決定・教育訓練の実施・福利厚生施設の利用・解雇を含むその他の待遇について、障害者であることを理由とした、不当な差別的取扱いを禁止している（同法34条・35条）。

また、障害者である労働者が都道府県労働局長に解決の援助を求めたこと、調停の申請をしたことを理由としての解雇その他不利益な取扱いが禁止されている（同法74条の6第2項・74条の7第2項）。

⑧　個別労働関係紛争解決促進法

事業主は、労働者が都道府県労働局長に個別労働関係紛争の解決について援助を求めたこと、あっせんの申請をしたことを理由として、当該労働者に対して解雇その他不利益な取扱いをしてはならない（同法4条3項・5条2項）。

⑨　公益通報者保護法

労働者が公益通報者保護法に定める公益通報を行政機関等にしたことを理由として、事業者が行った解雇等は無効とされる（同法3条〜

5条)。

（8）有期労働契約の終了・解雇・更新

　期間の定めのある労働契約（有期労働契約）は、いくつかの例外を除き、原則3年以内で締結した契約期間が終了すれば、期間満了退職となるのが原則である。

　使用者は、期間の定めのある労働契約について、やむを得ない事由がある場合でなければ、その契約期間が満了するまでの間において、労働者を解雇することができない（労契法17条）。

　その更新については、第2章第7節**2**(4)「有期労働契約の更新・雇止め」で解説する。

第1章 理解度チェック

次の設問に、〇×で解答しなさい（解答・解説は後段参照）。

1　10年前、当社に入社した際、労働条件通知書の「就業の場所・従事すべき業務の内容」の欄には、現在勤務している「東京本社　人事部労政課」との記載があった。このたび「A県支社　管理部」に転勤命令が出た。この異動は、労働契約違反として無効である。

2　A県支社の社員数が常時10人以上になっていたので、労働者の過半数代表の意見書を添えて所轄労働基準監督署長に届け出た。その就業規則は現在、支社長が「就業規則は機密書類である」として支社長室の金庫に保管しているが、労基法違反だと思う。

3　当社の企業内組合執行部は、要求が受け入れられない場合はストライキを打つと明言してきた。繁忙期におけるストライキは会社に甚大な損害をもたらすことになるので、敢行した場合、組合および執行部には、実際に生じた損害額の限度で、損害賠償を請求できる。

第1章　理解度チェック

---

1 ×

労働条件明示義務として、就業の場所および従事すべき業務に関する事項については、雇入れ直後の就業場所および従事すべき業務を明示すれば足りるものである（平11. 1. 29 基発45号）。入社時に職務地を限定する合意がなく、就業規則に異動転勤の規定があり、これまでもＡ県支社への配転の実績があるならば有効と考えられる。

2 ○

使用者は、就業規則を、常時各作業場の見やすい場所へ掲示し、または備え付けるなどして、労働者に周知させなければならない（労基法106条、労基則52条の2）。

3 ×

憲法28条は、争議行為を含む団体行動権を保障している。また労働組合法は、同盟罷業（ストライキ）その他の争議行為であって正当なものによって損害を受けたことのゆえをもって、使用者が労働組合またはその組合員に対し賠償を請求することができないと定めている（労組法8条）。

就業管理の概要

この章のねらい

　第2章では、労務管理の主要な部分となる就業管理について学習する。

　企業がその事業目的を推進していくためには、雇用した労働者に生き生きと効率よく、かつ無理なく働いてもらわなければならない。

　そのためには、労働基準法をはじめとする労働に関する法令を遵守しながら個々の労働者をマネジメントしていくことが必要になる。

　昨今「ブラック企業」なる言葉が巷間をにぎわせているが、現代の情報化社会において、そのように名指しされた企業が必ずしも意図していた発展を遂げていかないことは十分に予想されることである。企業の健全な発達のために、本章においては賃金、労働時間をはじめとした就業管理の基本である法令の趣旨と知識を身につけてもらいたい。

　また、近年の就業管理の傾向として、その就業形態の多様化が挙げられる。この『労務管理』標準テキスト第1版では、「その他・特定」の労働者としてまとめられていた「パートタイム労働者」「有期雇用労働者」「育児・介護にかかわる者」「高年齢者」などの就業者は、第2版では「その他・特定」ではなくなった。そしてこの第3版では、就業管理のための必要知識としては、法改正によってますますその重要度を増していることに留意する必要がある。

<table>
<tr><td>第 **1** 節</td><td># 賃金の基礎</td></tr>
</table>

◆法が定める基本的な賃金の定義について理解する。

◆平均賃金の5つの目的と基本的な計算方法について理解する。

◆賃金の支払いに関しては、①通貨払い、②直接払い、③全額払い、④毎月払い、⑤一定期日払い、の5原則がある。

◆「使用者の責に帰すべき事由」による休業の際には、労働者に休業手当を支払わなければならない。

1 賃金とは何か

① 労務管理における賃金

労働契約法における「労働者」とは、使用者に使用されて労働し、「賃金を支払われる者」をいう。また「使用者」とは、その使用する労働者に対して「賃金を支払う者」をいう（同法2条）。

労働者にとって賃金は、生活の糧であり、使用者に対してなした労働の報酬である。その額の「水準」については、使用者の支払能力、労働者の生計費、労使の交渉による集団的合意や労働力の需給バランスによる個別的合意によって決定される。いずれの合意もない場合であっても、合理的な内容でかつ周知されている就業規則があれば、その定めにより決定される（同法7条）。

また個々の労働者に対して、使用者の支払能力の中からいかに配分されるかという「方法」については、法令には最低賃金と労働者派遣法における労使協定方式による賃金決定方法以外の具体的規制等はなく、賃

金表、人事制度、人事考課制度等、そして退職金制度、企業年金制度を含め、使用者の経営思想、経営戦略等に基づく人事管理の課題であろう（本ビジネス・キャリア検定試験では別区分として『人事・人材開発』テキストで解説している）。

　一方、労働基準法（以下、本節において「労基法」または「法」という）は、上記により決定された賃金が実際に労働者の生活を保障するよう、以下の事項につき、「最低基準」を定めている。

　(1) 保護の対象となる賃金の定義

　(2) 賃金の支払方法

　(3) 最低賃金の設定（最低賃金法にゆだねている）

　(4) 就業規則に賃金の決定・計算・支払方法の大略を記載すること

　(5) 賃金台帳を作成し、支払った賃金を記録し保存すること

　なお、時間外・休日労働の割増賃金については、本章第5節「時間外・休日労働、深夜労働の基礎」で解説する。

② 労基法が定義する賃金

　労基法で賃金とは、(1)賃金、給料、手当、賞与その他名称のいかんを問わず、(2)労働の対償として、(3)使用者が労働者に支払うすべてのものをいう（同法11条）。

　いわゆる基本給をはじめ、役職手当、営業手当など職務に関連した手当、また賞与だけではなく、家族手当、住宅手当等の労働者の生活に関連した手当も、労働の対償として使用者が労働者に支払うものである以上は賃金である。

　「対償」とは、「対価」とほぼ同義であるが、直接に労働と交換されるものだけではなく、使用者の指揮命令下にあることに対して支払われるものを含む。

　労働者に支給される物または利益であって、(1)貨幣賃金の代わりに支給されるものであって、その支給により貨幣賃金の減額を伴うもの、(2)労働契約において、あらかじめ貨幣賃金のほかにその支給が約束されているものは、賃金とみなされる。

　労働協約、就業規則、労働契約等によってあらかじめ支給条件が明確
である場合の退職金は賃金である。

　しかし、以下の金銭・物・利益は、賃金とはいえない。

　1）任意・恩恵的に与えられるもの

　　たとえば、労働者の慶弔に際して使用者が任意に支出する慶弔金
は、賃金に該当しない。ただし、就業規則等によりあらかじめ支給
要件が明確にされたものは賃金である（昭22.9.13 発基17号）。

　2）福利厚生施設に該当するもの

　　一定の範囲の食事・従業員住宅・会社の運動施設等の提供は、人
材の確保・定着等の観点から行われるもので、賃金ではない。しかし、
一定の範囲を超えると、実物給与として賃金とされる場合がある。

　3）実費弁償であるもの

　　たとえば、会社から支給される作業服・出張旅費は、会社の事業
の執行に当然必要な費用であり、労働の対償でないから、賃金では
ない。

2 平均賃金

① 平均賃金の目的

　平均賃金は、次の労基法が定める個別の制度が適用される場合の基礎
額を算定するときの尺度として用いられる。

　(1) 解雇予告手当（労基法20条）

　(2) 休業手当（同法26条）

　(3) 年次有給休暇日について支払われる賃金（同法39条）

　(4) 業務上負傷・疾病・死亡をした場合の災害補償（同法76条〜82条）

　(5) 就業規則に減給の制裁を定める場合の制限額（同法91条）

　労災法の「給付基礎日額」は、この平均賃金に相当する額である。た
だし、平均賃金を給付基礎日額とすることが適当でない場合には、所轄
労働基準監督署長が厚生労働省令または厚生労働省労働基準局長が定め

る基準に従って決定する額という例外がある（同法8条）。

② 平均賃金算定の原則

　平均賃金（労基法12条）は、これを算定すべき事由の発生した日以前3ヵ月間に、時間外割増賃金等を含めその労働者に対し支払われた賃金の総額を、労働日数ではなく、その期間の総暦日数で除した金額である。

　この期間に、その労働者の労働契約に賃金締切日がある場合には、直前の賃金締切日から起算する。

　「事由の発生した日以前3ヵ月」について、法律条文の文言上は「以前」であり、事由の発生した日を含むことになるが、その当日は労務の完全提供がなされず賃金も完全に支払われない場合もあるので、事由の発生した前日から3ヵ月さかのぼることと解されている。

③ 平均賃金の最低保障

　平均賃金の金額は、次の方法で計算した金額を下回ってはならない。

（1）賃金が、日給、時給、出来高払制その他の請負制によって定められた場合は、賃金の総額をその期間中に労働した日数で割った金額の100分の60

（2）賃金の一部が、月、週その他一定の期間によって定められた場合においては、その部分の総額をその期間の総日数で除した金額と（1）の金額の合算額

④ 期間と賃金総額の控除

　原則としての「3ヵ月間」の期間中に、次の期間がある場合は、平均賃金が不当に低くなる場合があるので、その日数（分母）およびその期間中の賃金（分子）は、3ヵ月の期間および賃金の総額から控除して計算する。

（1）業務上負傷し、または疾病にかかり療養のために休業した期間

（2）産前産後休業をした期間

（3）使用者の責めに帰すべき事由によって休業した期間

（4）育児・介護休業法に規定された育児休業・介護休業をした期間

（5）試用期間

⑤ 賃金総額に算入しない賃金

平均賃金を算定するとき、賃金の総額（分子）には、次のものは算入しない。

(1) 臨時に支払われた賃金（たとえば、退職手当）

(2) ３ヵ月を超える期間ごとに支払われる賃金（たとえば、年２回６ヵ月ごとに支給される賞与）

(3) 賃金で法令または労働協約に特段の定めをしていない通貨以外のもので支払われた実物給与（労基法24条の通貨払いの原則の例外が認められる実物給与等ではないもの）

3 賃金の支払方法

（1）賃金支払いの５原則

労基法は、労働の対償としての賃金が、完全・確実に労働者の手に渡るよう、賃金の支払いについて次の５原則を定めている（同法24条）。

① 通貨払いの原則

賃金は、通貨で支払わなければならない。実物給与等通貨以外での支払いは、原則として禁止されている。ただし、(1)法令もしくは労働協約に別段の定めがある場合、または (2)厚生労働省令で定めるものによる場合においては、通貨以外のもので支払うことができる。(1)の労働協約は労働組合法上の労働協約をいい、同協約の適用を受ける組合員に限って例外を適用できる（昭63.3.14 基発150号）。(2)は、たとえば給与の口座振込が一定の要件のもとで認められている。

② 直接払いの原則

賃金は、直接労働者本人に支払わなければならない。

これは、労働者本人以外の者に賃金を支払うことを禁止するものであるから、労働者の親権者その他の法定代理人に支払うこと、委任を受けた任意代理人に支払うことも法違反であり、労働者が第三者に賃金受領権限を与えようとする委任、代理等の法律行為は無効である。

ただし、本人が病気欠勤中の際の妻子など、社会通念上、本人に支払うのと同一の効果が生じるような使者に支払うことについては、法違反ではない（昭63.3.14 基発150号）。

本人が未成年者であっても、独立して賃金を請求することができる。親権者または後見人は、未成年者の賃金を代わって受け取ってはならない（労基法59条）。

③ 全額払いの原則

賃金は、原則として、その一部を控除することなく、その全額を支払わなければならない。ただし、次の場合は控除して支払うことができる（所得税法183条、地方税法321条の5、健保法167条、厚年法84条・84条の2、徴収法32条）。

　(1) 所得税の源泉徴収、健康保険料・厚生年金保険料、雇用保険料等、
　　　法令に別段の定めがある場合
　(2) 購買代金、社宅・寮等の費用、社内預金、組合費等の控除に対し
　　　て、その事業場の過半数組合または労働者の過半数代表者との「賃
　　　金の一部控除に関する書面協定」がある場合

④ 毎月払いの原則・一定の期日払いの原則

賃金は、毎月1回以上、一定の期日を定めて支払わなければならない。ただし、臨時に支払われる賃金、賞与その他これに準ずるもので、厚生労働省令に定められた臨時の賃金については、この原則は適用されない。

これは、賃金の締切期間・支払期限を定めたものではなく、「毎月1回以上・一定の期日」であれば、支払期限を暦の月を超えた日に定めることは、不当に長い期間でない限り問題ないと解される。

一定の期日については、たとえば「第3金曜日」等では変動が大きいので、暦日であることが原則になる。

所定支払日が休日に当たる場合において、その支払日を繰り上げ、または繰り下げることを就業規則等に定めることは、一定の期日払いの原則に違反しない。

（2）賃金の非常時払い

　使用者は、労働者が出産、疾病、災害その他厚生労働省令で定める非常の場合の費用に充てるために請求する場合は、支払期日前であっても、既往の労働に対する賃金を支払わなければならない（労基法25条）。

（3）休業手当

　使用者の責に帰すべき事由による休業の場合においては、使用者は、休業期間中その労働者に、その平均賃金の100分の60以上の手当を支払わなければならない（労基法26条）。

　この「使用者の責に帰すべき事由」には、たとえば、親工場の経営難から下請工場が資材・資金の獲得ができず休業したというような経営障害の場合が含まれる（昭23.6.11 基収1998号）。

　労働安全衛生法による健康診断の結果に基づいて、使用者が休業ないし労働時間の短縮を行ったなど、法令を遵守することによって生じる休業は、企業外部の不可避的な事由によって生じたものであるから使用者の責に帰すべきものではない（昭23.10.21 基発1529号）。

（4）出来高払制の保障給

　出来高払制その他の請負制で使用する労働者については、使用者は、労働時間に応じ一定額の賃金の保障をしなければならない（労基法27条）。

　「出来高払制その他の請負制」とは、一定の出来高または労働の結果に対して賃率が定められる賃金制度で、タクシー運転手の歩合給などが該当する。そのような請負制であっても、労働契約によって就業しているのであるから労働時間に応じた一定額の保障給を定め、かつ出来高払制で計算される賃金が保障給を下回った場合、保障給までの賃金を支払わなければならない。

　保障給の額については規定されていないが、「常に通常の実収賃金とあまりへだたらない程度の収入が保障されるよう」定めるべきものとされている（昭22.9.13 発基17号・昭63.3.14 基発150号）。

　タクシーなどの自動車運転手については、交通事故につながりやすい賃金制度を改善する見地から「労働時間に応じ、固定的給与と併せて通常の賃金の6割以上の賃金が保障されるような保障給を定めるものとする」との改善基準が示されている（平元.3.1 基発93号）。

4 　賃金請求権の消滅時効

　賃金請求権の消滅時効は、その権利を行使できるときから起算して5年とされているが（労基法115条）、当分の間3年とされている（同法143条）。

　この場合の賃金には、次のものが含まれる。

(1) 　金品返還の場合の賃金（同法23条）

(2) 　賃金支払いの5原則が適用される賃金（同法24条）

(3) 　非常時支払いの賃金（同法25条）

(4) 　休業手当（同法26条）

(5) 　出来高払制の保障給（同法27条）

(6) 　時間外・休日労働・深夜業に対する割増賃金（同法37条）

(7) 　年次有給休暇期間中の賃金（同法39条9項）

(8) 　未成年者の賃金（同法59条）

　しかし、退職手当の請求権の消滅時効は、その権利を行使できるときから起算して5年である（同法115条・143条）。

第 2 節 労働時間・休憩・休日の基礎

学習のポイント

◆労働時間が「労働者が使用者の指揮命令に服している時間」
　であるという基本的定義を押さえる。
◆労働基準法32条では、原則として「１週40時間」「１日８時
　間」を超えて労働させてはならないとされている。
◆使用者には、その使用する労働者の労働時間について適正に
　把握し記録する義務がある。
◆休憩時間には、「途中付与」「一斉付与」「自由利用」という
　３つの原則がある。
◆法定休日の原則および振替休日と代休の違いを理解する。

1 労働時間

（1）労働時間とは何か

　労働時間とは、労働者が使用者の指揮命令に服している時間のことを
いうが、「指揮命令に服している」とは、使用者の指揮下にあるという意
味であり、明示の命令だけでなく、黙示の命令下にある場合を含む。す
なわち、使用者が逐一指示したり、命令したりした場合だけでなく、労
働者が実際に使用者の指揮下にある時間は「指揮命令に服している」も
のとみなされ、この状態にある時間は労働時間となる。

　労働時間は、「労働者の行為が使用者の指揮命令下に置かれたものと
評価することができるか否かにより客観的に定まるものであって、労働

契約、就業規則、労働協約等の定めにより決定されるべきでない」（三菱重工業長崎造船所事件・最判平12.3.9）。

　休憩時間は、使用者の指揮命令に服している時間ではないから、労働時間ではない。拘束時間とは、労働時間に休憩時間その他の使用者に拘束されている時間を加えた時間をいうが、自動車運転者については、厚生労働省告示によって拘束時間の上限が設けられている。また、健康管理時間とは、労働者が事業場内にいた時間と事業場外で労働した時間の合計時間をいうが、健康管理時間については、高度プロフェッショナル制度において、上限が設けられている。拘束時間も健康管理時間も、労働時間を含む広い概念である。

（2）法定労働時間と所定労働時間
① 法定労働時間の原則

　労働基準法（以下、本節において「労基法」または「法」という）32条は、その1項で「使用者は、労働者に、休憩時間を除き1週間について40時間を超えて、労働させてはならない」と定めるとともに、2項では「使用者は、1週間の各日については、労働者に、休憩時間を除き1日について8時間を超えて、労働させてはならない」と、労働時間の上限を定めている。これが原則的な法定労働時間である。

　この法定労働時間を超えて労働させた場合には、割増賃金の支払いが必要となる。

② 法定労働時間の例外

　労基法32条の労働時間の上限については、法32条の2から32条の5までの規定によって、法32条1項および2項に定められた法定労働時間を変形すること（変形労働時間制）が認められている。さらに、法60条では年少者について、法66条では妊産婦について特別の規制をしている。

　なお、変形労働時間制については本章第3節「労働時間の弾力化に係る制度の種類・内容」で、また、年少者の労働時間については本章第12節「年少者の就業管理」で詳説する。

③ 法定労働時間の特例措置

　前記②で見た法定労働時間の例外のほか、法40条は、一定の事業で「公衆の不便を避けるために必要なものその他特殊の必要あるもの」（以下、「特例対象事業」という）については、その必要避くべからざる限度で、法32条から32条の５までの労働時間および法34条の休憩に関する規定について、厚生労働省令により特例措置を設けることができると規定する（法40条、労基則25条の２第１項）。

　特例対象事業における労働時間は、図表２-２-１のとおりである。

　なお、本章で週の法定労働時間について「40時間」と表記する場合、特例対象事業にあっては週「44時間」と読み替えるものとする。

図表２-２-１ ●法定労働時間の特例

事業の種類	１週	１日
商業、映画・演劇業、保健衛生業、接客娯楽業で10人未満の事業※	44時間	8時間

※「10人未満」であるかどうかは、事業場単位で算定する。

④ 所定労働時間

　所定労働時間とは、事業場等ごとに定められた労働時間のことである。具体的には、労働協約や就業規則等に定められた労働時間、または労働契約締結時に労働条件通知書で明示された労働時間のことである。

⑤ 法定労働時間と所定労働時間との関係

　法定労働時間とは、広義には前記②の変形労働時間により修正されたものおよび前記③の特例対象事業の特例規制を含めたものをいう。法定労働時間は、前記**(1)**で述べた労働時間の定義に当てはまる。使用者は、法定労働時間を超えて労働させることは原則としてできず（違反は罰則が科される）、例外的に非常時災害の場合（法33条）または三六協定を締結した場合（法36条）にその定めにより上限付きで、可能となる。そして、その場合は、割増賃金の支払いも必要となる（法37条）。

　他方、所定労働時間は労働契約上の労働時間であり、労働協約・就業規則・個別の労働契約で決定され、前記 **(1)** の使用者の指揮命令下における客観性は要求されない。法定労働時間の規制に違反した所定労働時間を定めた場合、その部分は無効となり、無効部分は法定労働時間の規制に置き替わる（法13条）。

（3）労働時間の把握
① 労働時間の把握義務
　法108条は、「使用者は、事業場ごとに賃金台帳を調製し、賃金計算の基礎となる事項及び賃金の額その他厚生労働省令で定める事項を賃金支払の都度遅滞なく記入しなければならない」と定めているが、この規定に基づいて、労基則54条は、氏名、性別、賃金計算期間のほか、労働時間等について、①労働日数、②労働時間数、③時間外労働の時間数、④休日労働時間数、⑤深夜労働時間数、を賃金台帳に記載することを義務づけている（→第1章第1節**3** **(4)** ③「賃金台帳」を参照）。

　これらの規定により、使用者は、労働者1人ひとりの労働時間を把握し、割増賃金等の賃金を適正に支払わなければならない。また、事業者は、健康管理の観点から、一定の時間を超える長時間労働により疲労の蓄積した労働者に対して医師による面接指導等[*1]を行わなければならない（労働安全衛生法（以下、「安衛法」という）66条の8、66条の8の2）。
　　　*1　第3章第2節**7** **(1)** ③「健康管理措置の徹底」を参照。
　事業者には、その医師による面接指導等を実施するために、「高度プロフェッショナル制度」[*2]の対象労働者を除き、労働者の労働時間の状況を把握する義務がある（安衛法66条の8の3）。なお、「高度プロフェッショナル制度」において使用者には対象労働者の「健康管理時間」を把握する義務が生じることになる（労基法41条の2第1項）。
　　　*2　本章第4節**7**「高度プロフェッショナル制度」を参照。
② 労働時間の適正な把握のために使用者が講ずべき措置に関するガイドライン

　使用者が労働時間の把握をまったくしていなかったり、把握している場合にも不適正な運用がなされ、割増賃金の不払いや過度な長時間労働が発生したりするなどの問題が社会問題化している現状を踏まえ、厚生労働省は、労働時間の適正な管理の促進を図るため、「労働時間の適正な把握のために使用者が講ずべき措置に関するガイドライン」（平29.1.20基発0120第3号。以下、本項において「ガイドライン」という）を示した。ガイドラインの主な内容は次のとおりである。

1）適用の範囲

　ガイドラインの対象事業場は、労基法のうち労働時間に係る規定が適用されるすべての事業場である。また、ガイドラインに基づき使用者（使用者から労働時間を管理する権限の委譲を受けた者を含む。以下同じ）が労働時間の適正な把握を行うべき対象労働者は、「いわゆる管理・監督者及びみなし労働時間制が適用される労働者（事業場外労働を行う者にあっては、みなし労働時間制が適用される時間に限る）を除くすべての者」である。

　なお、ガイドラインの適用が除外される管理監督者やみなし労働時間制の適用者についても、健康確保を図る必要があることから、使用者は、適正な労働時間管理を行う責務がある。

2）労働時間の把握の内容

　労働時間を適正に把握するためには、使用者は、労働者の労働日ごとの始業・終業時刻を確認し、これを記録することが必要である。

3）労働時間把握の原則的な方法

　始業・終業の時刻を確認し、記録するための原則的な方法としては、

　　ⅰ）使用者がみずから現認することにより確認し、適正に記録すること

　　ⅱ）タイムカード、ICカード、パソコンの使用時間の記録等の客観的な記録を基礎として確認し、適正に記録すること

がある。

4）自己申告制による場合の留意点

　上記のような原則的な方法によらず、自己申告制によって始業・終業

の時刻を把握せざるを得ない場合には、使用者は次の措置を講じること
が必要である。

ⅰ）自己申告制の対象となる労働者に対して、ガイドラインを踏まえ、
　　労働時間の実態を正しく記録し、適正に自己申告を行うことなどに
　　ついて十分な説明を行うこと

ⅱ）実際に労働時間を管理する者に対して、自己申告制の適正な運用
　　を含め、ガイドラインに従い講ずべき措置について十分な説明を行
　　うこと

ⅲ）自己申告により把握した労働時間が実際の労働時間と合致してい
　　るか否かについて、必要に応じて実態調査を実施し、所要の労働時
　　間の補正をすること

　　特に、入退場記録やパソコンの使用時間の記録など、事業場内に
　　いた時間のわかるデータを有している場合に、労働者からの自己申
　　告により把握した労働時間と当該データでわかった事業場内にいた
　　時間との間に著しい乖離が生じているときには、実態調査を実施し、
　　所要の労働時間の補正をすること

ⅳ）自己申告した労働時間を超えて事業場内にいる時間について、そ
　　の理由等を労働者に報告させる場合には、当該報告が適正に行われ
　　ているかについて確認すること

　　その際、休憩や自主的な研修、教育訓練、学習等であるため労働
　　時間ではないと報告されていても、実際には、使用者の指示により
　　業務に従事しているなど使用者の指揮命令下に置かれていたと認め
　　られる時間については、労働時間として扱わなければならないこと

ⅴ）自己申告制は労働者による適正な申告を前提として成り立つもの
　　であるため、使用者は、労働者が自己申告できる時間外労働の時間
　　数に上限を設け、上限を超える申告を認めないなどの、労働者に
　　よる労働時間の適正な申告を阻害する措置を講じてはならないこと

　　また、時間外労働時間の削減のための社内通達や時間外労働手当
　　の定額払い等労働時間に係る事業場の措置が、労働者の労働時間の

適正な申告を阻害する要因となっていないかについて確認するとともに、当該要因となっている場合には、改善のための措置を講じること

さらに、労働基準法の定める法定労働時間や三六協定で定めた延長することができる時間数について、実際には延長することができる時間数を超えて労働しているにもかかわらず、記録上これを守っているようにすることが、実際に労働時間を管理する者や労働者等の間で、慣習的に行われていないかについても確認すること。

5）賃金台帳の適正な調製

法108条および労基則54条により、労働者ごとに、前記①に係る事項を適正に記録しなければならないこと、また、賃金台帳にこれらの事項を記入していない場合や、故意に賃金台帳に虚偽の労働時間数を記入した場合は、法120条に基づき30万円以下の罰金に処される。

6）労働時間の記録に関する書類の保存

ガイドラインでは、出勤簿やタイムカード等の労働時間の記録に関する書類について、法109条に基づき、5年間（当分の間は3年間、法143条）保存することとされている。この場合の保存期間の起算点は、それらの書類ごとに最後の記載がなされた日である。

7）労働時間を管理する者の職務

事業場で労務管理を行う部署の責任者は、当該事業場内における労働時間の適正な把握等労働時間管理の適正化に関する事項を管理し、労働時間管理上の問題点の把握およびその解消を図るようにしなければならない。

8）労働時間等設定改善委員会等の活用

自己申告制により労働時間の管理が行われている場合や1つの事業場で複数の労働時間制度を採用していて、これに対応した労働時間の把握方法がそれぞれ定められているような場合には、必要に応じて労働時間等設定改善委員会等の労使協議組織を活用し、労働時間管理の現状を把握のうえ、労働時間管理上の問題点およびその解消策等の検討を行うこ

とが必要とされている。

（4）労働時間の繰上げ、繰下げ

労働時間の繰上げ、繰下げとは、就業規則等で定めた始業・終業の時刻を早くしたり、遅くしたりすることである。

これは、就業規則の絶対的必要記載事項である始業・終業の時刻の変更であるから、その例外措置として、就業規則に明記されていなければ行うことができない。

2 休 憩

（1）休憩時間とは何か

休憩時間とは、労働者が権利として労働から離れることを保障されている時間の意であり、その他の拘束時間は労働時間となる（昭22. 9. 13発基17号）。したがって、命令されればいつでも労働に入らなければならない手待ち時間は労働時間であり、休憩時間ではない。

（2）休憩時間の付与原則

① 休憩時間の最低付与時間

休憩時間の最低付与時間は、労働時間の長さに応じて、図表2-2-2のように定められている（法34条1項）。この最低付与時間以上であれば、その長さに法律上の上限はない。

なお、一昼夜交替制をとり、2暦日にまたがって労働させる場合（た

図表2-2-2 ●法定の休憩時間の長さ

労働時間	休憩時間
6時間以内	不要
6時間超8時間以内	45分
8時間超	1時間

とえば、連続する実労働時間が16時間に及ぶ場合）でも、法律上は、労働時間の途中に1時間の休憩を与えれば足りる（昭23.5.10 基収1582号）。

② 休憩時間付与の3つの原則

休憩時間について、労基法では次の3つの原則を定めている（法34条1項・2項）。

1）途中付与の原則

休憩時間は、労働時間の途中に与えなければならない（法34条1項）。この休憩時間の「途中付与」の原則は絶対的なものであり、始業または終業の時刻を遅らせたり早めたりすることによって短縮した時間を休憩時間に充てることはできない。しかし、労働時間の途中であれば、分割して与えることができる。

2）一斉付与の原則と例外

休憩時間は、原則として、一斉に与えなければならない（法32条2項）。ただし、労使協定を締結した場合、ならびに、運送の事業や旅館・飲食店・接客娯楽の事業、保健衛生の事業、官公署など休憩を一斉に付与することが困難ないし不適当と考えられる特例対象事業については、「一斉付与」の原則の適用が除外されている（法40条、労基則31条）。なお、一斉休憩の特例に係る労使協定は行政官庁への届出が必要ないが、一斉に休憩を与えない労働者の範囲および当該労働者に対する休憩の与え方について定めておかなければならない（平11.1.29 基発45号）。

3）自由利用の原則と例外

使用者は、第1項の休憩時間を自由に利用させなければならない（法34条3項）。これを「自由利用」の原則という。

しかし、休憩時間の自由利用には、施設管理上の制約および休憩後の引き続く労働を前提とした労働規律上の制約、集団的な企業秩序維持上の制約が課せられており、使用者の拘束から完全に解放される休日、休暇や終業後の時間に見られるような完全な自由保障とは異なる。

すなわち、「休憩時間の利用について事業場の規律保持上必要な制限を加えることは、休憩の目的を害わない限り差し支えないこと」（昭22.

9. 13 発基17号）とされており、休憩時間中の外出について所属長の許可を受けさせることも、事業場内において自由に休息し得る場合には必ずしも違法にはならない（昭23. 10. 30 基発1575号）。

また、警察官や常勤の消防団員、乳児院・児童養護施設・知的障害児施設等に勤務する職員で児童と起居をともにする者、居宅訪問型保育事業において児童の居宅で保育を行う家庭的保育者などのうち一定の者*については、休憩時間の「自由利用」の適用が除外されている（法40条、労基則33条1項、平27. 3. 31 基監発0331第2号）。

> ＊乳児院・児童養護施設・知的障害児施設等に勤務する職員で児童と起居をともにする者については、あらかじめ所轄労働基準監督署長の許可を受けなければならない（法40条、労基則33条2項)。

（3）休憩時間の適用除外

原則として、6時間を超えて労働させる場合には、休憩を与えなければならないが、運送の事業等の乗務員で長距離にわたり継続乗務する者および屋内勤務者30人未満の郵便局において郵便、電信または電話の業務に従事する者については、例外的に休憩時間を与えないことができるとされている（労基則32条1項)。

3 休 日

（1）休日の意義

休日とは、労働契約で労働の義務を課さないことを約した日*のことであり、その日については労働者は労働の義務から解放され、完全に自由利用を保障された休息日である。しかし、三六協定が締結されており、かつ、就業規則等に定め（内容に合理性があり、周知されていることが求められる）がある場合や、非常災害の場合には、休日に労働させることができる。

> ＊これに対して、休暇は一定の要件のもとに「労働の義務を免除した日」であって、労働者が取得の権利を有する日のことである。

（2）法定休日と所定休日

① 法定休日

　使用者は、労働者に対して、毎週少なくとも1回の休日を与えなければならない（法35条1項）。ただし、②でみるとおり4週間を通じ4日以上の休日を与える使用者については、週1回の休日付与の原則について変形することを認めている（法35条2項）が、週1回の休日が原則である（昭22.9.13 発基17号）。

　法定休日とは、法に定められた1週に1回または4週に4日与える休日のことをいう。

② 変形休日

　変形休日とは、4週に4日与える休日のことをいうが、これは特定の4週間に4日の休日があればよく、どの4週間を区切っても4日の休日が与えられていなければならない趣旨ではない（昭23.9.20基発1384号）。変形休日を与えることとする場合、就業規則等に、4週間の起算日を明らかにすることが必要とされている（労基則12条の2第2項）が、4週4日の休日は起算日から数えた4週間に4日の休日が設けられていればよい。

③ 所定休日

　所定休日とは、事業場や職種等ごとに定めた休日のことで、就業規則等に定められた休日のことであり、法定外休日ともいう。所定休日は、法定休日が確保されている限り、与える日数および与え方に制限はない。

（3）休日の基礎知識

① 1週間の始まり

　法35条1項の「毎週少くとも1回の休日を与えなければならない」という場合の1週間の始まりは、就業規則等で曜日を特定しない限り、「日曜日」となる（昭24.2.5 基収4160号、昭33.2.13 基発90号）。

② 休日の特定

　休日は、休憩時間のように一斉に与える必要はなく、また、法令上は、

曜日等を特定する必要もない。このため、個人ごとの勤務割表によって各人ごとに毎週異なる曜日を休日としてもよいわけである。

しかしながら、行政解釈では、「休日を特定することがまた法の趣旨に沿うものであるから就業規則の中で単に1週間につき1日といっただけではなく具体的に一定の日を休日と定める方法を規定するよう指導されたい」（昭23.5.5 基発682号、昭63.3.14 基発150号）とされている。

なお、法定休日が特定されていない場合の時間外労働との関係について、日曜日および土曜日の週休2日制の事業場において、その両方に労働させた場合には、当該暦週において"後順"に位置する土曜日における労働が法定休日労働になるとされている（「改正労働基準法に係る質疑応答」（平21.10.5））。また、暦週の起算日は、就業規則等に別段の定めがない限り、"日曜日"となる（昭24.2.5基収4160号、昭和63.1.1基発1号）。ただし、労働条件を明示する観点から、就業規則等により3割5分以上の割増賃金率の対象となる休日が明確になっていることが望ましいとされている（平6.1.4基発1号、平11.3.31基発168号）。

③ 国民の祝日の扱い

国民の祝日に関する法律における「国民の祝日」は、労基法上の休日とは同義ではない。

すなわち、国民の祝日を休日とするかどうかは任意であり、仮に国民の祝日に労働させても、1週1回または4週4日の休日が確保されていれば、労基法上の休日労働には当たらない。したがって、国民の祝日以外に法定休日が確保されていれば、必ずしも割増賃金の支払いの必要はない（ただし、週40時間を超えたときは、その超えた時間に対する時間外労働割増賃金の支払いが必要となる）。

④ 暦日休日の原則とその例外

休日の付与単位は原則として「午前零時から午後12時まで」の暦日（昭23.4.5 基発535号）とされており、原則として、休日を分割したり、暦日をまたがる24時間を休日とすることはできない。

（4）休日振替と代休

① 休日振替

　就業規則で休日を特定した場合にも、休日を振り替えることができる旨の規定を設け、「これによって休日を振り替える前にあらかじめ振り替えるべき日を特定して振り替えた場合は、当該休日は労働日となり、休日に労働させることにならない」（昭23. 4. 19 基収1397号、昭63. 3. 14 基発150号）。これが、いわゆる振替休日である。したがって、振替休日の措置をとったときは、休日労働は発生しない。

　ただし、休日を他の週に振り替えることによって、週1回または4週4日の法定休日を与えることができないときは、休日の振替はできない。また、休日を他の日に振り替えたことにより当該週の労働時間が週の法定労働時間を超えるときは、その超えた時間については時間外労働となり、時間外労働に関する三六協定および割増賃金の支払いが必要となる（昭22. 11. 27 基発401号、昭63. 3. 14 基発150号）。

② 休日振替の手続

　休日振替を行う場合には、就業規則等でできる限り休日振替の具体的事由と振り替えるべき日を規定するとともに、振り替えるべき日については、振り替えられた日以降できる限り近接していることが望ましい（昭23. 7. 5 基発968号、昭63. 3. 14 基発150号）。

③ 休日振替と代休の違い

　休日振替とは、休日である日曜日を勤務日に変更する代わりに、勤務日である水曜日を休日とするように、休日と他の勤務日をあらかじめ振り替えることをいう。

　これに対して代休は、あらかじめ休日を他の日と振り替えることなく、就業規則等に定められた休日に労働させた後に、その代償としてその後の特定の労働日の労働義務を免除して、代わりの休日を与えることをいう（昭23. 4. 19 基収第1397号、昭63. 3. 14 基発150号）。

　この場合には、後日に代休を与えても休日労働が帳消しになるわけではないので、休日労働をさせた日が法定休日に当たる場合には、3割5

分増以上の割増賃金を支払わねばならず、また、労働させた日が法定休日に当たらない場合でも、所定休日労働をしたことによってその週の法定労働時間を超えるときは、時間外労働割増賃金の支払いが必要となる。

　なお、任意に与える代休は、労基法の休日ではないから、時効の規定（法115条）は適用されない。

第**3**節　**労働時間の弾力化に係る 制度の種類・内容**

学習のポイント

◆4種類の変形労働時間制について、それぞれの法定要件について理解する。
◆事業場外労働のみなし労働時間制の法定要件を理解する。
◆裁量労働制には「専門業務型」と「企画業務型」の2種類があり、それぞれの法定要件を理解する。

1　変形労働時間制

（1）変形労働時間制の種類と法定要件のポイント

　変形労働時間制には、1ヵ月単位の変形労働時間制、1年単位の変形労働時間制、1週間単位の非定型的変形労働時間制、フレックスタイム制の4つの種類がある。

　これらの制度を導入し、変形期間を平均した1週間の所定労働時間が40時間以内になるようにした場合には、特定の週において1週40時間を超え、または特定の日において1日8時間を超えて労働させることができるが、これらの制度を導入するためには、制度ごとに定められた要件（→図表2-3-1）を満たすことが必要である。

（2）1ヵ月単位の変形労働時間制

　1ヵ月単位の変形労働時間制とは、1ヵ月以内の一定の期間（変形期間）を平均した1週間の労働時間が法定労働時間以内の範囲であれば、

図表２-３-１●各種変形労働時間制の法定要件

変形労働時間制の種類	対象となる事業場	週の法定労働時間	週または日についての労働時間の制限	就業規則等の定め	労使協定	
					締結	届出
１ヵ月単位の変形労働時間制	全事業場	変形期間を平均して40時間（特例対象事業場では44時間）	なし	○	○（注1）	○（注2）
１年単位の変形労働時間制	全事業場	対象期間を平均して週40時間	対象期間が３ヵ月以内の場合は１週52時間、１日10時間以内、対象期間が３ヵ月超のときは、48時間を超える週の回数等の制限がある	×（注5）	○	○（注3）
１週間単位の非定型的変形労働時間制	従業員30人未満の小売業、旅館、料理店、飲食店	40時間	１日10時間以内	×（注5）	○	○（注3）
清算期間が１ヵ月以内のフレックスタイム制の場合	全事業場	清算期間を平均して週40時間（特例対象事業場では44時間）（注6）	なし	○（注4）	○	×
清算期間が１ヵ月を超え、３ヵ月以内のフレックスタイム制の場合	全事業場	清算期間を平均して週40時間、かつ、当該清算期間を１ヵ月ごとに区分した期間ごとの週平均労働時間が50時間を超えないこと（注6）	なし	○（注4）	○	○

注1）就業規則等によるほか、労使協定によることもできる。
　2）労使協定を締結した場合には、届出が必要となる。就業規則等による場合は、就業規則等の変更届が必要となる。
　3）労働時間等設定改善委員会および法38条の４または法40条の２に規定する労使委員会の決議による場合には、届出不要。
　4）就業規則等には、フレックスタイム制の対象者には始業・終業時刻の決定をゆだねる旨を記載する。労使協定には所定事項を記載する。
　5）ただし、法89条の定めにより、始業・終業の時刻につき就業規則への定めが必要となる。
　　１週間単位の非定型的変形労働時間制の就業規則への記載については、始業・就業の時刻は労働者に通知する時期・方法等を規定しておけば足りるが、原則的な始業・就業時刻が決まっている場合や始業・就業の時刻にいくつかのパターンが決まっている場合には、記載が必要である。
　6）完全週休２日制の場合は、過半数代表者との労使協定により、40時間ではなく、「（清算期間の所定労働日数×８時間）÷（清算期間の暦日数÷７日）」を週法定労働時間とすることができる。

特定の日や週について、1日および1週間の法定労働時間を超えて労働させることができるという制度である（労働基準法（以下、本節において「労基法」または「法」という）32条の2）。

① 1ヵ月単位の変形労働時間制の法定要件

1ヵ月単位の変形労働時間制を採用するためには、就業規則その他これに準ずるもの（「その他これに準ずるもの」とは、10人未満の事業場が定める就業規則をいう。以下、本節において「就業規則等」という）または労使協定により、この変形労働時間制を採用する旨と必要事項について定めることが必要である。就業規則等の定めによるか労使協定によるかは、最終的には使用者が決定できる（平11.1.29 基発45号）。なお、労使協定を締結した場合は、所轄労働基準監督署長に所定様式により届け出ることが必要となる（同通達）。

1）就業規則等の定め

就業規則等で1ヵ月単位の変形労働時間制の定めをする場合には、各日の労働時間の長さだけではなく、始業および終業の時刻についても定める必要がある（昭63.1.1 基発1号、平9.3.25 基発195号、平11.3.31 基発168号）。また、就業規則等には、変形期間の起算日を明らかにしなければならない（労基則12条の2第1項）。

2）労使協定の定め

1ヵ月単位の変形労働時間制について、労使協定で定めることもできるが、その場合にも各日の始業・終業の時刻については就業規則等に定めなければならない（平11.1.29 基発45号）。始業・終業の時間は就業規則の絶対的必要記載事項だからである（法89条1号）。

また、1ヵ月単位の変形労働時間制を労使協定で定める場合には、労使協定の有効期間の定めが必要である（労基則12条の2の2第1項）。

3）就業規則等または労使協定に定める事項

1ヵ月単位の変形労働時間制を採用する場合は、労使協定または就業規則等により、次のⅰ）からⅳ）について具体的に定める必要がある。

ⅰ）変形労働時間制を採用する旨の定め

　1ヵ月単位の変形労働時間制により、平均した1週間の労働時間が40時間以内になるようにしたときは、特定した各日または各週の労働時間が8時間を超え、または40時間を超えることがある旨の定めをする。

ⅱ）労働日、労働時間の特定

　変形期間における各日、各週の労働時間をあらかじめ具体的に定める必要がある。各日の労働時間は、単に「労働時間は1日8時間とする」という定め方ではなく、長さのほか、始業・終業の時刻も具体的に定め、かつ、これを労働者に周知することが必要となる（法106条1項、労基則12条）。

ⅲ）変形期間における労働時間の長さ

　1ヵ月単位の変形労働時間制には、1日や1週の所定労働時間の上限についての規制はない。したがって、変形期間（最長1ヵ月）の法定労働時間の総枠の範囲内であれば、1日や1週の所定労働時間は任意に定めることができる。ただし、妊産婦（妊娠中の女性および産後1年を経過しない女性）が請求した場合には、1週につき40時間、1日8時間の上限がある（法66条1項）。

　変形期間を平均した1週間の労働時間は週の法定労働時間を超えないこととされているため、変形期間の所定労働時間の総枠は、図表2-3-2の算式によって計算された範囲内とすることが必要となる（昭63.1.1 基発1号、平6.3.31 基発181号、平7.1.1 基発1号、平9.3.25 基発195号）。

図表2-3-2 ● 変形期間の法定労働時間の総枠

$$\text{変形期間の法定労働時間の総枠} = 40\text{時間} \times \frac{\text{変形期間の暦日数}}{7\text{日}}$$

　これによって計算すると、1ヵ月の労働時間の総枠は図表2-3-3のようになる。

図表２-３-３ ● １ヵ月の暦日数ごとの労働時間の総枠

１ヵ月の暦日数	労働時間の総枠
31日	177.1時間（194.8時間）
30日	171.4時間（188.5時間）
29日	165.7時間（182.2時間）
28日	160.0時間（176.0時間）

注）カッコ内は、特例対象事業場。

　なお、変形期間を１ヵ月とする場合に、月によって休日数が異なるときは、休日数が最も少ない月（所定労働時間数が最も多い月）にも、この総枠の時間を超えないようにしなければならない。

ⅳ）変形期間の起算日

　変形期間の起算日を就業規則等または労使協定に定める必要がある（労基則12条の２第１項）。

② 育児・介護を行う者への配慮

　１ヵ月単位の変形労働時間制を導入する場合には、育児を行う者、老人等の介護を行う者、職業訓練または教育を受ける者その他特別の配慮を要する者については、これらの者が育児等に必要な時間を確保できるような配慮をしなければならない（労基則12条の６）。

③ 年少者への変形労働時間制の適用

　年少者（満18歳未満の者）には、１ヵ月単位の変形労働時間制を原則として適用することはできない（法60条１項・３項２号）。なお、詳細は本章第12節「年少者の就業管理」を参照。

（３）１年単位の変形労働時間制

　１年単位の変形労働時間制とは、１年以内の一定の期間（対象期間）を平均し、１週間の労働時間が40時間以内の範囲で特定の日や週について、１日および１週間の法定労働時間を超えて労働させることができる制度をいう（法32条の４）。

① 1年単位の変形労働時間制の法定要件

1年単位の変形労働時間制を採用する場合は、次の1）から4）について、労使協定を締結し、1ヵ月を超え1年以内の一定期間（対象期間）を平均した1週間の労働時間を40時間以内の範囲にすること等の条件を満たしたうえで、その労使協定を所定様式により所轄労働基準監督署長に届け出ることが必要となる（法32条の4第1項）。

1）就業規則等の定め

労働者に1年単位の変形労働時間制によって労働させる義務を負わせるためには、労使協定を締結するだけでなく、就業規則等でその旨の定めをしなければならない（昭63.1.1 基発1号）。

また、始業・終業の時刻は就業規則の絶対的必要記載事項とされている（法89条1号）ので、対象期間中の各日の始業・終業の時刻を就業規則に定める必要がある。

就業規則等には、1年単位の変形労働時間制が適用される者の各日の始業および終業時刻は1年単位の変形労働時間制に関する労使協定による旨を定め、労使協定の各条にそのまま就業規則等の内容となりうるような具体的な始業、終業時刻が定められている場合には、就業規則等本文には、各日の始業・終業の時刻を明記しなくても差し支えない。ただし、この場合には、就業規則等の中に引用すべき労使協定の条文番号を明記し、かつ、就業規則等の別紙として労使協定を添付することが必要である（平6.5.31 基発330号）。

なお、1年単位の変形労働時間制を採用する場合には、就業規則等または労使協定に対象期間の起算日を定めておかなければならない（労基則12条の2第1項）。

2）対象労働者の範囲

1年単位の変形労働時間制によって労働させる労働者の範囲を労使協定で明確にする必要がある（法32条の4第1項1号）。

i）原則的な対象労働者

対象期間の途中に採用した者や定年等であらかじめ対象期間の途中

109

に退職することが明らかな者など、労使協定に定める対象期間のすべての期間にわたって雇用しない者についても対象とすることが認められている。ただし、全期間雇用されなかった者については、賃金について清算をしなければならない（法32条の4の2）。

　なお、対象労働者の範囲については、労使協定でできる限り明確に定める必要がある（平6.1.4 基発1号、平11.3.31 基発168号）。

ⅱ）育児や介護を行う者等への配慮

　1年単位の変形労働時間制を採用する場合には、育児を行う者、老人等の介護を行う者、職業訓練または教育を受ける者その他特別の配慮を要する者については、これらの者が育児等に必要な時間を確保できるよう配慮をしなければならない（労基則12条の6）。

ⅲ）年少者への適用

　年少者（満18歳未満の者）には、原則として、1年単位の変形労働時間制を適用することはできない（法60条1項）。ただし、満15歳以上の者（満15歳に達した日以後の3月31日までの期間を除く）については、1週48時間、1日8時間を超えない範囲であれば、この限りではない（法60条3項2号）。

ⅳ）複数の変形労働時間制

　1つの事業場で起算日と対象労働者が異なる複数の1年単位の変形労働時間制を並行して採用する場合には、対象労働者を明確にし、かつ、それぞれの1年単位の変形労働時間制ごとに労使協定を締結し、届け出ることが必要である（平6.5.31 基発330号）。

ⅴ）定年後の再雇用者に対する適用

　変形期間の途中で定年退職となり、当該事業場で嘱託として引き続き再雇用される場合にも、就業規則等において、労働者が希望すれば引き続き再雇用し、または継続勤務とすることが明確に規定されている場合には、当該変形労働時間制を適用することは可能である（平6.5.31 基発330号）。

3）対象期間

1年単位の変形労働時間制の対象期間とは、その期間を平均して1週間当たりの労働時間が40時間を超えない範囲内において労働させる期間をいい、その長さは1ヵ月を超え1年以内の期間に限られる。

なお、1ヵ月を超え1年以内の範囲内であれば3ヵ月、4ヵ月、半年などの対象期間を採用することも可能である。また、1つの労使協定の中で、複数の対象期間を定めて運用することも認められている。

4）労働日と労働時間の特定

1年単位の変形労働時間制のもとでは、対象期間を平均して、1週間の労働時間が40時間を超えないように対象期間内の各日、各週の所定労働時間を定めることが必要であるが、これらの所定労働時間は、原則として対象期間の全期間にわたって定めなければならない。

5）対象期間を区分する場合の労働日と労働時間

対象期間を1ヵ月以上の期間に区分することとした場合には、次の事項を定めなければならない。

① 最初の期間における労働日
② 最初の期間における労働日ごとの労働時間
③ 最初の期間を除く各期間における労働日数
④ 最初の期間を除く各期間における総労働時間

この場合、最初の期間を除く各期間の労働日と労働日ごとの労働時間を、その期間の始まる少なくとも30日前に、その事業所における過半数労働組合（過半数労働組合がない場合には過半数代表者。以下、「労働組合の過半数代表」という）の同意を得て、書面により定めなければならない。

ここで「労働日」とは、所定労働日のことであるが、労働日に関しては、明確に特定しなければならず、夏期休日など一定期間に労働者が指定した日を休日とする、いわゆる「指定休日」は、労働日を特定したことにはならない（平6.5.31 基発330号）。

② 対象期間の労働時間の総枠

対象期間を通した所定労働時間の総枠（総労働時間）の上限は、図表2-3-4の計算式によることになる。

図表2-3-4 ●対象期間における所定労働時間の総枠

$$\text{変形期間の所定労働時間の総枠} \leqq 40時間 \times \frac{\text{変形期間の暦日数}}{7日}$$

図表2-3-5 ●対象期間における所定労働時間の総枠の上限

対象期間	所定労働時間の総枠の上限
1年　（365日の場合）	2,085.71時間
6ヵ月（183日の場合）	1,045.71時間
4ヵ月（122日の場合）	697.14時間
3ヵ月（ 92日の場合）	525.71時間

　この算式によれば、対象期間を通した所定労働時間の総枠の上限は図表2-3-5のようになる。

　また、1日の所定労働時間を一定とした場合、1週平均40時間をクリアするための1日の所定労働時間と年間休日日数の関係は図表2-3-6および2-3-7のようになる。

図表2-3-6 ●必要な年間休日日数の算式

$$\text{必要な年間休日日数} = \frac{1日の所定労働時間 \times 7日 - 40時間}{1日の所定労働時間 \times 7日} \times 365日（366日）$$

図表2-3-7 ●1日の所定労働時間ごとに必要な年間休日日数

1日の所定労働時間	必要な年間休日日数	
	1年365日の場合	1年366日の場合
8時間00分	105日	105日
7時間45分	96日	97日
7時間30分	87日	88日

③ 労働日数の限度

　3ヵ月を超える対象期間における労働日数の限度は、原則として1年間に280日（対象期間が3ヵ月以内の場合には、280日の制限はなく、年間の法定休日数52日を除くと313日）となる。対象期間が1年未満の場合は図表2-3-8の計算式（小数点以下は切り捨て）で上限日数が決まる（平11.1.29 基発45号）。

図表2-3-8 ● 年間労働日数の限度

$$\text{対象期間が3ヵ月を超える場合の年間労働日数の限度} = 280\text{日} \times \frac{\text{対象期間中の暦日数}}{365\text{日}}$$

④ 対象期間における連続労働日数と特定期間

　1年単位の変形労働時間制のもとで連続して労働させることができる連続労働日数は、原則として最長6日までである（労基則12条の4第5項）が、特定期間を設ければ1週間に1日の休日が確保できる日数（最長12日）とすることができる。ここで、特定期間とは対象期間中の特に業務が繁忙な期間（法32条の4第1項3号）をいう。

　特定期間の長さは、対象期間中の特に業務が繁忙な期間について設定することができるとする法の趣旨に沿った期間にすることが必要であり、対象期間のうち相当部分を特定期間とすることはこの趣旨に反する（平11.3.31 基発169号）ため、認められない。ただし、対象期間中の複数の期間を特定期間として定めることは可能（同通達）とされており、特定期間を設ける場合には、対象期間のうち繁忙が見込まれる一定の時期について、労使協定にあらかじめ定めておくことは可能である。

　なお、特定期間は労使協定の必要的協定事項であるが、特定期間について何ら定めがない協定については、「特定期間を定めない」旨定められているものとみなすこととされている（同通達）。

⑤ 1日・1週間の労働時間の限度

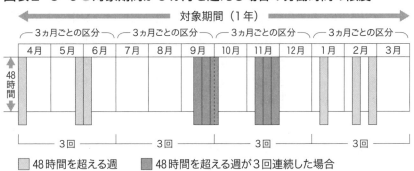

図表2-3-9 ● 対象期間が3ヵ月を超える場合の労働時間の限度

１日および１週の労働時間について、対象期間が３ヵ月以内の場合には、最長１日10時間、１週52時間まで、対象期間が３ヵ月を超える場合には、この上限を設定できる範囲は、次のような制限が設けられている（労基則12条の４第４項）。→図表2-3-9

① 対象期間中に48時間を超える所定労働時間を設定するのは連続３週以内とすること

② 対象期間を初日から３ヵ月以内ごとに区切った各期間（３ヵ月未満の期間が生じたときは、当該期間）において、週48時間を超える所定労働時間を設定した週の初日の数が３以内であること

⑥ 労使協定の有効期間

１年単位の変形労働時間制に係る労使協定には、有効期間を定めなければならない。この場合、有効期間は、１年程度とすることが望ましいが、３年程度以内のものであれば受理して差し支えない（平6.1.4 基発１号、平11.3.31 基発168号）。

⑦ 対象期間の全期間雇用されなかった者の賃金の清算

１）途中採用者等の賃金の清算

途中採用者や途中退職者等で対象期間の全期間を雇用されなかった場合で、当該労働者が対象期間中に実際に労働した時間が、１週間当たり40時間を超える場合には、法37条の規定により割増賃金を支払わなけれ

ばならない（法32条の4の2）。

　この場合、賃金の清算は、途中退職者等については退職等の時点において、途中採用者等については対象期間終了時点（途中採用者等が対象期間終了前に退職等した場合は当該退職等の時点）において行うことになる（平11.1.29 基発45号）。1つの事業場で複数の1年単位の変形労働時間制が採用されている場合に対象期間の途中に配置転換された労働者についても、同様の方法で賃金を清算する必要がある。

2）割増賃金の計算方法

　割増賃金を支払わなければならない時間は、途中退職者等については退職等の時点で、途中採用者等については対象期間終了時点（当該途中採用者等が対象期間終了前に退職した場合は当該退職等の時点）で、それぞれ図表2-3-10の計算式によって計算する（平11.1.29 基発45号）。

図表2-3-10 ● 途中退職者等の割増賃金の計算方法

$$対象期間途中の実労働時間 - 法定割増賃金を支払わなければならない時間 - 40時間 \times \frac{実労働期間の暦日数}{7日}$$

　すなわち、1年単位の変形労働時間制により労働させた実労働時間から、法37条1項の規定に基づく割増賃金を支払わなければならない時間（法33条または法36条の規定により延長し、または休日に労働させた時間）および「40時間×実労働期間の暦日数／7日」を減じて得た時間に対して、割増賃金を支払うことになるわけである（同通達）。

3）休職者等に対する賃金清算

　1年単位の変形労働時間制の適用労働者が対象期間中に、育児休業や産前産後休業を取得して、実際の労働期間が対象期間よりも短かった場合の扱いについて、法34条の4の2の規定は、途中退職者等雇用契約期間が法32条の4第1項2号に規定する対象期間よりも短い者についての規定であり、休暇中の者などには適用されない（平11.3.31 基発169号）。

したがって、1年単位の変形労働時間制の適用労働者が、対象期間中に育児休業や産前産後休業の取得等により労働せず、実際の労働期間が対象期間より短かった場合には、賃金清算を行う必要はない。

（4）1週間単位の非定型的変形労働時間制

　1週間単位の非定型的変形労働時間制は、日ごとに業務に著しい繁閑が生ずることが多く、かつ、これを予測したうえで就業規則等により各日の労働時間を特定することが困難であると認められる一定の事業に従事する労働者について、労使協定を締結することによって、就業規則等で特定された（定型的な）労働時間によらずに、1日について10時間まで労働させることができる（法32条の5第1項）という制度である。

① 対象事業

　この変形労働時間制を採用できるのは、常時使用する従業員が30人未満の旅館、料理店、飲食店、小売業の4つの業種に限定されている。この場合、事業の規模は、企業全体ではなく、事業場ごとの人数である。

② 労働時間の上限

　労働時間の上限は、1日について10時間、1週間については40時間以内になるように所定労働時間を定めなければならない（これを超えて労働させた場合には、その超えた時間については時間外労働となる）。なお、10人未満の特例対象事業が1週間単位の非定型的変形労働時間制を導入した場合、週の労働時間の上限は44時間ではなく40時間となる（労基則25条の2第4項）。

③ 労使協定の締結・届出

　この変形制を導入する場合には、次の事項を定めた労使協定を締結し、その協定を所轄労働基準監督署長に届け出なければならない。

　① 事業の種類・事業の名称・事業の所在地・常時使用する労働者数
　② 業務の種類・該当労働者数（満18歳以上の者）
　③ 1週間の所定労働時間・変形労働時間制による期間

　この労使協定には、有効期間の定めは必要ない。なお、協定に自動更

新条項や破毀条項を設けることができるが、自動更新条項を設けた場合にも、労使協定を更新するつど届け出ることが必要である（昭63. 3. 14 基発150号、平6. 3. 31 基発181号）。

2 フレックスタイム制

（1）フレックスタイム制とは何か

フレックスタイム制は、3ヵ月以内の一定の期間（清算期間）の総労働時間を定めておき、労働者がその範囲内で各日の始業および終業の時刻を選択して働くことにより、労働者が仕事と生活の調和を図りながら効率的に働くことを可能とし、労働時間を短縮しようとする制度である。

なお、フレックスタイム制の運用にあたっては、使用者が各日の始業・終業時刻を画一的に特定することは認められない（法32条の3第1項、平30. 9. 7 基発0907第1号）。

フレックスタイム制を導入した場合には、原則として当該協定で清算期間として定められた期間を平均し1週間当たりの労働時間が週40時間という法定労働時間を超えていない範囲内において、時間外労働とすることなく、労働させることができる。

（2）フレックスタイム制の導入要件

フレックスタイム制を導入するためには、就業規則等で従業員の全部または一部の者にフレックスタイム制を適用する旨の定めをするとともに、労使協定を締結しなければならない。

① 就業規則等の定め

フレックスタイム制を導入する場合、就業規則等に、「始業および終業の時刻を労働者の決定にゆだねる」旨の定めをすれば、就業規則等の絶対的必要記載事項について定めた法89条の要件を満たすとされている。ただし、後述のコアタイムやフレキシブルタイムを設ける場合には、これらも始業および終業の時刻に関する事項であるので、就業規則等に規

定しなければならない（昭63.1.1 基発１号、平11.3.31 基発168号）。

② 労使協定で定めるべき事項

労使協定では、次の項目について定めなければならない（法32条の３、労基則12条の２・12条の３）。

1）対象となる労働者の範囲

労使協定では、フレックスタイム制の適用対象となる労働者の範囲について定めなければならない。適用対象者の範囲は、「全従業員」としてもよいし、「部（課）」単位、「グループ（班）」単位あるいは「個人」単位としてもよい（グループ単位や個人単位でフレックスタイム制を採用する場合にも、担当職名を特定することで足りる）。

なお、18歳未満の年少者には、フレックスタイム制を適用することはできない（法60条１項）。

2）清算期間と起算日

清算期間とは、フレックスタイム制によって労働時間の計算を行う期間のことである。労使協定には、清算期間とその起算日を定めておく必要がある（労基則12条の２第１項）が、清算期間は３ヵ月以内の清算期間であれば、１週間でも４週間でもよい。実務上は、賃金の計算期間に合わせて月単位とするのが一般的で、その場合は、起算日と清算期間を賃金締切日に合わせて、「毎月１日から末日までとする」「○月１日から○月末日までとする」などのように定めることとなる。

3）清算期間における総労働時間

清算期間の総労働時間とは、清算期間中に労働者が労働すべき総所定労働時間のことであり、清算期間を平均して１週間の労働時間が法定労働時間の範囲内となるように定める必要がある。

この時間は、清算期間を平均し、原則として１週間の労働時間が40時間以内になるように定めなければならない。この場合、図表２-３-11の条件式を満たす必要がある。

特例対象事業場（→本章第２節 **1** (2) ③「法定労働時間の特例措置」を参照）については、清算期間が１ヵ月以内の場合には週平均44時間ま

図表2-3-11 ● 清算期間における総労働時間の条件式

$$\text{清算期間における総労働時間} \leqq \frac{\text{清算期間の暦日数}}{7\text{日}} \times \text{週の法定労働時間}$$

でとすることが可能である。しかし、清算期間が1ヵ月を超える場合には特例措置の適用はなくなり、総労働時間が週平均40時間以内である特例対象事業以外の事業の要件を満たす必要がある（労基則25条の2第4項）。

　具体的には、月単位を清算期間とした場合の総労働時間は、図表2-3-12の時間以下になるようにしなければならない。

図表2-3-12 ● 月単位の暦日数ごとの清算期間における総労働時間

1ヵ月単位		2ヵ月単位		3ヵ月単位	
清算期間の暦日数	法定労働時間の総枠	清算期間の暦日数	法定労働時間の総枠	清算期間の暦日数	法定労働時間の総枠
31日	177.1時間	62日	354.2時間	92日	525.7時間
30日	171.4時間	61日	348.5時間	91日	520.0時間
29日	165.7時間	60日	342.8時間	90日	514.2時間
28日	160.0時間	59日	337.1時間	89日	508.5時間

出所：厚生労働省「フレックスタイム制のわかりやすい解説＆導入の手引き」

　なお、総労働時間は、清算期間における法定労働時間の総枠の範囲内で、たとえば1ヵ月160時間というように各清算期間を通じて一律の時間を定める方法のほか、清算期間における所定労働日を定め、所定労働日1日当たり7時間（所定労働時間＝所定労働日数×7時間）というような定め方もある。

4）標準となる1日の労働時間

　フレックスタイム制では、1日の所定労働時間という概念がないため、たとえば、年次有給休暇を取得した際の労働時間の算定のために、1日

の所定労働時間に当たる「標準となる1日の労働時間」を労使協定で定めておくこととされている。

5）コアタイム

コアタイムは、労働者が1日のうちで必ず働かなければならない時間帯のことである。コアタイムは必ず設けなければならないものではないが、これを設ける場合には、労使協定でその開始と終了の時刻を定めておかなければならない（労基則12条の3第2号）。コアタイムは労使協定で任意に決めることができるが、コアタイムの開始から終了までの時間と標準となる1日の労働時間がほぼ一致している場合等については、フレックスタイム制の趣旨と合致しないとされている（昭63.1.1 基発1号、平11.3.31 基発168号）。

6）フレキシブルタイム

フレキシブルタイムとは、労働者がその選択により労働することができる時間帯をいう（昭63.1.1 基発1号、平11.3.31 基発168号）。法令上は、コアタイムと同様、これを設けるか否かは任意であるが、これを設けた場合にはその開始と終了の時刻を労使協定に定めておかなければならない（労基則12条の3第3項）。全部の時間をフレキシブルタイムとすることもできる。フレキシブルタイムを労使協定に規定した場合、労働者はその範囲内で労働する必要がある。

③ 労使協定の締結と届出

フレックスタイム制の導入にあたっては、就業規則等の定めおよび労使協定の締結を要する（法32条の3第1項）。

この労使協定は、清算期間が1ヵ月以内のものにあっては、有効期間を定める必要はなく（昭63.3.14 基発150号、平6.3.31 基発181号）届出を要しないが、清算期間が1ヵ月を超えるものである場合は、当該労使協定に有効期間の定めをするとともに、所定の様式により、所轄労働基準監督署長に届け出なければならない（法32条の3第1項・4項、労基則12条の3）。

3 事業場外労働みなし労働時間制

（1）事業場外労働みなし労働時間制とは何か

　法38条の２第１項は、「労働者が労働時間の全部又は一部について事業場外で業務に従事した場合において、労働時間を算定し難いときは、所定労働時間労働したものとみなす」こととし、さらに、通常所定労働時間を超えて労働することが必要となる場合には、「当該業務（事業場外業務）の遂行に通常必要とされる時間労働したものとみなす」（同項ただし書）こととしている。これが事業場外労働みなし労働時間制である。

（2）事業場外労働みなし労働時間制の要件

　事業場外労働みなし労働時間制の要件と運用実務上の留意点は次のとおりである。

① 事業場外労働みなし労働時間制の対象となる業務

　事業場外労働みなし労働時間制の対象となるのは、労働時間の全部または一部について事業場外で業務に従事し、かつ、使用者の具体的な指揮監督が及ばず労働時間を算定することが困難な業務である（昭63.1.1基発１号）。

　したがって、次の３つの要件を満たす場合にのみ、この制度を適用することができる。

　１）労働時間の全部または一部について事業場外で業務に従事していること

　　事業場外労働みなし労働時間制は、１日の労働時間の全部を事業場外で業務に従事する場合だけでなく、１日の労働時間のうち一部を事業場外で業務に従事する場合でも、労働時間を算定することが困難な場合には適用することができる。また、出張の場合にも、使用者によって「あらかじめ別段の指示」がなされた場合を除き、このみなし労働時間制を適用することができる。

　２）使用者の具体的な指揮監督が及ばないこと

事業場外で労働する場合であっても、労働時間の配分や業務の進め方等について、使用者の指示を受けて遂行する場合やあらかじめ定められたスケジュールに則って業務を遂行する場合には、このみなし労働時間制を適用することはできない。具体的には、次のような場合には、「使用者の具体的な指揮監督が及んでいる」ものとして、事業場外労働みなし労働時間制を適用することができない（同通達）。

① 何人かのグループで、事業場外労働に従事する場合で、そのメンバーの中に労働時間の管理をする者がいる場合

② 事業場外で業務に従事する者が、無線やポケットベル等によって随時使用者の指示を受けながら労働している場合

③ 事業場において、訪問先、帰社時刻等当日の業務の具体的指示を受けたのち、事業場外で指示どおりに業務に従事し、その後事業場に戻る場合

3）労働時間を算定することが困難であること

逐一指示を受けず、事業場外で業務に従事する場合にも、あらかじめスケジュールが決まっている場合や、業務内容が確定しているような場合には、労働時間の算定は困難ではないので、事業場外労働みなし労働時間制を適用することはできない。

② 事業場外労働みなし労働時間制における労働時間の算定

事業場外労働みなし労働時間制が適用される事業場外の業務に従事した場合における労働時間の算定には、次の3つの方法がある。

(1) 原則として所定労働時間労働したものとみなす

(2) 事業場外の業務を遂行するために、通常所定労働時間を超えて労働することが必要である場合には、その事業場外の業務の遂行に通常必要とされる時間労働したものとみなす

(3) (2)の場合で、労使協定が締結されているときは、その協定により事業場外の業務の遂行に通常必要とする時間として定めている時間労働したものとみなす

ただし、(2)、(3)について、労働時間の一部を事業場内で労働した場

合には、その時間については別途把握しなければならず、「みなす」ことはできない。

したがって、(2)、(3) については、労働時間の一部について事業場外で業務に従事した日における労働時間は、別途把握した事業場内における労働時間と、みなし労働時間制により算定される事業場外で業務に従事した時間とを合算した時間となる（昭63. 3. 14 基発150号）。

（3）労使協定による事業場外労働みなし労働時間制導入の実務

事業場外労働みなし労働時間制を導入するためには、次の手順が必要となる。

① 労使協定の締結

前述のように、「通常所定労働時間を超えて労働することが必要となる場合」には、労使協定を締結することができるが、労使協定では、「当該業務（事業場外業務）の遂行に通常必要とされる（1日当たり）時間」を協定する。この場合、労使協定の対象となるのは事業場外で業務に従事した部分（昭63. 3. 14 基発150号）であり、労使協定で定める時間が法定労働時間を超える場合にのみ、届出が必要となる（労基則24条の2第3項）。

労使協定（労働協約による場合を除く）には有効期間の定めをしなければならない（労基則24条の2第2項）。これは、当該業務の遂行に通常必要とされる時間は、一般的に、時とともに変化することが考えられるものであり、一定の期間ごとに協定内容を見直すことが適当との趣旨によるものである（昭63. 1. 1 基発1号）。ただし、有効期間の長さについての制限は定められていない。

なお、労使協定の締結にあたっては、事業場外労働のみなし労働時間制の対象労働者の意見を聴く機会が確保されることが望ましい（昭63. 1. 1 基発1号、昭63. 3. 14 基発150号、平11. 3. 31 基発168号）。

② 労使協定の届出

労使協定で協定した時間が法定労働時間を超える場合には、所轄労働

基準監督署長に届け出なければならない。この届出は、三六協定の届出様式に付記して届け出ることができる（労基則34条の2第4項参照）。

　なお、法38条の4または法41条の2の規定による労使委員会または労働時間等設定改善法による同改善委員会が設置されている事業場では、その委員の5分の4以上の多数による決議によってこの労使協定に代えることができる。この場合は、届出も免除される。

4　裁量労働制

　裁量労働制には、次に見るように、専門業務型裁量労働制と企画業務型裁量労働制の2つがある。

（1）専門業務型裁量労働制

　専門業務型裁量労働制は、(1) 業務の性質上その遂行の方法を大幅に当該業務に従事する労働者の裁量にゆだねる必要があるため、(2) 当該業務の遂行の手段および時間配分の決定等に関し使用者が具体的な指示をすることが困難なものとし、「厚生労働省令で定める業務」に就かせたときは、労使協定で定めた時間労働したものとみなす（法38条の3第1項）という制度である。

1）厚生労働省令で定める業務

　厚生労働省令で定める業務には、労基則24条の2の2第2項で定める業務と厚生労働大臣が指定する業務（平9労働省告示7号）によるものを合わせて、19の業務が対象とされている。→図表2-3-13

2）労働時間の算定方法

　専門業務型裁量労働制における労働時間の算定方法は、労使協定で、対象業務の中から専門業務型裁量労働制に該当する業務を定め、当該業務の遂行に必要とされる時間を定めた場合には、当該業務に従事した労働者は当該協定で定める時間労働したものとみなされるものであることとされている（昭63.3.14 基発150号、平12.1.1 基発1号）。

図表2-3-13 ●専門業務型裁量労働制の対象業務

```
①  新商品、新技術の研究開発の業務
②  情報システムの分析、設計の業務
③  新聞、出版、放送における取材、編集の業務
④  衣服、室内装飾、工業製品、広告等の新たなデザイン考案の業務
⑤  プロデューサー、ディレクターの業務
⑥  コピーライターの業務
⑦  システムコンサルタントの業務
⑧  インテリアコーディネーターの業務
⑨  ゲーム用ソフトウェアの創作の業務
⑩  証券アナリストの業務
⑪  金融工学等の知識を用いて行う金融商品の開発の業務
⑫  大学における教授研究の業務
⑬  公認会計士の業務
⑭  弁護士の業務
⑮  建築士（一級建築士、二級建築士および木造建築士）の業務
⑯  不動産鑑定士の業務
⑰  弁理士の業務
⑱  税理士の業務
⑲  中小企業診断士の業務
```

つまり、労使協定で定めた業務に従事する労働者に関する労働時間は、その「労使協定で定める時間」労働したものとみなされ、たとえば、みなし労働時間を1日8時間と協定すれば、実際の労働時間の長さのいかんにかかわらず、8時間労働したものとして労働時間を算定する。

3）割増賃金

専門業務型裁量労働制を導入した場合、通常の労働時間制度のように、日々の時間外労働に対して割増賃金を支払う必要はないが、労使協定で定めた1日当たりの労働時間が法定労働時間を超える場合には、超えたみなし時間に相当する割増賃金（裁量労働手当などの固定的な手当を含む）を支払う必要がある。

なお、実際の労働時間が深夜（午後10時〜午前5時）に及んだ場合には、深夜割増賃金の支払いが必要となり、休日に関する規定は原則どおりに適用される。

4）導入要件

　専門業務型裁量労働制を導入するためには、労働者の過半数代表との間で、労使協定を締結し、所定様式を所轄労働基準監督署長に届け出なければならない（法38条の3、労基則24条の2条第4項）。労使協定に定める事項は、次のとおりである（法38条の3、労基則24条の2の2第3項）。

① 厚生労働省で定める業務のうち、労働者に就かせることとする業務（対象業務）
② 対象業務に従事する労働者の労働時間として算定される1日当たりの労働時間数
③ 対象業務の遂行の手段および時間配分の決定等に関し、当該対象業務に従事する労働者に対し使用者が具体的な指示をしないこと
④ 対象業務に従事する労働者の労働時間の状況に応じた当該労働者の健康および福祉を確保するための措置を労使協定で定めるところにより講ずること
⑤ 対象業務に従事する労働者からの苦情処理に関する措置を協定で定めるところにより使用者が講ずること
⑥ 有効期間の定め（労働協約による場合を除く）
⑦ ④および⑤の記録を有効期間中および有効期間満了後は3年間保存すること

　労使協定では、1日当たりの労働時間を協定することとされている（昭63.3.14 基発150号、平12.1.1 基発1号）が、この場合の「みなし労働時間」は、時間外労働を含んだ通常必要とされる労働時間であっても所定労働時間であってもよい。ただし、法定労働時間を超える「みなし労働時間」を定める場合には、別途三六協定の締結が必要となる。

　また、労使協定の有効期間は、制度が不適切に適用されることを防ぐため、3年以内とすることが望ましい（平成15.10.22 基発1022001号）。

　なお、健康・福祉確保措置および苦情処理措置の具体的内容は、企画業務型裁量労働制における内容と同等のものとすることが望ましい（平

成15. 10. 22 基発1022001号）。

（2）企画業務型裁量労働制

企画業務型裁量労働制とは、事業の運営に関する事項についての企画・立案・調査・分析の業務に従事し、大幅な裁量権を与える必要がある労働者に適用されるみなし労働時間制である。

1）対象事業場

企画型裁量労働制の対象となる事業場は、次の要件を満たす事業場に限定されている（法38条の4、平11労働省告示149号（以下、「指針」という）第2の2）。

① 本社・本店

② 当該事業場の属する企業等に係る事業の運営に大きな影響を及ぼす決定が行われる事業場

③ 本社・本店である事業場の具体的な指示を受けることなく、独自に当該事業場に係る事業の運営に大きな影響を及ぼす事業計画や営業計画の決定を行っている支社・支店等の事業場

2）対象業務

企画業務型裁量労働制の対象業務は、次の4つの要件に該当する業務に限られる。

① 事業の運営に関する事項（対象事業場の属する企業・対象事業場に係る事業の運営に影響を及ぼす事項）についての業務であること

② 企画、立案、調査および分析という相互に関連し合う作業を組み合わせて行うことを内容とする業務であって、部署が所掌する業務ではなく、個々の労働者が担当する業務であること

③ 当該業務の性質上これを適切に遂行するにはその遂行の方法を大幅に労働者の裁量にゆだねる必要がある業務であること

④ 当該業務の遂行の手段および時間配分の決定等に関し使用者が具体的な指示をしないこととする業務であること

指針は、これらの要件を前提に、対象となり得る業務となり得ない業

務を例示している。→図表2-3-14

3）対象労働者

　企画業務型裁量労働制の対象となる労働者は、「対象業務を適切に遂行するための知識、経験等を有する労働者」でなければならない（法38条の4第1項2号）。ここで、「対象業務を適切に遂行するための知識、経験等を有する労働者」の範囲は、対象業務ごとに異なるが、たとえば、大学の学部を卒業した労働者であってまったく職務経験がない者は、客観的に見て対象労働者に該当し得ず、少なくとも3年ないし5年程度の職務経験を経たうえで、対象業務を適切に遂行するための知識、経験等を有する労働者であるかどうかの判断の対象となり得るものであることに留意することが必要である（「指針」第3の2の（2））。

　なお、企画業務型裁量労働制を個々の労働者に適用するためには、当該労働者の同意を得なければならず、同意しなかった者に対して、解雇その他不利益な取扱いをしてはならない。

4）企画型裁量労働制導入の手続

　企画業務型裁量労働制の導入のためには、次の手続要件を満たす必要がある。

　①　労使委員会の設置

　企画業務型裁量労働制を導入するためには、対象となる事業場ごとに、「賃金、労働時間その他の当該事業場における労働条件に関する事項を調査審議し、事業主に対し当該事項について意見を述べることを目的とする委員会」（以下、「労使委員会」という）を設置しなければならない（法38条の4第1項）。

　なお、労使委員会の委員の半数は、労働者の過半数代表によって任期を定めて指名されていることが必要である（法38条の4第2項）。

　②　労使委員会による決議

　企画業務型裁量労働制の労使委員会では、ⅰ）対象業務、ⅱ）対象労働者の範囲、ⅲ）（1日の）みなし労働時間数、ⅳ）健康・福祉確保措置、ⅴ）苦情処理措置、ⅵ）労働時間のみなしにつき、労働者の同意が

図表２-３-14 ●企画業務型裁量労働制の対象業務となり得る業務となり得ない業務の例

	業務のくくり	対象業務となり得る業務の例	対象業務となり得ない業務の例
1	経営企画を担当する部署における業務のうち	経営状態・経営環境等についての調査および分析を行い、経営に関する計画を策定する業務	経営に関する会議の庶務等の業務
		現行の社内組織の問題点やそのあり方等について調査および分析を行い、新たな社内組織を編成する業務	
2	人事・労務を担当する部署における業務のうち	現行の人事制度の問題点やそのあり方等について調査および分析を行い、新たな人事制度を策定する業務	人事記録の作成および保管、給与の計算および支払い、各種保険の加入および脱退、採用・研修の実施等の業務
		業務の内容やその遂行のために必要とされる能力等について調査および分析を行い、社員の教育・研修計画を策定する業務	
3	財務・経理を担当する部署における業務のうち	財務状態等について調査および分析を行い、財務に関する計画を策定する業務	金銭の出納、財務諸表・会計帳簿の作成および保管、租税の申告および納付、予算・決算に係る計算等の業務
4	広報を担当する部署における業務のうち	効果的な広報手法等について調査および分析を行い、広報を企画・立案する業務	広報誌の原稿の校正等の業務
5	営業に関する企画を担当する部署における業務のうち	営業成績や営業活動上の問題点等について調査および分析を行い、企業全体の営業方針や取り扱う商品ごとの全社的な営業に関する計画を策定する業務	個別の営業活動の業務
6	生産に関する企画を担当する部署における業務のうち	生産効率や原材料等に係る市場の動向等について調査および分析を行い、原材料等の調達計画も含め全社的な生産計画を策定する業務	個別の製造等の作業、物品の買い付け等の業務

必要なことと同意しないことを理由とした不利益取扱いの禁止、vii) 有効期間の定めおよび記録の保存について、決議することとされている（法38条の4第1項）。

③　決議の届出

　委員会が設置された事業場において、当該委員会が、その委員の5分の4以上の多数によって上記の事項について決議したときは、所定様式により所轄労働基準監督署長に届け出なければならない（法38条の4第1項、労基則24条の2の3第1項）。

④　議事録の作成、保存義務および労働者への周知

　上記の委員会の議事について、議事録を作成し、当該事業場の労働者に対して周知しなければならない（法38条の4第2項2号）。また、委員会開催の日等から3年間保存しなければならない（労基則24条の2の4）。

5）実施状況の報告

　労使委員会の設置の届出をした使用者は、法38条の4第1項4号に定める健康および福祉を確保するための措置の実施状況ならびに対象労働者の労働時間の状況を、定期的に所轄労働基準監督署長に報告しなければならない（同条4項、労基則24条の2の5、同附則66条の2）。

第 **4** 節
労働時間等の適用除外対象者の種類・内容

学習のポイント

◆労働基準法の労働時間、休憩および休日に関する規定の適用除外対象者には、次の3つの種類と「高度プロフェッショナル制度」の適用対象者がある。

◆1つ目は、農業・畜産・養蚕・水産の事業従事者である。

◆2つ目は、いわゆる管理監督者または機密の事務を取り扱う者であり、どのような労働者がこれに該当するかを理解する。

◆3つ目は、監視または断続的労働に従事する者で、使用者が所轄労働基準監督署長の許可を受けた者であり、その一般的許可基準を理解する。

◆「高度プロフェッショナル制度」の適用対象となる者の要件と使用者の義務の基本を理解する。

1 労働時間等の適用除外

労働基準法（以下、本節において「労基法」または「法」という）41条は、次の者については、労働時間、休憩および休日に関する規定の適用を除外することとしている。

① 農業および畜産、養蚕、水産の事業従事者（1号）

② 監督もしくは管理の地位にある者または機密の事務を取り扱う者（2号）

③ 監視または断続的労働に従事する者で、使用者が所轄労働基準監

督署長の許可を受けた者（3号）

2 農業および畜産、養蚕、水産の事業の従事者

　農業および畜産、養蚕、水産の事業（法別表第一6号または7号の事業）の従事者は、(1)事業の性質上天候等の自然条件に左右されることが多く、また、労働の性質も、1日8時間、週休制などの規制になじまない、(2)天候の悪い日や農閑期等適宜に休養がとれるので、労働者保護に欠けることがない、などの理由から、労働時間、休憩、休日に関する規制の適用が除外されている。

　なお、6号の事業のうち、林業については、1994（平成6）年の法改正で、労働時間法制が適用されることとなった。

3 監督または管理の地位にある者

（1）「管理監督者の範囲」に関する基本通達

　労基法41条2号は、監督または管理の地位にある者（以下、「管理監督者」という）について、労働時間、休憩、休日に関する規制の適用を除外することとしている。

　管理監督者の範囲については行政解釈によることになるが、行政解釈「昭22.9.13 発基17号、昭63.3.14 基発150号」（以下、「基本通達」という）では、管理監督者の一般的定義と原則について述べた後、適用除外の趣旨、判断基準、待遇に対する留意点、スタッフ職の取扱いについて、次のように定めている。

（2）管理監督者の一般的定義について

　基本通達では、いわゆる管理監督者とは、一般的には、部長、工場長等労働条件の決定その他労務管理について経営者と一体的な立場にある者の意であり、名称にとらわれず、実態に即して判断すべきものとしている。

（3）具体的判断にあたっての考え方

　基本通達では、前記の「一般的定義」をもとに、管理監督者であるか否かの具体的な判断の基準として、次の５つの基準を示している。

① 原則

　法が定める労働時間等の規制の枠を超えて労働させる場合には、法所定の割増賃金を支払うべきことは、すべての労働者に共通する基本原則であり、その適用除外は部長、工場長等労働条件の決定その他労務管理について経営者と一体的な立場にある者のみであり、企業が人事管理上あるいは営業政策上の必要等から任命する職制上の役付者であればすべてが管理監督者として例外的取扱いが認められるものではない。

② 適用除外の趣旨

　これらの職制上の役付者のうち、労働時間、休憩、休日等に関する規制の枠を超えて活動することが要請されざるを得ない、重要な職務と責任を有し、現実の勤務態様も、労働時間等の規制になじまないような立場にある者に限って管理監督者として法41条による適用の除外が認められるものであり、その範囲は、その限りに限定しなければならない。

③ 実態に基づく判断

　管理監督者の範囲を決めるにあたっては、係る資格や職位の名称にとらわれることなく、職務内容、責任と権限、勤務態様に着目する必要がある。

④ 待遇に対する留意

　上記のほか、賃金等の待遇面についても無視し得ないとし、この場合、定期給与である基本給、役付手当等において、その地位にふさわしい待遇がなされているか否か、ボーナス等の一時金の支給率、その算定基礎賃金等についても役付者以外の一般労働者に比し優遇措置が講じられているか否か等について留意する必要がある。なお、一般労働者に比べ優遇措置が講じられているからといって、実態のない役付者が管理監督者に含まれるものではない。

⑤ スタッフ職の取扱い

133

基本通達では、スタッフ職について、本社の企画、調査等の部門に多く配置されており、これらのスタッフの企業内における処遇の程度によっては、管理監督者と同様に取り扱い、法の規制外においても、これらの者の地位からして特に労働者の保護に欠けるおそれがないと考えられ、かつ、法が監督者のほかに、管理者も含めていることに着目して、一定の範囲の者については、法41条2号該当者に含めて取り扱うことが妥当であるとしている。

4　機密事務取扱者

労働時間、休憩、休日に関する規制の適用が除外される機密の事務を取り扱う者（機密事務取扱者）とは、秘書その他職務が経営者または監督もしくは管理の地位に在る者の活動と一体不可分であって、厳格な労働時間管理になじまない者をいう（昭22.9.13 発基17号）。

5　監視または断続的労働に従事する者

監視労働従事者とは、守衛や踏切番等で、原則として、一定部署にあって監視するのを本来の業務とし、常態として身体または精神的緊張の少ない者をいい、断続的労働従事者とは、学校の用務員や役員の専属運転手等で、常態として継続的業務に従事し、休憩時間は少ないが、手待時間が多い者をいう（昭22.9.13 発基17号、昭63.3.14 基発150号）。いずれも、労基則34条によって、所轄労働基準監督署長の許可を受けた場合にのみ、労働時間、休憩、休日の規制の適用を除外することができる。

監視・断続的労働に関して許可する場合の一般的許可基準は、以下のとおりである。

① 監視労働に従事する者の許可基準

常態として身体または精神的緊張の少ない業務に従事する者に限って許可すべきものであり、以下のものは許可しない（昭22.9.13 発基17号、

昭63. 3. 14 基発150号)。

　1）交通関係の監視、車両誘導を行う駐車場等の監視等精神的緊張の
　　高い業務

　2）プラント等における計器類を常態として監視する業務

　3）危険または有害な場所における業務

② 　断続的労働に従事する者の許可基準

　許可を受けた者については、労働時間、休憩、休日に関する規定がす
べて除外されるのであるから、その勤務の全労働を一体としてとらえ、
常態として断続的労働に従事する者を指す。したがって、断続労働と通
常の労働とが1日の中において混在し、または日によって反復するよう
な場合には、常態として断続的労働に従事する者には該当しないから、
許可すべき限りでない（昭和63. 3. 14 基発150号）。

　職業は、技術の進歩・労働需給の変化により絶えず変化しているから、
断続的労働かどうかも個別・具体的に判断するほかないが、過去に示さ
れた断続的労働の基準で参考となるものとして以下がある（昭22. 9. 13
発基17号、昭23. 4. 5 基発535号、昭63. 3. 14 基発150号）。

　1）修繕係等通常は業務閑散であるが、事故発生に備えて待機するも
　　のは許可する。

　2）寄宿舎等の賄い人については、その者に勤務時間を基礎として作
　　業時間と手待時間折半の程度まで許可すること。ただし、実労働時
　　間の合計が8時間を超えるときは許可する限りではない。

　3）その他特に危険な業務に従事する者については許可しないこと

6　深夜労働割増賃金

　労基法41条は深夜業（午後10時〜午前5時）の規定の適用を排除して
いないため、労働時間等の適用除外者であっても、深夜に労働させる場
合には、深夜労働割増賃金を支払わなければならない。

　しかし、労働協約、就業規則等によって深夜業の割増賃金を含めて所

定賃金が定められていることが明らかな場合には、別に深夜業の割増賃金を支払う必要はない（昭63.3.14 基発150号、平11.3.31 基発168号）。

7 高度プロフェッショナル制度

高度プロフェッショナル制度は「高度の専門的知識等を必要とする」とともに「従事した時間と従事して得た成果との関連性が通常高くないと認められる」業務に従事する「書面等による合意に基づき職務の範囲が明確に定められて」おり、「1年間に支払われると見込まれる賃金の額が、『平均給与額』の3倍を相当程度上回る」労働者に対しては労働時間、休憩、休日および深夜割増賃金に関する規定は適用しない、とするものである（労基法41条の2）。ここにおいて、この制度は労基法41条2号の「管理監督者」とは異なり、深夜割増賃金に関しても適用除外とされていることに注意が必要である。本条を受けて労基法施行規則では、対象業務として金融商品開発、経営コンサルタントなどの業務を挙げ、収入として年収1,075万円などとした要件を定めている（労基則34の2）。

この制度の適用対象者に対して使用者は、「健康管理時間」を把握する義務、年間104日以上、かつ4週間を通じ4日以上の休日確保義務を負い、加えて「選択的措置」（①勤務間インターバルの確保（終業時刻から始業時刻までの間に一定時間以上を確保する措置）かつ深夜労働の回数制限、②1ヵ月または3ヵ月の健康管理時間の上限措置、③年間2週間連続の休日、④臨時の健康診断のいずれかの措置の実施）および健康福祉措置が義務づけられている。

なお、この制度においては、適用対象者本人から対象業務と適用につき同意を得ることが必要であり、また、以上を含む一定の内容を労使委員会の決議事項とすることが定められた。適用する際の要件については細かなものが定められているので、『労務管理2級』第2章第4節 4 「高度プロフェッショナル制度」で詳説する。

第5節 時間外・休日労働、深夜労働の基礎

学習のポイント

◆法定時間外労働と所定時間外労働、法定休日労働と所定休日労働の違いを理解する。

◆三六協定の趣旨、定める事項、届出、延長して労働させることができる限度時間など基本的な知識を押さえる。

◆時間外労働、休日労働、深夜労働には割増賃金を支払わなければならない。その算定の基礎となる額と割増率を押さえる。

1 時間外・休日労働

（1）時間外・休日労働とは何か

① 労働時間の原則と例外

労働基準法（以下、本節において「労基法」または「法」という）は、32条から32条の5までの条文において、原則的な労働時間の上限とその例外である変形労働時間制について定めるとともに、40条では、公衆の不便を避けるために必要がある場合の特例について定めているが、これらの「原則」と「変形」および「特例」を含めたものを法定労働時間という。そして、この法定労働時間を超えて労働させたときは時間外労働となる。

また、法35条で、1週1日または4週4日の休日を与えることを使用者に義務づけているが、この休日（法定休日）に労働させたときは休日労働となる。

137

② 時間外・休日労働を行わせるための要件

　「法定労働時間」を超えて労働させ、または「法定休日」に労働させることを時間外・休日労働というが、これらは次の2つの場合に認められている。すなわち、「災害等による臨時の必要がある場合」（非常災害時等）の時間外・休日労働（法33条）と「時間外・休日労働に関する労使協定」（以下、「三六協定」という）による時間外・休日労働（法36条）である。

（2）法定時間外労働と所定時間外労働

　時間外労働には、法定労働時間を超えて労働した場合の時間外労働、すなわち法定時間外労働と、事業場ごとに定めた所定労働時間を超えて労働した場合の所定時間外労働という2つの概念が存在するが、後者の所定労働時間を超えて労働させた時間（以下、「所定外労働時間」という）が法定労働時間を超えない場合には、「法内時間外労働」や「法内残業」または「法内超勤」などと呼ばれ、「法定時間外労働」と区別される。

　つまり、所定労働時間が法定労働時間より短い場合には、就業規則等の定めに基づいて、法定労働時間を超えない範囲で所定労働時間外に労働をさせることができる。また、この場合には必ずしも割増賃金を支払う必要はなく、所定外労働時間に対して通常の労働時間の賃金、または別に定められた賃金を支払えば足りる（昭和23.11.4 基発1592号）。

（3）法定休日労働と所定休日労働

　休日労働についても、法定の休日に労働させる法定休日労働と、事業場ごとに定めた所定休日に労働させる所定休日労働という概念が存在する。法定を上回って与えた所定休日（法定外休日）に労働させる場合には、三六協定によらずに休日に労働させることができるが、この場合、「法内休日労働」または「所定休日労働」などと呼ばれ、「法定休日労働」と区別される。

　労基法により休日労働に係る割増賃金を支払わなければならないのは、法定休日に労働させた場合である。したがって、法定休日を上回って与

える所定休日労働をさせても、その週の法定労働時間を超えない限りは、割増賃金を支払う必要はない。ただし、法定を上回って与えた所定休日に労働させたことによって、その労働時間が当該週の法定労働時間を超えたときは、時間外労働割増賃金を支払わなければならない（昭23. 4. 5 基発537号、昭63. 3. 14 基発150号）。

2 災害等による臨時の必要がある場合の時間外・休日労働

（1）非常災害時の時間外・休日労働

時間外・休日労働をさせるためには、三六協定の締結が必要となるが、災害その他臨時の必要がある場合には、これによらずに時間外・休日労働をさせることができることとされている。

① 非常災害時とは

災害その他避けることのできない事由によって、臨時の必要がある場合には、使用者は、行政官庁の許可を受けて、その必要の限度において法定労働時間を超えて労働させ、または法定休日に労働させることができる（法33条1項）。これがいわゆる「非常災害時」の時間外・休日労働である。

ここでいう「非常災害時」とは、災害、緊急、不可抗力その他客観的に避けることのできない場合（昭22. 9. 13 発基17号、昭26. 10. 11 基発696号）をいい、災害発生が客観的に予見される場合をも含む（昭33. 2. 13 基発90号）。

② 事後の届出と代休の付与

法33条1項ただし書は、事態急迫のために行政官庁の許可を受ける暇がない場合には、事後に遅滞なく届け出なければならないと定めているが、同条2項では、その届出があった場合に、行政官庁がその労働時間の延長または休日の労働を不適当と認めるときは、その後にその時間に相当する休憩または休日を与えるべきことを、命ずることができるとしている。これが、いわゆる法定の「代休」である。

したがって、時間外・休日労働をさせた後に行われた届出について行政官庁が不適当と認めたときは、非常災害時に延長した時間に相当する休憩または休日を与えなければならないが、ここで「休憩を与える」とは、所定労働時間の一部を休憩時間とすることであり、また、「休日を与える」とは、所定労働日を休日にするという意味である。

③　非常災害時の時間外・休日労働と割増賃金

非常災害時に法定労働時間を超えて労働させた場合、割増賃金の支払いが必要である。法定休日または深夜に労働させた場合も同様である（法37条1項・4項）。

（2）公務のために臨時の必要がある場合の時間外・休日労働

公務のために臨時の必要がある場合には、官公署の事業（法別表第1に掲げる事業を除く）に従事する（非現業の）国家公務員および地方公務員については、法定労働時間を超えて労働させ、または法定休日に労働させることができる（法33条3項）。これが公務のための時間外・休日労働である。

3　三六協定による時間外・休日労働

（1）三六協定の趣旨

使用者は、三六協定を締結し、これを所定の様式により所轄労働基準監督署長に届け出ることを要件として、法定の労働時間を延長し、休日に労働させることができる（法36条1項）。しかし、これは、時間外・休日労働を無制限に認める趣旨ではなく、時間外・休日労働は本来臨時的なものとして必要最小限にとどめられるべきものであり、法36条1項は労使がこのことを十分意識したうえで時間外・休日労働協定を締結することを期待しているものである（昭63.3.14 基発150号、平11.3.31 基発168号、平30.9.7 厚生労働省告示323号）。

これらの規定により、使用者は、労働者1人ひとりの労働時間を把握

し、労基法の定めるところによって割増賃金等の賃金を適正に支払わなければならない。

（2）三六協定で定めるべき事項

労基法36条２項および労基則17条において、三六協定で定める事項は、以下のとおりである。

① 36条の規定により労働時間を延長しまたは休日に労働させることができることとされる労働者の範囲（労基法36条２項１号）

② 対象期間（１年に限る）（同２号）

③ 労働時間を延長し、または休日に労働させることができる場合（同３号）

④ 対象期間における、１日、１ヵ月および１年のそれぞれの期間について労働時間を延長して労働させることができる時間または労働させることができる休日の日数（同４号。本節 **4**（1）の上限規制に適うこと）

⑤ 「時間外労働及び休日労働を合算した時間数は、１ヵ月について100時間未満でなければならず、かつ２ヵ月から６ヵ月までを平均して80時間を超過しないこと」（同５号、労基則17条１項３号、有効期間、１年の起算日）など労基則17条１項各号に定める事項

（3）三六協定の届出方法

① 三六協定の届出と協定書

三六協定の届出は、法令の様式（様式９号から９号の７）のいずれかによって行えばよく、必ずしも三六協定の協定書そのものを提出する必要はないが、当該協定書は当該事業場に保存しておく必要がある（昭53.11.20 基発642号、昭63.3.14 基発150号、平11.3.31 基発168号）。また、各作業場において周知される必要がある（労基法106条１項）。

② 本社一括届出

複数の事業場がある場合で、一定の要件を満たす場合には、本社所轄

の労働基準監督署長を経由して全部または一部の本社以外の各事業場の所轄労働基準監督署長に届け出ることも認められている（平15.2.15 基発0215002号）。この場合の一定の要件とは次のとおりである。

① 本社と本社以外の事業場に係る協定の内容の全部または一部が同一であること

ここで、「同一」とは、様式9号の記載事項のうち、「事業の種類」「事業の名称」「事業の所在地（電話番号）」「労働者数」以外のすべての事項が同一であることをいう（2021（令和3）年4月以降、事業場ごとに労働者代表が異なる場合であっても電子申請に限り本社一括届出が可能とされた）。

② 各事業場の協定の締結主体である労働組合が、その事業場の労働者の過半数を組織していること

③ 本社の所轄労働基準監督署長に対する届出の際には、本社を含む事業場数に対応した部数の協定を提出すること

（4）三六協定と法違反の関係

三六協定で定めた延長時間を超えて時間外労働をさせた場合、法32条違反となる（特例対象事業場の場合は、法40条違反となる。昭53.11.20 基発642号、昭63.3.14 基発150号、平11.3.31 基発168号）。

また、三六協定で定めた法定休日労働の定めに違反して休日労働をさせた場合、法35条違反となる。

4　三六協定で延長することができる時間の限度と限度基準

（1）時間外労働の上限規制
① 時間外労働の上限規制

時間外労働の上限規制については、労基法において三六協定で定める延長時間の上限を限度時間として定め、延長時間を限度時間内に収めて所轄労働基準監督署長に届出させることにした。そして、延長時間を超

図表2-5-1 ●時間外労働の限度時間

期間	限度時間（カッコ内は対象期間が3ヵ月を超える1年単位の変形労働時間制により労働する者の延長時間の限度）
1ヵ月	45（42）時間
1年間	360（320）時間

えて労働させた場合は、これを罰則（法30条または40条違反）により担保することとした（労基法36条3項・同条4項・119条1号・同条3号）。

労基法36条4項は、同条3項の限度時間を、1ヵ月について45時間および1年について360時間、ただし1年単位の変形労働時間制（対象期間として3ヵ月を超える期間を定める場合）の時間外労働の限度時間は、1ヵ月について42時間および1年について320時間とする。→図表2-5-1

限度時間は、このように法的効力をもつ基準であるから、限度時間を超える延長時間を定める三六協定は無効である（「改正労働基準法に関するQ&A」2-4）。

さらに、①時間外労働と休日労働の合計が月100時間未満でなければならず（労基法36条6項2号）、②対象期間の初日から1ヵ月ごとに区分した期間につき、当該各期間の直前の2～6ヵ月の期間において、時間外労働と休日労働の合計がいずれも月平均80時間を超えないこと（同3号）とし、これらに違反した場合には罰則（6ヵ月以下の懲役、30万円以下の罰金（労基法119条））の対象となる。

なお、三六協定は、当該事業場の労働者の過半数で組織する労働組合があるときはその労働組合、労働者の過半数で組織する労働組合がないときは労働者の過半数を代表する者と使用者（以下、あわせて「労使当事者」という）との間で締結するが、労使当事者は、三六協定の締結に当たり、労基法36条7項の規定に基づき策定された「労働基準法第36条第1項の協定で定める労働時間の延長及び休日の労働について留意すべき事項等に関する指針」（平30厚労省告示323号。以下、「三六協定留意事項指針」という）に適合したものとなるようにしなければならない

（労基法36条８項）。この三六協定留意事項指針に基づき行政官庁は三六協定を締結する使用者および労働組合または労働者の過半数を代表する者に対し、必要な助言および指導を行うことができる。この助言、指導にあたっては、労働者の健康が確保されるよう特に配慮しなければならない（同条９項・10項）。改正の詳細は厚生労働省「時間外労働の上限規制わかりやすい解説」を参照のこと（https://www.mhlw.go.jp/content/000463185.pdf）。

（２）「三六協定留意事項指針」の主な内容

　三六協定留意事項指針の主な内容は、次のとおりである。

① 労使当事者の責務（２条）

　三六協定の締結当事者である労使当事者は、労働時間の延長・休日労働は必要最小限にとどめ、かつ延長時間は限度時間を超えないようにすることを十分留意したうえで、三六協定を締結するよう努めなければならない。

② 使用者の責務（３条）

　使用者は、三六協定を締結し限度時間内で労働させた場合であっても、安全配慮義務（労働契約法５条）を負うことに留意しなければならない。

　さらに使用者は、労災認定基準によれば、週40時間を超える実労働時間が、（ⅰ）１ヵ月間においておおむね45時間を超えて長くなるほど、業務と脳血管疾患および虚血性心疾患の発症との関連性が徐々に強まると評価できること、（ⅱ）発症前１ヵ月間においておおむね100時間または発症前２ヵ月から６ヵ月までにおいて月平均おおむね80時間を超える場合には、業務と脳血管疾患および虚血性心疾患の発症との関連性が強いと評価されていることに留意しなければならない。

③ 業務区分の細分化（４条）

　時間外労働・休日労働をさせる業務の種類を定めるにあたっては、業務の区分を細分化することにより当該業務の範囲を明確にしなければならない。

図表２-５-２ ● 契約期間１ヵ月未満の場合の延長時間の目安

期　　　　　　間	目　安　時　間
１日を超え１週間未満	15時間×（期間の日数÷７日）
１週間	15時間
１週間を超え２週間未満	27時間×（期間の日数÷14日）
２週間	27時間
２週間を超え４週間未満	43時間×（期間の日数÷28日）
４週間	43時間

注）目安時間に１時間未満の端数がある場合は、これを１時間に切り上げる。

④　限度時間を超えて延長時間を定めるにあたっての留意事項（５条）

⑤　１ヵ月に満たない期間において労働する労働者の延長時間の目安
（６条）

　労使当事者は、有期労働者で契約期間が１ヵ月未満のものを三六協定の対象労働者にする場合、その延長時間は、図表２-５-２の期間の区分に応じた目安時間を超えないものとするよう努めなければならない。

⑥　休日労働を定めるにあたっての留意事項（７条）

　労使当事者は、三六協定において休日労働を定めるにあたっては、休日労働日数をできるだけ少なくし、かつ休日における労働時間をできる限り短くするよう努めなければならない。

⑦　限度時間の適用除外（９条）・適用猶予（附則３項）

　限度時間が適用除外・猶予されている事業・業務についても、限度時間を勘案し、健康・福祉を確保するための措置を協定するよう努めなければならない。

5　割増賃金の算定基礎賃金

（１）割増計算の対象となる賃金

　時間外労働、休日労働、深夜労働に対する割増賃金の割増の対象とな

る「通常の労働時間または通常の労働日の賃金」の計算額は、労基則19条で定められた金額に延長した時間外労働時間数、休日の労働時間数、深夜における労働時間数を乗じた金額である（労基則19条）。なお、出来高払制その他の請負制によって定められた賃金については、その賃金算定期間（賃金締切日がある場合には、賃金締切期間）において出来高払制その他の請負制によって計算された賃金の総額をその賃金算定期間における総労働時間数で除した金額とされている。

　また、休日手当等の賃金は、割増賃金の計算においては、これを月によって定められた賃金とみなすこととされている。なお、「休日手当」とは、休日労働について支払われる割増賃金ではなく、休日に労働すると否とにかかわらずその休日について支払われる賃金をいう。

（2）割増賃金の計算から除外できる賃金

　時間外労働、休日労働、深夜労働に対する割増賃金の基礎となる賃金には、次の賃金は算入しない（法37条、労基則21条）。

　①家族手当、②通勤手当、③別居手当、④子女教育手当、⑤住宅手当、⑥臨時に支払われた賃金、⑦1ヵ月を超える期間ごとに支払われる賃金

　この7つの賃金については、限定的に列挙されているものであるから、これらに該当しない「通常の労働時間または労働日」の賃金は、すべて算入しなければならない。

6　時間外・休日労働と割増賃金

（1）時間外・休日労働と割増賃金

① 　通常の時間外・休日労働に対する割増賃金の率

　法33条または法36条1項の規定によって労働時間を延長したときは2割5分、法35条に定める休日に労働させたときは3割5分の割増賃金を支払わなければならない。これが原則的な割増賃金率である。

② 　1ヵ月60時間超過の時間外労働に関する割増賃金の率

図表2-5-3 ● 中小企業の定義

業　　種	資本金または出資の総額		常時使用する労働者の数
小　売　業	5,000万円以下	または	50人以下
サービス業	5,000万円以下	または	100人以下
卸　売　業	1億円以下	または	100人以下
上記以外	3億円以下	または	300人以下

注）業種は日本標準産業分類に基づく。

　使用者は、1ヵ月に60時間を超えて時間外労働をさせたときは、その超えた時間について、5割以上の割増賃金を支払わなければならない。ただし、中小企業（→図表2-5-3）においては、2023（令和5）年3月31日までの間、この規定の適用が猶予されている（法138条、平30. 9. 7 基発0907第1号）。

　なお、1ヵ月に60時間を超える時間外労働を行った労働者に対し、労使協定の締結によって、法定割増賃金率の引上げ分の割増賃金の支払いに代えて、有給の休暇（代替休暇）を与えることができる。→本章第6節「休暇の基礎」

（2）労働時間の繰上げ・繰下げと割増賃金の取扱い

　業務上の必要その他の必要から、始業・終業の時刻を繰り下げたり繰り上げたりしても、実働8時間の範囲内である限り時間外労働の問題は生じない（昭26. 10. 11 基発696号、昭63. 3. 14 基発150号）。

　また、労働者が遅刻した場合、遅刻時間に相当する時間を延長して（終業時刻を繰り下げて）労働させても、1日の実労働時間を通算すれば法定の労働時間を超えないときは、割増賃金支払いの必要はない（昭29. 12. 1 基収6143号、昭63. 3. 14 基発150号、平11. 3. 31 基発168号）。これは、労基法が実労働時間主義をとっていることによる。

（3）休日労働と割増賃金

① 休日労働と三六協定

　非常災害や公務のための臨時の必要がある場合を除き、法定休日に労働させるためには、三六協定の締結・届出が必要である。ただし、法41条3号（監視・断続労働）に基づいて、「日直」の許可を受けた場合には、三六協定によらず休日に日直をさせることができる（昭23. 6. 16 基収1933号、昭63. 3. 14 基発150号、平11. 3. 31 基発168号）。監視・断続労働は、行政官庁の許可を受けた場合、一般の労働時間、休憩、休日に係る規制が適用されないからである。

② 休日労働の制限

　年少者（18歳未満の者）は、三六協定による法定休日労働をさせることはできない。ただし、法33条に定める非常災害時に行政官庁の許可を受けたときは、この限りではない（法60条1項）。

③ 休日労働の割増賃金

　法定休日に労働させた場合には、3割5分以上の割増賃金を支払わねばならない（法37条1項）。

　一方、法定休日以外の休日の労働により週の法定労働時間を超える場合には、時間外労働の割増賃金の支払いを要する（昭23. 4. 5 基発537号、昭63. 3. 14 基発150号）。

④ 8時間を超える休日労働の割増賃金

　三六協定において法定休日の労働時間を8時間と定めた場合に、法定休日に8時間を超えて労働させたときにも、その超えた時間に対する割増賃金は、深夜の時間帯に及ばない限り、3割5分増で差し支えない（昭22. 11. 21 基発366号、昭33. 2. 13 基発90号、平6. 3. 3 基発181号、平11. 3. 31 基発168号）。

⑤ 休日の出張の取扱い

　休日に出張した場合、その「旅行中における物品の監視等別段の指示がある場合の外は休日労働として取り扱わなくても差し支えない」（昭23. 3. 17 基発461号、昭33. 2. 13 基発90号）。出張中の移動時間は、原則

として労働時間とはいえないからである。

7 深夜労働

（1）深夜労働の割増賃金

　使用者が、午後10時から午前5時まで（厚生労働大臣が必要であると認める場合においては、その定める地域または期間については午後11時から午前6時まで）の間において労働させた場合には、その時間に対して、通常の労働時間の賃金の計算額の2割5分以上の率で計算した割増賃金を支払わなければならない（法37条4項）。

（2）時間外労働が深夜に及んだ場合の割増賃金

　時間外労働が深夜に及んだ場合には、時間外労働の2割5分に深夜割増の2割5分を加えた5割以上の割増賃金（通常の賃金の1.5倍以上）を支払わなければならない。また、1ヵ月について60時間を超える時間外労働に係るものについては、7割5分以上の率で計算した割増賃金（通常の賃金の1.75倍）を支払わなければならないこととなる（労基則20条1項）。ただし、中小企業（→前掲図表2−5−3）については、2023（令和5）年3月31日までの間、この規定は適用されないため、5割以上の割増賃金を支払えばよいこととされている（労基則68条、平30.9.7 基発0907第1号）。

第 **6** 節 ┃ **休暇の基礎**

学習のポイント

◆休暇には法定休暇と法定外休暇があり、法定休暇には労働基
準法と育児・介護休業法に定められた休暇がある。
◆年次有給休暇の付与要件、付与日数、比例付与、付与・取得
方法、時季指定権と時季変更権、半日単位・時間単位の付与、
使用者による時季指定義務、有給休暇の賃金など基本的な知
識を押さえる。
◆生理日の休暇、子の看護休暇、介護休暇、代替休暇、公民権
行使の時間について、その要件と内容を理解する。

1 休暇とは何か

「休暇」とは、労働契約で労働義務を課すこととした「所定の労働日に
労働の義務を免除した日または時間」であり、かつ、当該免除日・時間
につき労働者が取得の権利をもつものをいう。法定の要件を満たす場合
に必ず与えなければならない法定休暇と、労働協約や就業規則等の定め
に基づいて任意に付与する法定外（特別）休暇がある。

（1）法定休暇

法定休暇とは、労働基準法（以下、本節において「労基法」または「法」
という）をはじめとする労働関係諸法令によって労働者に付与すること
が義務づけられた休暇（労働の義務を免除された日、時間または期間）
のことであり、付与要件や付与日数、取扱方法などがそれぞれ関係法令

図表2-6-1 ●法定休暇の種類

	休　　暇	根拠条文	記載箇所
①	年次有給休暇	労基法39条	本節 2 「年次有給休暇」
②	生理日の休暇	労基法68条	本節 3 (1)「生理日の休暇」
③	妊産婦の通院休暇	均等法12条	第10節
④	産前産後の休業	労基法65条	第10節
⑤	育児時間	労基法67条	第10節
⑥	子の看護休暇	育介法16条の3	本節 3 (2)「子の看護休暇」
⑦	育児休業	育介法5条	第11節
⑧	介護休暇	育介法11条	本節 3 (3)「介護休暇」
⑨	介護休業	育介法2条2号	第11節
⑩	代替休暇	労基法37条3項	本節 3 (4)「代替休暇」
⑪	公民権行使の時間	労基法7条	本節 3 (5)「公民権行使の時間」

によって定められている。

　法定休暇には、図表2-6-1のものがある。なお、本節では、①、②、⑥、⑧、⑩および⑪について解説する（それ以外の休暇等については、本章第10節「妊産婦等の就業管理」・第11節「育児・介護にかかわる者の就業管理」で詳説する）。

（2）法定外休暇（任意休暇）

　法定外休暇は、労働協約または就業規則その他これに準ずるもの（以下、本節において「就業規則等」という）の定めるところによって使用者が任意に付与する休暇のことであり、特別休暇とか任意休暇といわれることがある。代表的なものには慶弔休暇やリフレッシュ休暇などがある。

　なお、職業能力開発促進法には、「有給教育訓練休暇」「長期教育訓練休暇」「再就職準備休暇」（同法14条の2）が規定されている。これらの休暇は法令に定められているが、事業主に対して労働者に付与することを義務づけているのではなく、事業主が就業規則に定めた場合などに付与義務が生じる任意休暇であるから、これも一種の「法定外休暇」である。

2 年次有給休暇

（1）年次有給休暇の意義

年次有給休暇（以下、本節において「有給休暇」という）は、労働者に休息を与えることにより、その心身の疲労を回復させ、労働力の維持培養を図ることによって労働福祉を増進させることを目的としたものであり、勤続年数などの法定要件を充たした労働者に対して、所定の日数を付与することが使用者に義務づけられた有給の休暇のことである。

（2）有給休暇の付与対象者

有給休暇は、要件を満たしたすべての者に付与することとされている。したがって、管理監督者や機密事務取扱者等、法41条で労働時間、休憩および休日に関する労基法の規定の適用を除外された者も、有給休暇の適用は除外されておらず（昭22. 11. 26 基発389号）、法定どおりの有給休暇を与えなければならない。

（3）有給休暇の付与要件

使用者は、(1) その雇入れの日から起算して6ヵ月間継続勤務し、(2) 全労働日の8割以上出勤した労働者に対して、継続し、または分割した10労働日の有給休暇を与えなければならない（法39条1項）。

① 継続勤務の意義

継続勤務とは、労働契約の存続期間をいい、継続勤務か否かについては、勤務の実態に即して実質的に判断すべきものであり、実質的に労働関係が継続している限り勤務年数を通算する（昭63. 3. 14 基発150号）。

② 出勤率と付与日数

継続勤務した期間を6ヵ月経過日から1年ごとに区分した各期間の初日（基準日）の前日の属する期間に出勤した日数が全労働日の8割未満である者に対しては、初日以後の1年間においては有給休暇を与えることを要しない（法39条2項ただし書）。

したがって、入社日より数えて最初の6ヵ月間の出勤率が8割以上ある場合には、その後の1年間に10日付与されるが、最初の基準日（入社7ヵ月目の初日）から起算した1年間の出勤率が8割未満である場合には、次の基準日（入社1年7ヵ月目の初日）から起算した1年間の付与日数はゼロになる。しかし、その1年間の出勤率が8割以上あった場合には、その次の1年間に12日付与される。

なお、「全労働日」とは、就業規則等によって定められた所定労働日のことをいう。

（4）有給休暇の付与日数

① 原則的な付与日数

有給休暇の付与日数は図表2-6-2のとおりである。

週の所定労働日数が5日以上または週の所定労働時間が30時間以上の労働者については、パート、アルバイト、嘱託等と呼ばれる短時間労働者であっても、図表2-6-2の日数を付与しなければならない。

図表2-6-2 ● 年次有給休暇の法定付与日数（法39条2項）

継続勤務年数	6ヵ月	1年6ヵ月	2年6ヵ月	3年6ヵ月	4年6ヵ月	5年6ヵ月	6年6ヵ月以上
付与日数	10日	11日	12日	14日	16日	18日	20日

② 有給休暇の比例付与

1週間または1年間の所定労働日数が通常の労働者の週所定労働日数に比し相当程度少ないパートタイム労働者についても、一定日数の有給休暇を与えなければならない。これを有給休暇の比例付与という（法39条3項）。

1）比例付与の対象者（付与対象者）

有給休暇の比例付与の対象者となるのは、「週所定労働時間が30時間未満の者」であって、かつ、「1週間の所定労働日数が4日以下の者」、

または、「週以外の単位で所定労働日数が決められている場合には１年間の所定労働日数が216日以下の者」である。

２）比例付与の付与要件

　有給休暇の付与要件は、比例付与の対象者にも適用される。したがって、たとえば、１年の期間を定めた労働契約で雇用したパートタイム労働者についても、６ヵ月間継続勤務した場合には、７ヵ月目に所定の日数の有給休暇を与えなければならない。

３）比例付与の出勤率の計算方法

　前記（3）の有給休暇の付与要件である「全労働日の８割以上出勤」という場合の「労働日」とは、労働条件通知書（雇入通知書）等労働契約に際して提示した出勤すべき日数（所定労働日数）のことである。

４）比例付与の日数

　比例付与の日数は、図表２-６-３のとおりである。

図表２-６-３ ●所定労働日の少ない者への比例付与の日数

週所定労働日数	１年間の所定労働日数	６ヵ月	１年６ヵ月	２年６ヵ月	３年６ヵ月	４年６ヵ月	５年６ヵ月	６年６ヵ月以上
４日	169日〜216日	7日	8日	9日	10日	12日	13日	15日
３日	121日〜168日	5日	6日	6日	8日	9日	10日	11日
２日	73日〜120日	3日	4日	4日	5日	6日	6日	7日
１日	48日〜 72日	1日	2日	2日	2日	3日	3日	3日

（5）有給休暇の繰越しと時効

① 付与日数の上限と未取得分の繰越し

　有給休暇の付与日数は、継続勤務日数に応じて毎年加算されるが、20労働日が上限とされる。ただし、この上限は、当該年度に新たに発生する休暇請求権のみについての制限であって、繰越し分には制限が及ばない（昭36. 4. 19 基収88号）。したがって、たとえば、付与日数の上限に達した労働者が、前年度に１日も有給休暇を取得しなかった場合の「総日数」は、繰越し分と合わせて、最大40日となる。

② 有給休暇の時効と繰越し

有給休暇の時効は付与した日から2年間である（法115条）。したがって、付与された日から1年度に取得しなかった日数は次年度に繰り越し、新たに与えられた休暇日数に加算されることとなるが、さらに1年間取得しなかったときは時効により消滅する。

（6）有給休暇の付与方法

① 有給休暇の付与時季

有給休暇は、継続勤務期間を経過した日（基準日）に与えられる。たとえば、4月1日に雇い入れた者の最初の基準日は、その年の10月1日となり、次の基準日は翌年の応当日である10月1日となる。

② 斉一的取扱い（基準日の統一）と分割付与

有給休暇を、中途採用者等に法定どおりに付与すると、入社日によって労働者ごとに基準日が異なり、管理が繁雑になる。そこで、入社日にかかわらず、全労働者の基準日を統一する「斉一的取扱い」や初年度の法定付与日数の全部または一部を法定の基準日以前に前倒しして付与する「分割付与」について、次の要件を満たす場合には、斉一的取扱いや分割付与をすることも差し支えないとされている（平6.1.4 基発1号）。

① 有給休暇の付与要件である8割出勤の算定にあたっては、短縮された期間は全期間出勤したものとみなすこと

② 次年度以降の有給休暇の付与日についても、初年度の付与日を法定の基準日から繰り上げた期間と同じかまたはそれ以上の期間、法定の基準日より繰り上げること

③ 有給休暇の取得手続

有給休暇の請求時季や請求方法などの取得手続について、法令や通達では何も定めていないため、就業規則等の定めるところによる。

（7）時季変更権

前述のように、労基法は有給休暇を労働者の請求する時季に与えなけ

ればならない（法39条5項本文）と、労働者の時季指定権について定める一方、請求された時季に有給休暇を与えることが事業の正常な運営を妨げる場合においては、他の時季にこれを与えることができる（同項ただし書）と、使用者の時季変更権について定めている。

　ここで「事業の正常な運営を妨げる場合」とは、単に繁忙であるとの事由をもって時季変更権があるとすることは正当でない（東亜紡績事件・大阪地判昭33. 4. 10）とされており、個別的、具体的に客観的に判断されるべきものである（昭23. 7. 27 基収2622号）。

　時季変更権は、労働者の意に反する場合でも行使することができる。また、年度を越えて変更することもできる。ただし、時季変更権を行使したのちは、使用者は事由消滅後できる限り速やかに休暇を与えなければならない（同通達）。ただし、日単位の有給休暇の取得が原則である（平21. 5. 29 基発0529001号）。

（8）半日単位と時間単位の付与

①　半日単位の付与

　有給休暇は、原則として1労働日を単位として与えられるものであるが、使用者は、(1) 労働者がその取得を希望して時季を指定し、(2) 使用者がこれに同意した場合にあっては、本来の取得方法による休暇取得の阻害とならない範囲内で、半日単位の有給休暇を付与することができる。なお、労働者が1日単位の取得を指定しているにもかかわらず半日単位で付与することは許されない（平7. 7. 27 基監発33号）。

②　時間単位の付与

　使用者は、労使協定を締結したときは、有給休暇のうち5日以内の日数については、時間を単位として与えることができる（法39条4項）。

（9）有給休暇の賃金

①　有給休暇の賃金の支払方法

　有給休暇を取得した日の賃金は、平均賃金、通常の賃金または健康保

険の標準報酬日額のいずれかで支払うことができる（法39条9項）が、いずれの方法で支払うかを就業規則等に記載しておく必要がある。

② 平均賃金で支払う場合

平均賃金で支払う場合、その計算は法12条の定めに基づいて行う。

なお、平均賃金を算出する期間中に有給休暇を取得した日があるときは、法12条の平均賃金の計算においては、年次有給休暇の日数およびこれに対して支払われる平均賃金は、これを算入しなければならない（昭22.11.5 基発231号）。

③ 通常の賃金を支払う場合

通常の賃金を支払う場合の計算方法については、労基則25条で次のように定められている。→図表2-6-4

ただし、日給者、月給者等について、所定労働時間労働した場合に支払われる通常の賃金を支払う場合には、通常の出勤をしたものとして取り扱えば足り、労基則25条に定める計算をそのつど行う必要はない（昭27.9.20 基発675号ほか）。

なお、「通常の賃金」には、臨時に支払われた賃金や割増賃金のごとく

図表2-6-4 ●労基則第25条に定める通常の賃金の算定方法

	賃金の支払形態	1日当たりの通常の賃金算出方法
①	時間給	時間給額×所定労働時間数
②	日給	日給額
③	週給	$\dfrac{週給額}{週の所定労働日数}$
④	月給	$\dfrac{月給額}{その月の所定労働日数}$
⑤	月給・週給以外の賃金	①～④に準じて算出した額
⑥	出来高払等請負賃金	$\dfrac{賃金算定期間の賃金総額}{当該算定期間の総労働時間数} \times 賃金算定期間の1日の平均所定労働時間数$

所定時間外労働に対して支払われる賃金等は、算入されない（昭27. 9. 20
基発675号）。

④　健康保険の標準報酬月額の30分の1を支払う場合

　健康保険の標準報酬月額の30分の1によって有給休暇の賃金を支払う
場合には、その旨を就業規則等に定めるとともに、労使協定を締結しな
ければならない（法39条9項ただし書、昭和27. 9. 20 基発675号、平11.
3. 31 基発168号）が、この協定は届出の必要はない。

⑤　時間単位で有給休暇を取得したときの賃金

　時間単位で有給休暇を取得した場合にも、次のいずれかによって、賃
金を支払わなければならない（労基則25条2項・3項）。

①　平均賃金をその日の所定労働時間数で除して得た額

②　通常の賃金をその日の所定労働時間数で除して得た額

③　標準報酬日額をその日の所定労働時間数で除して得た額

(10) 有給休暇の計画的付与制度

　有給休暇の計画的付与制度は、5日を超える有給休暇について、労使
協定で付与時季に関する定めをしたときは、計画的に（労使協定で定め
る時季に）付与することができることとした制度である（法39条6項）。

①　就業規則等の定めと労使協定締結

　有給休暇の計画的付与制度を採用する場合には、まず、就業規則等に
「5日を超えて付与した年次有給休暇について、労使協定を締結したとき
は、その協定に定める時季に計画的に取得させることがある」などの定
めをするとともに、次の諸点について労使協定を締結する必要がある。

①　計画的付与の対象者（あるいは対象から除く者）

②　対象とする有給休暇

③　計画的付与の具体的方法と日数

④　対象とする有給休暇を保有しない者の扱い

　なお、この労使協定は、有効期限の定めを要せず、届出の必要もない。

②　計画的付与の方法

　計画的付与の方法については、事業場全体の休業による一斉付与方式、班別交替制付与方式、有給休暇付与計画表による個人別付与方式などがあるが、労使協定では、それぞれ次の事項について定めることとされている（昭63.1.1 基発1号、平成22.5.18 基発0518第1号）。

① 事業場全体の休業による一斉付与の場合には、具体的な有給休暇の付与日

② 班別の交替制付与の場合には、班別の具体的な有給休暇の付与日

③ 有給休暇付与計画表による個人別付与の場合には、計画表を作成する時期、手続等

③ 5日の自由取得分の取扱い

　計画的付与制度を設ける場合には、5日については各人の自由取得を保障しなければならないが、この場合の5日を超える有給休暇には、前年度からの繰越し分が含まれる（昭63.3.14 基発150号）。

(11) 使用者による時季指定義務

　使用者は、有給休暇を10労働日以上付与される労働者に対して、基準日（継続勤務した期間を6ヵ月経過日から1年ごとに区分した各期間の初日をいう。最後の期間が1年に満たない場合の初日を含む）から1年以内の期間にその付与した日数のうち5日について、労働者ごとに時季を指定して有給休暇を取得させなければならない（法39条7項）。当該年度の基準日に付与される有給休暇の日数が10労働日未満である労働者（比例付与の場合）について、たとえ前年度からの繰越し分を加えた場合に10労働日以上となるときでも、対象労働者にはなれない（平30.12.28 基発1228第15号）。

　ただし、すでに次の日数の合計が5日に達した労働者については、それ以上時季を指定することは必要ない（法39条8項）。

(1) 原則のとおり労働者が請求・取得した日数

　この日数には、半日単位の有給休暇を含むが、時間単位の有給休暇は含まない（前掲通達）

(2) 前項の「計画的付与制度」により取得した日数

(3) この時季指定により取得させた日数

　使用者による時季指定5日の付与は、労働者の意見聴取の際に半日単位の年休取得の希望があった場合には可能であるが、時間単位で付与することはできない（前掲通達）。

　使用者は、時季指定にあたっては、あらかじめ、その時季について当該労働者の意見を聴取しなければならず、また、その意見を尊重するよう努めなければならない（労基則24条の6）。

(12) 年次有給休暇管理簿

　使用者は、労働者に有給休暇を付与・取得させた時季、日数および基準日を労働者ごとに明らかにした「年次有給休暇管理簿」を作成し、当該有給休暇を与えた期間中および当該期間の満了後5年間（当分の間は3年間）保存しなければならない（労基則24条の7・72条）。

(13) 有給休暇の買上げ

　使用者が有給休暇の買上げを予約し、これに基づいて法39条の規定により請求し得る年次有給休暇の日数を減じ、または請求された日数を与えないことは、法違反となる（昭30.11.30 基収4718号）。ただし、法定日数を超える日数を定めているときは、その超過日数分については、労基法39条によらず労使間で決めるところによって取り扱って差し支えない（昭23.3.31 基発513号、昭23.10.15 基収3650号）。

(14) 不利益取扱いの禁止

　使用者は、第39条1項から4項までの規定による有給休暇を取得した労働者に対して、賃金の減額その他不利益な取扱いをしないようにしなければならない（法136条）。

　ここで「賃金の減額その他不利益な取扱い」とは、精皆勤手当および

賞与の額の算定等に際して、有給休暇を取得した日を欠勤として、または欠勤に準じて取り扱うことその他労基法上労働者の権利として認められている有給休暇の取得を抑制するすべての不利益な取扱いをいう（昭63.1.1 基発1号）。

3 その他の法定休暇

（1）生理日の休暇

使用者は、生理日の就業が著しく困難な女性が休暇を請求したときは、その者を生理日に就業させてはならない（法68条）。

① 生理日の休暇の法的性格

生理日の休暇は、単に生理日であるというだけで請求することを認めたものではなく、女性が現実に生理日の就業が著しく困難な状態にある場合に休暇の請求を認めるものである（昭61.3.20 基発151号・婦発69号）。

② 「生理日の就業が著しく困難」とは

生理日の休暇の請求の要件である「生理日の就業が著しく困難」であるかどうかの判断について、行政解釈では、原則として特別の証明がなくても女性労働者の請求があった場合には、これを与えなければならないとし、特に証明が必要と認められる場合であっても、医師の診断書のような厳格な証明を求めることなく、一応事実を推断せしめるに足れば十分であるから、たとえば同僚の証言程度の簡単な証明によらしめるよう指導されたい（昭23.5.5 基発682号、昭63.3.14 基発150号・婦発47号）としている。

③ 付与単位

生理日の休暇の請求は、就業が著しく困難であるという事実に基づいて行われるものであるから、必ずしも暦日単位で行われなければならないものではなく、当該女性が半日または時間単位で請求した場合には、使用者はその範囲で就業させなければ足りる（昭61.3.20 基発151号・

婦発69号）。

④　生理日の休暇の日数

生理期間や苦痛の程度あるいは就労の難易は各人によって異なるものであるから、就業規則等によって休暇の日数を制限することは許されないが、有給の日数を定めておくことはそれ以上休暇を与えることが明らかにされていれば差し支えない（昭23. 5. 5 基発682号、昭63. 3. 14 基発150号・婦発47号）。

⑤　生理日の休暇の賃金

生理日の休暇中の賃金支払いは、使用者に義務づけられておらず、労働契約、就業規則、労働協約で定めるところによって支給しても、支給しなくても差し支えない（昭23. 6. 11 基収1898号、昭63. 3. 14 基発150号・婦発47号）。

（2）子の看護休暇

子の看護休暇とは、小学校就学の始期に達するまでの子が、負傷し、または疾病にかかった場合に、その子の世話を行うため、または疾病の予防を図るために必要な休暇である（育児・介護休業法（以下、本項において「育介法」という）16条の2第1項）は、当該子を養育する労働者から申出があったときは、当該申出を拒むことができない（同法16条の3第1項）としている。

なお、子の看護休暇は法定休暇の一種であるから、就業規則等の絶対的記載事項となる（労基法89条1号）。

①　子の看護休暇の対象事由と対象から除外できる者

子の看護休暇の対象事由である「負傷し、または疾病にかかったその子の世話」とは、負傷し、または疾病にかかった子について身の回りの世話をすることをいい、病院への付添い等も含まれる。また、介護休暇の場合とは異なり、負傷または疾病の種類や程度には特段の制限はなく、いわゆる風邪による発熱など短期間で治ゆする疾病や小児ぜんそく、若年性糖尿病などの慢性疾患も対象となる（平28. 8. 2 職発0802第1号・雇

児発1228第3号。改正令3.11.4雇均発1104第2号（以下、「通達」という）第4−1（7））。さらに、疾病の予防を図るために必要なものとして、子どもの予防接種または健康診断の受診についても認められる。

下記の労働者は、労使協定で、子の看護休暇を取得できない者として除外することができる（育介法16条の3第2項・6条1項ただし書）。

① 雇入れ後6ヵ月未満の者

② 合理的な理由がある場合

③ 業務の性質・業務の実施体制に照らして、時間単位の子の看護休暇の取得が困難な業務に従事している労働者である場合（詳細は、「③ 時間単位の取得」を参照）

なお、「合理的な理由がある」と認められる労働者とは、1週間の所定労働日数が2日以下である者をいう。

② 子の看護休暇の日数

子の看護休暇の日数は、一の年度において5労働日を限度（その養育する小学校就学の始期に達するまでの子が2人以上の場合にあっては、10労働日）とされている（同法16条の2第1項）が、この場合の「年度」は、事業主が別段の定めをした場合を除いて、4月1日に始まり、翌年3月31日に終わる（同3項）。

③ 時間単位の取得

2021（令和3）年1月1日より子の看護休暇の時間単位取得が可能となった（育介法16条の2第2項）。事業主は、労働者から子の看護休暇の時間単位取得の申出があった場合には、原則としてこれを拒むことができない（同法16条の3第1項）。

時間単位とは、1時間の整数倍をいう（通達第4−2（3））。時間は、申出日の1日の所定労働時間未満であって、始業時刻から連続しまたは終業時刻まで連続しなければならない（育介法施行規則34条）。時間単位の子の看護休暇の申出をできる労働者については、1日の所定労働時間が一定の時間以上という制限はない。

子の看護休暇を日単位で取得するか時間単位で取得するかは、労働者

の選択にゆだねられるものである（通達第4－2（1））。

　労働者が、時間単位で子の看護休暇を取得する場合は、休暇を取得した時間数の合計が1日の所定労働時間数に相当する時間数になるごとに「1日分」の休暇を取得したものと扱う。この場合、1日の所定労働時間数に1時間に満たない端数がある場合には、端数を時間単位に切り上げる必要がある。

　「業務の性質・実施体制に照らして時間単位取得が困難」な労働者として労使協定を締結した場合には、時間単位の看護休暇の取得対象から除外することは可能である。

　時間単位の子の看護休暇を取得することが困難と認められる業務に従事する労働者の例は、以下のとおり（平21.12.28 厚労省告示509号「事業主が講ずべき措置等に関する指針」第2－2－（3））。

　　ア　国際路線等に就航する航空機において従事する客室乗務員等の業務等であって、所定労働時間の途中までまたは途中から子の看護休暇を取得させることが困難な業務

　　イ　長時間の移動を要する遠隔地で行う業務であって、時間単位の子の看護休暇を取得した後の勤務時間または取得する前の勤務時間では処理することが困難な業務

　　ウ　流れ作業方式や交替制勤務による業務であって、時間単位で子の看護休暇を取得する者を勤務体制に組み込むことによって業務を遂行することが困難な業務

④　子の看護休暇の賃金の取扱い

　子の看護休暇の申出をしたこと、また、子の看護休暇を取得したことを理由として不利益な取扱いをすることは禁じられている（育介法16条の4条）が、子の看護休暇を取得した日について、無給とすることは、不利益な取扱いに該当しない。

（3）介護休暇

　介護休暇とは、要介護状態にある対象家族の介護その他の厚生労働省

令で定める世話を行う労働者が、その介護や通院の付添い等のため必要
がある場合に事業主に申し出たときは、短期の休暇を取得することがで
きるという制度である（育介法16条の5〜16条の7）。

なお、この休暇も法定休暇の1つであるから、就業規則の絶対的必要
記載事項の1つとなるので、就業規則に必ず定めなければならない（労
基法89条1号）。

① 介護休暇とその対象者

事業主は、労働者からの前条第1項の規定による申出があったときは、
当該申出を拒むことができない（育介法16条の6第1項）が、下記の労
働者については、労使協定で、介護休暇を取得できない者として定める
ことができる（同法16条の6第2項・6条1項ただし書）。

　① 雇入れ後6ヵ月未満の者
　② 介護休業をできないこととすることについて合理的な理由がある
　　と認められる労働者
　　　なお、「合理的な理由があると認められる労働者」とは、1週間の
　　所定労働日数が2日以下である者をいう。
　③ 業務の性質・業務の実施体制に照らして、時間単位の介護休暇の
　　取得が困難な業務に従事している労働者である場合（詳細は、「③
　　時間単位の取得」を参照）

② 介護休暇の日数

介護休暇の日数は、一の年度において5労働日（要介護状態にある対
象家族が2人以上の場合にあっては、10労働日）が限度とされている
（同法16条の5第1項）。なお、この場合の「年度」は、子の看護休暇と
同様、事業主が別段の定めをした場合を除いて、4月1日に始まり、翌
年3月31日に終わる（同法16条の5第3項）。

③ 時間単位の取得

対象家族の介護等を行う者が、突発的な対応や介護専門職との相談な
どを行う場合に、所要時間に応じてより柔軟に取得できるようにするた
めの環境整備として、2021（令和3）年1月1日より、介護休暇が時間

単位で取得できることとなった。時間単位の意味や適用除外者については、子の看護休暇の時間単位取得と同じ扱いである。

④　介護休暇の賃金の取扱い

　介護休暇の申出をしたこと、または介護休暇を取得したことを理由として不利益な取扱いをすることは禁じられている（同法16条の７）が、無給にすることは不利益な取扱いに該当しない。

（4）代替休暇

　特に長い時間外労働を抑制することを目的として、１ヵ月に60時間を超える時間外労働に対する法定割増賃金率５割以上とされている（労基法37条１項ただし書）が、臨時的な特別の事情によってやむを得ずこれを超える時間外労働を行わざるを得ない場合も考えられる。このため、そのような労働者の健康を確保する観点から、特に長い時間外労働をさせた労働者に休息の機会を与えることを目的として、１ヵ月について60時間を超えて時間外労働を行わせた労働者について、労使協定を締結した場合には、法定割増賃金率の引上げ分（２割５分以上）の割増賃金の支払いに代えて、有給の代替休暇を与えることができる（労基法37条３項）。

　ただし、中小企業については、2023（令和５）年３月31日までの間、60時間超の割増賃金の支払いおよび代替休暇についての規定は適用除外とされている（法138条、平30.9.7 基発0907第１号）。

（5）公民権行使の時間

　使用者は、労働者が労働時間中に、選挙権その他の公民としての権利を行使し、または公の職務を執行するために必要な時間を請求した場合においては、拒んではならず（労基法７条）、これに要する時間を法定休暇（労働の義務を免除する時間）の１つとしている。なお、その間の賃金については、有給たると無給たると当事者の自由に委ねられた問題とされている（昭22.11.27 基発399号）。

第2章第1〜6節　理解度チェック

次の設問に、○×で解答しなさい（解答・解説は後段参照）。

---

1 退職した臨時社員の最後の賃金を会社に受け取りにきた代理人に支払うことは、本人自筆の委任状がある場合であっても労働基準法（以下、「労基法」という）違反となる。

2 労基法32条は法定労働時間を定めているが、三六協定を締結し、所轄労働基準監督署長に届け出ることを要件として、法定労働時間を超える時間外労働を認めている。

3 1年単位の変形労働時間制の対象期間は、3ヵ月を超え1年以内の期間に限られる。

4 法定休日に労働させても、後日代休を与えた場合には、その法定休日の割増賃金を支払わなくてもよい。

5 1日の所定労働時間が4時間で、かつ1週間の所定労働日数が5日の労働者が雇入れの日から起算して6ヵ月継続勤務し、全労働日の8割以上出勤した場合には、7日の年次有給休暇が付与される。

第2章第1～6節　理解度チェック

解答・解説

1 ○
労働者の委任を受けた任意代理人に支払うことは法違反であり、労働者が第三者に賃金受領権限を与えようとする委任、代理等の法律行為についても無効である（労基法24条、昭63.3.14 基発150号）。

2 ○
使用者は労働者に、休憩時間を除き1週間について40時間を超えて、労働させてはならないが、三六協定を締結し、所轄労働基準監督署長に届け出た場合には、その協定の範囲内で時間外労働をさせることができる（労基法32条・36条、昭63.3.14 基発第150号、平11.3.31 基発第168号）。

3 ×
3ヵ月ではなく「1ヵ月」である（労基法32条の4）。

4 ×
事前に休日振替をしない限り、代休を与えたとしても、休日割増賃金の支払義務は免除されない（昭23.4.19 基収1397号、昭63.3.14 基発150号）。

5 ×
1週間の所定労働日数が5日の場合、通常の労働者と同じ年次有給休暇を付与しなくてはならない。比例付与とは、労働日に対する比例である（労基法39条1項・3項、労基則24条の3）。

第 **7** 節 ┃ # 短時間・有期雇用労働者の雇用・就業管理

学習のポイント

◆短時間労働者（パートタイム労働者）・有期雇用労働者の雇用管理の改善に関する措置を理解する。

◆パートタイム労働者・有期雇用労働者の就業管理について、留意すべきポイントを押さえる。

◆パートタイム労働者・有期雇用労働者に対しては、所定労働時間が短いこと、労働契約に期間の定めがあることによる不合理な労働条件は禁止されている。

◆パートタイム労働者は、年次有給休暇や育児・介護休業法上の制度の適用について、通常の労働者と取扱いが異なることがある。

◆有期雇用労働者の契約期間、契約の締結、更新・雇止めのルールなど一連の基本的な流れを理解する。

◆有期労働契約が5年を超えて反復更新された場合に、有期雇用労働者の申込みによって無期労働契約に転換させる無期転換ルールの基本を理解する。

◆有期雇用労働者は、解雇、育児・介護休業について、無期契約労働者と取扱いが異なることがある。

1 パートタイム労働者の雇用・就業管理

（1）パートタイム労働者の定義

「短時間労働者及び有期雇用労働者の雇用管理の改善等に関する法律」（以下、「パートタイム・有期雇用労働法」という）では、短時間労働者（パートタイム労働者）とは、その1週間の所定労働時間が同一の事業主に雇用される通常の労働者の1週間の所定労働時間に比し短い労働者をいう（同法2条1項）。比較対象となる「通常の労働者」とは、パートタイム労働者と同種の業務を行ういわゆる正社員または無期雇用フルタイム労働者のうち1週間の所定労働時間が最も長い労働者とされている。もし、パートタイム労働者と同種の業務を行う正社員がいない場合には、別種の業務を行う正社員のうち1週間の所定労働時間が最も長い労働者をいう（平31.1.30 基発0130第1号・職発0130第6号・雇均発0130第1号・開発0130第1号。改正令4.6.24 雇均発0624第1号（以下、本節において「通達」という）第1-2（3）～（6））。

（2）事業主が行うべき雇用管理の改善に関する措置

パートタイム・有期雇用労働法は、パートタイム労働者について、就業の実態等を考慮して、適正な労働条件の確保、教育訓練の実施、福利厚生の充実その他の雇用管理の改善および通常の労働者への転換（以下、「雇用管理の改善等」という）の推進に関する措置を講ずることにより、通常の労働者との均衡のとれた待遇の確保を図り、パートタイム労働者がその有する能力を有効に発揮することができるよう事業主に努力義務を課している（同法3条1項）。

（3）労働条件に関する文書の交付等

事業主は、パートタイム労働者を雇い入れたときは、労働基準法（以下、本節において「労基法」という）15条1項および労基則5条各号で明示が義務づけられた事項（→詳細は第1章第2節**2**「労働契約の締結」を参照）に加えて、下記の事項（以下、本項において「特定事項」ということがある）について記載した文書の交付等が義務づけられている（パートタイム・有期雇用労働法6条1項、パート・有期則2条）。

① 昇給の有無

② 退職手当の有無

③ 賞与の有無

④ 雇用管理の改善等に関する事項に係る相談窓口

　この場合、文書の交付のほか、パートタイム労働者が希望すれば、電子メールやファクシミリによる明示も可とされている（パート・有期則2条）。

　また、上記①〜④の事項以外については、文書の交付などにより明示することが努力義務とされている（同法6条2項）。

　なお、違反の場合、行政指導によっても改善がみられなければ、パートタイム労働者1人の契約ごとに10万円以下の過料が課せられる（同法6条・31条）。

（4）就業規則の作成の手続

　労基法90条では、就業規則の作成または変更にあたって、労働者の過半数代表の意見を聴かなければならないこととされているが、パートタイム・有期雇用労働法7条1項では、これに加えて、パートタイム労働者に係る事項について就業規則を作成し、または変更しようとするときは、当該事業所において雇用するパートタイム労働者の過半数を代表すると認められる者の意見を聴くように努めなければならないこととされている。

（5）パートタイム労働者の待遇の原則

　パートタイム・有期雇用労働法8条は「事業主は、その雇用する短時間・有期雇用労働者の基本給、賞与その他の待遇のそれぞれについて、当該待遇に対応する通常の労働者の待遇との間において、当該短時間・有期雇用労働者及び通常の労働者の業務の内容及び当該業務に伴う責任の程度（以下「職務の内容」という。）、当該職務の内容及び配置の変更の範囲その他の事情のうち、当該待遇の性質及び当該待遇を行う目的に

照らして適切と認められるものを考慮して、不合理と認められる相違を
設けてはならない」と定める。

　これは、パートタイム労働者と通常の労働者との間で待遇の相違があ
れば直ちに不合理とされるものではなく、当該待遇の相違が同法8条に
列挙されている要素すなわち「職務内容」「職務内容および配置の変更の
範囲」「その他の事情」のうち、当該待遇の性質および当該待遇を行う目
的に照らして適切と認められる事情を考慮して、不合理と認められる相
違を設けることを禁止するものである。

　なお、「その他の事情」については、職務の内容ならびに職務の内容お
よび配置の変更の範囲に関連する事情に限定されるものではない。具体
例としては、職務の成果、能力、経験、合理的な労使の慣行、事業主と
労働組合との間の交渉といった労使交渉の経緯などの諸事情が「その他
の事情」として想定されている。

　なお、パートタイム・有期雇用労働法は、通常の労働者とパートタイ
ム労働者との待遇差が不合理か差別的取扱いか否かについて、原則とな
る考え方および具体例を指針で示すこととされ（同法15条）、「短時間・
有期雇用労働者及び派遣労働者に対する不合理な待遇の禁止等に関する
指針」（平30厚労省告示430号。いわゆる同一労働同一賃金ガイドライ
ン）が発出されている。全文は以下で確認のこと。https://www.mhlw.
go.jp/content/11650000/000469932.pdf

（6）差別的取扱いの禁止

　事業主は、職務の内容および人材活用のしくみや運用などが通常の労
働者と同一のパートタイム労働者である者については、パートタイム労
働者であることを理由として、その待遇について、差別的取扱いをして
はならない（パートタイム・有期雇用労働法9条）。すなわち、すべての
労働条件について通常の労働者（事業所のいわゆる正社員。正社員がい
ない場合は、無期雇用フルタイム労働者）と均等な待遇の確保を図らな
ければならない。

（7）均衡待遇の確保の推進

　パートタイム・有期雇用労働法では、職務の内容および人材活用のしくみや運用などが通常の労働者と同一とはいえないパートタイム労働者の待遇については、通常の労働者との働き方の違いに応じて、均衡待遇の確保を図るための措置を講ずるよう規定されている。

　具体的には、①職務内容は同じであるが人材活用のしくみが通常の労働者とは異なるパートタイム労働者については、従事する職務遂行に必要な教育訓練に関しては、通常の労働者と同じ教育訓練を実施する義務がある（同法11条1項）ほか、それ以外の教育訓練の実施については、通常の労働者との均衡を考慮しつつ、職務の内容・職務の成果・意欲・経験等に応じて、行う努力義務があること（同条2項）、②職務内容も人材活用のしくみも通常の労働者とは異なるパートタイム労働者については、賃金（職務内容に密接に関連しない賃金を除く）の決定に関しては、通常の労働者との均衡を考慮しつつ、職務の内容・職務の成果・意欲・経験等に応じて、行う努力義務があること（同法10条）、③①および②のパートタイム労働者のいずれにも、一定の福利厚生施設（給食施設・休憩室・更衣室）の利用の機会を与える義務があること（同法12条）、の3つが挙げられる。

（8）通常の労働者への転換

　事業主は、パートタイム労働者から通常の労働者への転換を推進するため、下記のいずれかの措置を講じなければならない（パートタイム・有期雇用労働法13条）。

① 通常の労働者を募集する場合、その募集内容をすでに雇っているパートタイム労働者に周知する。

② 通常の労働者の配置を新たに行う場合、すでに雇っているパートタイム労働者にも配置の希望を申し出る機会を与える。

③ 一定の資格を有するパートタイム労働者が通常の労働者へ転換するための試験制度を設ける。

④　その他教育訓練を受ける機会の付与等通常の労働者への転換を推進するための措置を講ずる。

また、転換を推進するために、①から④までのどのような措置を講じているかについて、事業所内のパートタイム労働者にあらかじめ広く周知することとされている（通達第3−9−(10)）。

この場合、パートタイム労働者から通常の労働者への転換の要件として、勤続期間や資格等を課すことは、事業所の実態に応じたものであれば問題ないが、必要以上に厳しい要件を課した転換のしくみを設けている場合は、法律上の義務を履行しているとはいえない場合もあるので、留意しなければならない（通達第3−9−(7)）。

（9）事業主が講ずる措置の内容等の説明義務

パートタイム・有期雇用労働法では、下記の2つの事項についてパートタイム労働者に説明することが義務づけられている（同法14条）。説明に際しては、「パートタイム・有期雇用労働法対応のための取組手順書」（https://www.mhlw.go.jp/content/000467476.pdf）が参考になる。

① 　雇入れ時の雇用管理の改善措置に係る内容

パートタイム労働者を雇い入れたとき（有期労働契約の更新時を含む）は、速やかに、パートタイム・有期雇用労働法に基づき実施している雇用管理の改善措置の内容を説明しなければならない（同条1項）。この場合の「雇用管理の改善措置」とは、下記事項に係る措置をいう。

①　不合理な待遇の禁止・差別的取扱いの禁止
②　賃金の決定方法
③　教育訓練の実施
④　福利厚生施設の利用
⑤　通常の労働者への転換を推進するための措置

なお、説明事項からは、労働条件の明示事項および特定事項（労基法15条1項およびパートタイム・有期雇用労働法6条1項の事項）は除かれている。

② 待遇決定にあたって考慮した事項

　パートタイム労働者から求められたときは、事業主はパートタイム労働者の下記の各措置を決定するにあたって考慮した事項を説明しなければならない（パートタイム・有期雇用労働法14条2項）。この場合、事業主が実施している各措置がなぜ通常の労働者と異なるのか、またはパートタイム労働者にはなぜ適用されないのかを説明しなければならない。ただし、パートタイム労働者の納得を得ることまでは必要とされていない。

① 労働条件の文書交付等
② 就業規則の作成手続
③ 不合理な待遇の禁止・差別的取扱いの禁止
④ 賃金の決定
⑤ 教育訓練の実施
⑥ 福利厚生施設の利用
⑦ 通常の労働者への転換を推進するための措置

(10) 相談等を理由とする不利益取扱いの禁止

　事業主は、(9)のパートタイム労働者が説明を求めたことを理由として、当該パートタイム労働者に対して解雇その他不利益な取扱いをしてはならない（パートタイム・有期雇用労働法14条3項）。

(11) 相談のための体制整備

　パートタイム・有期雇用労働法では、パートタイム労働者・有期雇用労働者からの雇用管理改善に関する事項につき相談に応じ、適切に対応するための体制（苦情を含めた相談に応じる窓口等の体制）を整備することが義務づけられている（同法16条）。その旨は(9)の説明義務の実効性の確保にある、とされている。

　相談のための体制の整備は、相談に応じることのできる窓口等であれば、名称を問わず、組織であるか個人であるかを問わない（通達第3－12－(2)）。

　また、相談窓口は、雇入れ時の文書等による明示すべき特定事項（同
法6条）であり、事業所内のパートタイム労働者・有期雇用労働者が通
常目にすることができる場所に設定されている掲示板への掲示等により
周知することが望まれる。

(12) 短時間・有期雇用管理者の選任

　事業主は、常時10人以上のパートタイム労働者を雇用する事業所ごと
に、厚生労働省令で定めるところにより、「事業主が講ずべき短時間労働
者及び有期雇用労働者の雇用管理の改善等に関する措置等についての指
針」（平30厚労省告示429号により改正された平19厚労省告示326号。以
下、「短時間・有期雇用労働指針」という）に定める事項その他のパート
タイム労働者の雇用管理の改善等に関する事項を管理させるため、短時
間・有期雇用管理者を選任するように努めなければならない（パートタ
イム・有期雇用労働法17条）。

　短時間・有期雇用管理者に期待される業務は以下とされている（通達
第3－13－(3)）。

① 　法に定める事項はいうまでもなく、短時間・有期雇用労働指針お
　　よび同一労働同一賃金ガイドラインに定める事項その他のパート
　　タイム労働者の雇用管理の改善等に関する事項について、事業主の指
　　示に従い必要な措置を検討し、実施するとともに、必要に応じ、関
　　係行政機関との連絡を行うこと

② 　パートタイム労働者の労働条件、就業環境に係る事項等に関し、
　　パートタイム労働者の相談に応ずること

(13) パートタイム労働者の就業管理

　パートタイム・有期雇用労働法15条に基づいて定められている短時
間・有期雇用労働指針では、事業主がパートタイム労働者を雇ううえで
の基本的な考え方について、次のように規定している。

① 　労基法、最低賃金法、労働安全衛生法、労働契約法、男女雇用機

会均等法、育児・介護休業法、雇用保険法、労災法等の労働関係法令を遵守すること

② パートタイム労働者の雇用管理の改善に関する措置を講ずるに際して、通常の労働者その他の労働者の労働条件を合理的な理由なく一方的に変更することは認められないこと

③ パートタイム労働者の多くは、フルタイムの労働者に比べて一般的に時間の制約が厳しく、残業も困難であるという事情を十分考慮して労働時間・労働日の設定・変更を行うとともに、できるだけ所定労働時間を超えた残業、所定労働日以外の日の労働をさせないよう努めること

④ パートタイム・有期雇用労働法10条で定める職務関連賃金以外の賃金、たとえば退職手当・住宅手当等についても、パートタイム労働者の就業の実態や通常の労働者との均衡を考慮して定めるよう努めること

⑤ 比較対象となる通常の労働者は、その職務内容、職務の内容および変更の範囲等が、パートタイム労働者のそれと最も近いと事業主が判断するものとする。

⑥ 事業主は、待遇の相違の内容として、以下の事項を説明するものとする。（ⅰ）通常の労働者とパートタイム労働者との間の待遇に関する基準の有無、（ⅱ）待遇の相違の内容、（ⅲ）上記（ⅰ）の基準がある場合は、その基準の内容

⑦ 同法12条で定める福利厚生施設（給食施設、休憩室、更衣室）以外の福利厚生の措置についても、パートタイム労働者の就業の実態や通常の労働者との均衡などを考慮して取り扱うよう努めること

⑧ 同法14条2項で説明が求められている事項以外の事項についても説明するよう努めること。パートタイム労働者の雇用管理の改善等の措置を講ずるときは、パートタイム労働者の意見を聴く機会を設けるなどの適当な方法を工夫するように努めること。同法22条で自主的な解決を図ることが努力義務となっている事項以外に係る苦情についても事業所内で自主的に解決を図るよう努めること

⑨ 　同法７条に定める労働者の過半数代表であること、もしくは労働
者の過半数代表になろうとしたこと、または労働者の過半数代表と
して正当な行為をしたことを理由として不利益に取り扱わないよう
にすること。パートタイム労働者が同法14条２項に基づく説明を求
めたことを理由として不利益に取り扱わないようにすること。また、
パートタイム労働者が不利益な取扱いをおそれて、説明を求めるこ
とができないことがないようにすること。パートタイム労働者の親
族の葬儀等のために勤務しなかったことを理由に、解雇等が行われ
ることは適当ではないこと

⑩ 　短時間・有期雇用管理者を選任したときは、短時間・有期雇用管
理者の氏名を事業所の見やすい場所に掲示するなどして、パートタ
イム労働者への周知に努めること

なお、これらは有期雇用労働者も同様である。

2 　有期雇用労働者の雇用・就業管理

（1）有期雇用労働者とは

有期雇用労働者とは、労働契約の期間を定めて雇用される労働者のこ
とで、パートタイム労働者や派遣労働者と並んで、いわゆる非正規社員
（非典型労働者）の代表的な雇用形態の１つである。

一般には、契約社員、嘱託社員、臨時社員などといわれることも多く、
単純作業に従事する者から高度専門職まで、幅広い人材が有期雇用労働
者として働いており、業務の内容や賃金、労働時間などの労働条件もさ
まざまである。いずれも、契約期間が有期（期間の定めのある契約）で
ある点が共通である。パートタイム労働者や派遣労働者の労働契約が有
期契約であるケースも少なくない。

（2）有期雇用労働者の契約期間

① 　労働契約の期間の制限

労基法は、有期労働契約の期間について、一般的な有期雇用労働者の労働契約の期間の上限を3年としている（同法14条1項）。

② 契約期間の特例

上記の定めにかかわらず、以下の労働者については、契約期間の上限に関して、特例が設けられている。

1）高度専門職

厚生労働大臣が定める基準に該当する高度の専門的な知識、技術または経験（以下、「専門的知識等」という）を有する労働者との間で締結する労働契約の上限は5年である（同法14条1項）。

ここでいう専門的知識等を有する労働者とは、次のいずれかに該当する者をいう（平15厚労省告示356号）

① 博士の学位を有する者

② 公認会計士、医師、歯科医師、獣医師、弁護士、一級建築士、税理士、薬剤師、社会保険労務士、不動産鑑定士、技術士、弁理士の資格を有する者

③ ITストラテジスト試験、システムアナリスト試験またはアクチュアリー試験に合格している者

④ 特許法に規定する特許発明の発明者、意匠法に規定する登録意匠を創作した者または種苗法に規定する登録品種を育成した者

⑤ 大学卒で実務経験5年以上、短大・高専卒で実務経験6年以上または高卒で実務経験7年以上の農林水産業の技術者、鉱工業の技術者、機械・電気技術者、建築・土木技術者、システムエンジニアまたはデザイナーで、年収が1,075万円以上の者

⑥ システムエンジニアとして実務経験5年以上を有するシステムコンサルタントで、年収が1,075万円以上の者

⑦ 国等によりその有する知識等が優れたものであると認定され、上記①から⑥までに掲げる者に準ずるものとして厚生労働省労働基準局長が認める者

なお、本条の特例措置が適用されるのは、当該専門的知識等を必要と

する業務に就く者に限る。

2）満60歳以上の高年齢者

満60歳以上の労働者（前記1）の高度専門職を除く）との間で締結する労働契約の上限は5年である。

3）有期事業に雇用される労働者

一定の事業の完了に必要な期間を定める労働契約の上限は、その事業の完了までに必要な期間である。

（3）有期労働契約の締結

① 書面交付による契約内容の明示

使用者は、有期雇用労働者に対して、その採用の際に、労働条件等の契約内容を明確にするため、一定の事項について雇入通知書等の書面を交付し、本人に通知しなければならない（労基法15条1項、労基則5条）。

なお、職業安定法（以下、本節において「職安法」という）は、労働契約の締結に先立って行われる有期雇用労働者の募集の段階でも、契約期間に関する事項について明示する必要があるとする（職安法5条の3）。

② 労働契約の更新の有無および判断基準の明示

「期間の定めのある労働契約を更新する場合の基準に関する事項」とは、労働契約の更新の有無およびその判断基準をいう（平24.10.26 基発1026第2号）。

1）更新の有無

更新の有無について、たとえば、下記のように明示することが考えられる。

① 自動的に更新する
② 更新する場合がありうる
③ 契約の更新はしない

2）更新の判断基準

また、明示すべき判断の基準の具体的な内容については、有期雇用労働者が、契約期間満了後のみずからの雇用継続の可能性について一定程

度予見することが可能となるものであることを要する（同通達）とされ、具体的には、下記のような判断基準が考えられる。

① 契約期間満了時の業務量により判断する
② 労働者の勤務成績・態度により判断する
③ 労働者の能力により判断する
④ 会社の経営状況により判断する
⑤ 従事している業務の進捗状況により判断する

なお、更新の基準についても、他の労働条件と同様、すでに労働契約の内容となっているものを使用者が変更する場合には、労働者の合意その他の方法によって、適法に変更される必要があることに留意しなければならない（同通達）。

（4）有期労働契約の更新・雇止め

有期労働契約は、契約期間の満了によって終了するものであるが、契約を繰り返し更新された後に、契約更新をせずに、期間満了をもって退職とする、いわゆる「雇止め」については紛争が多く見られることから、これを防止する目的で、最高裁の判例で確立している雇止めに関する判例法理（いわゆる雇止め法理）が、労働契約法（以下、本節において「労契法」という）19条として法文化された。

① 労契法における雇止め法理の定め

労契法19条では、以下のいずれかに該当する労働契約の契約期間が満了する日までの間に、労働者が「当該有期労働契約の更新の申込みをした場合」または「当該契約期間の満了後遅滞なく有期労働契約の締結の申込みをした場合」であって、使用者がその申込みを拒絶することが「客観的に合理的な理由を欠き、社会通念上相当であると認められないとき」は、使用者は、従前の有期労働契約の内容である労働条件と同一の労働条件でその申込みを承諾したものとみなすこととされている。

① 過去に反復更新された有期労働契約で、その雇止めが無期労働契

　　約の解雇と社会通念上同視できると認められる場合
　②　有期労働契約の契約期間の満了時にその有期労働契約が更新され
　　るものと期待することについて合理的な理由が認められる場合

② 雇止めの予告

　有期労働契約を更新しない場合には、あらかじめ更新しない旨を明示
している場合を除いて、少なくとも契約期間が満了する日の30日前まで
に、雇止めの予告をしなければならない（平15厚労省告示357号。以下、
「雇止め基準」という）。ここでの対象となる有期労働契約については、
次の3つが示されている（雇止め基準2条、平15. 10. 22 基発1022001号、
平20. 1. 23 基発0123005号）。

　①　有期労働契約が3回以上更新されている場合
　②　1年以下の契約期間の労働契約が更新または反復更新され、使用
　　者との雇用関係が初回の契約締結時から継続して1年を超える場合
　③　1年を超える契約期間の有期労働契約を締結している場合

　なお、30日未満の契約期間の労働契約を3回以上更新した場合、また
は30日未満の労働契約の更新を繰り返して1年を超えた場合の雇止めに
関して、30日前までにその予告をすることができない場合であっても、
できる限り速やかにその予告をしなければならない。

③ 雇止めの理由の明示

　契約を期間満了によって終了させ、雇止めをすることを予告した場合
（上記②）に、労働者が更新しないこととする理由について証明書を請求
したときは、使用者は遅滞なくこれを交付しなければならない（雇止め
基準1条1項）。これは、雇止めの後に労働者から更新しなかった理由に
ついて請求された場合も同様である（同基準2条2項）。

　ここでいう「更新しないこととする理由」「更新しなかった理由」とは、
契約期間の満了とは別の理由を明示することを要するとされており、た
とえば、次のようなものが考えられる（平15. 10. 22 基発第1022001号、
平20. 1. 23 基発0123005号、平25. 3. 28 基発0328第6号）。

　①　前回の契約更新時に本契約を更新しないことを合意していたため

② 契約締結当初から、更新回数の上限を設けており、本契約は当該
   上限に係るものであるため
③ 担当していた業務が終了・中止したため
④ 事業縮小のため
⑤ 業務を遂行する能力が十分ではないと認められるため
⑥ 職務命令に対する違反行為を行ったこと、無断欠勤をしたこと等
   勤務不良のため

④ 契約更新時の契約期間についての配慮

　労契法17条2項では、使用者に対して、有期労働契約について、その
有期労働契約により労働者を使用する目的に照らして、必要以上に短い
期間を定めることにより、その有期労働契約を反復して更新することの
ないよう配慮しなければならないとしており、さらに、雇止め基準では、
契約を1回以上更新し、かつ、雇入れの日から起算して1年を超えて継
続勤務している者に係る有期労働契約を更新しようとする場合には、当
該契約の実態および当該労働者の希望に応じて、契約期間をできる限り
長くするよう努めなければならない（雇止め基準3条）。

　なお、労契法17条2項の「必要以上に短い期間」に該当するか否かは、
個別具体的な事案に応じて判断されるものであり、契約期間を特定の長
さ以上の期間とすることまでを求めているものではない（平24. 8. 10 基
発0810第2号（以下、「通達」という）第5-3-(2)）。

（5）無期労働契約への転換

① 無期労働契約への転換の申込み

　有期労働契約が反復更新され、当該労働契約の期間が通算して5年を
超える場合には、当該労働者は、無期契約への転換の申込み（以下、「無
期転換の申込み」という）をすることができる。

　この無期転換の申込みをしたときは、使用者は当該申込みを承諾した
ものとみなされる（労契法18条1項）。→図表2-7-1

② 申込みの時期

図表2-7-1 ● 無期労働契約の申込み

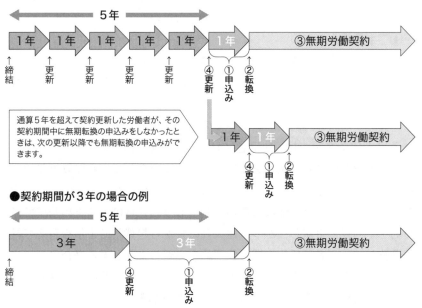

出所：厚生労働省ホームページより

　無期転換の申込みができるのは、通算契約期間が5年を超えることとなる労働契約期間の初日から末日までの間とされ、有期雇用労働者が申込みをした場合には、使用者は、その意思のいかんにかかわらず、無期転換の申込みを承諾したものとみなされ、現に締結している労働契約が満了する日の翌日を始期とする無期労働契約が成立することになる。

　なお、無期転換申込権が生じている有期労働契約の契約期間が満了するまでの間に無期転換申込権を行使しなかった場合でも、再度有期労働契約が更新された場合は、新たに無期転換申込権が発生し、有期雇用労働者は、更新後の有期労働契約の更新期間が満了する日までの間に、無期転換申込権を行使することができる（通達第5-4-（2）エ）。

③　通算契約期間に空白期間がある場合の例外

図表２-７-２ ● カウントの対象となる契約期間が１年以上ある場合の 通算契約期間の計算（クーリング）

■契約がない期間（６ヵ月以上）が間にあるとき

有期労働契約とその次の有期労働契約の間に、契約がない期間が６ヵ月以上あるときは、その空白期間より前の有期労働契約は通算契約期間に含めません。これをクーリングといいます。

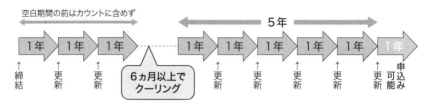

■契約がない期間はあるが、６ヵ月未満のとき

有期労働契約とその次の有期労働契約の間に、契約がない期間があっても、その長さが６ヵ月未満の場合は、前後の有期労働契約の期間を通算します（クーリングされません）。

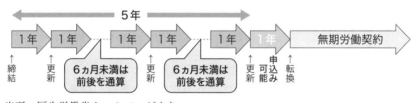

出所：厚生労働省ホームページより

　有期労働契約と次の有期労働契約の間に空白期間があり、当該空白期間が６ヵ月（通算契約期間が１年未満の場合は、その期間の２分の１の期間）以上ある場合、通算契約期間のカウントがリセットされ、空白期間前に満了した期間は通算契約期間に算入されない。→図表２-７-２

④　無期労働契約への転換後の労働条件

　無期労働契約に転換された場合、契約期間以外のその他の労働条件（職務、勤務地、賃金、労働時間など）は、労働協約、就業規則、個々の労働契約等の別段の定めがない限り、直前の有期労働契約と同一となるとされている。逆にいえば、別段の定めをすることにより、労働条件の変更をすることは可能ともいえるが、無期転換にあたり、職務の内容などが変更されないにもかかわらず、無期転換後における労働条件を従前

よりも低下させることは、無期転換を円滑に進める観点から望ましいものではない（通達第５－４－（２）カ）。

⑤　経過措置

　無期労働契約に転換する制度の要件となる５年のカウントは、2013（平成25）年４月１日以後に開始（締結または更新）した有期労働契約が対象である（平24年改正法附則２項）。

⑥　無期転換権の特例

　2015（平成27）年４月に施行された専門的知識等を有する有期雇用労働者等に関する特別措置法（以下、本項において「特例法」という）により、

(1)　高度な専門的知識等をもつ有期雇用労働者（５年を超える一定期間内に業務が完了する場合に限る）

(2)　定年後引き続き雇用される有期雇用労働者（60歳以上の定年に限る）

については、無期転換権の特例が設けられることとなった。特例の対象となる事業主は、対象労働者に応じた適切な雇用管理の措置に関する計画について、都道府県労働局長の認定を受けた事業主である。

　この特例法では、上記(1)の労働者については、一定の期間内に完了することが予定されている業務に就く期間（上限10年）、上記(2)の労働者については、定年到達後に同一事業主に引き続き雇用されている期間について、無期転換権が発生しない。

（6）有期雇用労働者の就業管理

　有期雇用労働者に関する労働時間、休暇、休日については、無期契約労働者の場合と変わりないが、解雇、退職、年次有給休暇や育児・介護休業等については、以下のように取扱いが異なることがある。

①　契約期間中の解雇の制限

　使用者は、「やむを得ない事由がある場合」でなければ、契約期間の途中で有期雇用労働者を解雇することができない（労契法17条１項）。同

様の規定は、民法628条にも定められている。

　行政解釈（平24. 10. 26 基発1026第2号第5－2）では、「やむを得ない事由」があると認められる場合は、解雇権濫用法理における「客観的に合理的な理由を欠き、社会通念上相当であると認められる」場合よりも狭いと解されるとし、無期労働契約における解雇が認められる場合よりも厳しいものとしている。

　なお、一定の事由がある場合には、契約期間中に解雇できる旨を労使の間で合意していたときにも、当該事由に該当したからといって「やむを得ない事由」があると認められるものではなく、実際に行われた解雇について、「やむを得ない事由」があるかどうかが個別に判断される。この場合、「やむを得ない事由」があるという評価を基礎づける事実についての主張立証責任は、使用者側が負う。

② 契約期間中の退職

　有期労働契約は、労使双方が契約期間を遵守することが前提であるが、民法628条は「当事者が雇用の期間を定めた場合であっても、やむを得ない事由があるときは、各当事者は、直ちに契約の解除をすることができる。この場合において、その事由が当事者の一方の過失によって生じたものであるときは、相手方に対して損害賠償の責任を負う」とする。有期労働契約を締結した場合であっても、労働契約を存続し難いやむを得ない事由が生じた場合には、労働者は契約を解除して退職することができる。やむを得ない事由とは、一般には、労働者本人が健康を害して就業継続が難しいとか、家族の介護をしなければならない、転居によって通勤できなくなった場合などが考えられる。

　また、労基法137条は、高度専門職や60歳以上の高齢者を除き、労働契約の期間の初日から1年を経過した日以降は、その使用者に申し出ることにより、労働者はいつでも退職できるとしている。したがって、原則として、1年を超える期間を定めた労働契約を締結した場合にも、使用者が労働者を拘束することができるのは1年が限度であり、1年経過後は労働者はいつでも労働契約の解約を申し出て退職することができる。

③　有期雇用労働者の待遇の原則

　パートタイム・有期雇用労働法は、同一企業内における通常の労働者（いわゆる正規型の労働者および事業主と期間の定めのない労働契約を締結しているフルタイム労働者を総称する）と有期雇用労働者との間の不合理な待遇の差をなくし、期間の定めがある雇用形態を選択しても待遇に納得して働き続けられるようにすることで、多様で柔軟な働き方を選択できるようにすることを目的としている。

　事業主は、その雇用する有期雇用労働者の基本給、賞与その他の待遇のそれぞれについて、当該待遇に対応する通常の労働者の待遇との間において、当該有期雇用労働者および通常の労働者の①業務の内容および当該業務に伴う責任の程度（以下、「職務の内容」という）、②当該職務の内容および配置の変更の範囲、③その他の事情のうち、当該待遇の性質および当該待遇を行う目的に照らして適切と認められるものを考慮して、不合理と認められる相違を設けてはならない（均衡待遇の原則。パートタイム・有期雇用労働法8条）。

　なお、パートタイム・有期雇用労働法は、通常の労働者と有期雇用労働者との待遇差が不合理か差別的取扱いか否かについて、原則となる考え方および具体例を指針で示すこととされ（同法15条）、「短時間・有期雇用労働者及び派遣労働者に対する不合理な待遇の禁止等に関する指針」（平30厚労省告示430号。いわゆる同一労働同一賃金ガイドライン）が発出されている。

　旧労契法20条に関する最高裁判決として、2018（平成30）年の2判決（ハマキョウレックス事件（最二小判平30.6.1）、長澤運輸事件（最二小判平30.6.1）と2020（令和2）年10月の5判決（大阪医科薬科大学事件（最三小判令2.10.13）、メトロコマース事件（最三小判令2.10.13）、日本郵便（佐賀・東京・大阪）事件3判決（最一小判令2.10.15））が注目されている（詳細は『労務管理2級』第2章第8節**5**「有期雇用労働者の処遇」を参照）。

④ 有期雇用であることを理由とする差別的取扱いの禁止

　事業主は、職務の内容が通常の労働者と同一の有期雇用労働者（職務内容同一期雇用労働者）であって、当該事業所における慣行その他の事情から見て、当該事業主との雇用関係が終了するまでの全期間において、その職務の内容および配置が当該通常の労働者の職務の内容および配置の変更の範囲と同一の範囲で変更されることが見込まれるもの（通常の労働者と同視すべき有期雇用労働者）については、有期雇用労働者であることを理由として、基本給、賞与その他の待遇のそれぞれについて、差別的取扱いをしてはならない（均等待遇の原則。パートタイム・有期雇用労働法9条）。

　なお、パートタイム・有期雇用労働法は、通常の労働者と有期雇用労働者との待遇差が不合理か差別的取扱いか否かについて、原則となる考え方は、前掲の同一労働同一賃金ガイドラインにおいて示されている。

⑤ 賃金の均衡待遇

　通常の労働者と有期雇用労働者と職務内容等が異なる場合であっても、事業主は、通常の労働者との均衡を考慮しつつ、その雇用する有期雇用労働者（通常の労働者と同視すべき有期雇用労働者を除く）の職務の内容、職務の成果、意欲、能力または経験その他の就業の実態に関する事項を勘案し、その賃金（通勤手当、家族手当、住宅手当、別居手当、子女教育手当その他名称のいかんを問わず支払われる賃金（職務の内容に密接に関連して支払われるものを除く）を除く）を決定するように努めなければならない（同法10条）。

⑥ 就業規則の作成・変更

　事業主は、有期雇用労働者に係る事項について就業規則を作成し、または変更しようとするときは、当該事業所において雇用する有期雇用労働者の過半数を代表すると認められるものの意見を聴くように努めなければならない（同法7条2項）。

⑦ 通常の労働者への転換制度

　事業主は、有期雇用労働者について、通常の労働者への転換を推進す

るための措置（通常の労働者への転換制度）を講じなければならない。
通常の労働者への転換を推進するため、有期雇用労働者について、次の
いずれかの措置を講じなければならない（同法13条）。

① 通常の労働者の募集を行う場合において、当該募集に係る事業所
に掲示すること等により、その者が従事すべき業務の内容、賃金、
労働時間その他の当該募集に係る事項を当該事業所において雇用す
る有期雇用労働者に周知すること

② 通常の労働者の配置を新たに行う場合において、当該配置の希望
を申し出る機会を当該配置に係る事業所において雇用する有期雇用
労働者に対して与えること

③ 一定の資格を有する有期雇用労働者を対象とした通常の労働者へ
の転換のための試験制度を設けることその他の通常の労働者への転
換を推進するための措置を講ずること

⑧ 待遇等についての事業主の説明義務

事業主は、有期雇用労働者を雇い入れたときは、速やかに、以下につ
き説明しなければならない（同法14条1項）。

（ⅰ）期間の定めがあることによる不合理な待遇・差別的取扱いは設け
ていないこと、（ⅱ）職務の内容・職務の成果等どのような要素を勘案し
た賃金制度となっているか、（ⅲ）どのような教育訓練がなされるのか、
（ⅳ）どのような福利厚生制度が利用できるか、（ⅴ）どのような通常の労
働者への転換推進措置を実施しているか。この説明は、契約更新ごとに
行う必要がある。

事業主は、有期雇用労働者から求めがあったときは、比較対象となる
通常の労働者との間にある待遇差の有無、その内容と理由について説明
しなければならない（同法14条2項）。待遇差の内容を説明するのは口
頭でもよいが、資料を活用してわかりやすく説明するとよい。

説明に際しては、(1)比較対象となる通常の労働者との間で、待遇の決
定基準（賃金表など）の相違の有無、(2)相違がある場合には、比較対象
となる通常の労働者と有期雇用労働者の待遇の個別具体的な内容、また

は待遇の決定基準（賃金表など）、待遇差の理由を説明する。

その際には、比較対象となる通常の労働者と有期雇用労働者の①職務内容、②職務内容・配置の変更の範囲、③その他の事情（成果、能力、経験など）のうち、個々の待遇の性質・目的に照らして適切と認められるものに基づいて、待遇差を設けている理由を説明しなければならない。また、決定にあたって考慮した事項についても説明しなければならない。

比較対象となる通常の労働者については、有期雇用労働者と職務の内容、配置の変更の範囲等が最も近いと事業主が判断する通常の労働者を選定する。労働者が納得するまで説明することを求めているものではないが、納得を得られるよう真摯で丁寧な説明が求められている。

事業主は、有期雇用労働者に説明する際には、有期雇用労働者が説明内容を理解することができるよう、資料（就業規則や賃金表等）を活用しながら口頭で説明を行う。ただし、説明すべき事項をすべて記載した資料で、有期雇用労働者が容易に理解できるものを用いる場合には、その資料を交付する等の方法でも差し支えない。資料を作成する際には、前掲「パートタイム・有期雇用労働法対応のための取組手順書」(https://www.mhlw.go.jp/content/000467476.pdf) が参考になる。

⑨ 説明を求めたこと等を理由とする不利益取扱いの禁止

事業主は、有期雇用労働者が⑧の説明を求めたことを理由として、有期雇用労働者に対して解雇その他不利益な取扱いをしてはならない（同法14条3項）。「不利益な取扱い」とは、解雇、配置転換、降格、減給、昇給停止、出勤停止、労働契約の更新拒否等がこれに当たる（通達第3－10(12)）。

⑩ 相談体制の整備

事業主は、有期雇用労働者の雇用管理の改善等に関する事項に関し、その雇用する有期雇用労働者からの相談に応じ、適切に対応するために必要な体制を整備しなければならない（同法16条）。

⑪ 短時間・有期雇用管理者の選任

事業主は、常時10人以上の有期雇用労働者を雇用する事業所ごとに、

指針に定める事項その他有期雇用労働者の雇用管理の改善等に関する事項を管理させるため、短時間・有期雇用管理者を選任するように努めなければならない（同法17条）。短時間・有期雇用管理者に期待されている業務については、本節**1**(12)「短時間・有期雇用管理者の選任」を参照。

（7）年次有給休暇

　有期雇用労働者の「継続勤務」の判断にあたっては、勤務の実態に即して判断すべきものであり、有期労働契約を反復して労働者を使用する場合、それぞれの有期労働契約の間に、短期間の間隔（空白期間）があったとしても、それだけで当然に継続勤務が中断することにはならないことに留意しなければならない（昭63.3.14 基発150号）。

　なお、無期労働契約者について、契約形態を変更して有期労働契約になった場合、勤続期間には無期契約の期間が通算されることとなる。

第 **8** 節 | # 派遣労働者の雇用・就業管理

学習のポイント

◆労働者派遣とは何かを、労働者供給、出向、請負、偽装請負、紹介予定派遣と比較して理解する。

◆労働者派遣を受け入れることができない業務、禁止行為、派遣割合の規制、事業所単位と個人単位の派遣可能期間の制限、期間制限の抵触日に関する通知など、適正な労働者派遣には、禁止・制限に関する知識が必要である。

◆派遣元事業主と派遣先、それぞれの労務管理上の責任事項を理解する。

1 労働者派遣とは何か

（1）労働者供給事業とは

自己の労働者を他人の指揮命令を受けて労働させる「労働者供給事業」は、労働者派遣法（以下、本節において「派遣法」という）が施行される以前までは、労働組合が厚生労働大臣の許可を受けて無料で行う場合を除き、職業安定法（以下、本節において「職安法」という）により全面的に禁止されていた*。

> ＊職安法44条「何人も、次条（編注；労働組合等が許可を受けて行う労働者供給事業）に規定する場合を除くほか、労働者供給事業を行い、又はその労働者供給事業を行う者から供給される労働者を自らの指揮命令下に労働させてはならない」

（２）労働者派遣の法的性格

労働者派遣契約は、雇用主である派遣元事業主（以下、「派遣元」という）が派遣労働者に直接指揮命令して労働させるのではなく、派遣先の指揮命令下で労働させるという特殊な契約である。このため、労働者派遣においては、通常の労働契約と異なり、さまざまな法的制約が課されている。

図表２-８-１に見るように、労働者派遣は、派遣元と派遣先の間で締結される労働者派遣契約に基づいて、派遣元と労働契約を締結した（すなわち、雇用する）派遣労働者を派遣先事業に派遣し、派遣労働者は派遣先の指揮命令下において派遣先で労務を提供するものである。

図表２-８-１ ● 労働者派遣の契約関係

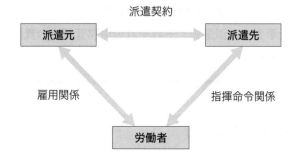

派遣労働者は、派遣元事業主と有期または無期の労働契約を締結し、派遣元に雇用され、派遣先で労務に従事する。つまり、雇用関係は派遣元との間にあり、指揮命令関係（使用関係）は派遣先との間に発生する。したがって、賃金は派遣元から受け、労務提供は派遣先で行うという関係になる。

派遣法では、①派遣元は厚生労働大臣の許可を受けた事業主であること、②派遣元と派遣先は労働者派遣契約を締結すること、③派遣先の雇用を保護するため、事業所単位の派遣受入可能期間を設定すること、④派遣労働者の保護のため、派遣元・派遣先の双方に責任者を選任させ相

互の連絡調整をすべきこと、派遣労働者ごとに管理台帳を作成・記入させること、その他派遣元・派遣先が講ずるべき措置、が規定されている。

① 出向と労働者派遣の相違点

出向とは、労働者が出向元事業主との雇用関係を維持したまま、出向先事業主とも雇用関係を持ち、雇用主である出向先事業主の指揮命令下で労働に従事することをいう。

これに対して、労働者派遣は、雇用主が派遣元事業主のみであり、雇用関係と指揮命令関係が分離して、派遣先の指揮命令下で労働に従事するという点で、出向とは異なる契約形態である。→図表2-8-2

図表2-8-2 ● 労働者派遣と出向

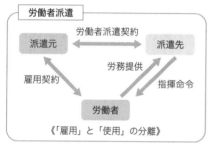
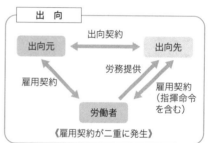

② 請負と労働者派遣の相違点

請負では、請負人の労働者と注文主との間には雇用関係は存在せず、たとえ注文主の事業所で仕事に従事するとしても、請負人の労働者は注文主から指揮命令を受けることはない。

これに対し、労働者派遣は、相手先（派遣先）の指揮命令を受けることが前提となっているという点で、請負とは異なる契約形態である。→図表2-8-3

③ 偽装請負

偽装請負とは、労働関係法令の適用を免れる目的で、請負などの名目により労働者派遣の役務の提供を受けるものや労働者供給事業に該当す

図表2-8-3 ● 労働者派遣と請負

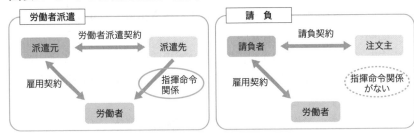

るものをいう。

　すなわち、第1に、請負契約という契約形態をとっていながら、請負人がみずからの責任においてその雇用する労働者を指揮監督することなく、実質的に注文主の指揮命令下で業務が遂行されているケースをいう。たとえば、注文主の事業所で、注文主の労働者と混然一体となって注文主の指揮命令を受けながら業務に従事するようなケースは、「偽装請負」の典型的な例である。この場合は、実質的には、労働者派遣に該当し、派遣法の適用を受けることになる。そして、「請負人」が労働者派遣業の許可を受けていない場合は、「注文主」は派遣法（24条の2）違反となり、是正指導の対象となる（同法48条〜49条の2）ほか、労働契約の申込みみなし規定（→本節 **3** **(1)** 「労働契約申込みみなし制度とは」を参照）が適用される。

　第2に、請負契約という契約形態をとっていながら、「請負人」の労働者を「注文主」が指揮命令しており、かつ「請負人」と労働者との間に雇用関係がない場合には、「注文主」および「請負人」は労働者供給事業の禁止規定（職安法44条）に反し、それぞれ罰則（同法64条）が適用される。

（3）紹介予定派遣

　紹介予定派遣とは、派遣労働者のうち、職業紹介事業の許可・届出（職安法30条〜33条の4）を受け、厚生労働大臣の許可を受けた派遣元

図表2-8-4 ●紹介予定派遣のしくみ

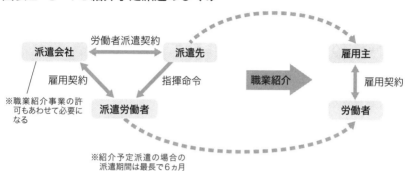

出所：厚生労働省ホームページより

　事業主が、派遣開始前または派遣終了後に、派遣先に職業紹介すること
を約束して労働者派遣を行う制度をいう（派遣法2条4号）。紹介予定派
遣の場合、派遣先による派遣労働者の特定が許される（同法26条6項）。
以上を図示すると、図表2-8-4のように表すことができる。

2　派遣可能期間の制限

（1）事業所単位の派遣可能期間の制限

　同一の派遣先事業所への労働者派遣を受け入れることができる派遣可
能期間の上限は、原則3年とされている。この制限は、派遣先の雇用を
保護するために設けられたもので、派遣元・派遣先双方に課せられてい
る。しかし、労働者の過半数代表から意見聴取をすれば、さらに3年間
延長することができ、その後、派遣先事業所が3年ごとに意見聴取をす
れば、継続的に同一事業所の同じ業務に派遣労働者を受け入れることが
できる（派遣法35条の2、40条の2第1項・3項・4項）。なお、後述
のように、派遣先が3年を超えて受け入れた場合、労働契約の申込みみ
なしの規定（同法40条の6）が適用されることがある。→図表2-8-5

図表２-８-５ ● 事業所単位の派遣可能期間

出所：厚生労働省ホームページより

（２）個人単位の派遣可能期間の制限

　一方、同じ派遣労働者を、派遣先事業所の同一の組織単位（いわゆる、「課」など）で受け入れることができる期間は、原則３年が限度とされている（派遣法40条の３）。この制限は、派遣元・派遣先双方に課せられており（同法35条の３・40条の３）、延長はできない。その趣旨は、派遣労働者の保護（派遣先の固定化を望まない派遣労働者の意思の尊重）と説明されている（「派遣先が講ずべき措置に関する指針」（平11労働省告138号（以下、本節において「派遣先指針」という）第２-14））。すなわち、同一事業所の同じ業務については、同じ派遣労働者を原則として３年を超えて受け入れることはできないが、別の派遣労働者を、３年を超えて引き続き同じ業務については、受け入れることはできる。

　また、同じ派遣労働者を同一の組織単位で３年を超えて受け入れることはできないが、別の組織単位の業務には受け入れることができ、元の組織単位には別の派遣労働者を受け入れることができる。以上を図示すると、図表２-８-６のように表すことができる。なお、後述のように、派遣先が同一派遣労働者を同一組織単位に３年を超えて受け入れた場合、労働契約の申込みみなしの規定（同法40条の６）が適用されることがある。

（３）派遣可能期間の制限の例外

　なお、派遣可能期間は、①無期雇用の派遣労働者の労働者派遣、②60歳以上の者の労働者派遣、③有期プロジェクト・日数限定業務への労働者派遣、④育児休業・産業休業・介護休業取得者への代替派遣には、事

図表2-8-6 ● 個人単位の派遣可能期間

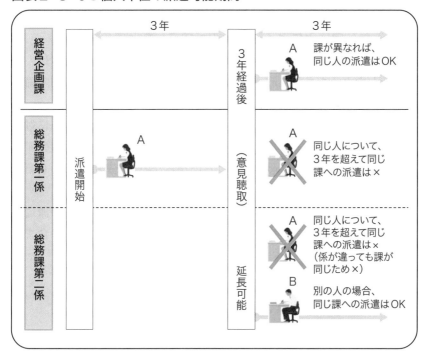

業所単位、個人単位いずれの場合も適用されない（派遣法40条の2第1項ただし書）。

3 違法派遣に対する労働契約申込みみなし制度

（1）労働契約申込みみなし制度とは

　労働契約申込みみなし制度とは、前記の派遣可能期間（事業所単位・個人単位双方を含む）を超えて派遣労働者を受け入れ、派遣禁止業務（派遣法4条）への派遣受入れや偽装請負などの違法派遣を行った場合に、派遣先が派遣労働者に対して、直接雇用する旨の労働契約の申込みを行ったものとみなされ、労働者が承諾した場合には、派遣先との間で

労働契約が成立するというものである（同法40条の６第１項）。

（2）みなし申込みによる労働契約が成立したときの措置

　派遣労働者がみなし申込みを承諾し、労働契約が成立したときは、申込みをしたとみなされた時点における派遣元と派遣労働者との間で締結された労働条件を引き継ぐことになる。

　この場合、派遣先から求めがあったときには、派遣元は派遣先に対して、労働契約の申込みが成立したとみなされた時点における派遣労働者の労働条件を、速やかに通知しなければならない（派遣法40条の６第４項）。

　なお、ここでいう労働条件のうち、賃金とは、派遣元事業主が派遣労働者に支払っていた賃金のことであり、派遣元が得る手数料等は含まれない。

4　派遣労働者の就業管理

　派遣法は、一定の事項については派遣先の事業のみを、派遣中の労働者を使用する事業とみなすこととしている（同法44条２項）。

　ここで、「一定の事項」とは、①労働時間、②各種変形労働時間制の適用、③休憩、④休日、⑤時間外および休日の労働、⑥深夜業、⑦労働時間・休憩・休日に関する規定の適用除外、⑧育児時間、⑨生理日の休暇などをいう。派遣先が派遣労働者に指揮命令権を行使することによる特例である。

　したがって、派遣先事業主が、派遣元で締結された三六協定で定められた時間外労働の上限時間を超えて派遣労働者を労働させたり、休憩や週１回の法定休日（４週４回の法定休日）を取得させないなどの場合には、労働基準法（以下、本節において「労基法」という）違反として派遣先事業主が責任を問われる。これらの就業上の管理を行うのは派遣先事業主であるから、労基法上の責任は派遣先事業主に生じることになる

わけである。

　しかし、派遣法で特例が設けられているのは、労働時間、休憩、休日などにとどまり、労働契約関係については規定されていない。したがって、特例とされていない事項については、原則どおり派遣元事業主に労基法の規定が適用されるので、労働契約の締結はもちろん、労働条件の設定、労働契約の解除など、労働契約関係のすべてについて、派遣元事業主が労基法上の責任を負うことになる。

　同様の特例は、労働安全衛生法、男女雇用機会均等法、育児・介護休業法、労働施策総合推進法についても設けられている。

5　派遣労働者を受け入れる際の留意点

（1）事前面接等の禁止

　労働者派遣においては、特定の業務を処理するための必要な技能や経験を有する労働者を選定し派遣することが重要であり、派遣される労働者の年齢や性別等の属性は本来関係がないものとされている。どの労働者を派遣するかを決定するのはあくまでも雇用主である派遣元事業主とされており、派遣先は派遣労働者を選択する余地はない（労働者派遣契約では派遣労働者の人数は契約事項であるが、派遣労働者の氏名は契約事項ではない。派遣労働者の氏名は、労働者派遣契約の成立後に派遣元から派遣先に通知される事項にとどまる（派遣法26条・35条）。また、労働者派遣契約に派遣労働者の性別を記載することは、派遣先指針第2－4および「派遣元事業主が講ずべき措置に関する指針」（平11労働省告示137号）第2－13－（2）で禁止されている）。

　この点について、派遣法では、派遣先事業主による事前面接等について、紹介予定派遣を除き、労働者派遣契約の締結に際し、当該労働者派遣契約に基づく労働者派遣に係る派遣労働者を特定することを目的とする行為をしないように努めなければならない（同法26条6項）と定めている。さらに、派遣先指針でも、派遣先事業主は、紹介予定派遣の場合

を除き、①労働者派遣に先立って面接すること、②派遣先に対して当該労働者に係る履歴書を送付させること、③若年者に限ることとすること等、これらの派遣労働者を特定することを目的とする行為を行わないこととしている（派遣先指針第2-3）。

（2）派遣先責任者の選任等

　派遣先は、受入れ事業所に専属する労働者のうちから派遣先責任者を選任しなければならない（派遣法41条）。派遣先責任者の職務は、以下のとおりである。

① 　派遣労働者を直接指揮命令する社内の者に対し、労働者派遣法令・労働者派遣契約の内容・派遣元から受けた通知内容の周知
② 　派遣可能期間を延長した場合の派遣元への法定事項の通知
③ 　派遣先管理台帳の作成・記載
④ 　派遣労働者から受けた苦情の処理
⑤ 　派遣労働者の安全衛生に関する派遣先の総括管理者と派遣元との間の連絡調整

　派遣先は、派遣先管理台帳を作成し、派遣労働者ごとに以下の事項を記載する義務がある（同法42条1項）。

◇派遣労働者の氏名
◇就業した事業所の名称、就業場所および組織単位
◇派遣元事業者の名称・氏名
◇労使協定対象者であるかの別・労使協定対象者に限るのかの別
◇無期雇用派遣労働者であるか有期雇用派遣労働者であるかおよび60歳以上であるかの別
◇就業状況
◇派遣就業した日ごとの始業・終業時刻、休憩時間
◇派遣元責任者
◇派遣先責任者
◇派遣労働者から受けた苦情の処理
◇社会保険・雇用保険の適用状況
◇教育訓練の内容
◇その他

　そして、派遣先は一定の事項を、1ヵ月単位で定期的に派遣元に通知する義務がある（同法42条3項、派遣則38条）。

（3）離職した労働者の受入れ禁止

　自社を離職した労働者を離職後1年以内に派遣労働者として受け入れることは、原則禁止されている（派遣法40条の9）。また、派遣元も派遣先を離職後1年以内の者を派遣労働者として派遣することは禁止されている（同法35条の5）。その趣旨は、自社の労働者の派遣労働者化による解雇・出向等を防止することにある。ただし、雇用の機会の確保が特に困難であり、その雇用の継続等を図る必要があると認められる者、具体的には60歳以上の定年退職者については、この規定は適用除外となり、例外的に受け入れることができる。

　なお、派遣先は、派遣元から通知を受けた派遣労働者が自社を離職後1年以内の者であるときは、書面等によりその旨を派遣元事業主に通知する必要がある（同法40条の9第2項）。

（4）事業所単位の派遣可能期間制限の抵触日に関する派遣元への　　通知

　派遣先は、派遣元と労働者派遣契約を締結する前に、派遣元に対して、事業所単位の派遣可能期間の最初の抵触日の通知を行う必要がある（派遣法26条4項）。この通知がない場合、派遣元は労働者派遣契約を締結してはならず（同法26条5項）、派遣元は最初の抵触日を超えて労働者派遣をしてはならない（同法35条の2）。

　また、派遣先は、派遣可能期間を延長した場合、派遣元に延長後の最初の抵触日を通知する義務がある（同法40条の2第7項）。

（5）その他の派遣先の義務

　派遣先は、派遣労働者の保護のため、①派遣先の責に帰すべき事由により労働者派遣契約を解除した場合、派遣元が派遣労働者の休業を余儀

なくされたときは損害賠償をしなければならず（派遣先指針第2－6）、また、②派遣労働者が派遣先が行う教育訓練を受けたり、派遣労働者に一定の福利厚生施設の利用機会を与えなければならない（派遣法40条3項）。

　また、③均等法における妊娠・出産等を理由とする不利益取扱いの禁止等、職場におけるセクシュアルハラスメントを防止する雇用管理上必要な措置等、職場における妊娠、出産等に関するハラスメントに関する雇用管理上必要な措置等の実施義務規定（同法47条の2）、④育児休業（産後パパ育休を含む）の申出および育児休業の取得、介護休業の申出および介護休業の取得、子の看護休暇の申出および子の看護休暇の取得、介護休暇の申出および介護休暇の取得を理由としての不利益取扱いの禁止の規定、職場における育児休業等に関するハラスメントを防止する雇用管理上必要な措置等の実施義務規定（同法47条の3）、⑤職場におけるパワーハラスメントを防止する雇用管理上必要な措置等の実施義務規定（同法47条の4）について、派遣先は、派遣元とともに当該派遣労働者を雇用する事業主とみなされて適用される。

6　派遣労働者の処遇

　派遣労働者について、雇用形態にかかわらない公正な待遇の確保のために、その処遇については以下のような規定が設けられている。また、派遣労働者に対する不合理な待遇の禁止等については「短時間・有期雇用労働者及び派遣労働者に対する不合理な待遇の禁止等に関する指針」（平30厚労省告示430号）（いわゆる同一労働同一賃金ガイドライン）が策定されている。事業主はこれを参照して、以下の義務を遵守しなければならない。

（1）情報提供義務
　派遣先事業主は、派遣元事業主に対し、当該労働者派遣に係る派遣労

図表2-8-7 ● 派遣先から派遣元への情報提供義務

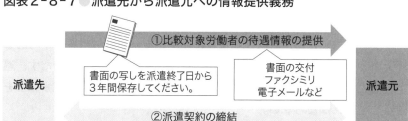

出所：厚生労働省ホームページより

働者が従事する業務ごとに、比較対象労働者の賃金その他の待遇に関する情報の提供を義務づけられる（派遣法26条7項・8項）。→図表2-8-7

　派遣元事業主は、派遣先から上記の情報提供がない場合には、労働者派遣契約を締結してはならない（同条9項）。派遣先からの待遇に関する情報の提供等違反については、厚生労働大臣による勧告および公表の対象となる（同法48条～49条の2）。

　また、派遣先事業主は、上記の提供情報に変更があったときは、遅滞なく、派遣元事業主に対し、当該変更の内容に関する情報を提供しなければならない（同法26条10項）。

（2）派遣労働者の均等・均衡待遇

　派遣元事業主は、その雇用する派遣労働者の基本給、賞与その他の待遇のそれぞれについて、当該待遇に対応する派遣先に雇用される通常の労働者の待遇との間において、当該派遣労働者および通常の労働者の職務の内容、当該職務の内容および配置の変更の範囲その他の事情のうち、当該待遇の性質および当該待遇を行う目的に照らして適切と認められるものを考慮して、不合理と認められる相違を設けてはならない（均衡待

遇。派遣法30条の3第1項)。

　派遣元事業主は、①派遣先の労働者との均等・均衡待遇（同法30条の3）か、②一定の要件（同種の業務に従事する一般の労働者の平均的な賃金額として省令で定めるものと同等以上になること等）を満たす、過半数代表者等との労使協定による待遇か（同法30条の4）のいずれかを確保しなければならない。

　派遣元事業主は、労働者派遣に係る派遣労働者が協定対象派遣労働者であるか否かの区分を派遣先に通知し、派遣元管理台帳に記載しなければならない。派遣先は、派遣先台帳に当該区分を記載しなければならない（同法35条・37条・42条）。

① 　派遣先均等・均衡方式

　派遣先均等・均衡方式をとる場合には、派遣元事業主は、職務の内容が派遣先に雇用される通常の労働者と同一の派遣労働者であって、当該労働者派遣契約および当該派遣先における慣行その他の事情から見て、当該派遣先における派遣就業が終了するまでの全期間において、その職務の内容および配置が当該派遣先との雇用関係が終了するまでの全期間における当該通常の労働者の職務の内容および配置の変更の範囲と同一の範囲で変更されることが見込まれるものについては、正当な理由がなく、基本給、賞与その他の待遇のそれぞれについて、当該待遇に対応する当該通常の労働者の待遇に比して不利なものとしてはならない（均等待遇。派遣法30条の3第2項）。→図表2-8-8

　派遣元事業主は、派遣先均等・均衡方式のうち均衡方式により賃金を決定するにあたっては派遣先に雇用される通常の労働者との均衡を考慮しつつ、派遣労働者の職務の内容、職務の成果、意欲、能力または経験その他の就業の実態に関する事項を公正に評価し、その賃金を決定する。

　通常の労働者と職務内容が同一でかつ全雇用期間中の職務内容・配置の変更の範囲が同一と見込まれる派遣労働者については、不利益な待遇が禁止されることとなる。

　上記に該当しない派遣労働者の待遇については、派遣元事業主は、派

図表2-8-8 ●派遣先均等・均衡方式

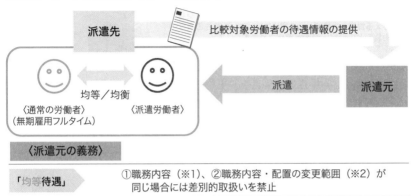

〈派遣元の義務〉	
「均等待遇」	①職務内容（※1）、②職務内容・配置の変更範囲（※2）が同じ場合には差別的取扱いを禁止
「均衡待遇」	①職務内容（※1）、②職務内容・配置の変更範囲（※2）、③その他の事情の相違を考慮して不合理な待遇差を禁止

★ 「均衡待遇」を確保しつつ、派遣労働者の職務の内容、職務の成果、意欲、能力また
は経験その他の就業の実態に関する事項を勘案して賃金を決定　　　〈努力義務〉

※1　職務内容とは、「業務の内容」＋「責任の程度」をいいます。
※2　職務内容・配置の変更範囲とは、「人材活用の仕組みや運用等」をいいます。

出所：厚生労働省ホームページより

遣先の通常の労働者との均衡を考慮した賃金の決定をするよう努めなければならず（同法30条の5）、派遣労働者の職務の内容、職務の成果、意欲、能力または経験その他の就業の実態に関する事項の向上があった場合に賃金が改善されるものでなければならない。

② 労使協定方式

　派遣元事業主は、労働者の過半数で組織する労働組合がある場合においてはその労働組合、労働者の過半数で組織する労働組合がない場合においては労働者の過半数を代表する者との書面による協定により、その雇用する派遣労働者の待遇（教育訓練、福利厚生施設その他の厚生労働省令で定めるものに係るものを除く）について、次に掲げる事項を定めたときは、派遣先均等・均衡方式を適用せず、労使協定で定めた待遇とすることができる（同法30条の4）。→図表2-8-9

図表２-８-９ ● 労使協定方式

> ※ 派遣先が実施する業務に必要な教育訓練や利用機会を与える食堂・休憩室・更衣室については、派遣先の通常の労働者との均等・均衡が確保されます。

〈労使協定に定める事項〉
① 協定の対象となる派遣労働者の範囲
② 賃金決定方法（同種業務の一般労働者の平均的な賃金額以上、職務の内容等が向上した場合に改善）
③ 職務の内容などを公正に評価して賃金を決定すること
④ 賃金以外の待遇決定方法（派遣元の通常の労働者（派遣労働者除く）との間で不合理な相違がない）
⑤ 段階的・体系的な教育訓練を実施すること
⑥ 有効期間　など

⚠ 協定を書面で締結していない場合、協定に必要な事項が定められていない場合、協定で定めた事項を遵守していない場合、過半数代表者が適切に選出されていない場合には、【労使協定方式】は適用されず、【派遣先均等・均衡方式】が適用されます。

出所：厚生労働省ホームページより

ⅰ）その待遇が当該協定で定めるところによることとされる派遣労働者の範囲

ⅱ）派遣労働者の賃金を同種の労働者に従事する一般の労働者の平均的な賃金の額と同等以上にすること

ⅲ）賃金決定にあたり公正な評価をすること

ⅳ）賃金以外の待遇の決定方法

ⅴ）段階的・体系的な教育訓練の実施など

　この労使協定方式の趣旨は、派遣元事業主が、労使協定を締結した場合には、労使協定に基づき派遣労働者の待遇を決定することで、計画的な教育訓練や職務経験による人材育成を経て、段階的に待遇を改善するなど、派遣労働者の長期的なキャリア形成に配慮した雇用管理を行うことができるようにしたものとされている。

（3）就業規則作成・変更にあたっての意見聴取努力義務

　派遣元事業主は、派遣労働者に係る事項について就業規則を作成し、または変更しようとするときは、あらかじめ、当該事業所において雇用する派遣労働者の過半数を代表すると認められるものの意見を聴くように努めなければならない（派遣法30条の6）。

（4）待遇に関する説明義務の強化

　派遣労働者について、派遣元事業主に、派遣労働者が求めた場合または労働者派遣をしようとするときには、派遣労働者に待遇差の内容やその理由等についての説明をしなければならない。派遣労働者が説明を求めたことを理由とする不利益取扱いは禁止されている（派遣法31条の2）。

　派遣元事業主は、労働者を派遣労働者として雇い入れようとするときは、あらかじめ、当該労働者に対し、文書の交付等により文書交付等による特定事項（昇給、賞与、退職手当の有無）、派遣労働者の均衡待遇規定、派遣労働者の均等待遇規定、労使協定による派遣労働者の待遇の確保、待遇の職務内容などを勘案した賃金の決定について講ずるべき措置の内容を明示するとともに、その措置の内容を説明しなければならない。

　また、派遣労働者から求めがあったときには、比較対象労働者との待遇差の内容、派遣労働者の均衡待遇規定、派遣労働者の均等待遇規定、労使協定による派遣労働者の待遇の確保、待遇の職務内容などを勘案した賃金の決定、就業規則の作成・変更時の意見聴取について説明しなければならない。この場合、決定の理由および決定にあたって考慮した事項についても説明しなければならない。

（5）派遣先による適正な派遣就業の確保

　①　派遣先は、その指揮命令のもとに労働させる派遣労働者について、当該派遣労働者を雇用する派遣元事業主からの求めに応じ、当該派遣労働者が従事する業務と同種の業務に従事するその雇用する労働者が従事する業務の遂行に必要な能力を付与するための教育訓練に

ついては、当該派遣労働者が当該業務に必要な能力を習得すること
ができるようにするため、当該派遣労働者に対しても、これを実施
する等必要な措置を講じなければならない（派遣労働者がすでに当
該業務に必要な能力を有している場合等は除く）。

② 派遣先は、当該派遣先に雇用される労働者に対して利用の機会を
与える福利厚生施設のうち、給食施設、休憩室、更衣室については、
その指揮命令のもとに労働させる派遣労働者に対しても、利用の機
会を与えなければならない。また、これら以外であっても、適切な
就業環境の維持、診療所等の施設であって現に当該派遣先に雇用さ
れる労働者が通常利用しているものの利用に関する便宜の供与等必
要な措置を講ずるように配慮しなければならない。

③ 派遣先は、派遣元事業主の求めに応じ、当該派遣先に雇用される
労働者に関する情報、当該派遣労働者の業務の遂行の状況その他の
情報であって当該措置に必要なものを提供する等必要な協力をする
ように配慮しなければならない。　　　　　　　　　　（派遣法40条）

（6）行政による履行確保、紛争解決制度

労働者派遣について、①苦情の自主的解決（派遣元および派遣先の努
力義務）のほか、②行政ADR（派遣労働者と事業主との間の紛争解決の
ために行政による助言、指導、勧告、派遣労働者待遇調停会議による調
停の実施）が定められるとともに、③勧告に従わない場合の企業名公表
等が設けられている（派遣法47条の5〜47条の10・49条の2）。

第 9 節 男女雇用機会均等法

◆性別を理由とする差別の禁止について、直接差別・間接差別について理解する。

◆ポジティブ・アクションについて理解する。

◆女性労働者の婚姻・妊娠・出産等を理由とする不利益取扱いの禁止、セクシュアルハラスメント対策、深夜業をさせる際の措置義務の概要を理解する。

1 男女雇用機会均等法の目的と基本理念

男女雇用機会均等法（以下、本節において「均等法」という）は、労働者に対する性別を理由とする差別を禁止しているほか、セクシュアルハラスメントや妊産婦へのハラスメントの防止および健康管理等について事業主に一定の措置を講じることを求めている。

この場合の「労働者」には、雇用されて働く者だけではなく求職者も含まれる。また「事業主」とは、事業の経営主体をいい、事業主以外の従業者がみずからの裁量で行った行為についても、事業主から委任された権限の範囲内で行った者である場合には、事業主のために行った行為と考えられるため、事業主はその行為につき法に基づく責任を負うこととなる（平18. 10. 11 雇児発1011002号、令2. 2. 10 雇均発0210第2号）。

2　性別を理由とする差別の禁止

（1）直接差別

　均等法は、募集・採用という職業生活の入り口や、配置、昇進・降格、教育訓練、福利厚生、職種・雇用形態の変更、退職勧奨・定年、解雇、労働契約の更新といった労働条件の中でも重要な事項において、性別を理由に差別することを禁止している（同法5条・6条）。

　「性別を理由として」とは、たとえば、労働者が男性であることまたは女性であることのみを理由として、あるいは社会通念としてまたは当該事業場において、男性労働者と女性労働者の間に一般的または平均的に、能力、勤続年数、主たる生計の維持者である者の割合等に格差があることを理由とすることの意であり、個々の労働者の意欲、能力等を理由とすることはこれに該当しないものとされている（平18. 10. 11 雇児発第1011002号）。

　なお、差別であるか否かの判断は、同一の雇用管理区分単位で行うものとされているが、この「雇用管理区分」とは、職種、資格、雇用形態、就業形態等の区分その他の労働者についての区分であって、当該区分に属している労働者について他の区分に属している労働者と異なる雇用管理を行うことを予定して設定しているものをいう。雇用管理区分が同一か否かの判断にあたっては、職務の内容、人事異動の幅や頻度等について、他の区分に属する労働者との間に、客観的・合理的な違いが存在しているかによって判断する。そのため、単なる形式ではなく、企業の雇用管理の実態に即して判断する。

①　直接差別の具体例

　直接差別については、具体的に、「労働者に対する性別を理由とする差別の禁止等に関する規定に定める事項に関し、事業主が適切に対処するための指針」（平18厚労省告示614号。以下、本節において「指針」という）で示されており、次のような措置を講じることは禁止されている。

　　①　営業職は男性、事務職は女性に限定して募集すること

② 社員を採用する際、男性は正社員として、女性はパートとして採用すること

③ 男性は外勤業務に、女性は内勤業務に従事させること

④ 職種の変更について、女性のみ婚姻を理由に対象から排除すること

⑤ 女性のみ、一定の年齢に達したことを理由に一定の役職までしか昇進できないものとすること

⑥ 女性のみ、婚姻を理由として、社宅の貸与の対象から排除すること

⑦ 経営の合理化にあたり、女性のみ正社員からパートへの変更を強要すること

⑧ 男性よりも優先して女性に対して退職の勧奨をすること

② 法違反とならない場合

業務の正常な遂行上、一方の性でなければならない次の職務等については、法違反とはならない。

① 芸術・芸能の分野における表現の真実性等の要請から男女のいずれかのみに従事させることが必要である職務

② 守衛、警備員等のうち防犯上の要請から男性に従事させることが必要である職務

③ 宗教上、風紀上、スポーツにおける競技の性質上その他の業務の性質上、男女いずれかのみに従事させることについてこれらと同程度の必要性があると認められる職務

④ 一方の性のみ遂行が法令により規制されている職務

⑤ 特別な理由により労働者の性別にかかわりなく均等な機会を与えまたは均等な取扱いをすることが困難であると認められる職務

（2）間接差別

間接差別とは、性別以外の事由を要件に、一方の性の構成員に他の性の構成員と比較して相当程度の不利益を与えるものとして省令で定める措置を、合理的な理由なく講じることをいう（均等法7条、指針第3）。

具体的には、均等則2条で次の3つのケースが合理的な理由がない限

213

り、間接差別として禁止されている。

① 労働者の募集または採用にあたって、労働者の身長、体重または
　体力を要件とすること
② 労働者の募集・採用、昇進または職種の変更にあたって、合理的
　な理由なく転居を伴う転勤に応じることができることを要件とする
　こと
③ 労働者の昇進にあたり、転勤の経験があることを要件とすること

（3）女性労働者についての措置に関する特例

　前記（1）および（2）にかかわらず、これまでの女性労働者に対する取
扱いなどが原因で職場に事実上生じている男女間の格差を解消する目的
で、女性のみを対象としたり、女性を有利に取り扱う措置（ポジティブ・
アクション）については、法違反とはならないこととされている（均等
法8条）。ただし、女性労働者が男性労働者と比較して相当程度少ない雇
用管理区分または一の雇用管理区分のうち相当程度少ない職種・役職・
職務・雇用形態であることが条件とされる。

　ポジティブ・アクションの例としては、次のようなものがある（指針
第2-14）。

① 女性の応募を促すために、女性求職者を対象とした職場見学会を
　実施すること
② 配置のために必要な資格試験の受験を女性労働者のみに奨励する
　こと
③ 昇進の基準を満たす労働者の中から女性労働者を優先して昇進さ
　せること

3　婚姻・妊娠・出産等を理由とする不利益取扱いの禁止等

　女性労働者の婚姻・妊娠・出産等を理由として、事業主が次の行為を
することは禁止されている（均等法9条1項～3項）。

① 女性労働者が婚姻・妊娠・出産した場合には退職する旨をあらか
じめ定めること
② 婚姻を理由に女性労働者を解雇すること
③ 妊娠・出産等を理由として解雇その他不利益取扱いをすること

また、妊娠中または産後1年以内の解雇は、事業主が妊娠等を理由と
する解雇ではないことを証明しない限り無効とされる（同法9条4項）。

4 職場におけるセクシュアルハラスメント対策

職場におけるセクシュアルハラスメントは、労働者の個人としての尊
厳を不当に傷つけるとともに、労働者の就業環境を悪化させ、能力の発
揮を阻害するものであり、また、企業にとっても職場秩序や業務の遂行
を阻害し、社会的評価に影響を与える問題である。

セクシュアルハラスメントの発生の原因や背景には、性別役割分担意
識に基づく言動もあると考えられ、こうした言動をなくしていくことが
セクシュアルハラスメントの防止の効果を高めるうえで重要である。

そのため、均等法は、職場におけるセクシュアルハラスメントを防止
するために、労働者からの相談に応じ、適切に対応するために必要な体
制の整備その他の雇用管理上必要な措置を講じることを事業主に義務づ
けている（均等法11条1項）。

事業主は、当該労働者が当該相談を行い、または事業主による当該相
談への対応に協力した際に事実を述べたことを理由として、当該労働者
に対して解雇その他不利益な取扱いをしてはならない（同条2項）。

また、事業主は、他の事業主の講ずる雇用管理上必要な措置の実施に
関し必要な協力を求められた場合には、これに応じるように努めなけれ
ばならない（同条3項）。

事業主と労働者には、職場におけるセクシュアルハラスメントとなる
言動に起因する問題に対する関心と理解を深め必要な注意を払うように
努める等の責務がある（同法11条の2）。

　詳細については、「事業主が職場における性的な言動に起因する問題に関して雇用管理上講ずべき措置についての指針」（平18厚労省告示615号－最終改正は2020（令和２）年６月１日適用）に示されている。

5　深夜業に従事する女性労働者への配慮義務

　1999（平成11）年の労働基準法の改正に伴い、女性労働者も男性労働者と同様に深夜業に従事することが可能となったが、深夜業に従事する女性労働者の通勤および業務の遂行の際における防犯面からの安全の確保や、子の養育または家族の介護などの事情に配慮することが求められている（均等則13条）。

　具体的には、「深夜業に従事する女性労働者の就業環境等の整備に関する指針」（平10労働省告示21号）で、次のとおり定められている。

① 通勤および業務の遂行の際における安全の確保

　送迎バスの運行、公共交通機関の運行時間に配慮した勤務時間の設定、従業員駐車場の防犯灯の整備、防犯ベルの貸与等を行うことにより、深夜業に従事する女性労働者の通勤の際における安全を確保するよう努めることとしている。また、防犯上の観点から、深夜業に従事する女性労働者が１人で作業をすることを避けるよう努めることとしている。

② 子の養育または家族の介護等の事情に関する配慮

　雇用する女性労働者を新たに深夜業に従事させようとする場合には、子の養育または家族の介護、健康等に関する事情を聴くこと等について配慮するよう努めることとしている。

③ 仮眠室、休養室等の整備

　夜間に労働者に睡眠を与える必要のあるとき、または労働者が就業の途中に仮眠することのできる機会があるときは、労働安全衛生法施行規則616条の定めるところにより、男性用と女性用に区別して、適当な睡眠または仮眠の場所を設けなければならない。

④ 健康診断等

　深夜業を含む業務に常時従事させようとする労働者には、深夜業への配置替えを行う際および6ヵ月以内ごとに1回、定期的に、医師による健康診断を行わなければならない（労働安全衛生法66条1項、安衛則45条）。

妊産婦等の就業管理

◆保護の対象となる妊産婦の定義を理解する。

◆妊産婦については、時間外労働、変形労働時間制、危険有害物業務等の就業制限がある。

◆妊産婦等には、通院休暇、産前産後の休業、育児時間を与えるとともに、母性健康管理措置を講じなければならない。

1 妊産婦とは

労働基準法（以下、本節において「労基法」または「法」という）は、産前産後の女性を「妊産婦」として特別の保護をし、規制している。

労基法上、出産とは「妊娠４ヵ月以上」の分娩とし、生産だけでなく死産も含むものとされている。この場合、１月は28日として計算することとされており、「４ヵ月以上」とは「85日以上」をいう（昭23. 12. 23 基発1885号）。

妊産婦とは、妊娠中の女性および産後１年を経過しない女性をいう（法64条の３第１項）。

2 妊産婦の時間外労働等の制限

妊産婦については、以下の制限が設けられている。

（1）妊産婦の時間外・休日労働および深夜業の制限

労基法は、妊産婦が請求した場合には、使用者はその妊産婦に時間外・休日労働（法定休日の労働）または深夜業をさせてはならないこととしている（法66条2項・3項）。

この規定は、非常災害時の場合（法33条1項）、公務のために臨時の必要がある場合（同条3項）、三六協定による場合（法36条）のいずれにも適用される。したがって、妊産婦が請求した場合には、いかなる場合にも時間外・休日労働および深夜業をさせることはできない。

なお、これらの場合、時間外労働もしくは休日労働についてのみの請求、深夜業についてのみの請求またはそれぞれについての部分的な請求も認められるものとされており、使用者はその請求された範囲で妊産婦をこれらに従事させなければ足りる（昭61. 3. 20 基発151号・婦発69号）。このように、妊産婦の時間外・休日労働および深夜業の制限は、あくまで本人の請求によって効力を発するものとされている。

（2）妊産婦に対する変形労働時間制適用の制限

妊産婦が請求した場合には、1ヵ月単位の変形労働時間制、1年単位の変形労働時間制、1週間単位の非定型的変形労働時間制において、1日8時間または1週間40時間の法定労働時間を超えて労働させることはできない（法66条1項）。ただし、変形労働時間制のうち、フレックスタイム制については妊産婦にも適用することができる。

（3）管理監督者等である妊産婦の労働時間等の制限

妊産婦のうち、法41条2号の「管理監督者」については、時間外・休日労働および変形労働時間制の制限は適用されないが、深夜業の関係規定は適用が排除されるものではない（昭61. 3. 20 基発151号・婦発69号）。したがって、管理監督者である妊産婦が請求したときは、深夜業をさせることができない。

3 妊産婦等の休暇・休業

妊産婦等の休暇・休業には、以下に見るように、(1) 妊産婦の通院休暇等、(2) 産前産後の休業、(3) 育児時間がある。

（１）妊産婦の通院休暇等

① 妊産婦の通院休暇等とは何か

男女雇用機会均等法（以下、本節において「均等法」という）12条は、「事業主は、厚生労働省令で定めるところにより、その雇用する女性労働者が母子保健法（昭和40年法律第141号）の規定による保健指導又は健康診査を受けるために必要な時間を確保することができるようにしなければならない」と定めているが、この健康診査等を受けるために必要な時間のことを「妊産婦の通院休暇等」という。

この休暇は、そのつど、労働の義務を免除するという方法で付与する方法もあるが、制度として設ける場合は、法定休暇の一種と解され、就業規則の絶対的必要記載事項（法89条１号）に該当する。

② 妊産婦の通院休暇等の確保措置

妊娠中の女性労働者が請求したときは、事業主は、医師または助産婦の指示により、図表２-10-１のとおり、それぞれ、保健指導または健康診査を受けるための必要な時間について、妊産婦の通院休暇等を与えなければならない（均等則２条の４第１号）。ただし、医師等がこれと異なる指示をしたときは、その指示により、必要な時間を確保することがで

図表２-10-１ ●妊娠中に確保する保健指導または健康診査のための必要な時間

妊　娠　週　数	回　数
妊娠23週まで	4週に１回
妊娠24週から35週まで	2週に１回
妊娠36週から出産まで	1週に１回

きるようにしなければならない。

　また、出産後1年以内の産婦に対して、医師または助産婦が保健指導または健康診査を受けることを指示したときにも、その指示により必要な時間を確保することができるようにする必要がある（同則2条の4第2号）。

（2）産前産後の休業

①　産前の休業

　使用者は、6週間（多胎妊娠の場合にあっては14週間）以内に出産する予定の女性が休業を請求した場合においては、その者を就業させてはならず（労基法65条1項）、産前休業を与えなければならない。この産前休業は、本人の請求に基づいて付与する休業であり、本人からの請求がない場合は使用者に休業させる義務はない。

②　産後の休業

　使用者は、産後8週間を経過しない女性を就業させてはならない。ただし、産後6週間を経過した女性が請求した場合において、その者について医師が支障ないと認めた業務に就かせることは、差し支えない（法65条2項）。したがって、産後休業の期間、すなわち出産日の翌日から数えて8週間（本人の請求に基づいて医師が支障がないと認めた業務については6週間。以下同じ）は、絶対的に就業させてはならない強制休業の期間である。

（3）育児時間

　生後満1年に達しない生児を育てる女性は、法34条の休憩時間のほか、1日に2回おのおの少なくとも30分、その生児を育てるための時間を請求することができる（法67条）。これがいわゆる育児時間であるが、育児時間の対象者および育児休業中の賃金は次のとおりである。

①　付与対象者

　育児時間はもともと哺（授）乳時間の保障を目的としたものであるた

め、育児休業とは異なって男性には与えられていない。

なお、この場合の「生児」には、実子のほか養子等も含まれ、必ずしも生児がその女性の産んだ子である必要はない。

② 育児時間中の賃金

育児時間について賃金を支給するか否かは、労基法上は任意とされており、労働協約、就業規則等の定めるところによる（昭23. 6. 11 基収1898号、昭63. 3. 14 基発150号・婦発47号）。

4 妊産婦の就業制限

労基法は、母性保護を目的として、妊産婦の就業に関して次のような就業制限等の規定を設けている。

① 危険有害業務の就業制限

妊産婦は、重量物を取り扱う業務、有害ガスを発散する場所における業務、その他妊娠、出産、哺育等に有害な業務に就かせてはならないものとされている（法64条の3第1項）。

なお、「有害な業務」の範囲については、女性労働基準規則2条で具体的に定められている。

② 坑内労働の制限

妊婦および坑内労働に従事しない旨を申し出た出産後1年を経過しない産婦については、坑内で行われるすべての業務に従事することができない（法64条の2第1号）。

③ 軽易な業務への転換

法65条3項は、妊娠中の女性の母性保護を目的として、使用者は、妊娠中の女性が請求した場合には、他の軽易な業務に転換させなければならないとの規定を設けている。

しかし、この規定は、女性労働者が請求した場合に、使用者がとるべき措置を定めたもので、その趣旨は新たに軽易な業務を創設して与える義務まで課したものではない（昭61. 3. 20 基発151号・婦発69号）。

5 妊産婦に対する解雇制限等

① 産前産後休業中の解雇制限

　産前産後休業中とその後の30日間は、原則として当該女性を解雇することはできない。ただし、この解雇制限中にも天災事変等で事業の継続が不可能となった場合で、所轄労働基準監督署長の認定を受けたときには、当該女性を解雇することができる（法19条）。

② 妊産婦に対する解雇制限

　妊娠中の女性労働者および出産後1年を経過しない女性労働者に対してなされた解雇は無効となる（均等法9条4項）。この場合、解雇が有効となるためには、事業主が、妊娠したことまたは出産したことを理由とする解雇でないことを証明することが必要である（同項ただし書）。

第**11**節　育児・介護に
かかわる者の就業管理

学習のポイント

◆育児休業の対象者、適用除外者、その期間、申出から終了まで、実務担当者として必要な知識を学習する。

◆出生時育児休業（産後パパ育休）の対象者、適用除外者、期間、産後パパ育休中の就業等について理解する。

◆事業主の義務である３歳未満の子を養育する労働者に対する「所定外労働制限措置」と「育児のための所定労働時間の短縮措置」について理解する。

◆介護休業の対象家族、適用除外者、その期間、必要な手続から終了まで、実務担当者として必要な知識を学習する。

◆事業主の義務である介護を行う労働者に対する「所定外労働制限措置」と「介護のための所定労働時間の短縮等の措置」について理解する。

◆事業主の義務である「未就学児の養育」と「家族の介護」をする労働者への対応を「子の看護休暇」「介護休暇」を含めて理解する。

1　育児休業制度の概要

（1）育児休業

　育児・介護休業法（以下、本節において「育介法」という）では、原則として１歳に満たない子（「パパ・ママ育休プラス」*の場合は１歳２

図表2-11-1 ●育児休業の概要

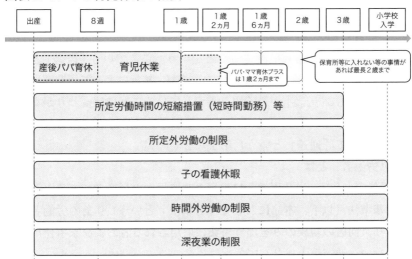

出所：厚生労働省「育児・介護休業法のあらまし」より

ヵ月未満の子。一定の要件を満たす場合は1歳6ヵ月未満の子）を養育
する男女雇用労働者は、事業主に申し出ることにより、休業することが
できることとされている。→図表2-11-1

＊パパ・ママ育休プラスは、本項 **(3)**「育児休業の期間」で後述。

① 「子」とは

「子」とは、当該労働者と法律上の親子関係にある子をいう。したがっ
て、実子のみならず養子を含む。また、①特別養子縁組の請求を行って
いる労働者に現に監護される者、②養子縁組里親である労働者に委託さ
れている児童で、当該労働者が養子縁組を希望している者、③①および
②に準ずる厚生労働省令で定める者（育介則1条）も、親子関係に準じ
る法律関係にある者として「子」に含まれる。

子が非嫡出子である場合は、女性労働者については親子関係が明らか
であるため、出生届を提出すれば育児休業の対象になるが、男性労働者
については、子を認知していることが必要である。

　なお、育介法で対象とされていない未認知の子や里子等について、労働協約または就業規則等で育児休業の対象とするかどうかは任意である。

② 「養育」とは

　「養育」とは、同居し監護することをいう。ここでいう「監護」とは、民法820条に定める監護と同義であり、病気、旅行によって短期間同居に欠けていても、「監護」が続く限り養育していることには変わりがないという意味である（平28.8.2 職発0802第1号・雇児発0802第3号（以下、本節において「通達」という）第1－2（1））。

③ 「労働者」とは

　「労働者」とは、当該事業主に雇用される男女の労働者であるとともに、労働基準法（以下、本節において「労基法」という）9条の労働者の意であり、同居の親族のみを雇う事業に雇用される者および家事使用人は含まない（通達第1－2（1））。

（2）育児休業の適用除外者

① 日々雇用される者

　日々雇用される者については、法制定当初から、育介法が育児のための長期の休業を保障することによって雇用継続を図ることを目的としたものという立法の趣旨から、対象外とされている（同法2条1号）。

② 労使協定によって適用除外できる者

　過半数代表等との間で労使協定を締結すれば、次の者については育児休業の対象から除外することができる（同法6条1項、育介則7条）。

　　① 育児休業を申し出た時点で、雇用された期間が1年未満の者
　　② 育児休業の申出の日から起算して1年以内に契約が終了することが明らかな者
　　③ 1週間の所定労働日が2日以下の者

③ 期間雇用者への適用

　期間雇用者（有期雇用労働者）は、労働契約を更新して継続的に雇用される者もいることから、当該子が1歳6ヵ月に到達する日までに労働

契約（労働契約が更新される場合は、更新後のもの）が終了することが、申出時点で明らかな者ではない者であれば、育児休業の対象とされている（同法5条1項）。

　なお、②の労使協定による適用除外について、期間雇用者も対象としている場合には、②の①〜③に該当する期間雇用者は育児休業を取得できない。期間雇用労働者は、契約期間満了までしか育児休業を取得できないため、有期労働契約を更新した場合は、再度の休業申出が必要となる。

（3）育児休業の期間

① 　原則的な育児休業の期間

　育児休業をすることができるのは、原則として、子が出生してから1歳に達した日（誕生日の前日の午前零時）までの間で、労働者が申し出た期間である。

　育児休業に係る子を出産した女性労働者は産後8週間の休業が認められているので、育児休業はその後となる。したがって、子が出生した日から育児休業をすることができるのは男性労働者ということになる。

② 　1歳6ヵ月に達するまで育児休業ができる場合

　雇用の継続を促進し、円滑な職場復帰を図る観点から、子が1歳に達した後の期間について休業することが雇用の継続のために特に必要と認められる場合には、子が1歳6ヵ月に達するまでを限度として、育児休業をすることができる。

　子が1歳に達した後の期間について休業することができるのは、次のいずれにも該当する場合である（育介法5条3項、育介則6条）。

　　① 　当該申出に係る子について、当該労働者またはその配偶者が、当該子の1歳到達日において育児休業をしている場合

　　② 　当該子の1歳到達日後の期間について、休業することが雇用の継続のために特に必要と認められる場合として、厚生労働省令で定める場合に該当する場合

　　③ 　当該子の1歳到達日後の期間において、この項の規定による申出

により育児休業をしたことがない場合

②の「雇用継続のために特に必要と認められる場合」とは、保育所に入所できない、1歳以降養育することを予定していた配偶者が、死亡、疾病、離婚などのため同居しないこととなり、子の養育ができない場合等である（育介則6条）。

③　1歳6ヵ月から2歳に達するまで育児休業ができる場合

労働者は、その養育する1歳6ヵ月から2歳に達するまでの子について、次のいずれにも該当する場合、その事業主に申し出ることにより、育児休業をすることができる。

①　当該申出に係る子について、当該労働者またはその配偶者が、当該子の1歳6ヵ月に達する日において育児休業をしている場合

②　当該子の1歳6ヵ月到達日後の期間について、休業することが雇用の継続のために特に必要と認められる場合として、厚生労働省令で定める場合に該当する場合

③　当該子の1歳6ヵ月到達日後の期間において、この項の規定による申出により育児休業をしたことがない場合

④　パパ・ママ育休プラス

育児休業をすることができるのは、原則として「子が1歳到達日」までであるが、同一の子について両親ともに育児休業を取得する場合には、「1歳2ヵ月に達する日」まで育児休業を取得することができる（同法9条の6第1項）。この特例措置を「パパ・ママ育休プラス」という。以下のいずれも満たす必要がある（同法9条の6）。

①　育児休業を取得しようとする労働者（本人）の配偶者が、子の1歳到達日（誕生日の前日）以前から育児休業をしていること

②　本人の育児休業開始予定日が、子の1歳の誕生日以前であること

③　本人の育児休業開始予定日が、配偶者がしている育児休業期間の初日以降であること

たとえば、子の母親が産前産後休業の後、引き続き1歳になるまで育児休業をした場合、子の父親が1歳から1歳2ヵ月までの間育児休業を

することができる。両親が同一の勤務先である場合だけでなく、異なる勤務先に勤務する場合でも、この特例措置の対象となる。また、パパ・ママ育休プラス取得後、②の要件を満たせば子が1歳2ヵ月に達した日の翌日から1歳6ヵ月に到達するまで②の休業をすることもできる。

　なお、本人および配偶者の育児休業期間の上限はそれぞれ1年であり、1年2ヵ月に延長されるわけではないことに留意しなければならない。

⑤　出生時育児休業（産後パパ育休）

　2022（令和4）年9月30日までは、配偶者が出産後8週間以内に男性労働者が育児休業を取得する場合には、再度、育児休業が取得できる制度が適用されていたが、これを廃止して、2022年10月1日、出生時育児休業制度（産後パパ育休）が新設された。

　産後パパ育休は、男女労働者を対象とするが、女性労働者の場合には産後休業期間と重なるため、産後パパ育休の取得は主に男性労働者である。労働者は、その子の出生後8週間以内に、通算2回まで、合計4週間の産後パパ育休を取得することができる。ただし、日々雇用される者は除かれる。期間を定めて雇用される者であっても、申出の時点において、子の出生日または出産予定日のいずれか遅いほうから起算して8週間を経過する日の翌日から6ヵ月を経過する日までに労働契約期間が満了し、更新しないことが明らかでない場合は、産後パパ育休を取得することができる。

　産後パパ育休も育児休業と同様に労使協定による適用除外ができ、事業所の過半数組合ないし過半数代表者と労使協定を締結した場合には、①入社1年未満の者、②申出の日から8週間以内に雇用関係が終了することが明らかな者、③1週間の所定労働日数が2日以下の者について、産後パパ育休の対象外とすることができる。

　産後パパ育休の申出は、原則、休業開始予定日の2週間前までである。

（4）育児休業の申出と撤回等

　育児休業の申出の時期、回数、申出の撤回については、次のとおりと

されている。

① 申出手続

　育児休業の申出書は、書面によるほか、事業主が適当と認める場合は、ファクシミリまたは電子メール等による送信（労働者および事業主が書面として出力できるものに限る）が認められる（育介則７条）。

　申出に際しては、①申出の年月日、②労働者の氏名、③申出に係る子の氏名、生年月日および労働者との続柄等（子が出生していない場合は、出産予定者の氏名、出産予定日および労働者との続柄）、④休業を開始しようとする日および休業を終了しようとする日、⑤申出に係る子以外に１歳未満の子を有する場合には、その子の氏名、生年月日および労働者との続柄、⑥申出に係る子が養子である場合には、養子縁組の効力発生日、⑦１歳までの育児休業の場合は２回、１歳６ヵ月または２歳までの育児休業の場合は１回休業した後に再度の申出を行う場合は、その申出が許される事情、⑧１歳までの育児休業をしている労働者が、１歳６ヵ月までまたは２歳までの育児休業の申出を行う場合には、申出が許される事情、⑨配偶者が１歳までの育児休業をしている労働者が、１歳６ヵ月までまたは２歳までの育児休業の申出を行う場合には、配偶者が育児休業をしていることおよび申出が許される事情、⑩特別の事情があり、休業を開始しようとする日の１週間前に育児休業開始日を指定する場合は、その申出が許される事実、⑪育児休業申出を撤回した後に、特別の事情があり、再度育児休業を申し出る場合は、その申出が許される事実、⑫パパ・ママ育休プラスの特例により１歳に達する日の翌日以後の育児休業をする場合には、労働者の育児休業の開始予定日が、配偶者がしている育児休業期間（産後パパ育休を含む）の初日以後である事実、⑬申出に係る子について、すでに育児休業の申出をしている場合は、その期間、⑭申出に係る子について、育児休業申出を撤回したことがある場合は、その旨を明らかにして申し出をする。

　上記の申出を受けた場合、事業主は速やかに、①申出を受けた旨、②休業開始予定日および休業終了予定日、③休業を拒む場合はその旨およ

び理由を、労働者に通知（書面の交付もしくは労働者が希望する場合は
ファクシミリまたは電子メールによる送信（労働者が書面として出力で
きるものに限る））しなければならない。

② 申出の時期

　育児休業の申出は、原則として、労働者が事業主に対して、休業開始予
定日の1ヵ月（「パパ・ママ育休プラス」の申出および「産後パパ育休」
ならびに1歳から1歳6ヵ月までの子の育児休業の申出および1歳6ヵ
月から2歳までの子の育児休業の申出については2週間。以下同じ）前
までに行う必要がある（育介法6条3項・9条の3第3項）。

　この場合、出産予定日より早く子が出生した場合や配偶者の死亡、疾
病等により子を養育できなくなった場合には、申出の期間を短縮し、休業
を開始しようとする日の1週間前の申出によって、休業に入ることがで
きる（育介法6条3項・9条の3第3項、育介則10条・11条・21条の5）。

③ 申出の効果

　事業主は、労働者から育児休業の申出があった場合は、適用除外者で
ある日々雇用者（前記 (2) ①）および労使協定で適用除外された者（前
記 (2) ②）以外の者について、事業の繁忙や経営上の理由等があったと
しても労働者の申出を拒むことができない（通達第2−7（2））（同法6
条1項）。この権利は、民事的権利（通達第1−1（3））とされ、育児休
業期間中の労務提供義務を消滅させる効果がある。

④ 申出の回数

　育児休業の申出は、原則として子が1歳到達日までについて、休業に
係る子1人につき2回までである（同法5条2項）。

　ただし、1歳までの育児休業において、以下の特別な事情がある場合
には、2回休業した後に再度の申出を行うことができる（同法5条）。

① 産前・産後休業、産後パパ育休または新たな育児休業の開始によ
　り育児休業期間が終了した場合で、産前・産後休業、産後パパ育休ま
　たは新たな育児休業の対象となった子が死亡したとき、または他人
　の養子になったこと等の理由により労働者と同居しなくなったとき

② 介護休業の開始により育児休業期間が終了した場合で、介護休業
の対象となった対象家族が死亡したとき、または離婚、婚姻の取消
し、離縁等により対象家族と労働者との親族関係が消滅したとき
③ 配偶者が死亡したとき
④ 配偶者が負傷、疾病または身体上もしくは精神上の障害により子
の養育が困難な状態となったとき
⑤ 婚姻の解消その他の事情により配偶者が子と同居しないこととな
ったとき
⑥ 申出に係る子が負傷、疾病または身体上もしくは精神上の障害に
より、2週間以上の期間にわたり世話を必要とする状態になったとき
⑦ 保育所等における保育の利用を希望し、申込みを行っているが、
当面その実施が行われないとき
なお、2022年10月からは、1歳6ヵ月または2歳までの育児休業にお
いても、上記①および②の特別な事情があれば、再度の育児休業ができ
る。→図表2-11-2

ただし、これらのような「特別の事情」がない場合にも、申出があっ
た場合に期間を分けて1人の子につき法を超える回数の育児休業を認め
ることは任意である。

⑤ 申出の撤回

育児休業の開始前（開始予定日の前日）であれば、書面により労働者は
育児休業の申出を撤回することができる（同法8条1項、育介則18条）。
休業の申出を撤回した場合には、撤回した休業は取得した者とみなされ
る（同法9条4項、育介則19条）。産後パパ育休についても同じ（同法
9条の4）。1歳6か月または2歳までの育児休業の場合には、その申出
の対象となった子については、特別の事情のない限り再び育児休業の申
出をすることはできない（同法8条の3）。

なお、申出の撤回は、書面によるほか、事業主が適当と認める場合は、
ファクシミリまたは電子メール等による送信（労働者および事業主が書
面として出力できるものに限る）が認められる。この申出を受けた事業

図表２-11-2 ● 2022年10月１日以降の育児休業・産後パパ育休の
取得のイメージ

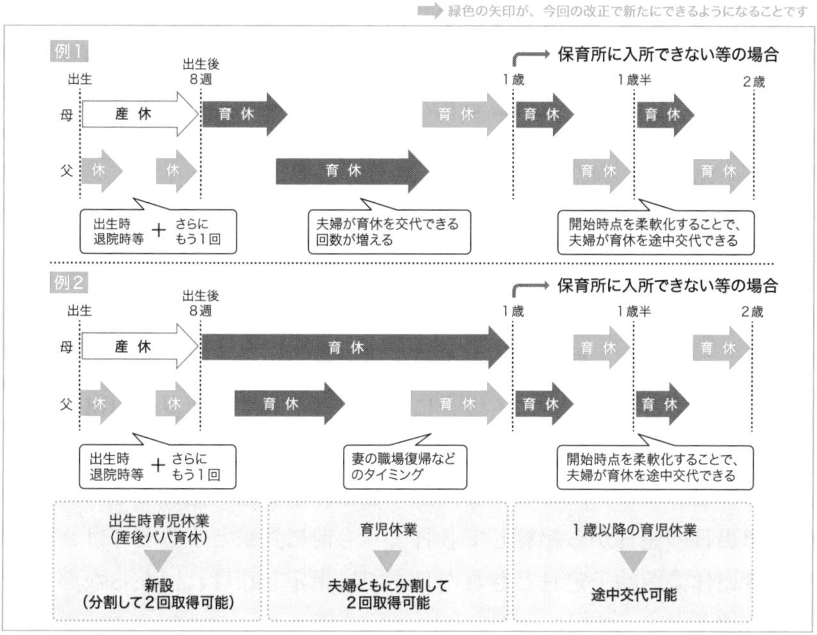

出所：厚生労働省リーフレットより

主は、速やかに申出を受けた旨を、労働者に通知（書面の交付もしくは
労働者が希望する場合はファクシミリまたは電子メールによる送信）を
しなければならない。

（5）申出後における育児休業期間の変更

労働者は、育児休業を申し出た後、一定の条件を満たす場合には、休
業予定開始日の繰上げまたは終了予定日の繰下げによって、育児休業の
期間を変更することができる。

① 休業開始予定日の繰上げ変更

育児休業（子が１歳未満の者に限る）の開始は、前述のように、労働者

からの申出によって行われるが、申出後、出産予定日よりも早い出産や
配偶者の死亡、疾病、負傷等、特別の事情がある場合には、申し出た育児
休業の開始予定日の前日までに申し出ることによって、1回に限り開始
予定日を繰上げ変更することができる（育介法7条1項、育介則9条）。
　この場合、労働者の希望どおりの日に繰上げ変更するには、変更後休
業を開始しようとする日の1週間前までに変更の申出をする必要がある。
しかし、変更を申し出た日と変更後休業を開始しようとする日との間が
1週間未満のときは、事業主は、変更後開始予定日（始期）から、変更の
申出の日の翌日から数えて1週間後の日（終期）までの期間の日を休業
開始予定日として指定することができる（同法7条2項、育介則13条）。
　なお、育児休業を開始する日の繰上げ変更の申出に対して、事業主が
休業を開始する日を指定する場合には、原則として、変更の申出日の翌
日から起算して3日以内に指定する日を記載した書面を労働者に交付し
なければならない。ただし、変更後の育児休業開始予定日とされた日が
変更申出日の翌日から起算して3日よりも前に到来とするときは、変更
後の育児休業開始予定日とされた日までに指定しなければならない（育
介則15条）。

② 休業終了予定日の繰下げ変更

　労働者は、同一の子について子が1歳までの休業について1回（1歳
から1歳6ヵ月までの休業について1回、1歳6ヵ月から2歳までの休
業について1回）、申し出た育児休業の終了予定日を繰り下げて、休業期
間を延長することができる（同法7条3項）。この場合、延長の事由は問
わない。ただし、延長することができる期間は、子が1歳（「パパ・ママ
育休プラス」の育児休業については1歳2ヵ月。1歳から1歳6ヵ月ま
での子の育児休業については1歳6ヵ月。1歳6ヵ月から2歳までの育
児休業については2歳）に達する日までである（同法9条2項2号）。こ
の場合、当初の休業終了予定日の1ヵ月（「パパ・ママ育休プラス」の申
出ならびに1歳から1歳6ヵ月までの子の育児休業の申出および1歳6
ヵ月から2歳までの子の育児休業の申出については、2週間）前までに

変更の申出をしなければならない（育介則16条）。事業主は、この要件を満たさない延長の申出については認める義務はないが、当該申出を認める制度を設けることは差し支えない（通達第2－13(3)）。

③　開始予定日の繰上げまたは終了予定日の繰下げ変更の手続

　育児休業の開始予定日の繰上げ変更または終了予定日の繰下げ変更をする場合には、当該労働者は、所定の事項を記載した変更申出書を提出しなければならない。

　事業主は、上記の申出を受けた場合に、速やかに、①申出を受けた旨、②変更後の休業開始予定日および休業終了予定日を労働者に通知（書面の交付もしくは労働者が希望する場合はファクシミリまたは電子メールによる送信（労働者が書面として出力できるものに限る））しなければならない。

　なお、労働者が変更を申し出る場合にも、書面の交付のほか、ファクシミリまたは電子メール（労働者および事業主が書面として出力できるものに限る）によることができる。

　事業主は育児休業開始予定日の繰上げ変更または休業終了予定日の繰下げ変更の申出がなされた場合には、変更申出を受けた旨と育児休業開始予定日および休業終了予定日を労働者に速やかに（おおむね2週間以内に）通知しなければならない。

④　開始予定日の繰下げまたは終了予定日の繰上げ変更による休業期間の短縮

　育児休業の開始予定日の繰下げまたは終了予定日の繰上げ変更による休業期間の短縮については、育介法では定められていないので、短縮を希望する労働者と事業主の協議によって決めることができる。したがって、実務上の処理・運用を円滑にするため、休業期間の短縮の事由や手続等について、あらかじめ就業規則等で定めておくことが望ましい。

（6）育児休業の終了

　育児休業の期間は、原則として労働者が申し出た終了予定日（事業主

235

による変更指定または終了予定日の繰下げ変更を行った場合は、変更後
の終了予定日）に終了する（育介法9条1項・19条の5第12項）が、終
了予定日の到来以外にも、次の場合には、法律上当然に途中で終了する
（同法9条2項）。

① 子を養育しなくなった場合

　子を養育しなくなった場合には、その日に休業期間が終了する。この
場合、労働者はその旨を事業主に遅滞なく通知しなければならない。

　「子を養育しなくなった場合」とは次の場合をいう（育介則21条・21
条の20）。

① 子が死亡したとき

② 子が養子の場合に、離縁や養子縁組の取消しをしたとき

③ 子が他人の養子となったこと等によって同居しなくなったとき

④ 労働者の負傷、疾病等によって、子が1歳（「パパ・ママ育休プラ
　ス」の育児休業をする場合は1歳2ヵ月。1歳から1歳6ヵ月まで
　の子の育児休業をする場合は1歳6ヵ月。1歳6ヵ月から2歳まで
　の子の育児休業をする場合は2歳。産後パパ育休は出生後8週間。
　以下同じ）に達するまでの間、養育できない状態になったとき

⑤ 特別養子縁組申請中の労働者が、監護中の者について育児休業を
　している場合に、特別養子縁組の成立の審判が確定することなく終
　了したとき　等

② 子が1歳に達した場合等

　子が1歳に達したときには、法定の育児休業の期間が終了する。たと
えば、早産等で当初の終了予定日より早く1歳到達日を迎えた場合、休
業終了日を繰り下げた場合などが想定される。

　なお、育児休業の期間をこれより延長することは任意である。

③ 産前産後休業、介護休業または新たな育児休業が始まった場合

　育児休業をしている労働者が、育児休業期間中に次の子の産前産後休
業または対象家族の介護休業、新たな育児休業＊が始まった場合には、
休業が重複することになるので、最初の育児休業はその前日に終了する。

＊「新たな育児休業」とは、育児休業申出に係る子とは異なる子について開始する育児休業期間（産後パパ育休を含む）のことをいう。

（7）個別の制度周知・休業取得意向確認、育児休業を取得しやすい雇用環境の整備

① 個別の制度周知・意向確認

事業主は、本人または配偶者の妊娠・出産等を申し出た労働者に対して、育児休業制度等に関する制度の周知と休業取得の意向確認の措置を、個別に行わなければならない（育介法21条の２）。

周知方法は、面談（オンライン可）、書面交付のほか、労働者が希望した場合にはファクシミリや電子メール等によって行うことができる。

② 育児休業を取得しやすい雇用環境の整備

事業主は、育児休業申出が円滑に行われるようにするため、育児休業に係る研修の実施、育児休業に関する相談体制の整備、自社の育児休業取得の事例提供、制度と育児休業取得促進に関する方針の周知、のうちいずれかの措置を講じなければならない（同法22条１項）。

このほか、事業主は、育児休業申出および介護休業申出ならびに育児休業および介護休業後における就業が円滑に行われるようにするため、育児休業または介護休業をする労働者が雇用される事業所における労働者の配置その他の雇用管理、育児休業または介護休業をしている労働者の職業能力の開発および向上等に関して、必要な措置を講ずるよう努めなければならない（同条２項）。

2 ３歳未満の子を休業しないで養育する労働者に対する措置

育介法は、３歳未満の子を休業しないで養育する労働者について、一定の要件のもとに、所定外労働の制限措置および所定労働時間の短縮措置（育児短時間勤務措置）を講じることを事業主に義務づけている。

（1）所定外労働の制限措置

　育介法は、3歳未満の子を養育する労働者が請求したときは、事業の正常な運営を妨げる場合を除き、事業主は所定労働時間を超えて勤務させることはできないこととしている（同法16条の8）。

① 対象労働者

　所定外労働の制限を請求できるのは、「3歳に満たない子を養育する労働者」であるが、事業場の過半数組合、過半数代表者と労使協定を締結することによって、次のいずれかに該当する者については、所定外労働の制限の請求の対象から除外することができる。

　　① 雇用された期間が1年に満たない者
　　② 1週間の所定労働日数が2日以下の者

　なお、日々雇用される者は対象とならない（同法2条1号）。労働基準法（以下、本節において「労基法」という）41条各号および41条の2の適用を受ける者は、所定外労働の制限を受ける余地はない（通達第6－1（4））。

② 請求できる期間

　所定外労働の制限を請求できる期間は、1回について、1ヵ月以上1年以内（請求回数は無制限）である。請求した場合は、所定労働時間を超えた時間については、労働者の労務提供義務が消滅する（通達第6－1（6））。なお、制限期間は、時間外労働の制限期間（育介法17条2項）と重複しないようにする必要がある。

③ 請求手続

　所定外労働の制限の請求は、制限開始予定日および制限終了予定日を明らかにして、請求する期間の初日の1ヵ月前までに所定の事項を事業主に通知することによって行わなければならない。

④ 所定外労働の制限期間の終了事由等

　制限期間の終了予定日の前日までに、次のいずれかの事情が生じた場合には、その事象が生じた日（ただし、当該子が同居しなくなった場合は、その前日）に終了する（同法16条の8第4項）。

① 請求に係る子が死亡等のため養育の必要がなくなったとき
② 請求に係る子が３歳に達したとき
③ 請求した労働者について、産前産後休業の期間、産後パパ育休の期間、育児休業期間、介護休業期間が始まったとき

なお、制限開始予定日の前日までに、子の死亡その他の事情（子が養子である場合に養子縁組が取り消されたときや傷病のため当該子を養育できなくなったときなど）が生じた場合には、所定外労働の制限の請求はされなかったものとみなすこととされている（同法16条の８第３項）。

この場合、労働者は、その事業主に対して、当該事由が生じた旨を遅滞なく通知しなければならない。

（２）育児のための所定労働時間の短縮措置

育児休業をしていない３歳未満の子を養育しながら勤務する労働者が申し出た場合には、所定労働時間を短縮することにより、労働者が就業しつつ子を養育することを容易にするための措置（１日の所定労働時間を６時間とする措置：育児のための所定労働時間の短縮措置）を講じなければならない（育介法23条１項、育介則74条）。「育児休業をしていない」とは、①育児休業を取得したが現在は復職している場合と②育児休業をすることなく復職している場合の双方を含む。

ただし、所定労働時間が６時間以下の者および日々雇用される者については、この措置の対象とする義務はなく、また、事業場の過半数組合、過半数代表者と労使協定を締結した場合には、次のいずれかに該当する者を対象から除外することができる。
① 雇用された期間が１年に満たない者
② １週間の所定労働日数が２日以下の者（育介則73条）
③ 業務の性質または業務の実施体制に照らして、所定労働時間の短縮等の措置を講じることが困難と認められる業務（指針第２−９（３）参照）に従事する者

また、この措置を講じることが困難と認められる業務に従事する者に

ついて、育児のための所定労働時間の短縮措置を講じないものとする場合には、代替措置として、育児休業に準ずる制度またはフレックスタイム制の創設、その他の当該労働者が就業しつつ当該子を養育することを容易とするための措置（始業時刻変更等の措置）のいずれかを講じなければならない（育介法23条2項、育介則74条）。

育児のための所定労働時間の短縮措置も始業時刻変更等の措置も法律の規定から直接発生するものではないことから、事業主は就業規則の変更・労働協約の締結等によりこれらの措置を新設し、かつ実施する義務があることに留意が必要である（通達第8-4（4）、第9-9（3））。

なお、労働者は所定外労働の制限の請求と育児のための所定労働時間の短縮措置の申出は、同時に行うことができる（通達第9-8（1））。

3 介護休業制度の概要

（1）介護休業とその対象家族

介護休業とは、「その要介護状態にある対象家族を介護するためにする休業」（育介法2条2号）をいう。

「要介護状態」とは、負傷・疾病・身体上精神上の障害により2週間にわたり常時介護をする状態をいう。介護保険における要介護状態とは異なるが、日常動作・問題行動のチェックリストで判定される。

「対象家族」とは、①配偶者（婚姻の届出をしていないが、事実上婚姻関係と同様の事情にある者を含む）、②父母・子、③祖父母・兄弟姉妹・孫、④配偶者の父母をいう（同法2条4号、育介則3条）。

「介護」とは、歩行・排泄・食事等日常生活に必要な世話をすることをいう。要介護状態にある対象家族を介護する労働者は、事業主に申し出ることによって、介護休業をすることができる。ただし、日々雇用される者や期間契約者等については次のように取り扱われる。

（2）介護休業の適用除外者

1）日々雇用される者

　日々雇用される者は、介護休業の対象から除外されている（育介法2条1号）。

2）労使協定によって適用除外できる者

　次の者については、事業場の過半数組合、過半数代表者と労使協定によって介護休業の対象から除外することができる（同法12条2項、育介則24条）。

　　①　定年あるいは退職を予定する者など介護休業申出の日から93日以内に退職することが明らかな者

　　②　1週間の所定労働日数が2日以下の者

（3）期間雇用者への適用

　期間雇用者は、介護休業期間開始日から起算して93日経過日から6ヵ月を経過する日までに、その「有期労働契約の期間が満了し、かつ、更新がないこと」が明らかである者ではない場合には、介護休業の取得ができる。他方、上記（2）の2）①、②について労使協定による適用除外に関する労使協定が締結され、期間雇用者も対象となる場合には、該当する期間雇用労働者は介護休業を取得できない。

（4）介護できる期間

　介護休業制度は、要介護状態になった対象家族への介護に関する長期的方針を決定できるようになるまでの期間の緊急的対応期間として位置づけられる。介護休業できる期間は、対象家族1人につき最大限93日とされている（育介法15条1項）が、これは長期的介護方針を決定できるまでの平均的期間が約3ヵ月（31日×3）であることによるものである（通達第3−2（1））。

　93日経過日は、介護休業開始予定日を第1日目として数えた場合に、93日目に該当する日をいう。たとえば、2022（令和4）年4月1日が介

護休業開始予定日の場合における93日経過日は、2022年7月2日となる（通達第3-1-（5））。

（5）介護休業の申出、回数と撤回等

介護の申出の時期、回数、申出の撤回については次のとおりである。

① 申出の時期

労働者が希望する日から介護休業をするためには、休業開始予定日の2週間前までに、所定事項を記載した休業申出書を事業主に提出しなければならない（育介法11条3項・12条3項）。事業主は、労働者から介護休業の申出があった場合は、これを拒むことができない（同法12条1項）。

この権利は、民事的権利（通達第1-1（3））とされ、介護休業期間の労務提供義務を消滅させる効果がある。

② 申出期限に遅れた場合の事業主の開始予定日の指定

労働者が介護休業開始予定日の2週間前の日より後に休業を申し出た場合には、事業主は、介護休業開始予定日（始期）から介護休業を申し出た日の翌日から起算して2週間を経過する日（終期）までの期間内のいずれかの日を介護休業開始予定日として指定することができる（育介法12条3項）。

この場合、事業主が介護休業の開始予定日を指定する場合は、休業開始予定日とされた日（その日が休業申出があった日の翌日から起算して3日を経過する日より後の日である場合は、当該3日を経過する日）までに指定する日を記載した書面・ファクシミリ・電子メールを労働者に交付・送付して行わなければならない（育介則26条）。

③ 申出の回数

介護休業制度については、介護開始から介護終了までの間に、急性期対応のみならず、看取りの時期・介護施設間の移動・病院への入退院・要介護者の状態が大きく変化した場合などに休業ニーズがあると考えられることから、分割して複数回取得できることが適当とされる。この場合、取得回数の実績を踏まえ、介護の始期・終期・その間にそれぞれ対

応するという観点から、対象家族ごとに休業日数を通算して93日の範囲
内で、3回まで取得できる（同法11条2項）。

④　申出の撤回

　介護休業の開始前（開始予定日の前日）であれば、労働者は書面等に
より介護休業の申出を撤回できる（同法14条1項、育介則29条）。

　介護休業については、対象家族の症状が変化しやすいため、労働者が
いったん申し出た介護休業の申出を撤回したとしても、事業主は再度の
休業申出を拒むことはできない。しかし、再度の申出もまた連続して撤
回した場合には、事業主は3回目以降の介護休業の申出については拒む
ことができる（同法14条2項）。

　休業の申出をした後、休業開始予定日の前日までに、対象家族の死亡
その他の事由で労働者が申し出た対象家族の介護をしなくなった場合に
は、当該申出はされなかったものとみなされる。その場合、労働者は、
その旨を遅滞なく事業主に通知しなければならない（同法14条3項、育
介則30条）。

⑤　使用者による通知

　介護休業の申出を受けた事業主は、労働者に対し、次に掲げる事項を
労働者に速やかに通知しなければならない（育介則23条2項）。

　　①　介護休業申出を受けた旨
　　②　介護休業開始予定日（同法12条3項の規定により指定をする場合
　　　にあっては、当該事業主の指定する日）および介護休業終了予定日
　　③　介護休業申出を拒む場合には、その旨およびその理由

（6）介護休業期間の変更

① 休業終了予定日の繰下げ変更および手続

　介護休業の終了予定日の変更については、事由を問わず当初の介護休
業終了予定日の2週間前までに事業主に申し出ることによって、1回に限
り、介護休業終了予定日を繰り下げることができる（育介法13条、育介
則27条）。ただし、終了予定日を繰り下げることができる期間は、休業開

始予定日より93日を経過する日までの間である（同法15条1項・2項）。

② 休業開始予定日等の変更

育介法には、介護休業開始予定日の繰上げ・繰下げ変更や介護休業終了予定日の繰上げ変更に関する定めはないが、労働者と事業主との協議によって決めることができる。

（7）介護休業の終了

介護休業の期間は、労働者の意思にかかわらず、次の場合に終了する（育介法15条3項、育介則31条）。

① 対象家族を介護しなくなった場合

「介護しなくなった場合」とは、以下の場合をいう。

①対象家族が死亡した場合、②離婚・婚姻の取消し、離縁等による対象家族との親族関係が消滅した場合、または③93日経過日までの間、労働者が負傷・疾病等により対象家族を介護できない状態になった場合、介護休業はその日に終了する。

② 産前産後休業、育児休業（産後パパ育休を含む）または新たな介護休業が始まった場合

最初の介護休業期間中に、産前産後休業または育児休業（産後パパ育休を含む）あるいは新たな介護休業が始まった場合は、休業が重複することになるので、最初の介護休業はその前日に終了する。

なお、介護休業中であっても、産前休業を申し出た日から産前休業に入ることができる（通達第3－15（2））。また、「新たな介護休業」とは、介護休業申出に係る対象家族とは異なる対象家族について開始する介護休業のことをいう。

4 未就学児を養育する労働者または家族の介護をする労働者への対応

小学校就学の始期に達するまでの子（以下、「未就学児」という）を養

育する労働者または要介護状態にある対象家族を介護する労働者が請求
したときは、次に見るように、時間外労働の制限措置および深夜業をさ
せない措置を講じなければならない（育介法17条～20条）。

また、対象家族を介護する労働者が請求したときは、所定外労働の制
限および介護のための所定労働時間の短縮等の措置を講じなければなら
ない（同法16条の9、23条3項・4項）。

（1）時間外労働の制限

働きながら未就学児を養育する労働者または要介護状態にある対象家
族の介護をする労働者が請求したときは、事業主は当該労働者を時間外
労働についての制限時間（1ヵ月について24時間、1年について150時
間をいう。以下同じ）を超えて勤務させることはできない（育介法17条・
18条）。ただし、当該労働者からの時間外労働の制限の請求が事業の正常
な運営を妨げる場合には、事業主は請求を認めないことができる。

なお、この場合の制限時間は、法定労働時間を超える時間外労働のこ
とであり、法定内時間外労働（いわゆる「法内超勤」）の時間は含まない。
また、三六協定で定めた時間外労働の延長時間が制限時間を下回る場合
には、三六協定で定めた時間外労働の延長時間が優先される。

① 対象労働者

時間外労働の制限を請求できるのは、未就学児を養育する労働者また
は対象家族を介護する労働者である。

ただし、次のいずれかに該当する場合は、時間外労働の制限が適用除
外される（同法17条1項・18条）。

① 雇用された期間が1年に満たない者
② 1週間の所定労働日数が2日以下の者（育介則52条・56条）。
③ 日々雇用される者（同法2条1号）

なお、契約社員やパートタイマー等の期間雇用者は、育児休業や介護
休業と異なり、別途の要件を課すことなく時間外労働の制限の適用対象
とされる。他方、労基法41条、41条の2が適用される者は、時間外労働

の制限を適用する余地はないと解されている（通達第7－1(5)）。

② 請求できる期間

時間外労働の制限を請求できる期間は、1回について、1ヵ月以上1年以内（請求回数は無制限）である。請求した場合は、制限時間を超えた時間については、労働者の労務提供義務が消滅する（通達第7－1(6)・第7－6(3)）。

③ 請求の手続

時間外労働の制限の請求は、請求する期間の初日の1ヵ月前までに、制限開始予定日および制限終了予定日を明らかにして、所定の事項を記載した書面・ファクシミリ・電子メール等を事業主に提出することによって行う（育介法17条2項・18条、育介則53条・57条）。

④ 時間外労働の免除の終了事由等

制限終了予定日の前日までに、次のいずれかの事情が生じた場合には、その事情が生じた日（ただし、③の事情が生じた場合は、その前日）に終了する（同法17条4項・18条、育介則55条・56条）。

　　① 請求に係る子・対象家族の死亡等によって養育できなくなったとき
　　② 請求に係る子・対象家族と労働者との親族関係が消滅したとき
　　③ 請求した労働者が、負傷・疾病・心身の障害によって、請求に係る子・対象家族を養育・介護できなくなったとき
　　④ 請求に係る子が小学校就学の始期に達したとき
　　⑤ 請求をした労働者について、産前産後休業の期間、産後パパ育休の期間、育児休業期間が始まったとき

なお、時間外労働の制限開始予定日の前日までに、子・対象家族の死亡等によって当該未就学児を養育・介護することができなくなった場合には、時間外労働の制限の請求はされなかったものとみなされる（同法17条3項・18条、育介則54条・58条）。この場合、労働者は、その事業主に対して、当該事由が生じた旨を遅滞なく通知しなければならない。

（2）深夜業の制限

　対象労働者が、未就学児の養育または対象家族の介護をするために請求した場合には、深夜（午後10時〜午前5時）に労働させてはならない（育介法19条・20条）。ただし、当該労働者からの深夜業制限の請求が事業の正常な運営を妨げる場合には、事業主は請求を認めないことができる。

①　対象労働者

　深夜業の制限を請求できるのは、前述の時間外労働の制限に関する対象労働者と同様、未就学児を養育する労働者または対象家族を介護する労働者である。ただし、次のいずれかに該当する場合は、深夜業の制限の適用が除外される（同法19条1項・20条）。

- ①　雇用された期間が1年に満たない場合
- ②　常態として当該子・対象家族を保育することができる（対象家族を介護する労働者にあっては、当該対象家族の介護をすることができる）同居の家族がいる場合（育介則60条・65条）
- ③　1週間の所定労働日数が2日以下の者（育介則61条・66条）
- ④　所定労働時間の全部が深夜にある者（育介則61条・66条）

　なお、日々雇用される者については対象にならない（同法2条1号）が、育児休業や介護休業と異なり、期間雇用者は、別途の要件を課すことなく対象とされる。

②　請求できる期間

　深夜業の制限を請求できる期間は、1回について、1ヵ月以上6ヵ月以内（請求回数は無制限）である。請求した場合は、深夜帯についての、労働者の労務提供義務が消滅する（通達第8−1（5）・第8−6（3））。

③　請求手続

　深夜業の制限の請求は、請求する期間の初日の1ヵ月前までに、法所定事項を記載した書面・ファクシミリ・電子メール等を事業主に提出・送付することによって行う（育介法19条2項・20条、育介則62条・67条）。

④　深夜業の制限期間の終了事由等

　制限終了予定日の前日までに、次のいずれかの事情が生じたときは、

深夜業の制限期間は、その日（ただし、③の事情が生じたときは、その前日）に終了する（同法19条4項・20条、育介則64条・69条）。

①　当該子・対象家族の死亡等その他養育・介護の必要がなくなったときまたは請求した労働者が養育・介護できなくなったとき

②　請求に係る子が小学校就学の始期に達したとき

③　請求をした労働者について、産前産後休業の期間、新たな育児休業期間（産後パパ育休を含む）・介護休業期間が始まったとき

なお、育介法は、制限開始予定日の前日までに、当該子・対象家族の死亡その他保育・介護の必要がなくなるなどの事情が生じた場合または請求した労働者が養育・介護できなくなった場合には、深夜業制限の請求はされなかったものとみなすこととしている（同法19条3項・20条、育介則63条・68条）。

この場合、労働者は、その事業主に対して、当該事由が生じた旨を遅滞なく通知しなければならない。

（3）介護を行う労働者に対する所定外労働の制限

日常的な介護ニーズに対応するため、介護を行う労働者に対しても所定外労働の制限措置が設けられている（育介法16条の9）。

① 　対象労働者

所定外労働の制限を請求できるのは、対象家族を介護する労働者であるが、事業場の過半数組合、過半数代表者と労使協定を締結することによって、次のいずれかに該当する者については、所定外労働の制限の請求の対象者から除外することができる。

①　雇用された期間が1年に満たない者

②　1週間の所定労働日数が2日以下の者

なお、日々雇用される者については対象にならない（同法2条1号）。労基法41条または41条の2の適用を受ける者は、時間外労働の制限の適用の余地はないと解されている（通達第6−6（2））。

② 　請求できる期間

所定外労働の制限を請求できる期間は、1回について、1ヵ月以上1年以内（請求回数は無制限）である。請求した場合は、所定労働時間を超えた時間については、労働者の労務提供義務が消滅する（通達第6－6（3））。制限期間は、時間外労働の制限期間（同法17条2項）と重複しないようにする必要がある。

③　請求手続

所定外労働の制限の請求は、制限開始予定日および制限終了予定日を明らかにして、請求する期間の初日の1ヵ月前までに所定の事項を事業主に通知することによって行わなければならない。

④　所定外労働の制限期間の終了事由等

制限期間の終了予定日の前日までに、次のいずれかの事情が生じた場合には、その事情が生じた日（③は事情が生じた日の前日）に終了する（同法16条の9、育介則51条）。

① 請求に係る対象家族が死亡・親族関係の消滅等のため介護の必要がなくなったとき
② 請求した労働者が、負傷・疾病・障害により、当該請求に係る制限期間の末日までの間、対象家族を介護できない状態になったとき
③ 請求した労働者について、産前産後休業の期間、新たな育児休業期間（産後パパ育休を含む）・介護休業期間が始まったとき

なお、制限開始予定日の前日までに、対象家族の死亡その他の事情（下記 **(4)** に列挙する事情と同じ）が生じた場合には、所定外労働の制限の請求はされなかったものとみなすこととされている。

この場合、労働者は、その事業主に対して、当該事由が生じた旨を遅滞なく通知しなければならない。

（4）介護のための所定労働時間の短縮等の措置

育介法23条3項は対象家族を介護する労働者であって介護休業を取得していない者に対して、①所定労働時間の短縮措置（原則として6時間に短縮する）、②フレックスタイム制度の創設、③始業時刻の変更等の措

置、または、④労働者が介護サービスを利用する際の費用を負担する助成金制度かいずれかを講ずることを事業主に課している。①〜③の措置は、2回以上利用可能とすることが必要である。これらの措置は、労働者の申出に基づき、申し出た日から起算して連続する3年以上の期間実施しなければならない。これらの措置は法律の規定から直接発生するものではないことから、事業主は就業規則の変更・労働協約の締結等によりこれらの措置を新設しかつ実施する義務があることに留意が必要である（通達第9‐11(5)）。

ただし、労使協定を締結した場合には、次のいずれかに該当する者を対象から除外することができる。

① 雇用された期間が1年に満たない者
② 合理的な理由がある者
「合理的な理由がある者」とは、1週間の所定労働日数が2日以下の者をいう（育介則75条）。

5 不利益取扱いの禁止等

育介法は、育児休業、産後パパ育休、介護休業、所定外労働の制限、時間外労働の制限、深夜業の制限、所定労働時間の短縮措置、子の看護休暇および介護休暇等の申出または取得等を理由として、事業主が労働者に対して解雇その他不利益な取扱いをすることを禁止している（同法10条・16条・16条の4・16条の7・16条の10・18条の2・20条の2・23条の2）。何が不利益取扱いに該当するかについては、指針（平21厚労省告示509号第2‐11）に行政解釈が示されている。

また事業主は、労働者またはその配偶者が妊娠・出産したこと、労働者が家族を介護したことを知った場合、当該労働者に対し個別に育児休業・介護休業に関する休業中の待遇・休業後の労働条件等に関する事項の周知に努めなければならない（育介法21条1項）。

6 職場における妊娠・出産、育児休業等に関するハラスメント対策

　男女雇用機会均等法（以下、「均等法」という）および育介法では、上司・同僚からの言動により、妊娠・出産した「女性労働者」や育児休業・介護休業等を申出・取得した「男女労働者」等の就業環境が害されることがないよう、相談に応じ、適切に対応するために必要な体制の整備、その他の雇用管理上必要な措置を講じることが事業主に義務づけられている（均等法11条の3第1項、育介法25条1項）。詳細はハラスメントの項目（→本章第9節「男女雇用機会均等法」）参照のこと。

　なお、育児・介護休業法の制度の概要を図表2-11-3にまとめた。

図表2-11-3 ● 育児・介護休業法における制度の概要

◎本表は法令により求められる制度の概要であり、各事業所においてより広い内容の制度とすることは望ましいものです。産後パパ育休（出生時育児休業）は2022（令和4）年10月1日施行です。

<table>
<tr><td colspan="2"></td><td colspan="2">育児関係</td><td>介護関係</td></tr>
<tr><td colspan="2"></td><td>育児休業</td><td>産後パパ育休
（出生時育児休業）
（2022年10月1日施行）</td><td>介護休業</td></tr>
<tr><td rowspan="4">休業制度</td><td>休業の定義</td><td>○労働者が原則としてその1歳に満たない子を養育するためにする休業</td><td>○産後休業をしていない労働者が原則として出生後8週間以内の子を養育するためにする休業</td><td>○労働者がその要介護状態（負傷、疾病または身体上もしくは精神上の障害により、2週間以上の期間にわたり常時介護を必要とする状態）にある対象家族を介護するためにする休業</td></tr>
<tr><td>対象労働者</td><td>○労働者（日々雇用を除く）
○有期雇用労働者は、申出時点において、次の要件を満たすことが必要
　子が1歳6ヵ月（2歳までの休業の場合</td><td>○産後休業をしていない労働者（日々雇用を除く）
○有期雇用労働者は、申出時点において、次の要件を満たすことが必要
・子の出生日または出</td><td>○労働者（日々雇用を除く）
○有期雇用労働者は、申出時点において、次の要件を満たすことが必要
　介護休業取得予定日から起算して93日経</td></tr>
</table>

		育児関係		介護関係
休 **業** **制** **度**	対象労働者	は２歳）を経過する日までに労働契約期間が満了し、更新されないことが明らかでないこと	産予定日のいずれか遅いほうから起算して８週間を経過する日の翌日から６ヵ月を経過する日までに労働契約期間が満了し、更新されないことが明らかでないこと	過する日から６ヵ月を経過する日までに労働契約期間が満了し、更新されないことが明らかでないこと
		○労使協定で対象外にできる労働者 ・雇用された期間が１年未満の労働者 ・１年（１歳以降の休業の場合は、６ヵ月）以内に雇用関係が終了する労働者 ・週の所定労働日数が２日以下の労働者	○労使協定で対象外にできる労働者 ・雇用された期間が１年未満の労働者 ・８週間以内に雇用関係が終了する労働者 ・週の所定労働日数が２日以下の労働者	○労使協定で対象外にできる労働者 ・雇用された期間が１年未満の労働者 ・93日以内に雇用関係が終了する労働者 ・週の所定労働日数が２日以下の労働者
	対象となる家族の範囲	○子	○子	○配偶者（事実婚を含む。以下同じ）父母、子、配偶者の父母、祖父母、兄弟姉妹および孫
	回数	○（2022. 10. 1から）子１人につき、原則２回 ○以下の事情が生じた場合には、再度の育児休業取得が可能 ①新たな産前産後休業、産後パパ育休、育児休業または介護休業の開始により育児休業が終了した場合で当該休業に係る子または家族が死亡等した場合 ②配偶者が死亡した場合または負傷、疾病、傷害により子の養育が困難となった場合 ③離婚等により配偶者が子と同居しないこととなった場合 ④子が負傷、疾病、障害により２週間以上	○子１人につき、２回（２回に分割する場合はまとめて申出）	○対象家族１人につき、３回

		育児関係		介護関係
休業制度	回数	にわたり世話を必要とする場合 ⑤保育所等入所を希望しているが、入所できない場合 ○子が1歳以降の休業については、子が1歳までの育児休業とは別に1回ずつ取得可能 ○1歳以降の休業について上記①の事情が生じた場合にに限り、1歳6ヵ月または2歳までの育児休業も再度の取得が可能		
	期間	○原則として子が1歳に達するまでの連続した期間 ○ただし、配偶者が育児休業をしているなどの場合は、子が1歳2ヵ月に達するまで出産日、産後休業期間、育児休業期間、産後パパ育休期間を合計して1年間以内の休業が可能	○原則として子の出生後8週間以内の期間内で通算4週間(28日)まで	○対象家族1人につき通算93日まで
	期間 (延長する場合)	○1歳6ヵ月までの育児休業は、次の要件(②ウに該当する場合は②のみ)に該当する場合に取得可能 ①子が1歳に達する日において(パパ・ママ育休プラスで1歳を超えて育児休業をしている場合にはその休業終了予定日において)いずれかの親が育児休業中であること ②次の特別な事業があること 　ア　保育所等への入所を希望しているが、入所できない		

		育児関係		介護関係
休業制度	期間 （延長する場合）	場合 イ　子の養育を行っている配偶者（もう1人の親）であって、1歳以降子を養育する予定であったものが死亡、負傷、疾病等により子を養育することが困難になった場合 ウ　新たな産前産後休業、産後パパ育休、育児休業または介護休業の開始により育児休業が終了した場合で当該休業に係る子または家族が死亡等した場合 ③1歳6ヵ月までの育児休業を取得したことがないこと ※同様の条件で1歳6ヵ月から2歳までの延長可		
	手続	○書面等で事業主に申出 ・事業主は、証明書類の提出を求めることができる ・事業主は、育児休業の開始予定日および終了予定日等を、書面等で労働者に通知 ○申出期間（事業主による休業開始日の繰下げ可能期間）は1ヵ月前まで（ただし、出産予定日前に子が出生したこと等の事由が生じた場合は、1週間前まで）1歳以降の休業の申出は2週間前まで ○出産予定日前に子が出	○書面等で事業主に申出 ・事業主は、証明書類の提出を求めることができる ・事業主は、産後パパ育休の開始予定日および終了予定日等を、書面等で労働者に通知 ○申出期間（事業主による休業開始日の繰下げ可能期間）は2週間前（労使協定を締結している場合は2週間超から1ヵ月以内で労使協定で定める期限）まで（ただし、出産予定日前に子が出生したこと等の事由が生じた場合	○書面等で事業主に申出 ・事業主は、証明書類の提出を求めることができる ・事業主は、介護休業の開始予定日および終了予定日等を、書面等で労働者に通知 ○申出期間（事業主による休業開始日の繰下げ可能期間）は2週間前まで

		育児関係		介護関係
休 業 制 度	手続	生したこと等の事由が生じた場合は、休業1回につき1回に限り開始予定日の繰上げ可 ○1ヵ月前までに申し出ることにより、子が1歳に達するまでの期間内で休業1回につき1回に限り終了予定日の繰下げ可 1歳以降の休業をしている場合は、子が1歳6ヵ月(または2歳)に達するまでの期間内で1回に限り終了予定日の繰下げ可。2週間前(一定の場合は1ヵ月前)が申出期限	は、1週間前まで) ○出産予定日前に子が出生したこと等の事由が生じた場合は、休業1回に限り開始予定日の繰上げ可 ○2週間前までに申し出ることにより、子の出生後8週間以内の期間内で通算4週間(28日)の範囲内で休業1回につき1回に限り終了予定日の繰下げ可	○2週間前までに申し出ることにより、93日の範囲内で、申出ごとに1回に限り終了予定日の繰下げ可
		○休業開始予定日の前日までに申し出ることにより撤回可 ○1歳までの育児休業は撤回1回につき1回休業したものとみなす。1歳以降の育児休業は各1回撤回可、撤回後の再度の申出は原則不可	○休業開始予定日の前日までに申し出ることにより撤回可。撤回1回につき1回休業したものとみなす。2回撤回した場合等、再度の申出は不可	○休業開始予定日の前日までに申し出ることにより撤回可 ○申出が2回連続して撤回された場合には、それ以降の介護休業申出を拒むことができる
	休業中の就業		○休業中に就業させることができる労働者を労使協定で定めている場合に限り、労働者が合意した範囲で休業中に就業することが可能 ○就業を希望する労働者は書面等により就業可能日等を申出、事業主は申出の範囲内で就業日等を提示、休業前日までに労使合意 ○就業日等の上限がある(休業期間中の所定労働日・所定労働時間の半分まで等)	

		育児関係	介護関係
休業制度	休業中の就業		○休業開始予定日の前日までに申し出ることにより撤回可。休業開始日以降は特別な事情がある場合に撤回可能	

		育児関係	介護関係
子の看護休暇	制度の内容	○小学校就学の始期に達するまでの子を養育する労働者は、1年に5日まで（当該子が2人以上の場合は10日まで）、病気、けがをした子の看護または子に予防接種・健康診断を受けさせるために、休暇が取得できる ○時間単位での取得も可能	
	対象労働者	○小学校就学の始期に達するまでの子を養育する労働者（日々雇用を除く） ○労使協定で対象外にできる労働者 ・勤続6ヵ月未満の労働者 ・週の所定労働日数が2日以下の労働者	
介護休暇	制度の内容	○要介護状態にある対象家族の介護その他の世話を行う労働者は、1年に5日まで（対象家族が2人以上の場合は10日まで）、介護その他の世話を行うために、休暇が取得できる ○時間単位での取得も可能	
	対象労働者	○要介護状態にある対象家族の介護その他の世話を行う労働者（日々雇用を除く） ○労使協定で対象外にできる労働者 ・勤続6ヵ月未満の労働者 ・週の所定労働日数が2日以下の労働者	
所定外労働を制限する制度	制度の内容	○3歳に満たない子を養育する労働者がその子を養育するために請求した場合においては、事業主は所定労働時間を超えて労働させてはならない	○要介護状態にある対象家族を介護する労働者がその対象家族を介護するために請求した場合においては、事業主は所定労働時間を超えて労働させてはならない
	対象労働者	○3歳に満たない子を養育する労働者（日々雇用を除く） ○労使協定で対象外にできる労働者 ・勤続1年未満の労働者 ・週の所定労働日数が2日以下の労働者	○要介護状態にある対象家族を介護する労働者（日々雇用を除く） ○労使協定で対象外にできる労働者 ・勤続1年未満の労働者 ・週の所定労働日数が2日以下の労働者
	期間・回数	○1回の請求につき1ヵ月以上1年以内の期間 ○請求できる回数に制限なし	○1回の請求につき1ヵ月以上1年以内の期間 ○請求できる回数に制限なし
	手続	○開始の日の1ヵ月前までに請求	○開始の日の1ヵ月前までに請求
	例外	○事業の正常な運営を妨げる場合は、事業主は請求を拒める	○事業の正常な運営を妨げる場合は、事業主は請求を拒める
	制度の内容	○小学校就学の始期に達するまでの子	○要介護状態にある対象家族を介護す

		育児関係	介護関係
時間外労働を制限する制度	制度の内容	を養育する労働者がその子を養育するために請求した場合においては、事業主は制限時間（1ヵ月24時間、1年150時間)を超えて労働時間を延長してはならない	る労働者がその対象家族を介護するために請求した場合においては、事業主は制限時間（1ヵ月24時間、1年150時間)を超えて労働時間を延長してはならない
	対象労働者	○小学校就学の始期に達するまでの子を養育する労働者 ただし、以下に該当する労働者は対象外 ・日々雇用される労働者 ・勤続1年未満の労働者 ・週の所定労働日数が2日以下の労働者	○要介護状態にある対象家族を介護する労働者 ただし、以下に該当する労働者は対象外 ・日々雇用される労働者 ・勤続1年未満の労働者 ・週の所定労働日数が2日以下の労働者
	期間・回数	○1回の請求につき1ヵ月以上1年以内の期間 ○請求できる回数に制限なし	○1回の請求につき1ヵ月以上1年以内の期間 ○請求できる回数に制限なし
	手続	○開始の日の1ヵ月前までに請求	○開始の日の1ヵ月前までに請求
	例外	○事業の正常な運営を妨げる場合は、事業主は請求を拒める	○事業の正常な運営を妨げる場合は、事業主は請求を拒める
深夜業を制限する制度	制度の内容	○小学校就学の始期に達するまでの子を養育する労働者がその子を養育するために請求した場合においては、事業主は午後10時〜午前5時（「深夜」)において労働させてはならない	○要介護状態にある対象家族を介護する労働者がその対象家族を介護するために請求した場合においては、事業主は午後10時〜午前5時（「深夜」)において労働させてはならない
	対象労働者	○小学校就学の始期に達するまでの子を養育する労働者 ただし、以下に該当する労働者は対象外 ・日々雇用される労働者 ・勤続1年未満の労働者 ・保育ができる同居の家族がいる労働者 保育ができる同居の家族とは、16歳以上であって、 イ　深夜に就労していないこと（深夜の就労日数が1ヵ月につき3日以下の者を含む） ロ　負傷、疾病または心身の障害により保育が困難でないこと ハ　6週間（多胎妊娠の場合は14週間）以内に出産する予定であるか、または産後8週間を経過しない者でないこと のいずれにも該当する者をいう	○要介護状態にある対象家族を介護する労働者 ただし、以下に該当する労働者は対象外 ・日々雇用される労働者 ・勤続1年未満の労働者 ・介護ができる同居の家族がいる労働者 介護ができる同居の家族とは、16歳以上であって、 イ　深夜に就労していないこと（深夜の就労日数が1ヵ月につき3日以下の者を含む） ロ　負傷、疾病または心身の障害により保育が困難でないこと ハ　6週間（多胎妊娠の場合は14週間）以内に出産する予定であるか、または産後8週間を経過しない者でないこと のいずれにも該当する者をいう

		育児関係	介護関係
深夜業を制限する制度	対象労働者	・週の所定労働日数が２日以下の労働者 ・所定労働時間の全部が深夜にある労働者	・週の所定労働日数が２日以下の労働者 ・所定労働時間の全部が深夜にある労働者
	期間・回数	○１回の請求につき１ヵ月以上６ヵ月以内の期間 ○請求できる回数に制限なし	○１回の請求につき１ヵ月以上６ヵ月以内の期間 ○請求できる回数に制限なし
	手続	○開始の日の１ヵ月前までに請求	○開始の日の１ヵ月前までに請求
	例外	○事業の正常な運営を妨げる場合は、事業主は請求を拒める	○事業の正常な運営を妨げる場合は、事業主は請求を拒める
所定労働時間の短縮措置等		○３歳に満たない子を養育する労働者（日々雇用を除く）であって育児休業をしていない者（１日の所定労働時間が６時間以下である労働者を除く）に関して、１日の所定労働時間を原則として６時間とする措置を含む措置を講ずる義務 ただし、労使協定では以下の労働者のうち所定労働時間の短縮措置を講じないものとして定められた労働者は対象外 １　勤続１年未満の労働者 ２　週の所定労働日数が２日以下の労働者 ３　業務の性質または業務の実施体制に照らして、所定労働時間の短縮措置を講ずることが困難と認められる業務に従事する労働者 ○上記３の労働者について、所定労働時間の短縮措置を講じないこととするときは、当該労働者について次の措置のいずれかを講ずる義務 ・育児休業に関する制度に準ずる措置 ・フレックスタイム制 ・始業・終業時刻の繰上げ、繰下げ ・事業所内保育施設の設置運営その他これに準ずる便宜の供与	○常時介護を要する対象家族を介護する労働者（日々雇用を除く）に関して、対象家族１人につき次の措置のいずれかを、利用開始から３年以上の間で２回以上の利用を可能とする措置を講ずる義務 ・所定労働時間を短縮する制度 ・フレックスタイム制 ・始業・終業時刻の繰上げ、繰下げ ・労働者が利用する介護サービスの費用の助成その他これに準ずる制度 ただし、労使協定では以下の労働者のうち所定労働時間の短縮措置を講じないものとして定められた労働者は対象外 １　勤続１年未満の労働者 ２　週の所定労働日数が２日以下の労働者
小学校就学の始期に達するまでの子を養育または家族を介護する労働者に関する措置		○小学校就学の始期に達するまでの子を養育する労働者に関して、育児休業に関する制度、所定外労働の制限に関する制度、所定労働時間の短縮措置またはフレックスタイム制等の措置に準じて、必要な措置を講ずる	○家族を介護する労働者に関して、介護休業制度または所定労働時間の短縮等の措置に準じて、その介護を必要とする期間、回数等に配慮した必要な措置を講ずる努力義務

	育児関係	介護関係
	努力義務 ○小学校就学の始期に達するまでの子を養育する労働者に関して、配偶者出産休暇等の育児に関する目的で利用できる休暇制度を講ずる努力義務	
育児・介護休業等の個別周知	○本人または配偶者の妊娠・出産等を労働者が申し出た場合に、事業主は当該労働者に育児休業制度等を個別に周知し、取得意向を確認する義務	—
	○事業主は、次の事項について、就業規則等にあらかじめ定め、周知する努力義務（全従業員への周知、個別周知） ①育児休業および介護休業中の待遇に関する事項 ②育児休業および介護休業後の賃金、配置その他の労働条件に関する事項 ③子を養育しないこととなったことにより育児休業期間が終了した場合および対象家族を介護しないこととなったことにより介護休業期間が終了した場合の労務提供の開始時期に関する事項 ④介護休業中の社会保険料の支払い方に関する事項 ・事業主は、労働者またはその配偶者が妊娠・出産したことを知った場合や、労働者が介護していることを知った場合に、当該労働者に対し、個別に関連制度（育児休業制度等の周知義務の事項以外）を周知する努力義務	
雇用環境の整備	○育児休業（産後パパ育休含む）の申出が円滑に行われるよう、次のいずれかの措置を講じなければならない ・育児休業・産後パパ育休に関する研修の実施 ・育児休業・産後パパ育休に関する相談体制の整備 ・自社の労働者の育児休業・産後パパ育休取得事例の収集・提供 ・自社の労働者へ育児休業・産後パパ育休に関する制度および育児休業取得促進に関する方針の周知	
育児休業等に関するハラスメントの防止措置	○事業主は、育児休業、産後パパ育休、介護休業その他の子の養育または家族の介護に関する制度または措置の申出・利用に関する言動により、労働者の就業環境が害されることがないよう、労働者からの相談に応じ、適切に対応するために必要な体制の整備その他の雇用環境上必要な措置を講ずる義務	
労働者の配置に関する配慮	○就業場所の変更を伴う配置の変更において、就業場所の変更により就業しつつ子の養育や家族の介護を行うことが困難となる労働者がいるときは、その子の養育や家族の介護の状況に配慮する義務	
不利益取扱いの禁止	○育児休業、産後パパ育休、介護休業、子の看護休暇、介護休暇、所定外労働の制限、時間外労働の制限、深夜業の制限、所定労働時間の短縮措置、本人または配偶者の妊娠・出産等の申出、産後パパ育休の申出・取得、産後パパ育休中の就業可能日等を申出・同意しなかったこと等について、申出をしたこと、または取得等を理由とする解雇その他不利益な取扱いの禁止	
育児休業取得状況の公表	（2023. 4. 1施行） ○常時雇用する労働者数1,000人超の企業が義務 ○毎年1回、男性の育児休業等取得率を公表（育児目的休暇等を含むことも可）	

出所：厚生労働省ホームページ「育児・介護休業法のあらまし」より一部修正

第**12**節 # 年少者の就業管理

学習のポイント

◆労働基準法で特別の保護の対象となる「年少者」「児童」の定義を理解する。

◆年少者には、原則として変形労働時間制、三六協定による時間外・休日労働を適用することはできない。

◆児童を使用する場合は、「就学時間を通算して」という労働時間の制限がある。

1 年少者・児童の使用

（1）年少者・児童とは何か

　労働基準法（以下、本節において「労基法」または「法」という）は、年少者の労働時間、休日等について制限しており、年少者に対して特別の保護を与えている（法56条～64条）。この場合の「年少者」とは、満18歳未満の者をいい、また、このうち満15歳に達した日以後の最初の３月31日が終了するまで（通常、義務教育修了年齢）にある者を「児童」という。

（2）年少者・児童の使用の制限

① 年少者・児童の使用の制限

　上記の義務教育修了年齢に達していない者は使用してはならない（法56条１項）こととされており、義務教育修了年齢に達した者については、年少者に係る特別規則（法57条～64条）のもとでこれを使用することが

できる。

　ただし、義務教育修了年齢に達していない者であっても、一定の事業に係る職業で児童の健康および福祉に有害でなく、かつ、その労働が軽易なものについては、所轄労働基準監督署長の許可を受けて、修学時間を含む一定の時間の範囲内で、満13歳以上の児童（映画の製作または演劇の事業については、満13歳未満の者を含む）を使用することができる（法56条2項）。

② 年少者の証明書

　年少者を使用する使用者は、その年齢を証明する戸籍証明書を事業場に備え付ける義務がある（法57条1項）。戸籍証明書は、氏名・年齢の事項に証明がされている住民票記載事項証明書を含む（昭50. 2. 17 基発83号・婦発40号）。労基法56条2項の規定により児童を使用する使用者は、就学に差し支えない旨の学校長の証明書および親権者・後見人の同意書も事業場に備え付ける義務がある（法57条2項）。

２ 年少者の変形労働時間、時間外・休日労働等の適用除外

　年少者にも法定労働時間が適用されるが、次の規定は適用されない（法60条1項）。

① 1ヵ月単位の変形労働時間制（法32条の2）
　　例外については、『労務管理2級』第2章第15節 **1** ②を参照。
② フレックスタイム制（法32条の3）
③ 1年単位の変形労働時間制（法32条の4・32条の4の2）
　　例外については、『労務管理2級』第2章第15節 **1** ②を参照。
④ 1週間単位の非定型的変形労働時間制（法32条の5）
⑤ 三六協定による時間外・休日労働（法36条）
⑥ 事業の特殊性による労働時間・休憩の特例（法40条）
⑦ 高度プロフェッショナル制度（法41条の2）

3 児童についての法定労働時間の適用

児童については、前記**1**(2)で述べたように、13歳以上の児童（映画の製作または演劇の事業については、満13歳未満の者を含む）を所轄労働基準監督署長の許可を受けて使用することができる。この場合において、労基法32条1項の1週間について、40時間とあるのは、修学時間を通算して1週間について40時間、また、同条2項の1日について8時間とあるのは、修学時間を通算して1日について7時間とされている（法60条2項）。

この場合の「修学時間」とは、当該日の授業開始時刻から同日の最終授業終了時刻までの時間から休憩時間（昼食時間を含む）を除いた時間をいう（昭25. 4. 14 基収28号）。したがって、児童を使用することができるのは、授業時間を含めて1日7時間、1週40時間までということになる。

児童を深夜時間帯に労働させることは禁止されている（法61条1項）が、その禁止される深夜時間帯とは午後10時から午前5時までではなく、午後8時から午前5時までである（法61条5項）。

4 未成年者との労働契約の締結・賃金請求権

① 労働契約の締結

未成年者とは、満18歳未満の者をいい、年少者の範囲と一致する。未成年者の親権者・後見人は、未成年者に代わって労働契約を締結してはならない（法58条1項）。親権者・後見人は、一般に未成年者の同意を得れば未成年者の行為を目的とする債務を生ずべき法律行為を代表することができる（民法824条・859条）が、労基法58条は民法の規定を修正し、未成年者の同意を得ても労働契約を代表して締結することができないとしている。また、未成年者から任意委任があった場合、親権者・後見人は未成年者に代わって労働契約を締結できるかについて、行政解

釈は本条の適用があるため、できないとしている（『令和3年版 労働基準法 下巻（労働法コメンタールNo. 3）』767頁）。

　未成年者の親権者・後見人および所轄労働基準監督署長は、労働契約が未成年者に不利である場合は、将来に向かって解除することができる（法58条2項）。

② 　賃金請求権

　未成年者は、独立して賃金を請求することができる。親権者・後見人は、未成年者の賃金を代わって受け取ってはならない（法59条）。

5 　年少者の就業制限

① 　危険有害業務の就業制限

　使用者は、年少者に運転中の機械・動力伝導装置の危険な部分の掃除・注油・検査・修繕等の危険な業務に就かせてはならない（法62条1項）。

　また使用者は、年少者に毒薬物・毒劇物その他有害な原料・材料の取扱い等の衛生または福祉に有害な業務に就かせてはならない（同条2項）。就業が制限される具体的な危険有害業務については、年少者労働基準規則（7条〜9条）に規定されている。

② 　坑内労働の禁止

　使用者は、年少者を坑内で労働させてはならない（法63条）。「坑内」とは、鉱山だけでなく、建設中のずい道内部等も含まれる（『令和3年版労働基準法 下巻（労働法コメンタールNo. 3）』807頁）。坑内で行われるすべての業務が禁止の対象となり、当該年少者の請求の有無を問わない。

第13節 | **高年齢者の
雇用・就業管理**

◆高年齢者雇用安定法の目的を踏まえて、同法において特に重
要な項目である65歳までの雇用確保措置について、制度の枠
組を理解する。

◆65歳から70歳までの就業機会の確保を目的とした、高年齢者
就業確保措置について、制度の枠組を理解する。

◆高年齢者雇用等推進者の選任や多数離職の届出など、高年齢
者に関係する実務について、担当者として知っておくべき基
本的な項目を理解する。

1 65歳までの雇用確保措置

（1）高年齢者雇用安定法の概要

高年齢者雇用安定法（正式名称：高年齢者等の雇用の安定等に関する
法律。以下、本節において「高齢者法」または「法」という）は、「定年
の引上げ、継続雇用制度の導入等による高年齢者の安定した雇用の確保
の促進、高年齢者等の再就職の促進、定年退職者その他の高年齢退職者
に対する就業の機会の確保等の措置を総合的に講じ、もって高年齢者等
の職業の安定その他福祉の増進を図るとともに、経済及び社会の発展に
寄与することを目的」としている（法１条）。

法において「高年齢者」とは55歳以上の者をいう（法２条）。

（2）定年を定める場合の年齢と高年齢者雇用確保措置

事業主が、その雇用する労働者の定年の定めをする場合には、60歳を下回ることができない（法8条）。

65歳未満の定年の定めをしている事業主は、次のいずれかの措置を講じなければならない（高年齢者雇用確保措置。法9条）。→図表2-13-1

○定年年齢の引上げ

○継続雇用制度の導入（希望者全員を対象）　下記（3）で詳説

○定年の定めの廃止

なお、60歳以上の労働者が、当分の間、生じない企業であっても、65歳までの定年の引上げ、継続雇用制度の導入などの措置を講じなければならない点に留意する必要がある。

2021（令和3）年の「高年齢者雇用状況等報告」（厚生労働省）によれば、高年齢者雇用確保措置を実施済みの企業のうち7割強が「継続雇用制度」を導入しているが、「定年年齢の引上げ」を導入している企業の割合も約24％（増加傾向）となっている。

図表2-13-1 ● 高年齢者雇用確保措置の構成

（3）継続雇用制度

① 継続雇用制度とは

継続雇用制度とは、現に雇用している高年齢者が希望するときは、その定年後も引き続いて雇用する制度であり、主に次のようなものがある。

1）勤務延長制度

定年で退職とせずに、引き続き雇用契約を延長する制度

2）再雇用制度

定年でいったん退職とし、新たな雇用契約を締結する制度

3）特殊関係事業主による雇用

子会社、関連会社など事業主と特殊関係にある者により雇用する制度。詳細は、『労務管理2級』第2章第16節「高年齢者の雇用・就業管理」を参照。

② 対象者

継続雇用制度を導入する場合は、希望者全員をその対象とすることが必要である。

なお、「心身の故障のため業務に堪えられないと認められる」「勤務状況が著しく不良で引き続き従業員としての職責を果たし得ない」など、就業規則に定める解雇事由または退職事由（年齢に係るものを除く。以下同じ）に該当する場合には、継続雇用しないこともできる。ただし、継続雇用しないことについては「客観的に合理的な理由」があり「社会通念上相当」であることが求められる。

また、事業主に定年退職者の希望に合致した労働条件での雇用を義務づけるものではなく、事業主の合理的な裁量の範囲の条件を提示していれば、労働者と事業主との間で労働条件等についての合意が得られず、結果的に労働者が継続雇用されることを拒否したとしても、法違反とはならないとされている。

なお、2012（平成24）年度以前に、すでに労使協定により継続雇用制度の対象者を限定する基準を定めていた事業主は、基準の対象者の年齢を2025（令和7）年3月31日まで段階的に引き上げながら、当該基準に基づいて継続雇用の対象者を限定することができるものとする経過措置が存在するが、同日以降はすべての事業主において、原則として希望者全員を継続雇用制度の対象とすることが必要となる。

③ 労働条件について

継続雇用後の労働条件については、高年齢者の安定した雇用を確保するという法の趣旨を踏まえたものであれば、最低賃金などの雇用に関するルールの範囲内で労働時間・賃金・その他の待遇などに関して、事業

主と労働者の間で決めることができる。

　したがって、継続雇用制度の導入にあたっては、賃金・労働時間など
の労働条件の見直しが必要となる場合もある。その際は以下のような点
に留意すべきである（参考：「高年齢者雇用確保措置の実施及び運用に
関する指針」（平24厚労省告示560号）一部抜粋）

　　○年齢的要素を重視する賃金・人事処遇制度から、能力、職務等の要
　　　素を重視する制度に向けた見直しに努める。

　　○継続雇用後の賃金については、継続雇用されている高年齢者の就業
　　　の実態、生活の安定等を考慮し、適切なものとなるよう努める。

　　○短時間勤務制度、隔日勤務制度など、高年齢者の希望に応じた勤務
　　　が可能となる制度の導入に努める。

　　○高年齢者雇用確保措置が65歳までの雇用の確保を義務づける制度で
　　　あることを踏まえ、65歳前に契約期間が終了する契約とする場合に
　　　は、65歳までは契約更新ができることを周知するとともに、むやみ
　　　に短い契約期間とすることがないように努める。

　　○職業能力を評価するしくみの整備とその有効な活用を通じ、高年齢
　　　者の意欲および能力に応じた適正な配置、処遇の実現に努める。

　　○勤務形態や退職時期の選択を含めた人事処遇について、個々の高年
　　　齢者の意欲および能力に応じた多様な選択が可能な制度となるよう
　　　努める。

　　○継続雇用の希望者の割合が低い場合には、労働者のニーズや意識を
　　　分析し、制度の見直しを検討する。

（4）措置を実施しない企業に対する指導と企業名の公表

　高年齢者雇用確保措置を実施していない事業主に対しては、都道府県
労働局、公共職業安定所が指導・助言をすることができ、指導・助言を
実施しても改善が見られないときは、措置を講ずべきことを勧告するこ
とができる。さらに勧告を受けた事業主が、これに従わなかったときは、
その旨を（企業名を含め）公表することができる（法10条）。

2 70歳までの就業確保措置

（1）高年齢者就業確保措置の概要

① 措置の内容

1 で説明した高年齢者雇用確保措置（義務）に加えて、65歳から70歳までの就業機会を確保するため、高年齢者就業確保措置として、次のいずれかの措置を講ずる努力義務が課される（法10条の2）。

1）70歳までの定年（65歳以上70歳未満）引上げ

2）定年（65歳以上70歳未満）の定めの廃止

3）65歳以上継続雇用制度の導入

> ※「65歳以上継続雇用制度」とは、その雇用する高年齢者が希望する場合における上記定年後または継続雇用制度の対象となる年齢の上限に達した後の雇用制度をいう。
>
> 65歳までの継続雇用制度（1参照）では、定年まで雇用された事業主だけでなく子会社や関連会社などグループ企業の一定の範囲の事業主による継続雇用も認められている（「特殊関係事業主」）。65歳以上継続雇用制度においては、この「特殊関係事業主」による雇用に加えて、「特殊関係事業主」以外の他の事業主による雇用も可能である。

4）70歳まで継続的に業務委託契約を締結する制度の導入

5）70歳まで継続的に以下のいずれかの事業に、雇用以外の形態で従事できる制度の導入

・事業主がみずから実施する社会貢献事業

・事業主が業務委託、出資（資金提供）等する団体が行う社会貢献事業

なお、4）と5）を総称して「創業支援等措置」という。

② 高年齢者就業確保措置の努力義務を負う事業主

1）定年を65歳以上70歳未満に定めている事業主

2）継続雇用制度（70歳以上まで引き続き雇用する制度を除く）を導入している事業主

（2）対象者基準

　高年齢者就業確保措置は、努力義務であるので、前記 **(1)** ①の３）、４）、５）の措置については、対象となる高年齢者に係る基準（以下、「対象者基準」という）を定めることもできる。また、65歳以上継続雇用制度では、心身の故障のため業務に耐えられないと認められること、勤務状況が著しく不良で引き続き従業員としての職責を果たし得ないこと等就業規則に定める解雇・退職事由に該当する場合には、継続雇用しないとすることができる。

　対象者基準は、労使間で十分に協議のうえ、各企業等の実情に応じて定められることを想定しており、その内容については原則として労使にゆだねられるものであり、当該対象者基準を設ける際には、過半数労働組合等の同意を得ることが望ましい。

　ただし、労使間で十分に協議のうえで定められたものであっても、事業主が恣意的に高年齢者を排除しようとするなど、法の趣旨や他の労働関係法令に反する、または公序良俗に反するものは認められない。

（3）65歳以上継続雇用制度に関する特例

　前述のとおり、65歳以上継続雇用制度では、自社および特殊関係事業主に加えて、特殊関係事業主以外の他社においても継続雇用が可能である。この場合、事業主は特殊関係事業主以外の他社と65歳以上70歳未満の高年齢労働者のための契約を締結することが必要である。

　ただし、特殊関係事業主以外の他社で継続雇用される場合には、いわゆる「無期転換ルールの特例」（→『労務管理２級』第２章第８節 **4** 「特定有期雇用労働者に係る無期転換権の特例」を参照）の対象にならず、有期労働契約が通算で５年を超えて繰り返し更新された場合には、無期転換申込権が発生する。

（4）指導、助言、勧告等

　厚生労働大臣は、必要があると認めるときには、事業主に対して、高

年齢者就業確保措置の実施について必要な指導および助言を行うことや当該措置の実施に関する計画の作成を勧告することなどができる（法10条の3）。なお、違反があった場合の公表制度は設けられていない。

このほか、厚生労働大臣は、高年齢者就業確保制度の実施・運用につき指針を定めるものとされ、当該指針（「高年齢者就業確保措置の実施及び運用に関する指針」）として2020（令和2）年10月30日厚労省告示351号が発出されている。

3 その他法令で定められた措置・届出など

高年齢者の雇用・就業管理に関して関係法令で定められている措置・届出等について、実務担当者として最低限知っておきたい項目には次のようなものがある。

なお、それぞれの措置等において、たとえば「対象となる者の範囲」や「『解雇等』の定義」などについては、詳細に規定がされているので、具体的なことは必ず高齢者法、労働施策総合推進法等の法令を確認されたい。

① 高年齢者雇用等推進者の選任

事業主は、高年齢者雇用確保措置等を推進するため、作業施設の改善その他の諸条件の整備を図るための業務を担当する高年齢者雇用等推進者を選任するよう努めなければならない。高年齢者雇用等推進者は、業務を遂行するために必要な知識および経験を有していると認められる者のうちから選任するものとされている（法11条、法施行規則5条）。

② 再就職援助措置

事業主は、その雇用する再就職援助対象高年齢者等（原則として、その雇用する45歳以上70歳未満の者であって、高年齢者雇用確保措置の対象にも高年齢者就業確保措置の対象にもなっていない者をいう。以下同じ）が解雇等により離職する場合において、その者が再就職を希望するときは、求人の開拓などその者の再就職の援助に関し必要な措置（再就

職援助措置）を講ずるよう努めなければならない（法15条）。

③　多数離職の届出

　事業主は、その雇用する再就職援助対象高年齢者等のうち、1ヵ月以内の期間に5人以上が解雇等により離職する場合には、あらかじめ多数離職届を公共職業安定所長に届け出なくてはならない（法16条）。

④　求職活動支援書の作成

　事業主は、事業主都合の解雇等により離職する高年齢者等が希望するときは、その円滑な再就職を促進するため、その者の職務の経歴等を記載した求職活動支援書を作成し、本人に交付しなければならない（法17条）。

⑤　募集および採用についての理由の提示など

　事業主は、労働者の募集および採用をする場合において、やむを得ない理由により年齢制限（65歳以下のものに限る）をする場合には、求職者等に対して、書面や電子媒体による方法で、その個別具体的な理由を示さなければならない（法20条）

　事業主は、労働者がその有する能力を有効に発揮するために必要であると認められるときは、労働者の募集および採用について、その年齢にかかわりなく均等な機会を与えなければならない（労働施策総合推進法9条）。

⑥　雇用状況等の報告（高年齢者雇用状況等報告書）

　事業主（報告の対象となる事業主に限る）は、毎年1回、6月1日現在の定年、継続雇用制度、65歳以上継続雇用制度および創業支援等措置の状況、その他高年齢者の就業の確保に関する状況を報告しなければならない。報告書の提出先は、厚生労働大臣であり、事業場の所在地を管轄する公共職業安定所長を経由して提出する。提出期限は当年7月15日である（法52条、法施行規則33条）。

<table><tr><td>第14節</td><td>障害者の雇用・就業管理</td></tr></table>

◆障害者雇用の現状と、障害者の雇用・就業管理に関する法制度の趣旨について理解する。
◆障害者雇用促進法における雇用義務制度（法定雇用率と算定方法）および雇用納付金制度（納付金の徴収や報奨金の支給など）について理解する。
◆障害者雇用に関連した報告・届出義務や選任義務などの事務について理解する。

1 障害者雇用促進法の概要

（1）障害者雇用促進法の目的

　2021（令和3）年6月1日時点の「障害者雇用状況調査結果」（厚生労働省）によれば、民間企業における雇用障害者数は約60万人、実雇用率は2.20％と、ともに過去最高を更新している。一方で、法定雇用率達成企業の割合は50％未満にとどまっている。

　雇用された障害者は労働者であるので、当然、健常者と同様の労働法制の適用を受ける。しかしながら障害者特有の事情への配慮から、障害者の雇用・就業管理について定めた法令によって企業に一定のルールを課している。その根幹をなすのが障害者雇用促進法（正式名称：障害者の雇用の促進等に関する法律。以下、本節において「障害者雇用促進法」または「法」という）である。障害者雇用促進法は、「障害者の雇用義務等に基づく雇用の促進等のための措置、雇用の分野における障害者と障

272

害者でない者との均等な機会及び待遇の確保並びに障害者がその有する
能力を有効に発揮することができるようにするための措置、職業リハビ
リテーションの措置その他障害者がその能力に適合する職業に就くこと
等を通じてその職業生活において自立することを促進するための措置を
総合的に講じ、もって障害者の職業の安定を図ること」を目的とする（法
1条）。

　法は目的の達成のため、職業リハビリテーションの推進、差別の禁止、
紛争の解決など多岐にわたり規定するが、特に実務上重要となるのが、
2以下で説明する雇用義務制度、法定雇用率、報告・届出義務、納付金制
度などである。なお、紛争の解決については第4章**3**(2)「民間型ADR」、
差別禁止、合理的配慮については『労務管理2級』第2章第17節**3**「障
害者差別禁止、合理的配慮、虐待禁止など」を参照。

（2）法における障害者の範囲

　障害者雇用促進法では、「身体障害、知的障害、精神障害（発達障害を
含む）その他の心身の機能の障害があるため、長期にわたり、職業生活
に相当の制限を受け、又は職業生活を営むことが著しく困難な者」を障
害者としている（法2条1号）。「その他の心身の機能障害」とは、たと
えば内臓障害・難病に起因する障害・高次脳機能障害などである。

　障害者は身体障害者、知的障害者、精神障害者等に分けられ、身体障
害者と知的障害者については重度の区分を設けている。

2　雇用義務制度

　事業主は、法定雇用率に相当する人数以上の身体障害者・知的障害者・
精神障害者を雇用しなければならない（法43条1項）。法定雇用率に相
当する人数は、常時使用する労働者数（企業単位）に法定雇用率を乗じ
て得た人数である。

（1）法定雇用率

法定雇用率は、事業主の区分に応じて図表2-14-1のようになっている。

図表2-14-1 ● 障害者の法定雇用率（2021年3月〜）

一般の民間企業	2.3%
特殊法人など	2.6%
国・地方公共団体	2.6%
都道府県等教育委員会	2.5%

※法定雇用率は、5年ごとに見直すこととされている。

民間企業の場合、常時使用する労働者を43.5人以上雇用していれば、身体障害者、知的障害者または精神障害者を1人以上雇用する義務が生じることとなる。

常時使用する労働者および対象障害者である労働者の数は図表2-14-2のようにカウントする。

図表2-14-2 ● 常時使用する労働者および対象障害者である労働者の数のカウント[*1]

週所定労働時間		30時間以上	短時間労働者 （20時間以上30時間未満）
身体障害者		1	0.5
	重度	2	1
知的障害者		1	0.5
	重度	2	1
精神障害者		1	0.5[*2]

[*1] 身体障害者は「身体障害者手帳」等、知的障害者は「療養手帳」または知的障害者判定機関の判定書、精神障害者は「精神障害者保健福祉手帳」の所持者に限られる。

[*2] 短時間労働者の精神障害者については、雇入れから3年以内または精神障害者保健福祉手帳取得から3年以内であり、かつ、2023（令和5）年3月31日までに雇い入れられ、精神障害者保健福祉手帳を取得した者については、対象者1人につき「1人」としてカウントする。

【計算例】民間企業A社　常時雇用従業員数470人

　　470人 × 2.3% = 10.81人

　1人未満を切り捨てるので、10人の身体障害者、知的障害者または精神障害者を雇用する義務がある。

（2）除外率制度

　法定雇用障害者数を計算するにあたり、たとえば建設業や一定の製造業など、一律の雇用率を適用することがふさわしくない業種については、常用雇用労働者数から常時雇用労働者数に業種ごとに定めた除外率を乗じて得た人数を控除して、法定雇用障害者の数を少なく計算する除外率制度が設けられていた。

　この制度はノーマライゼーションの観点からすでに廃止されたが、経過措置として一定の業種については当分の間、除外率が設定されている（法附則3条2項、法施行規則別表4）。なお、最終的には廃止の方向で段階的に除外率を引き下げ、縮小することとされている。

3　障害者雇用に関する届出

① 障害者雇用状況報告

　法定雇用義務がある事業主（すなわち、民間企業であれば常時雇用労働者数が43.5人以上の事業主）は、毎年1回、6月1日現在の身体障害者、知的障害者または精神障害者である労働者の雇用に関する状況を報告しなければならない（法43条7項）。

　報告書の提出先は事業場の所在地を管轄する公共職業安定所（ハローワーク）であり、提出期限は当年7月15日である。

　障害者雇用状況報告に基づき、法定雇用率未達成の事業主に対しては、公共職業安定所長から指導や「雇入れ計画書」の提出が命令される場合がある。また、正当な理由がないにもかかわらず指導や命令に従わなかった事業主に対しては、企業名の公表がされる場合がある（法46条・

275

47条)。

② 解雇の届出

　事業主は、障害者である労働者を解雇する場合（労働者の責めに帰すべき理由により解雇する場合その他厚生労働省令で定める場合を除く）には、その旨を公共職業安定所長に届け出なければならない（法81条1項）。

4 障害者雇用納付金制度

　障害者雇用納付金制度は、法定雇用率を達成していない事業主から「障害者雇用納付金」を徴収し（法53条〜55条、法附則4条1項）、達成している事業主に「障害者雇用調整金」（法50条、法附則4条1項）または「報奨金」（法附則4条2項・3項）を支給するものである。

　障害者の雇用には職場環境の改善や特別な雇用管理など、事業主にとって相応の負担が求められる。そこで、法定雇用義務を達成している事業主と、達成していない事業主との間の経済的負担のアンバランスを解消する目的で設けられているものである。

（1）障害者雇用納付金の徴収

　法定雇用率（民間企業であれば2.3％）を達成していない事業主は、その不足する人数1人に対して月額5万円を納付しなければならない。

　対象となるのは常時100人を超える労働者を雇用する事業主である。

（2）障害者雇用調整金の支給

　法定雇用率（民間企業であれば2.3％）を超えた数の障害者を雇用している事業主には、その超えて雇用している人数1人に対して月額2万7,000円が支給される。

　対象となるのは（1）の障害者雇用納付金と同様に、常時100人を超える労働者を雇用する事業主である。

（3）報奨金の支給

常時100人以下の労働者を雇用する事業主であって、支給要件として定められた一定の人数を超える障害者を雇用している事業主には、その超えて雇用している人数1人に対して月額2万1,000円が支給される。

なお、そのほか、障害者雇用納付金制度に含まれるものとして「在宅就業障害者特例調整金」（法74条の2）、「在宅就業障害者特例報奨金」（法附則4条4項・5項）などの支給がある。

納付金の申告や調整金・報奨金の申請は、「独立行政法人高齢・障害・求職者雇用支援機構」の都道府県支部を通じて行う。

（4）特例給付金

特に短い労働時間以外での労働が困難な状態にある対象障害者を「特定短時間労働者」として雇用する事業主に対する特例給付金を支給する（法49条1項1号の2）。

① 対象となる労働者

週所定労働時間が10時間以上20時間未満の対象障害者（特定短時間労働者）

② 特例給付金の額

常時雇用労働者数が100人超の事業主…7,000円／人月

常時雇用労働者数が100人以下の事業主…5,000円／人月

ただし、法定雇用障害者数を上限とする。

（5）障害者雇用に関する優良な中小事業主に対する認定制度

中小事業主においては依然として障害者雇用の取組が遅れている状況にある。そこで従来の制度的枠組に加え、障害者雇用に対する社会的な関心の喚起、経営者の理解の促進等を図るべく、障害者雇用に関する優良な中小事業主に対する認定制度が設けられている（法77条～77条の3）。

① 概要

　厚生労働大臣は、その雇用する労働者の数が常時300人以下である事業主からの申請に基づき、厚生労働省令で定めるところにより、当該事業主について、障害者の雇用の促進および雇用の安定に関する取組に関し、当該取組の実施状況が優良なものであることその他の厚生労働省令で定める基準に適合するものである旨の認定を行うことができる（法77条）。

② 基準、要件など

　認定にあたっての評価は以下の各基準、要件等に基づいて行われる（法施行規則36条の17）。

　　○取組について
　　　体制づくり…組織面、人材面
　　　仕事づくり…事業創出、職務選定および創出、障害者就労施設等への発注
　　　環境づくり…職務環境、募集および採用、働き方、キャリア形成、その他の雇用管理
　　○取組の成果について
　　　数的側面…雇用状況、定着状況
　　　質的側面…満足度およびワーク・エンゲージメント、キャリア形成
　　○情報開示について
　　　取組…体制・仕事および環境づくり
　　　成果…数的側面、質的側面
　　　※項目ごとに点数化し、合計点によって評価される。
　　○法定雇用障害者数以上の対象障害者を雇用していること　等

③ 認定事業主が使用できる表示

　認定事業主は、商品、役務の提供の用に供する物、広告、取引に用いる書類等に、厚生労働大臣の定める表示（障害者雇用優良中小事業主認定マーク〔愛称：もにす〕）を付することができる（法77条の２）。

5 　障害者雇用推進者および障害者職業生活相談員の選任

（1）障害者雇用推進者の選任

　法定雇用義務がある事業主（すなわち、民間企業であれば常時雇用労働者数が43.5人以上の事業主）は、「障害者雇用推進者」を選任するよう努めなければならない（法78条）。

　その職務は、以下のとおりである。

　①　障害者の雇用の促進・継続を図るために必要な施設・設備等の整備

　②　障害者雇用状況報告および解雇の届出の業務

　③　行政官庁からの命令・勧告を受けた場合の対処

（2）障害者職業生活相談員の選任

　障害者を5人以上雇用する事業主は、その雇用する労働者であって資格を有する者のうちから「障害者職業生活相談員」を選任し、その者に障害のある従業員の職業生活に関する相談・指導を行わせなければならない。「資格」とは、厚生労働大臣が行う資格認定講習等をいう（法79条）。

　障害者職業生活相談員は、選任事由発生日から3ヵ月以内に選任し、選任届を管轄公共職業安定所長に提出しなければならない。

外国人労働者の雇用・就業管理

学習のポイント

◆外国人労働者についても、日本国内で就労する場合には、労働関係法令や社会保険制度は原則として適用されることを理解する。

◆外国人労働者を雇用するにあたり必須の知識である「在留資格」、とりわけ、就労可能な在留資格に関してそれぞれの要件を正確に理解する。

◆不法就労の防止、必要な届出事項など外国人労働者の雇用に特有のルールや制度を理解する。

1 外国人労働者と労働関係法令・社会保険

（1）外国人労働者の現状

日本での就労を希望する外国人の増加や企業ニーズの高まりから外国人労働者数は増え、2021（令和３）年10月末現在のデータ（厚生労働省「外国人雇用状況の届出状況まとめ」）では、約173万人の外国人が日本で雇用されている。また近年では、「介護」や「特定技能」など新たな在留資格の創設、技能実習制度の抜本的な見直し等、社会経済情勢に合わせた改定もなされている。労務管理の実務担当者としては、このような状況にかんがみ、外国人雇用にかかわる労働関係法令や入国管理法制を正しく理解する必要がある。

（2）労働関係法令・社会保険の適用

　外国人労働者であっても、国内で就労する限り労働基準法、労働安全衛生法、最低賃金法などの労働関係法令は、原則として適用される。

① 均等待遇

　労働基準法３条は国籍による労働条件の差別的取扱いを禁止している。

労働基準法３条

　使用者は、労働者の国籍、信条又は社会的身分を理由として、賃金、労働時間その他の労働条件について、差別的取扱をしてはならない。

　裁判例として、在日朝鮮人（特別永住者）が採用内定後において在日朝鮮人であることを告げるや直ちに内定を取り消したことは、本条の国籍差別に該当し、公序に違反するから民法90条により無効とするものがある（日立製作所事件・横浜地裁昭49.6.19）。

② 労災保険

　外国人労働者にも労災法の適用がある。たとえば、留学生が資格外活動としてアルバイトしているときに負傷した場合、また、不法就労の外国人労働者が業務上負傷した場合であっても、労災保険の給付が受けられる。

③ その他の社会保険、税金など

　雇用保険、健康保険、厚生年金保険などの社会保険に関しても、要件に該当する限り外国人労働者にも適用される。

　また外国人労働者であっても、給与等を支払う場合には、所得税および復興特別所得税の源泉徴収を行う必要がある。ただし、その対象となる収入範囲などは「居住者」と「非居住者」とで異なるので留意する必要がある。

2 入国管理法制と在留資格

（1）在留資格

入国管理法（正式名称：出入国管理及び難民認定法。以下、本節において「入管法」または「法」という）は、日本に入国し、または出国するすべての人の出入国の公正な管理を図ることを目的としている。また、在留資格ごとに「在留期間」が定められている。

入管法では、日本に入国する外国人に、入国後の活動内容を定めている何らかの「在留資格」を取得することを義務づけている（法2条の2第1項）。

在留資格は、大きく分けて、

①　各在留資格に定められた範囲での就労が可能な資格
②　身分または地位に基づく在留資格
③　原則として就労できない在留資格
④　個々の外国人に与えられた許可の内容により就労の可否が決められる在留資格

の4つに分類できる。それぞれの分類における各在留資格の概要は次のとおりとなる。

① 各在留資格に定められた範囲での就労が可能な資格

次の在留資格を有する外国人は、各在留資格に定められた範囲で就労が可能である。

「外交」「公用」「教授」「芸術」「宗教」「報道」「高度専門職[*1]」「経営・管理」「法律・会計業務」「医療」「研究」「教育」「技術・人文知識・国際業務」「企業内転勤」「介護[*2,*3]」「興行」「技能」「技能実習[*4]」「特定技能[*5]」

　　＊1　在留資格「高度専門職」は、ポイント制による高度人材を対象とする。ポイント制とは、高度人材（就労が認められている外国人のうち、高度な資質・能力を有すると認められる外国人）の受入れを促進するため、高度人材に対し、ポイントによる出入国管理上の優遇措置を与える制度である。
　　＊2　在留資格「介護」は、「本邦の公私の機関との契約に基づいて介護福祉士の資格を有する者が介護または介護の指導を行う業務に従事する活動」が該当する。
　　＊3　外国人の介護就労は、本在留資格のほか、在留資格「技能実習」「特定技能」による就労、およびEPA（経済連携協定。インドネシア・ベトナム・フィリピンとの間）を通じる方法がある。

＊4　在留資格「技能実習」については、後述 **(2)**「技能実習制度」を参照。
＊5　在留資格「特定技能」については、『労務管理2級』第2章第18節 **2**「特定技能制度」を参照。

② **身分または地位に基づく在留資格**

次の在留資格を有する外国人は、在留期間中の就労に制限はない。

「永住者」「日本人の配偶者等」「永住者の配偶者等」「定住者」。また、特例法による「特別永住者」も同様の地位を認められている。

③ **原則として就労できない在留資格**

図表2-15-1の在留資格をもつ外国人は原則として就労できない。ただし、出入国在留管理庁長官に申請して資格外活動の許可を受けた者は、この限りでない（法19条）。→後述の⑤「資格外活動の許可」を参照

図表2-15-1 ●原則就労できない在留資格

在留資格	日本において行うことができる活動 ※該当例など	在留期間	就労
文化活動	収入を伴わない学術上もしくは芸術上の活動またはわが国特有の文化もしくは技芸について専門的な研究を行いもしくは専門家の指導を受けてこれを修得する活動（留学、研修の項に掲げる活動を除く） ※日本文化の研究者など	3年、1年、6月または3月	不可 （原則）
短期滞在	本邦に短期間滞在して行う観光、保養、スポーツ、親族の訪問、見学、講習または会合への参加、業務連絡その他これらに類似する活動 ※観光客、会議参加者など	90日、30日または15日以内の日を単位とする期間	不可 （原則）
留学	本邦の大学、高等専門学校、高等学校（中等教育学校の後期課程を含む）もしくは特別支援学校の高等部、中学校（義務教育学校の後期課程および中等教育学校の前期課程を含む）もしくは特別支援学校の中学部、小学校（義務教育学校の前期課程を含む）もしくは特別支援学校の小学部、専修学校もしくは各種学校または設備および編制に関してこれらに準ずる機関において教育を受ける活動 ※大学、短期大学、高等専門学校、高等学校、中学校および小学校等の学生・生徒	法務大臣が個々に指定する期間（4年3月を超えない範囲）	不可 （原則）

研修	本邦の公私の機関により受け入れられて行う技能等の修得をする活動（技能実習1号、留学の項に掲げる活動を除く） ※研修生	1年、6月または3月	不可 （原則）
家族滞在	教授から文化活動までの在留資格をもって在留する者（技能実習および特定技能1号を除く）または留学の在留資格をもって在留する者の扶養を受ける配偶者または子として行う日常的な活動 ※在留外国人が扶養する配偶者・子	法務大臣が個々に指定する期間（5年を超えない範囲）	不可 （原則）

＊法別表1の3・1の4、法施行規則別表2

出所：出入国在留管理庁ホームページおよび東京労働局「外国人の雇用に関するQ&A」

④ 個々の外国人に与えられた許可の内容により就労の可否が決められる在留資格 →図表2-15-2

図表2-15-2 ● 許可の内容で就労の可否が決められる在留資格

在留資格	日本において行うことができる活動 ※該当職業例など	在留期間	就労
特定活動	法務大臣が個々の外国人について特に指定する活動 ※外交官等の家事使用人、ワーキング・ホリデー、経済連携協定に基づく外国人看護師・介護福祉士候補者など	5年、3年、1年、6月、3月または法務大臣が個々に指定する期間（5年を超えない範囲）	許可の内容により可能

＊法別表1の5、法施行規則別表2

出所：図表2-15-1に同じ

⑤ 資格外活動の許可

　①、③および④の在留資格をもつ外国人が、在留資格で認められた就労を超えた活動であって、事業収入または報酬を伴うものをするためには、あらかじめ出入国在留管理庁長官から「資格外活動」の許可を受ける必要がある（法19条2項）。

　資格外活動の許可を受けた場合、たとえば「留学」の在留資格をもつ外国人については原則として「1週間28時間」まで、在籍する教育機関が夏休み等の長期休業期間中については「1日8時間」まで就労することが可能となる（法施行規則19条）。

　留学生をアルバイトとして雇用する場合は、必ず「資格外活動」許可の有無を在留カード等により確認する必要がある（労働施策総合推進法28条、同法施行規則11条）。

（2）技能実習制度

　技能実習制度は、国際貢献のため、開発途上国等の外国人を一定期間（最長5年間）に限って受け入れ、技能を修得してもらい、その移転を図ることによって、その地域の経済発展を担う「人づくり」に協力することを目的とする制度である。「特定技能」については、『労務管理2級』第2章第18節 **2**「特定技能制度」を参照。

① 技能実習の基本理念

　技能実習は、技能等の適正な修得等のために整備され、かつ技能実習生が技能実習に専念できるようにその保護を図る体制が確立された環境で行われなければならない。また技能実習は、労働力の需給の調整の手段として行われてはならない（外国人の技能実習の適正な実施及び技能実習生の保護に関する法律（以下、本節において「技能実習法」という）3条）。

② 受入れ方式（「企業単独型」と「団体監理型」）

　技能実習の受入れ方式には「企業単独型」と「団体監理型」の2つのタイプがある（技能実習法2条）。

　　○「企業単独型」…日本の企業等が実習実施者として、海外の現地法人、合弁企業や取引先企業の職員を受け入れて技能実習を実施するもの

　　○「団体監理型」…非営利の監理団体（事業協同組合、商工会等。主務大臣の許可が必要）の実習監理のもとで、傘下の企業等が実習実施者として、技能実習生を受け入れて技能実習を実施するもの

③ 実習の区分と在留資格

「企業単独型」「団体監理型」のそれぞれについて、入国後１年目の「技能等を習得する活動」、２・３年目の「技能等に習熟する活動」、４・５年目の「技能等に熟達する活動」の３つに分けられており、在留資格として図表２-15-３の区分が設けられている（同法２条・９条３号、入管法別表１の２）。

図表２-15-３ ● 実習の区分と在留資格

	入国１年目	入国２・３年目	入国４・５年目
企業単独型	在留資格 「技能実習１号イ」	在留資格 「技能実習２号イ」	在留資格 「技能実習３号イ」
団体監理型	在留資格 「技能実習１号ロ」	在留資格 「技能実習２号ロ」	在留資格 「技能実習３号ロ」

④ 技能実習制度の適正化

技能実習法では、実習制度の適正化を図るために、以下のような規定がされている。

〔技能実習計画の認定〕

実習実施者は、技能実習生を受け入れるためには、技能実習生ごとに技能実習計画を作成し、その技能実習計画が適当である旨の認定を受けなければならない（技能実習法８条）。審査・認定は主務大臣（法務大臣・厚生労働大臣）から委任を受けて外国人技能実習機構（⑧で後述）が行う（同法12条）。

〔認定基準等〕

○認定基準（同法９条）

・実習生の本国において修得等が困難な技能等であること

・技能実習２号の技能実習計画の認定申請時に、技能実習１号で設定した目標（基礎級の技能検定またはこれに相当する技能実習評価試験の合格等）を達成していること。同様に、技能実習３号の

技能実習計画の認定申請時に、技能実習2号で設定した目標（技能検定3級またはこれに相当する技能実習評価試験の実技試験の合格等）を達成していること

・技能実習を行わせる体制および事業所の設備が主務省令で定める基準に適合していること

○技能実習生に対する報酬の額が日本人と同等以上であること　など

○複数の技能実習生に同時に技能実習を行う場合は、同法施行規則16条が定める人数を超えないこと　など

○欠格事由　※以下に該当しないこと（同法10条）

・一定の前科がないこと

・5年以内に認定取消しを受けていないこと

・5年以内に出入国または労働に関する法令に関し不正または著しく不当な行為をしていないこと　など

実習実施者は、認定を受けた技能実習計画に従って技能実習を行わせなければならず、違反があった場合には、改善命令や認定の取消しの対象になる（同法15条・16条）。

〔実習実施者の届出など〕

実習実施者は、技能実習を開始したときは、遅滞なく、開始した日その他主務省令で定める事項を主務大臣（届出は外国人技能実習機構へ行う）に届け出なければならない（同法17条・18条）。

また、実習実施者には、帳簿の備付け（同法20条）や、実施状況の報告（同法21条）も義務づけられている。

⑤　技能実習生の保護

技能実習法では、技能実習生の保護を図るべく、以下の行為を禁止し、違反に対しては罰則を科している。

○暴行、脅迫、監禁その他精神または身体の自由を不当に拘束する手段によって技能実習を強制する行為（同法46条）

○違約金等を定める行為（同法47条1項）

○貯蓄金を管理する契約を締結する行為（同法47条2項）

○旅券、在留カードを保管する行為（同法48条1項）

○私生活の自由を不当に制限する行為（同法48条2項）

　また、技能実習生は、実習実施者・監理団体等が、法律または命令等に違反する事実がある場合においては、その事実を主務大臣に申告することができる。法違反事実を申告したことを理由とする技能実習生に対する不利益取扱いは禁止される（同法49条）。

⑥　技能実習の流れ

　技能実習の流れは、図表2-15-4のとおりである。

⑦　移行対象職種・作業

　移行対象職種・作業として、86職種158作業が定められている（2022（令和4）年4月25日現在）。

　　農業関係（2職種6作業）、漁業関係（2職種10作業）、建設関係（22職種33作業）、食品製造関係（11職種18作業）、繊維・衣服関係（13職種22作業）、機械・金属関係（15職種29作業）、その他（20職種37作業）、社内検定型の職種・作業（1職種3作業）

　※移行対象職種・作業とは、技能実習評価試験の整備等に関する専門家会議による確認のうえ、第2号または第3号技能実習への移行に係る技能実習において技能実習生が修得等をした技能等の評価を客観的かつ公正に行うことができる公的評価システムとして整備された技能検定等を有する職種・作業の総称をいう。（外国人技能実習機構ホームページより）

⑧　外国人技能実習機構

　外国人技能実習機構は、技能実習の適正な実施、技能実習生の保護、人材育成を通じた開発途上地域等への技能等の移転による国際協力の推進等を目的とした認可法人である。

　事務としては、主務大臣から委任を受けて、技能実習計画の認定、実習実施者の届出の受理、監理団体の許可に関する調査、技能実習生からの相談への対応・援助などを行っている。

図表２-15-4 ● 技能実習の流れ

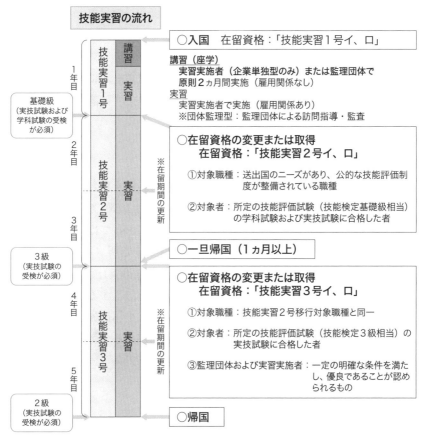

出所：法務省・厚生労働省「外国人技能実習制度について（令和４年改訂版）」をもとに作成

---

3 外国人労働者の雇用・就業管理上の義務

（1）不法就労の防止

不法就労には次の２つがある。

① 不法入国や不法残留など正規の在留資格を持たずに行う就労

② 正規の在留資格はもっているが、与えられた在留資格外の就労

入管法では、不法就労をした外国人は、在留資格の取消し（法22条の4）、退去強制（法24条）、罰則（法70条・73条等）の対象となる。また、不法就労をさせた雇用主に対して罰則を設けている（「不法就労助長罪」。法73条の2）。

外国人労働者の雇用にあたっては、旅券や在留カードによって「在留資格（就労が認められる資格）」「在留期間」等を必ず確認することが、実務担当者として重要となる（後述 **(3)**）。

（2）「外国人雇用状況」の届出義務

外国人を雇用する事業主は、外国人労働者（特別永住者および在留資格が「外交」「公用」の者を除く）の「雇入れ」および「離職」の際に、その氏名、在留資格、在留期間、中長期在留者にあっては在留カードの番号などについて、事業所を管轄する公共職業安定所（ハローワーク）へ届け出なければならない（労働施策総合推進法28条）。

なお、外国人雇用状況の届出方法については、該当する外国人が雇用保険の被保険者であるか否かによって、届出様式や届出先、届出期限が異なる。届出をしない場合や虚偽届出には罰則がある（労働施策総合推進法40条）。

（3）届出事項の確認義務

届出にあたり（雇入れ・離職にあたり）、事業主は届出対象の外国人の氏名・在留資格・在留期間・生年月日・性別・国籍および在留カードの番号について、中長期在留者にあっては在留カード、中長期在留者以外の外国人にあっては旅券・在留資格証明書によって確認する義務がある（労働施策総合推進法施行規則11条）。

届出対象の外国人が資格外就労許可を受けている者の場合は、中長期在留者にあっては在留カード、中長期在留者以外の外国人にあっては旅券・在留資格証明書・資格外活動許可書・就労資格証明書によって確認する義務がある。

　また、届出対象の外国人が特定技能の在留資格者である場合は法務大臣が指定する特定産業分野を、法務大臣が交付した指定書によって確認する義務がある（同法施行規則11条）。

職場におけるハラスメント

◆ (1) 職場におけるパワーハラスメント、(2) 職場におけるセクシュアルハラスメント、(3) 職場における妊娠、出産等に関するハラスメント、(4) 職場における育児休業等に関するハラスメントという4つのハラスメントの定義と内容を理解する。

◆ 4つのハラスメントに共通する効果（体制整備義務・不利益取扱いの禁止等）を理解する。

◆ 4つのハラスメントに該当すると考えられる言動、該当しないと考えられる言動の違いを把握する。

1 職場におけるハラスメントとその効果

(1) 職場におけるハラスメントとは何か

　2020（令和2）年6月に改正法が施行された労働施策総合推進法、男女雇用機会均等法（以下、本節において「均等法」という）、育児・介護休業法（以下、本節において「育介法」という）は、「職場におけるパワーハラスメント」「職場におけるセクシュアルハラスメント」「職場における妊娠、出産等に関するハラスメント」「職場における育児休業等に関するハラスメント」と4つのハラスメント（以下、「職場におけるハラスメント」と総称する）をそれぞれ次のように定義し、事業主が講ずべき措置等の義務を定めている。

① 職場におけるパワーハラスメント

次の3つの要素をすべて満たすものである。

(1) 職場において行われる優越的な関係を背景とした言動であって

(2) 業務上必要かつ相当な範囲を超えたものにより

(3) その雇用する労働者の就業環境が害されること（労働施策総合推進法30条の2第1項）

② 職場におけるセクシュアルハラスメント

職場において行われる性的な言動により当該労働者の労働条件が不利益を受け、または当該労働者の就業環境が悪化すること（均等法11条1項）。

③ 職場における妊娠、出産等に関するハラスメント

女性労働者が妊娠したこと、出産したことその他の妊娠、出産に関する事由であって厚生労働省令で定めるものに関する職場の上司・同僚から行われる言動により当該女性労働者の就業環境が害されること（均等法11条の3第1項）。

④ 職場における育児休業等に関するハラスメント

労働者に対する育児休業、介護休業その他の子の養育・家族の介護に関する厚生労働省令で定める制度・措置の利用に関する言動により、当該労働者の就業環境が害されること（育介法25条1項）。

「職場」とは、事業主が雇用する労働者が業務を遂行する場所を指し、当該労働者が通常就業している場所以外の場所であっても、当該労働者が業務を遂行する場所については、「職場」に含まれる。

「労働者」とは、いわゆる正規雇用労働者のみならず、短時間労働者、契約社員等いわゆる非正規雇用労働者を含む事業主が雇用する労働者のすべてをいう。

また派遣労働者については、派遣元のみならず、派遣先も、その指揮命令下に労働させる派遣労働者を雇用する事業主とみなされ、均等法、育介法、および労働施策総合推進法の「職場におけるハラスメント」に関する事項の一部が適用される（労働者派遣法47条の2〜47条の4）。

（2）相談等体制の整備義務

　事業主は、「職場におけるハラスメント」に対する労働者の対応により当該労働者がその労働条件につき不利益を受け、または当該ハラスメントにより当該労働者の就業環境が害されることのないよう、当該労働者からの相談に応じ、適切に対応するために必要な体制の整備その他の雇用管理上必要な措置を講じなければならない（労働施策総合推進法30条の２第１項、均等法11条１項・11条の３第１項、育介法25条１項）。

　派遣労働者については、その役務の提供を受ける派遣先もこの「雇用管理上」を「雇用管理上および指揮命令上」と読み替えて、上記の措置義務を負う（労働者派遣法47条の２～47条の４）。

（3）不利益な取扱いの禁止

　事業主は、「職場におけるハラスメント」に関することで労働者が行ったこと、または事業主による当該相談への対応に協力した際に事実を述べたことを理由として、当該労働者に対して解雇その他不利益な取扱いをしてはならない（労働施策総合推進法30条の２第２項、均等法11条２項・11条の３第２項、育介法25条２項）。

（4）事業主の協力努力義務

　事業主は、職場におけるセクシュアルハラスメントに関し、他の事業主の講ずる雇用管理上必要な措置の実施に関し必要な協力を求められた場合には、これに応じるように努めなければならない（均等法11条３項）。

（5）紛争解決援助制度と調停

　「職場におけるハラスメント」については、当該労働者は、都道府県労働局が行っている紛争解決援助制度と調停の利用が可能である。詳細については、第４章第１節**3**（1）②「均等法等各法に基づく紛争解決援助制度と調停」を参照。

2　職場におけるハラスメントの内容の詳細

（1）職場におけるパワーハラスメントの内容の詳細

① 「優越的な関係を背景とした」言動とは、職務上の地位が上位の者、同僚または部下による言動で、当該言動を行う者が業務上必要な知識や豊富な経験を有しており、当該者の協力を得なければ業務の円滑な遂行を行うことが困難であるもの、同僚または部下からの集団による行為で、これに抵抗または拒絶することが困難であるものなど、当該事業主の業務を遂行するにあたって、当該言動を受ける労働者が当該言動の行為者とされる者に対して抵抗または拒絶することができない蓋然性が高い関係を背景として行われるものを指している。

② 「業務上必要かつ相当な範囲を超えた」言動とは、業務上明らかに必要性のない言動、業務の目的を大きく逸脱した言動、業務を遂行するための手段として不適当な言動、当該行為の回数・行為者の数等その態様や手段が社会通念に照らして許容される範囲を超える言動などが含まれる。

したがって、客観的に見て、業務上必要かつ相当な範囲で行われる適正な業務指示や指導については、職場におけるパワーハラスメントには該当しない。

③ 「労働者の就業環境が害される」とは、当該言動により労働者が身体的または精神的に苦痛を与えられ、労働者の就業環境が不快なものとなったため、能力の発揮に重大な悪影響が生じる等当該労働者が就業するうえで看過できない程度の支障が生じることを指している。

〈6つの代表的な言動の類型〉

職場におけるパワーハラスメントの状況は多様であろうが、厚生労働省は、次の6つの代表的な言動の類型および類型ごとに職場におけるパワーハラスメントに「該当すると考えられる例（●とする）」「該当しな

いと考えられる例（〇とする）」を挙げている（ただし、行為者とされる
者の言動は当該言動を受ける労働者に対して優越的な関係を背景として
行われたものであることが前提である）。

① 身体的な攻撃（暴行・傷害）

　●殴打、足蹴りを行うこと

　●相手に物を投げつけること

　〇誤ってぶつかること

② 精神的な攻撃（脅迫・名誉棄損・侮辱・ひどい暴言）

　●人格を否定するような言動を行うこと。相手の性的指向・性自認に
　　関する侮辱的な言動を行うことを含む

　●業務の遂行に関する必要以上に長時間にわたる厳しい叱責を繰り返
　　し行うこと

　●他の労働者の面前における大声での威圧的な叱責を繰り返し行う
　　こと

　●相手の能力を否定し、罵倒するような内容の電子メール等を当該相
　　手を含む複数の労働者宛てに送信すること

　〇遅刻など社会的ルールを欠いた言動が見られ、再三注意してもそれ
　　が改善されない労働者に対して一定程度強く注意をすること

　〇その企業の業務の内容や性質等に照らして重大な問題行動を行った
　　労働者に対して、一定程度強く注意をすること

③ 人間関係からの切り離し（隔離・仲間外し・無視）

　●自身の意に沿わない労働者に対して、仕事を外し、長期間にわたり、
　　別室に隔離したり、自宅研修させたりすること

　●1人の労働者に対して同僚が集団で無視をし、職場で孤立させること

　〇新規に採用した労働者を育成するために短期間集中的に別室で研修
　　等の教育を実施すること

　〇懲戒規定に基づき処分を受けた労働者に対し、通常の業務に復帰さ
　　せるために、その前に、一時的に別室で必要な研修を受けさせること

④ 過大な要求（業務上明らかに不要なことや遂行不可能なことの強

制・仕事の妨害）

● 長期間にわたる、肉体的苦痛を伴う過酷な環境下での勤務に直接関係のない作業を命ずること

● 新卒採用者に対し、必要な教育を行わないまま到底対応できないレベルの業績目標を課し、達成できなかったことに対し厳しく叱責すること

● 労働者に業務とは関係のない私的な雑用の処理を強制的に行わせること

○ 労働者を育成するために現状よりも少し高いレベルの業務を任せること

○ 業務の繁忙期に、業務上の必要性から、当該業務の担当者に通常時よりも一定程度多い業務の処理を任せること

⑤ 過小な要求（業務上の合理性なく能力や経験とかけ離れた程度の低い仕事を命じることや仕事を与えないこと）

● 管理職である労働者を退職させるため、誰でも遂行可能な業務を行わせること

● 気にいらない労働者に対して嫌がらせのために仕事を与えないこと

○ 労働者の能力に応じて、一定程度業務内容や業務量を軽減すること

⑥ 個の侵害（私的なことに過度に立ち入ること）

● 労働者を職場外でも継続的に監視したり、私物の写真撮影をしたりすること

● 労働者の性的指向・性自認や病歴、不妊治療等の機微な個人情報について、当該労働者の了解を得ずに他の労働者に暴露すること

○ 労働者への配慮を目的として、労働者の家族の状況等についてヒアリングを行うこと

○ 労働者の了解を得て、当該労働者の性的指向・性自認や病歴、不妊治療等の機微な個人情報について、必要な範囲で人事労務部門の担当者に伝達し、配慮を促すこと

（この点、プライバシー保護の観点から、機微な個人情報を暴露する

ことのないよう、労働者に周知・啓発する等の措置を講じることが
必要である）

（令２厚労省告示５号「事業主が職場における優越的な関係を背景とし
た言動に起因する問題に関して雇用管理上講ずべき措置等についての指
針」より）

（２）職場におけるセクシュアルハラスメントの内容の詳細

①　職場におけるセクシュアルハラスメントには、職場において行わ
れる性的な言動に対する労働者の対応により労働条件について不利
益を受ける「対価型セクシュアルハラスメント」と、当該性的な言
動により労働者の就業環境が害される「環境型セクシュアルハラス
メント」がある。

性的言動は同性に対するものも含まれる。また、被害労働者の性
的傾向または性自認も、職場におけるセクシュアルハラスメントの
対象となる。

②　「性的な言動」とは、性的な内容の発言および性的な行動を指し、
この「性的な内容の発言」には、性的な事実関係を尋ねること、性
的な内容の情報を意図的に流布すること等が、「性的な行動」には、
性的な関係を強要すること、必要なく身体に触ること、わいせつな
図画を配布すること等が、それぞれ含まれる。

③　これら「性的な言動を行う者」には、労働者を雇用する事業主（法
人である場合にはその役員）、上司、同僚に限らず、取引先等の他の
事業主もしくはその雇用する労働者、顧客、患者またはその家族、
学校における生徒等もなりうる。

④　「対価型セクシュアルハラスメント」とは、職場において行われる
労働者の意に反する性的な言動に対する労働者の対応により、当該
労働者が解雇、降格、減給等の不利益を受けることであって、その
状況は多様であるが、典型的な例として、次のようなものがある。

（1）事務所内において事業主が労働者に対して性的な関係を要求し

たが、拒否されたため、当該労働者を解雇すること

(2) 出張中の車中において上司が労働者の腰、胸等に触ったが、抵抗されたため、当該労働者について不利益な配置転換をすること

(3) 営業所内において事業主が日頃から労働者に係る性的な事柄について公然と発言していたが、抗議されたため、当該労働者を降格すること

⑤ 「環境型セクシュアルハラスメント」とは、職場において行われる労働者の意に反する性的な言動により労働者の就業環境が不快なものとなったため、能力の発揮に重大な悪影響が生じる等当該労働者が就業するうえで看過できない程度の支障が生じることであって、その状況は多様であるが、典型的な例として、次のようなものがある。

(1) 事務所内において上司が労働者の腰、胸等に度々触ったため、当該労働者が苦痛に感じてその就業意欲が低下していること

(2) 同僚が取引先において労働者に係る性的な内容の情報を意図的かつ継続的に流布したため、当該労働者が苦痛に感じて仕事が手につかないこと

(3) 労働者が抗議をしているにもかかわらず、事務所内にヌードポスターを掲示しているため、当該労働者が苦痛に感じて業務に専念できないこと

(平18厚労省告示615号「事業主が職場における性的な言動に起因する問題に関して雇用管理上講ずべき措置についての指針」より)

(3) 職場における妊娠、出産等に関するハラスメントの内容の詳細

① 職場における妊娠、出産等に関するハラスメントには、上司または同僚から行われる以下のものがある。なお、業務分担や安全配慮等の観点から、客観的に見て、業務上の必要性に基づく言動によるものについては、職場における妊娠、出産等に関するハラスメントには該当しない。

(1) その雇用する女性労働者の労働基準法65条1項の規定による産

前休業その他の妊娠または出産に関する制度または措置の利用に関する言動により就業環境が害されるもの（以下、「制度等の利用への嫌がらせ型」という）

(2) その雇用する女性労働者が妊娠したこと、出産したことその他の妊娠または出産に関する言動により就業環境が害されるもの（以下、「状態への嫌がらせ型」という）

② 「制度等の利用への嫌がらせ型」とは、具体的には、次に掲げる制度または措置（以下、「制度等」という）の利用に関する言動により就業環境が害されるものである（均等則2条の3）。

(1) 妊娠中および出産後の健康管理に関する措置（「母性健康管理措置」）

(2) 坑内業務の就業制限および危険有害業務の就業制限

(3) 産前休業

(4) 軽易な業務への転換

(5) 変形労働時間制がとられる場合における法定労働時間を超える労働時間の制限、時間外労働および休日労働の制限ならびに深夜業の制限

(6) 育児時間

〈典型的な例〉

(1) 女性労働者が、制度等の利用の請求等をしたい旨を上司に相談したこと、制度等の利用の請求等をしたこと、または制度等の利用をしたことにより、上司が当該女性労働者に対し、解雇その他不利益な取扱いを示唆するもの

(2) 客観的に見て、次のような言動を受けた女性労働者の制度等の利用の請求等または制度等の利用が阻害されるもの

●労働者が制度等の利用の請求等をしたい旨を上司に相談したところ、上司が当該女性労働者に対し、当該請求等をしないよう言うこと

●女性労働者が制度等の利用の請求等をしたところ、上司が当該

女性労働者に対し、当該請求等を取り下げるよう言うこと
- ●女性労働者が制度等の利用の請求等をしたい旨を同僚に伝えたところ、同僚が当該女性労働者に対し、繰り返しまたは継続的に当該請求等をしないよう言うこと（当該女性労働者がその意に反することを当該上司または同僚に明示しているにもかかわらず、さらに言うことを含む。以下同じ）
- ●女性労働者が制度等の利用の請求等をしたところ、同僚が当該女性労働者に対し、繰り返しまたは継続的に当該請求等を取り下げるよう言うこと

(3) 客観的に見て、言動を受けた女性労働者の能力の発揮や継続就業に重大な影響が生じる等当該女性労働者が就業するうえで看過できない程度の支障が生じるほどに、女性労働者が制度等の利用をしたことにより、上司または同僚が当該女性労働者に対し、繰り返しまたは継続的に嫌がらせ等（嫌がらせ的な言動、業務に従事させないことまたは専ら雑務に従事させる等）をすること

③ 「状態への嫌がらせ型」とは、具体的には、次に掲げる妊娠または出産に関する事由（以下、「妊娠等したこと」という）に関する言動により就業環境が害されるものである。

(1) 妊娠したこと

(2) 出産したこと

(3) 坑内業務の就業制限または危険有害業務の就業制限の規定により、業務に就くことができないことまたはこれらの業務に従事しなかったこと

(4) 産後の就業制限の規定により就業できず、または産後休業をしたこと

(5) 妊娠または出産に起因する症状により労務の提供ができないこともしくはできなかったことまたは労働能率が低下したこと
　　なお、「妊娠または出産に起因する症状」とは、つわり、妊娠悪阻、切迫流産、出産後の回復不全等、妊娠または出産をしたこと

に起因して妊産婦に生じる症状をいう。

〈典型的な例〉

(1) 女性労働者が妊娠等したことにより、上司が当該女性労働者に対し、解雇その他不利益な取扱いを示唆すること

(2) 客観的に見て、言動を受けた女性労働者の能力の発揮や継続就業に重大な悪影響が生じる等当該女性労働者が就業するうえで看過できない程度の支障が生じる程に、女性労働者が妊娠等したことにより、上司または同僚が当該女性労働者に対し、繰り返しまたは継続的に嫌がらせ等をすること

(均等法11条の3第1項、平28厚労省告示312号「事業主が職場における妊娠、出産等に関する言動に起因する問題に関して雇用管理上講ずべき措置についての指針」より)。

（4）職場における育児休業等に関するハラスメントの内容の詳細

① 職場における育児休業等に関するハラスメントには、上司または同僚から行われる、その雇用する労働者に対する制度等の利用に関する言動により就業環境が害されるものがある。

なお、業務分担や安全配慮等の観点から、客観的に見て、業務上の必要性に基づく言動によるものについては、職場における育児休業等に関するハラスメントには該当しない。

② 「その雇用する労働者に対する制度等の利用に関する言動により就業環境が害されるもの」とは、具体的には、次の制度等の利用に関する言動により就業環境が害されるものである（育介則76条）。

(1) 育児休業（産後パパ育休を含む）

(2) 介護休業

(3) 子の看護休暇

(4) 介護休暇

(5) 所定外労働の制限

(6) 時間外労働の制限

(7) 深夜業の制限

(8) 育児のための所定労働時間の短縮措置

(9) 始業時刻変更等の措置

(10) 介護のための所定労働時間の短縮措置

〈典型的な例〉

　　前述の「職場における妊娠、出産等に関するハラスメント」における「制度等の利用への嫌がらせ型」と同様である。ただし対象は「女性」労働者に限らない。

（平21厚労省告示509号「子の養育又は家族の介護を行い、又は行うこととなる労働者の職業生活と家庭生活との両立が図られるようにするために事業主が講ずべき措置等に関する指針」より）

第2章第7～16節 理解度チェック

次の設問に、○×で解答しなさい（解答・解説は後段参照）。

1 派遣先事業主は、自社の三六協定の範囲を超えて、派遣労働者を時間外・休日労働させてはならない。

2 就業規則において、女性労働者が婚姻・妊娠・出産した場合には退職する旨を定めることは禁止されている。

3 高年齢者雇用促進法に定める高年齢者雇用確保措置に関して、継続雇用制度を導入する際は、原則として希望者全員をその対象としなければならないが、就業規則において解雇事由や退職事由と異なる継続雇用しないことができる特別な事由を具体的に規定すれば、継続雇用の対象者を限定することができる。

4 60歳以上の労働者が、当分の間、生じない企業においては、高年齢者雇用確保措置を講じる必要はない。

5 雇用している障害者の数が、法定の雇用義務がある障害者の数に対して不足している企業の場合「2万7,000円（月額）×不足人数」の障害者雇用納付金を納付しなければならない。

6 常時雇用従業員数が50人の民間企業においては、障害者雇用促進法による障害者雇用義務はない。

7 在留資格「留学」を有する留学生は原則として就労できないが、「資格外活動」の許可を受ければ、職種や労働時間に制限なく就労することができる。

8 この春、本社から転勤してきた新任の経理課長の体調が悪そうなので、面談してみると、部下である女性課員の全員に無視され、独り言を装って侮辱の言葉をつぶやかれ、出されたお茶には異物が入っていることもあるという。部下から上司への行為であっても、事実であれば職場におけるパワーハラスメントの疑いがある。

第2章第7～16節 理解度チェック

解答・解説

1 | ×
派遣先事業主は、派遣「元」の三六協定を守らなければならない（労基法36条、派遣法44条）。

2 | ○
婚姻・妊娠・出産等を理由とする不利益取扱いの禁止等の典型である（均等法9条1項）。

3 | ×
就業規則によって対象者を限定することはできない。就業規則に定める解雇事由や退職事由と同じ内容を、継続雇用しない事由として別に規定することは可能であるが、解雇事由や退職事由と異なる別の事由を追加することは認められない（高齢者法9条ほか）。

4 | ×
60歳以上の労働者が、当分の間、生じない企業であっても、65歳までの定年の引上げ、継続雇用制度の導入などの措置を講じなければならない（高齢者法9条ほか）。

5 | ×
雇用納付金の額は月額1人当たり「5万円」である。月額1人当たり「2万7,000円」は雇用調整金の額であり、法定雇用率を超える雇用を達成している企業に支給される（障害者雇用促進法53条ほか）。

6 ✕
民間企業の法定雇用率は、2021（令和3）年3月以降は2.3%となっている。したがって、従業員を常時43.5人以上雇用している場合は、雇用義務が生じる（障害者雇用促進法43条ほか）。

7 ✕
資格外活動の許可を受けた場合でも、就労可能時間には「1週間当たり原則28時間以内」など一定の制限がある。また風俗営業等には従事できない（入管法19条、同法施行規則19条）。

8 ○
職場におけるパワーハラスメントは、職務上の地位によるものだけではない。多数による優位性を背景に、業務の適正な範囲を超えて、人間関係からの切り離しや精神的な攻撃を受けているという本事案は、事実であれば職場におけるパワーハラスメントの疑いがある（「事業主が職場における優越的な関係を背景とした言動に起因する問題に関して雇用管理上講ずべき措置等についての指針」2－(4)）。

安全衛生・福利厚生の概要

この章のねらい

　労務管理の目標の１つは、従業員が安全に、かつ、心も身体も健康で気持ちよく仕事ができる環境を整えることである。仕事が原因で負傷したり疾病にかかることを防止すること（安全衛生の確保）は、その最低条件である。また、賃金・労働時間以外の労働条件の改善（福利厚生）は、従業員の生活の質を高め、労働意欲の向上につながるものである。安全衛生も福利厚生もその究極の目標は同じである。

　労務管理担当者の中には、とかく安全衛生は現場の問題だとして知識も関心もない向きも見られる。しかし、最近は、業種にかかわりなく職場での転倒・転落災害の増加に対する対応や、メンタルヘルス不調者の増加・休業者の職場復帰問題等で待ったなしの対応が求められている。本章では、安全衛生の基本的知識を学んでほしい。

　また、福利厚生には法定福利厚生と法定外福利厚生がある。前者は、セーフティネットとしての機能を有する社会保険制度が基本である。労務管理担当者は往々にして法定外福利厚生にばかり目を向けがちであるが、まず、社会保険の知識を身につけることが必須であり、社会保険各法の目的や、保険者、被保険者、保険給付、保険料について広くその原則を知り、活用できることに努めなければならない。後者の法定外福利厚生は、法定福利厚生への統合傾向、総人件費抑制、従業員意識の変化の中にあって制度づくりに苦戦しているが、自社にとって真に必要な法定外福利厚生とは何かを考えてほしい。

<table>
<tr><td>第 1 節</td><td>労働安全衛生管理の基礎</td></tr>
</table>

労働安全衛生管理の基礎

学習のポイント

◆労働災害の防止と安全衛生管理の必要性を理解し、それらにかかわる法令を理解する。

◆事業場の業種、規模等に応じた安全衛生管理体制の構築と安全衛生スタッフの職務、選任要件等を理解する。

◆安全委員会、衛生委員会、安全衛生委員会の構成・審議事項・記録等について理解する。

◆災害防止のための法定の安全衛生教育、各種の災害防止措置について理解する。

◆法令等の根拠を示しているので、詳細については各自で確認することが望ましい。

1 災害と労働災害について

(1) 災害について

「災害」には、自然災害、産業災害、公衆災害、交通災害……といろいろあるが、なかでも自然災害は、地震・台風・豪雨・竜巻・噴火等のいわゆる天災ともいわれ、自然現象によって人的・物的・経済的に損害を被るものをいう。また、産業災害は、産業活動に伴って発生する人的・物的損害を生じるもので、その中でも労働者が業務に関して被災する災害を「労働災害」という。労働災害は、自然災害と違って防ぐことができるものであり、これを怠ったがために発生する労働災害は、人災ともいえる。

（2）労働災害の発生

労働災害について労働安全衛生法（以下、本章において「安衛法」または「法」という）2条1号では、次のとおり定義している。

「労働者の就業に係る建設物、設備、原材料、ガス、蒸気、粉じん等により、又は作業行動その他業務に起因して、労働者が負傷し、疾病にかかり、又は死亡することをいう」

この中で労働者が負傷し、疾病にかかり、または死亡することについて、次の3つの起因要素を挙げている。

① 労働者の就業に係る建設物、設備、原材料、ガス、蒸気、粉じん等の危険な機械・設備や有害なガス等の物的要因によって起こるものであること

② 労働者の技能や知識の不足あるいは作業行動に起因する人的要因によって起こるものであること

③ 上記のほか、業務に起因する事業者の管理要因によって起こるものであること

労働災害が発生する要因のこれらの関連については、図表3-1-1に示しているとおりである。また、業務関連の疾病については、発症の因果関係により、図表3-1-2に示しているとおりに分類される。

図表3-1-1 ● 災害発生時の基本的モデル

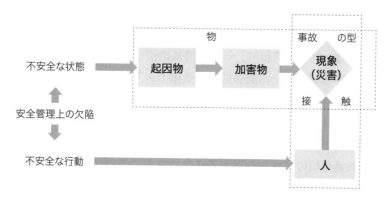

図表３-１-２●業務関連の疾病の分類

災害性疾病……作業中の突発的な事故や災害による疾病で、たとえば、無理な姿勢で重い物を持ち上げようとしたときに発生する、いわゆる「ぎっくり腰」が代表的なもの。その他脊髄や頭部を強打したことによる脊髄損傷、硬膜下出血といった疾病もある。

職業病……職場環境中の、粉じん、有機溶剤、振動、騒音、エックス線といった健康障害を発生させる化学物質や物理的要因などの有害な因子によって発症する疾病で、長期間にわたって職場で粉じんを吸入することによって発生する「じん肺」のほか、「有機溶剤中毒」「振動障害」「職業性難聴」などの疾病をいう。

職業性疾病……災害性疾病と職業病の２つをあわせた総称で、疾病と業務の因果関係が明らかな疾病といえる。

作業関連疾病……職業性疾病以外の一般の疾病のうち職業環境（過重労働など）が疾病を発症させたり、増悪させる主な要因になったものをいう。代表的な例として、過労死につながる脳・心疾患や心の病（メンタルヘルス不調）があり、現在、労働衛生の大きな課題となっている。

　なお、わが国において労働災害（以下、「災害」と同義）とは、労働者の生命および身体に係る損害（負傷、疾病または死亡）があるものに限られ、単なる物的損害は含まないものであって、単なる物的損害は、事故とされる。

2　労働安全衛生法の概要

（1）労働安全衛生法

　安衛法は、1972（昭和47）年に労働基準法から分離独立した法律であって、労働基準法と一体関係にある法律であり、所掌する行政機関は、都道府県労働局、労働基準監督署である。

　安衛法の目的は、労働災害防止に関する総合的・計画的な対策を推進することにより職場における労働者の安全と健康を確保するとともに、快適な職場環境の形成を促進することにある。この目的を達成するために事業者に対して、①安全衛生管理体制を確立すること、②労働者の危

険または健康障害を防止するための措置を講ずること、③安全衛生教育の実施、就業制限、中高年齢者等についての配慮等の労働者の就業にあたっての措置を講ずること、④作業環境測定の実施・健康診断の実施・健康診断実施後のフォロー・健康の保持増進のための措置を実施すること、を求めている。さらに、これら法令に規定された基準を守ることはもちろんのこと、快適な職場環境の実現と労働条件の改善を通じて職場における労働者の安全と健康を確保することを求めている。

　安衛法は、事業者に対して災害防止のための最低基準の遵守を求めるにとどまらず、事業場内の安全衛生管理体制の確立、危険な機械や有害物の製造・流通過程での規制の強化、重層下請・労働者派遣などの特殊な労働関係の規制、健康管理体制の確保、過労防止対策、メンタルヘルス対策、職場復帰対策等の幅広い施策を展開することにより、労働災害の絶滅を期そうとするものである。

　また、安衛法は刑罰法規であるので、法違反があれば事業者が処罰の対象となる。さらに、両罰規定が設けられていることから、事業者ばかりでなく行為者である従業者も罰せられることとなっている。

（2）労働安全衛生法と関係法令の体系

　労働安全衛生を律する法令は、安衛法（法律）を頂点として労働安全衛生法施行令（政令）、労働安全衛生規則・クレーン等安全規則等の各種規則（省令）、安全衛生特別教育規程等の告示、労働者の心の健康の保持増進のための指針等の指針、交通労働災害防止のためのガイドライン等のガイドライン、その他各種の行政通達で構成されている。労働安全衛生の行政指導はこれらの法令・通達をもとに行われており、事業者も結果的にこれらに拘束されるので、安全衛生管理にあたっては法令・通達を全体的に把握することを求められる。→図表3-1-3

　また、労働安全衛生管理を進めるにあたっては、安衛法だけではなく、作業環境測定法、労働基準法（以下、本章において「労基法」という）、じん肺法、労働者派遣法等の厚生労働省が所管する関係法令を踏まえて

図表３-１-３●安全衛生管理に係る法令の体系

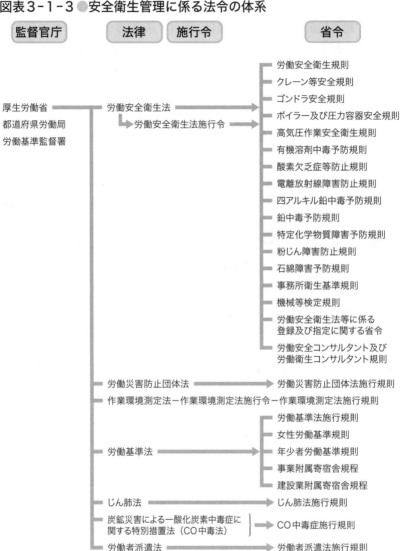

出所：大南幸弘ほか『図解でわかる部門の仕事　人事部』日本能率協会マネジメント
　　　センター

行わなければならない。

3 安全衛生管理体制

（1）安全衛生管理体制の構築

　事業場に適切な安全衛生管理組織をつくることは、労働災害の防止を図るための必須の要件である。このような観点から安衛法は、安全衛生管理体制を確立することで責任体制の明確化を図り、自主活動を促したいとしている。

　安衛法では、事業場を1つの適用単位として安全衛生管理体制を確立することとし、各事業場の業種、規模等に応じて、総括安全衛生管理者、安全管理者、衛生管理者および産業医等安全衛生スタッフの選任を義務づけている。また、日常的に安全衛生管理活動を担う安全衛生組織として、安全委員会および衛生委員会（同時設置するときは、安全衛生委員会）の設置・開催を義務づけている。→図表3-1-4

図表3-1-4 ● 安全衛生管理体制の概要

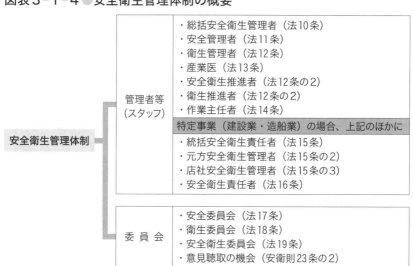

Column　知ってて便利

《職場における労働衛生基準の見直し》

　2021（令和3）年12月1日付で事務所衛生基準規則（以下、この項において「事務所則」という）の改正が行われ、事務室の照度、便所の設置基準等が見直された。見直された主な項目とポイントは、次のとおりである（令3. 12. 1 基発1201第1号）。

事務所衛生基準則改正で見直された主な項目とポイント

見直し項目	見直しのポイント
事務所の照度 （事務所則10条）	・事務作業における作業面の照度の作業区分を2区分とし、基準を引き上げた。 　　一般的な事務作業…300ルクス（従前は150ルクス）以上 　　付随的な事務作業…150ルクス（従前は70ルクス）以上 ・個々の事務作業に応じた適切な照度については、作業ごとにJIS Z 9110などの基準を参照する。
便所 （事務所則17条、安衛則628条） ※便所を男性用と女性用に区別して設置する原則は、維持。	・男性用と女性用の便所を設けたうえで、独立個室型の便所*を設けたときは、男性用および女性用の便所の設置基準に一定数反映させる。 ・少人数（同時に就業する労働者が常時10人以内）の作業場において、建物の構造の理由からやむを得ない場合などについては、独立個室型の便所で足りるものとした。既存の男女別便所の廃止などは不可。 ・従来の基準を満たす便所を設けている場合は変更は不要。 　*独立個室型の便所：男性用と女性用を区別しない四方を壁等で囲まれた一個の便房により構成される便所。
シャワー設備等 （安衛則625条）	・設ける場合は、誰もが安全に利用できるようにプライバシーにも配慮する。
休憩の設備 （事務所則19条、安衛則613条）	・事業場の実情に応じ、広さや設備などを検討することが望ましい。
休養室・休養所 （事務所則21条、安衛則618条）	・随時利用が可能となるよう機能を確保する。 ・入り口・通路からの目隠し、出入り制限等、設置場所等に応じ、プライバシーと安全性の両者に配慮する。
事務所の作業環境測定 （事務所則8条）	・一酸化炭素、二酸化炭素濃度の測定機器は、検知管に限らず同等以上の性能を有する電子機器等も可である旨を明示した。
救急用具の内容 （安衛則634条）	・作業場に備えるべき救急用具・材料について、一律に備えなければならない具体的な品目についての規定を削除した。 ・職場で発生することが想定される労働災害等に応じ、応急手当に必要なものを産業医等の意見、衛生委員会等での調査審議、検討等の結果等を踏まえ、備え付けることとした。

図表3-1-5 ●事業場の業種・規模に応じて構築すべき安全衛生管理組織

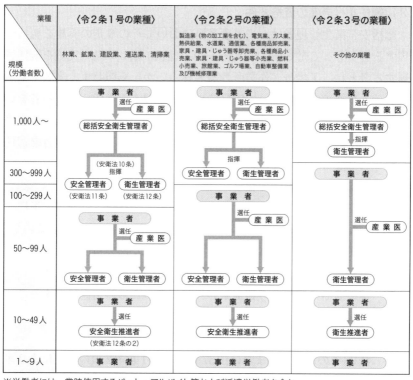

※労働者には、常時使用するパート・アルバイト等および派遣労働者を含む。
出所：東京労働局「中小規模事業場の安全衛生管理の進め方」より

　さらに安衛法では、個別の使用従属関係に着目した安全衛生管理組織および下請混在作業関係に着目した安全衛生管理組織のあり様を定めている。また、組織を動かす安全衛生スタッフの人数・資格・職務などについても、明確にしている。→図表3-1-5

① 総括安全衛生管理者

１）総括安全衛生管理者の選任

　事業者は、業種区分に応じた常時使用労働者数による事業場の規模（→図表3-1-5）に応じて、総括安全衛生管理者を選任しなければなら

ない（法10条、安衛令2条、安衛則2条）。

2）選任すべき者の資格要件

総括安全衛生管理者は、当該事業場においてその事業の実施を統括管理する者をもって充てなければならない（法10条）。事業の実施を統括管理する者とは、工場長、作業所長等名称のいかんを問わず、当該事業所における事業の実施について実質的に統括管理する責任を有する者をいう（昭47.9.18 基発602号）。また、総括安全衛生管理者が旅行、疾病等やむを得ない事由で職務を行うことができないときには、代理者を選任しなければならない（安衛則3条）。

3）総括安全衛生管理者の職務

総括安全衛生管理者の職務は、安全管理者または衛生管理者を指揮するほか、次の業務を統括管理することである（法10条、安衛則3条の2）。

① 労働者の危険または健康障害を防止するための措置に関すること

② 労働者の安全または衛生のための教育の実施に関すること

③ 健康診断の実施その他健康の保持増進のための措置に関すること

④ 労働災害の原因の調査および再発防止対策に関すること

⑤ 安全衛生に関する方針の表明に関すること

⑥ 法28条の2第1項または法57条の3第1項・2項の規定により事業者が行うべき危険性または有害性等の調査およびその結果に基づき講ずる措置に関すること

⑦ 安全衛生に関する計画の作成、実施、評価および改善に関すること

② 安全管理者

1）安全管理者の選任

事業者は、業種区分に応じた常時使用する労働者数による事業場の規模（→図表3-1-5）に応じて、安全管理者を選任しなければならない（法11条、安衛令3条、安衛則4条）。さらに、爆発、火災等の危険がある特殊化学設備を設置する事業場で都道府県労働局長が指定する事業場では、生産施設の工程単位ごとに、操業中常時安全に係る技術的事項を管理するのに必要な数の安全管理者を選任することになっている。

図表3-1-6 ● 専任の安全管理者を選任すべき事業

業　　　　種	事業場の規模 （常時使用する労働者数）
建設業、有機化学工業製品製造業、石油製品製造業	300人
無機化学工業製品製造業、化学肥料製造業、 道路貨物運送業、港湾運送業	500人
紙・パルプ製造業、鉄鋼業、造船業	1,000人
上記以外の安衛令2条1号・2号の業種（過去3年間 の労働災害による休業1日以上の死傷者数が100人を 超える事業場に限る）	2,000人

　安全管理者は、事業場に専属の者でなければならないが、業種区分に応じて一定数以上の労働者を使用する事業場では、安全に係る技術的事項を管理する安全管理者のうち少なくとも1人を専任の安全管理者としなければならない（安衛則4条）。→図表3-1-6

2）選任すべき者の資格要件

　安全管理者は、次のいずれかの資格を有する者のうちから選任しなければならない（安衛則5条）。

① 厚生労働大臣の定める安全に係る技術的事項を管理するのに必要な知識についての研修（通称「安全管理者選任時研修」という）を修了した者で、次のいずれかに該当する者

　ⅰ）大学または高等専門学校における理科系統の正規の課程を修めて卒業し、その後2年以上産業安全の実務に従事した経験を有する者

　ⅱ）高等学校または中等教育学校において理科系統の正規の学科を修めて卒業し、その後4年以上産業安全の実務に従事した経験を有する者

② 労働安全コンサルタント

③ 厚生労働大臣が定める者

3）安全管理者の職務

　安全管理者の職務は、安衛法10条1項各号に規定する安全衛生に関する業務のうち、安全に係る技術的事項を管理することである（法11条）。また、安全管理者は、作業場等を巡視し、設備・作業方法等に危険のおそれがあるときには、直ちにその危険を防止するため必要な措置を講じなければならない。事業者は、安全管理者に安全に関する措置をなしうる権限を与えなければならない（安衛則6条）。

③　衛生管理者

1）衛生管理者の選任

　業種にかかわらず常時50人以上の労働者を使用する事業所の事業者は、事業者の規模に応じて一定の人数の衛生管理者を選任しなければならない（法12条、安衛令4条、安衛則7条）。→図表3-1-7

2）選任すべき者の資格要件

図表3-1-7●事業場の規模に応じた衛生管理者数

事業場の規模（常時使用する労働者数）	衛生管理者数
50人以上　　　200人以下	1人
200人を超え　　500人以下	2人
500人を超え　1,000人以下	3人
1,000人を超え　2,000人以下	4人
2,000人を超え　3,000人以下	5人
3,000人を超える場合	6人

図表3-1-8●業種に応じて選任することができる免許保有者

業　　　種	必要な衛生管理者免許
農林畜水産業、鉱業、建設業、製造業（物の加工業を含む。）、電気業、ガス業、水道業、熱供給業、運送業、自動車整備業、機械修理業、医療業および清掃業	・第1種衛生管理者免許を有する者 ・衛生工学衛生管理者免許を有する者 ・医師 ・歯科医師 ・労働衛生コンサルタントなど
上欄以外のその他の業種	・上欄に該当する者 ・第2種衛生管理者免許を有する者

衛生管理者は、衛生管理者免許を有する者のうちから選任しなければ
ならない。衛生管理者免許を有する者とは、医師、歯科医師、労働衛生
コンサルタント、第1種衛生管理者または第2種衛生管理者もしくは衛
生工学衛生管理者の免許を受けた者、厚生労働大臣が定める者である
（法12条、安衛則10条、同則別表4）。→図表3-1-8

衛生管理者は、事業場に専属の者 Key Word でなければならないが、次
に掲げる事業場では、衛生管理者のうち少なくとも1人を専任の衛生管
理者 Key Word としなくてはならない。

① 常時1,000人を超える労働者を使用する事業場
② 常時500人を超える労働者を使用する事業場で坑内労働または一
定の危険有害業務に常時30人以上の労働者を従事させるもの

また、常時500人を超える労働者を使用する事業場で、衛生工学的な
措置を必要とする坑内労働その他労基法施行規則（労基則）18条1号・
3号～5号・9号の業務に従事する労働者が常時30人以上の事業所では、
衛生管理者のうち1人を衛生工学衛生管理者免許を受けた者のうちから
選任し（安衛則7条）、安衛法10条1項に規定されている安全衛生に関
する業務のうち衛生に係る技術的事項で衛生工学に関するものを管理さ
せなければならない（同則12条）。

Key Word

専属の者——その事業に専属の者とは、その事業場のみに勤務する者ということ
であって、衛生管理者の業務に専従することを意味するものではないこと（昭
27. 9. 20 基発675号）

専任の安全管理者——専任の安全管理者とは、所定の資格（安衛則5条）を有す
る者のうちから選任された安全管理者で、通常の勤務時間をもっぱら安全管理
者として安衛法10条1項に規定されている安全衛生に関する業務のうち安全に
係る技術的事項を管理するために費やす者をいい、たとえば生産関係等の業務
を兼任する者はこれに該当しないが、業務の一部に労働衛生の業務が含まれて
いる場合には安全管理と密接な関係があるから、このような場合に限って係る
関連業務を行うことを妨げるものではないこと（昭27. 9. 20 基発675号）

3）衛生管理者の職務

衛生管理者の職務は、安衛法10条1項に規定されている安全衛生に関する業務のうち、衛生に係る技術的事項を管理することである（法12条）。また、少なくとも毎週1回作業場等を巡視し、設備、作業方法または衛生状態に有害のおそれがあるときは、直ちに健康障害を防止する措置を講じなければならない。事業者は、衛生管理者に衛生に関する措置をなしうる権限を与えなければならない（安衛則11条）。

④ 産業医

1）産業医の選任

業種にかかわらず、常時50人以上の労働者を使用する事業場の事業者は、産業医を選任しなければならない（法13条、安衛令5条、安衛則13条）。

また、常時1,000人以上の労働者を使用する事業場または一定の危険有害な業務に常時500人以上の労働者を従事させる事業場では、その事業場に専属の産業医を選任しなければならない。常時3,000人を超える労働者を使用する事業場では、2人以上を選任しなければならない（同則13条）。

産業医を選任した事業場は、その事業場における産業医の業務の具体的な内容、産業医に対する健康相談の申出の方法および産業医による労働者の心身の状態に関する情報の取扱いの方法を、本項 **(5)** ④「安全衛生委員会等の開催・記録・議事概要の周知」に示した方法（なお、③の方法による場合には、事業場内のイントラネットでの電子掲示板への掲載なども含まれる）により、労働者に周知しなければならない（法101条2項、安衛則98条の2）。

また、産業医の選任義務のない事業者であっても労働者の健康管理等の全部または一部を行わせる者も、当該方法による当該周知を行うよう努めなければならない（法101条3項）。

なお、産業医の選任義務のない常時50人未満の労働者を使用する事業場の事業者は、医師・保健師に労働者の健康管理等を行わせる努力義務がある（法13条の2）。この努力義務の実施にあたっては、都道府県の区域の一部の地域内の医師会に委託して行う地域産業保健センター事業*

の利用に努めるものとされている（安衛則15条の２）。

> ＊地域産業保健センターは、使用労働者50人未満の事業所の事業者や労働者に対して、①労働者の健康管理（メンタルヘルスを含む）に係る相談、②健康診断の結果についての医師からの意見聴取、③長時間労働者に対する面接指導、④個別訪問による産業保健指導の実施、⑤医師または保健師の事業場戸別訪問による産業保健指導の実施の事業を無料で行っている。

2）選任すべき者の資格要件

産業医は、厚生労働大臣の定める研修を修了した医師等のうちから選任しなければならない。

3）産業医の職務

産業医の職務は、次に掲げる事項である（法13条、安衛則14条）。

① 労働者の健康管理に係る次の事項で医学に関する専門的知識を必要とするものを行わせるものとしている。

ⅰ）健康診断の実施およびその結果に基づく労働者の健康を保持するための措置に関すること

ⅱ）法66条の８第１項、法66条の８の２第１項および法66条の８の４に規定する面接指導ならびに法66条の９に規定する必要な措置の実施、ならびにこれらの結果に基づく労働者の健康を保持するための措置に関すること

ⅲ）法66条の10第１項に規定する心理的な負担の程度を把握するための検査（ストレスチェック）の実施、ストレスチェックの結果に基づく面接指導の実施、面接指導の結果に基づく労働者の健康を保持するための措置に関すること

ⅳ）作業環境の維持管理に関すること

ⅴ）作業の管理に関すること

ⅵ）ⅰ）～ⅴ）に掲げるもののほか労働者の健康管理に関すること

ⅶ）健康教育、健康相談その他の労働者の健康の保持増進を図るための措置に関すること

ⅷ）衛生教育に関すること

ⅸ）労働者の健康障害の原因の調査および再発防止の措置に関する

　こと

②　労働者の健康を確保するため必要があると認めるときは、あらかじめ当該勧告の内容について事業者に意見を求めたうえで事業者に対し、労働者の健康管理等について必要な勧告をすることができる（法13条、安衛則14条の3）。

　　産業医から勧告を受けた事業者は、次のことを行わなければならない（同則14条の3）。

　ⅰ）当該勧告の内容および当該勧告を踏まえて講じた措置の内容を、措置を講じない場合にあっては、その旨およびその理由を記録し、これを3年間保存しなければならないこと

　ⅱ）当該勧告を受けた後遅滞なく、当該勧告の内容および当該勧告を踏まえて講じた措置または講じようとする措置の内容を、措置を講じない場合にあってはその旨およびその理由を、衛生委員会等に報告しなければならないこと

③　①の事項について、総括安全衛生管理者に対して勧告し、または衛生管理者に対して指導・助言をすることができる（同則14条）。

④　少なくとも毎月1回（産業医が事業者から毎月1回以上一定の情報の提供を受けている場合であって、事業者の同意を得ているときは、少なくとも2ヵ月に1回）作業場等を巡視し、作業方法または衛生状態に有害のおそれがあるときは、直ちに労働者の健康障害を防止するため必要な措置を講じなければならない（同則15条）。

　　なお、一定の情報とは、①衛生管理者が毎週1回作業場等で行う巡視の結果、②①のほか、労働者の健康障害を防止し、労働者の健康を保持するために必要な情報であって、衛生委員会または安全衛生委員会における調査審議を経て事業者が産業医に提供することとしたものをいう。

⑤　事業者は、産業医に①の事項をなし得る権限を与えなければならない（同則14条の4）。また、産業医を選任した事業者は、産業医に対して、労働者の健康管理等に必要な以下の情報を提供し、情報の

区分に応じて、それぞれに定める時期に行わなければならない（法13条・13条の2、安衛則14条の2・15条の2）。

ⅰ）事業者が①健康診断、②長時間労働者もしくは高度プロフェッショナル制度適用者に対する面接指導、③ストレスチェックに基づく面接指導を実施した後、すでに講じた措置または講じようとする措置の内容に関する情報（措置を講じない場合は、その旨・その理由）

○提供時期：①〜③の結果についての医師または歯科医師からの意見聴取を行った後、遅滞なく提供すること

ⅱ）1週間当たり40時間を超えて労働させた場合における時間外・休日労働時間数が1ヵ月当たり80時間を超えた労働者の氏名および当該労働者に係る当該超えた時間に関する情報（研究開発業務に従事する労働者については、1週間当たり40時間を超えた場合における時間外・休日労働時間が1ヵ月当たり100時間を超えた労働者の氏名および当該労働者に係る当該超えた時間に関する情報をいう。高度プロフェッショナル制度対象労働者については、1週間当たりの健康管理時間[*1]が40時間を超えた場合における健康管理時間が1ヵ月当たり100時間を超えた労働者の氏名および当該労働者に係る当該超えた健康管理時間に関する情報をいう）

○提供時期：当該超えた時間の算定を行った後、速やかに[*2]提供すること

ⅲ）労働者の作業環境、労働時間、作業態様、作業負荷の状況、深夜業等の回数・時間数などの労働者の業務に関する情報のうち、産業医が労働者の健康管理等を適切に行うために必要と認める情報

○提供時期：産業医から当該情報の提供を求められた後、速やかに提供すること

＊1　健康管理時間とは、「高度プロフェッショナル制度対象労働者が事業場内にいた時間と事業場外において労働した時間との合計の時間」をいう（労基法41条の2第1項3号）。
＊2　速やかにとは、「おおむね2週間以内」をいう。

⑤ 安全衛生推進者・衛生推進者

1）安全衛生推進者または衛生推進者の選任

安全管理者または衛生管理者の選任義務のない事業場であって、常時10人以上50人未満の労働者を使用する事業場では、安全衛生推進者（安全管理者を選任すべき業種以外の事業場にあっては衛生推進者）を選任しなければならない（法12条の2、安衛則12条の2）。安全衛生推進者または衛生推進者（以下、「安全衛生推進者等」という）は、安全管理者または衛生管理者が安全衛生業務の技術的事項を管理する者であるのに対して、安全衛生業務について権限と責任を有する者の指揮を受けて当該業務を担当する者である（昭63.9.16 基発601号の1）。

安全衛生推進者等は、事業場に専属の者でなければならない（安衛則12条の3）。

2）選任すべき者の資格要件

安全衛生推進者等は、都道府県労働局長の登録を受けた者が行う講習（通称「安全衛生推進者等養成講習」という）を修了した者、その他安全衛生推進者等の業務を担当するのに必要な能力を有すると認められる者のうちから選任するものとされている（安衛則12条の3、「安全衛生推進者等の選任に関する基準」昭63労働省告示80号）。

3）安全衛生推進者等の職務

安全衛生推進者の職務は、安衛法10条1項各号の業務に規定する安全衛生に関する業務を担当することとされており、衛生推進者については、当該業務のうち衛生に係る業務に限って担当する（法12条の2）。

⑥ 作業主任者

〔作業主任者の選任および職務〕

事業者は、高圧室内作業、高さが2m以上のはい*のはい付けまたははい崩しの作業その他労働災害を防止するための管理を必要とする作業の区分に応じて、当該作業についての免許取得者または技能講習修了者のうちから作業主任者を選任しなければならない（法14条、安衛令6条、安衛則16条）。

　作業主任者の職務は、当該作業に従事する労働者の指揮その他安衛則別表第1の作業の区分ごとに規定された事項である（安衛則別表第1－安衛則16条・17条関係）。

　　＊「はい」とは、袋物、箱物、木材、鋼材等で倉庫や土場に積み重ねられた荷の集団をいう。ただし、小麦、大豆、鉱石等のバラ物の荷を除く。はい付け、はい崩し等を行う作業は、積み上げ方が悪かったり、きれいに積み上げた（はい付けした）荷でも、中抜きや下抜きを行えば崩壊する危険な作業であるため、「はい作業主任者」を選任し、その者に安衛則429条に定められた職務を行わせなければならない。

⑦　安全衛生スタッフ選任時に事業者が講ずべき措置

1）総括安全衛生管理者・安全管理者・衛生管理者・産業医の選任時

　総括安全衛生管理者、安全管理者、衛生管理者および産業医を選任したときは、選任すべき事由が発生した日から14日以内に選任し、選任した場合は選任報告（様式第3号）を当該事業場の住所地を管轄する労働基準監督署長（以下、「所轄労働基準監督署長」という）に遅滞なく提出しなければならない（安衛則2条・4条・7条・13条）。

　安全管理者、衛生管理者および産業医の選任報告の提出にあたっては、所定の証明書類を添付しなければならない。

2）代理者の選任

　総括安全衛生管理者、安全管理者、衛生管理者が旅行、疾病等やむを得ない事由で職務を行うことができないときには、代理者を選任しなければならない（同則3条・4条・7条）。

3）安全衛生推進者等の選任時

　事業者は、安全衛生推進者等を選任すべき事由が発生した日から14日以内に選任（同則12条の3）し、その氏名を作業場の見やすい箇所に掲示する等により関係労働者に周知しなければならない（同則12条の4）。なお、所轄労働基準監督署長への届出は必要がない。

4）作業主任者の選任時

　作業主任者を選任した場合には、当該作業主任者の氏名およびその者に行わせる事項を作業場の見やすい箇所に掲示する等により、関係労働

者に周知させなければならない（同則18条）。

（2）請負関係下の統括安全衛生管理

① 統括安全衛生責任者

1）統括安全衛生責任者の選任

建設業および造船業（以下、「特定事業」という）の作業現場では、数次にわたる請負契約に基づいて元方事業者（一の場所において行う事業の仕事の一部を下請負人に請け負わせ、かつ、みずからも仕事の一部を行う最先次の注文者をいう）の労働者だけではなく、多数の下請負人（以下、「関係請負人」という）の労働者が入り組んで作業を行うこと（以下、「混在作業」という）が多い。このような混在作業によって生ずる労働災害を防止するため、特定事業を行う事業者（以下、「特定元方事業者」という）で図表3-1-9に該当する場合は、統括安全衛生責任者を選任しなければならない（法15条、安衛令7条、安衛則18条の2）。また、統括安全衛生責任者が旅行、疾病等やむを得ない事由で職務を行うことができないときには、代理者を選任しなければならない（同則20条）。

2）選任すべき者の要件

統括安全衛生責任者は、当該場所においてその事業の実施を統括管理する者をもって充てなければならない。

3）統括安全衛生責任者の職務

図表3-1-9 ● 統括安全衛生責任者を選任すべき事業

業種・仕事の区分	関係労働者数
・造船業、下記以外の建設業の仕事	常時50人以上
・ずい道等の建設の仕事 ・橋梁の建設の仕事 　（人口が集中している地域内における道路上または道路に隣接した場所・鉄道の軌道上または軌道に隣接する工事に限る） ・圧気工法による作業を行う仕事	常時30人以上

　統括安全衛生責任者は、元方安全衛生管理者の指揮をするとともに次の事項を統括管理する（法15条・30条）。
①　協議組織の設置および運営を行うこと
②　作業間の連絡および調整を行うこと
③　作業場所を巡視すること
④　関係請負人が行う労働者の安全または衛生のための教育に対する指導および援助を行うこと
⑤　工程表等の当該仕事の工程計画および当該作業場所における主要な機械、設備および作業用の仮設建設物の配置計画を作成すること。さらに、当該機械、設備を使用する作業に関し安衛法令に基づき関係請負人が講ずべき措置に関する指導を行うこと（建設業に限る）
⑥　①～⑤のほか、労働災害を防止するため必要な事項

② 元方安全衛生管理者（法15条の2）

1）元方安全衛生管理者の選任

　建設業で統括安全衛生責任者を選任した事業場では、その事業場に専属の者であって一定の資格を有するもの（安衛則18条の4）のうちから、元方安全衛生管理者を選任しなければならない。また、統括安全衛生責任者が旅行、疾病等やむを得ない事由で職務を行うことができないときには、代理者を選任しなければならない（同則20条）。

2）元方安全衛生管理者の職務

　元方安全衛生管理者には、統括安全衛生責任者の指揮のもとに、前述の統括安全衛生責任者が統括管理する職務のうち技術的事項について管理させなければならない。技術的事項とは、安全衛生に関する具体的事項をいうのであって、専門技術的事項に限るものではない（昭55.11.25基発647号）。

③ 店社安全衛生管理者（法15条の3）

1）店社安全衛生管理者の選任

　統括安全衛生責任者の選任が義務づけられていない中小規模の建設現場での労働災害が多発しているため、建設業で図表3-1-10に該当する

図表3-1-10 ● 店社安全衛生管理者を選任すべき現場

仕事の区分	関係労働者数
・下記以外の建設業の仕事	常時50人以上
・ずい道等の建設の仕事 ・橋梁の建設の仕事 　（人口が集中している地域内における道路上または道路に隣接した場所・鉄道の軌道上または軌道に隣接する工事に限る） ・圧気工法による作業を行う仕事	常時20人以上 29人以下
・主要構造部が鉄骨造または鉄骨鉄筋コンクリート造である建築物の建設の仕事	常時20人以上 49人以下

注）統括安全衛生責任者を選任する義務のある現場は除く（法15条の3第1項かっこ書による）。

現場を管理する店社（本社、支店、営業所等）には、一定の資格を有するもの（安衛則18条の7）のうちから店社安全衛生管理者を選任し、その者に現場の巡視、現場所長や安全担当者に対する指導援助を行わせることとしている。なお、店社安全衛生管理者が旅行、疾病等やむを得ない事由で職務を行うことができないときには、代理者を選任しなければならない（同則20条）。

2）店社安全衛生管理者の職務

店社安全衛生管理者は、前述の特定元方事業者が講ずべき職務を担当する者に対する指導その他下記の事項を行う（同則18条の8）。

① 少なくとも毎月1回労働者が作業を行う現場を巡視すること
② 現場における関係労働者の作業の種類その他作業の実施の状況を把握すること
③ 現場における関係請負人との協議組織の会議に随時参加すること
④ 仕事の工程・機械等の配置に係る計画に関し、計画どおりに措置が講ぜられていることについて確認すること

④ 安全衛生責任者（法16条）

1）安全衛生責任者の選任

現場における混在作業による労働災害を防止するためには、特定元方

事業者が適切に統括安全衛生責任者に統括管理させるとともに、関係請負人は、統括安全衛生管理者が行う統括管理に応じて所要の措置を講じることが必要である。そこで、関係請負人は安全衛生責任者を選任し、統括安全衛生責任者との連絡と当該連絡事項の関係者への伝達を行わせることとされている。安全衛生責任者を選任した関係請負人は、特定元方事業者に対して遅滞なくその旨を通報するものとされている。

　安全衛生責任者が旅行、疾病等やむを得ない事由で職務を行うことができないときには、代理者を選任しなければならない（安衛則20条）。

2）安全衛生責任者の職務（同則19条）

① 統括安全衛生責任者との連絡

② 統括安全衛生責任者から連絡を受けた事項の関係者への連絡

③ ②の統括安全衛生責任者からの連絡に係る事項のうち、当該請負人に係るものの実施についての管理

④ 当該請負人がその労働者の作業の実施に関し計画を作成する場合における当該計画と特定元方事業者が作成する計画（統括安全衛生責任者が統括管理する職務に規定された事項⑤）との整合性の確保を図るための統括安全衛生責任者との調整

⑤ 一の場所における混在作業によって生ずる労働災害に係る危険の有無の確認

⑥ 後次の請負人の安全衛生責任者との作業間の連絡および調整

（3）作業指揮者

　管理を必要とする一定の危険な作業（たとえば、安衛則151条の2によるフォークリフト等の車両系荷役運搬機械等を用いての作業）または有害な作業（たとえば、化学設備、化学設備の配管または化学設備の附属設備の改造、修理、清掃等を行う場合において、これらの設備を分解する作業またはこれらの設備の内部での作業（同則275条））については、作業についての知識・経験の豊富な者のうちから作業指揮者を定めて、その者に作業の指揮その他の事項を行わせなければならない（同則151

図表３−１−11 ● 労働安全衛生法上の派遣元・派遣先の責任分担一覧表

適用条項（ ）内は条文	派遣元が責任を負う事項	派遣先が責任を負う事項
安全衛生管理体制（第３章）		
総括安全衛生管理者の選任（10条）	○	○
安全管理者の選任（11条）		○
衛生管理者の選任（12条）	○	○
安全衛生推進者等の選任（12条の２）	○	○
産業医の選任（13条）	○	○
作業主任者（14条）		○
統括安全衛生責任者（15条）		○
元方安全衛生管理者（15条の２）		○
店社安全衛生管理者（15条の３）		○
安全衛生責任者（16条）		○
安全委員会（17条）		○
衛生委員会（18条）	○	○
安全衛生委員会（19条）	○	○
安全衛生教育（第６章）		
雇入れ時の安全衛生教育（59条１項）	○	
作業内容変更時の安全衛生教育（59条２項）	○	○
危険有害業務に関する特別教育（59条３項）		○
危険有害業務就業時の特別教育（60条の２）	○	○
職長教育（60条）		○
健康の保持増進のための措置（第７章）		
作業環境測定（65条）		○
一般健康診断（66条１項）	○	
有害業務に関する健康診断（66条２項・３項）		○
健康診断の結果の記録（第66条の３）	○	○
健康診断の結果についての医師等からの意見聴取（66条の４）	○	○
健康診断実施後の措置（66条の５）	○	○
病者の就業禁止（68条）		○
その他		
就業制限（61条１項）		○
中高年齢者についての配慮（62条）	○	○
報告等（100条）	○	○
書類の保存等（103条）	○	○

※派遣労働者の安全管理義務は、もっぱら派遣先の事業者に課されている。派遣労働者の衛生管理義務は、派遣先の事業者に課されているもの（たとえば、特別教育・特殊健康診断）と派遣元の事業者に課されているものがある（たとえば、雇入れ時の安全衛生教育・一般健康診断）。前者は、派遣先の安全衛生管理体制が管理する義務があり、後者は派遣元の安全衛生管理体制が管理する義務がある（労働者派遣法45条）。

条の4・275条2号等）。作業主任者のように免許・技能講習の修了資格は必要ないが、作業主任者と同種の職務を行う。

（4）派遣労働者の安全衛生管理

　労働者派遣事業における派遣労働者の安全衛生管理については、派遣元事業者が責任を負う事項と派遣先事業者が責任を負う事項または派遣元・派遣先双方で責任をもつべき事項がある（→図表3-1-11）。派遣元は一般的な健康管理について、派遣先は安全管理および派遣就業に伴う具体的な健康管理について責任を負うこととされているので、派遣先事業者は、派遣労働者を当該派遣先事業の直用労働者と同様に適切に安全衛生管理を行わなければならない。

　なお、安全衛生管理体制の選任に関する事業場規模等の適用にあたっては、衛生管理に関しては派遣先においては派遣労働者を派遣先の「常時使用する労働者」数に含めなければならないことに留意しなければならない。たとえば、常時使用労働者数が45名の事業場において、常時7名の派遣労働者を受け入れているときの労働者数の合計は50名以上となるので、衛生管理者を選任しなければならない。また、衛生委員会については派遣元・派遣先でそれぞれ衛生委員会を設けなければならない。派遣就業に伴う具体的な衛生管理に関する事項については、派遣先の衛生委員会が担当するが、雇入れ時の安全衛生教育・一般健康診断など派遣元に義務づけられている事項は派遣元の衛生委員会が担当する。

（5）安全委員会・衛生委員会・安全衛生委員会等

　安全委員会・衛生委員会・安全衛生委員会等を設置・運営すべき事業場は、図表3-1-12のとおりである。
① 安全委員会（法17条）
1）安全委員会の設置対象事業場
　図表3-1-12に掲げる業種区分および規模に該当する事業場では、安全委員会を設けなければならない（安衛令8条）。

図表３－１-12 ●安全委員会・衛生委員会等を設置・運営すべき事業場

委員会の名称	業　種　の　区　分	常時使用労働者数
安全委員会 安衛法17条 安衛令８条	①林業、鉱業、建設業 ②製造業のうち木材・木製品製造業、化学工業、鉄鋼業、金属製品製造業および輸送用機械器具製造業 ③運送業のうち道路貨物運送業および港湾運送業 ④自動車整備業、機械修理業および清掃業	50人以上
	①製造業のうち上欄②に掲げる業務以外の業種 ②運送業のうち上欄③に掲げる業務以外の業種 ③電気業、ガス業、熱供給業、水道業、通信業、各種商品卸売業、家具・建具・じゅう器等卸売業、各種商品小売業、家具・建具・じゅう器小売業、燃料小売業、旅館業、ゴルフ場業	100人以上
衛生委員会 安衛法18条 安衛令９条	全業種	50人以上
安全衛生委員会 安衛法19条	１つの事業場において安全委員会と衛生委員会の双方の委員会を設けなければならないときには、双方の委員会をまとめて安全衛生委員会を設置することができる。	
意見聴取の機会 安衛則23条の２	安全委員会・衛生委員会・安全衛生委員会を設ける義務のない事業者は、安全または衛生に関する事項について、関係労働者の意見を聴くための機会を設けるようにしなければならない。	

2）安全委員会の権限

　安全委員会の権限は図表３－１-13に示した付議事項を調査審議し、事業者に意見を述べることである（安衛則21条）。なお、意見の取りまとめにあたっては多数決によるものではなく、労使の意見の合致を前提とすることが望ましい。

3）安全委員会の構成

① 　議長……議長は１名で、総括安全衛生管理者または当該事業場においてその事業を統括管理する者もしくはこれに準ずる者のうちから事業者が指名した者である。

② 　委員……安全委員会の議長となる委員以外の委員の半数は、事業者が指名し、残りの半数の委員は労働者代表の推薦に基づき指名することになっている。

　ｉ）事業者が指名する委員は、次の者である。

図表3-1-13 ● 安全委員会・衛生委員会の付議事項

安全委員会の付議事項（安衛則21条）	衛生委員会の付議事項（安衛則22条）
労働者の危険防止の基本的な対策に関すること	労働者の健康障害の防止の基本的な対策に関すること
労働災害の原因および再発防止対策に関することで安全に係るものに関すること	労働災害の原因および再発防止対策に関することで衛生に係るものに関すること
安全に関する規程の作成に関すること	衛生に関する規程の作成に関すること
危険性または有害性の調査およびその結果に基づき講ずる措置で安全に係るものに関すること	危険性または有害性の調査およびその結果に基づき講ずる措置で衛生に係るものに関すること
安全衛生に関する計画（安全に係る部分に限る）の作成、実施、評価および改善に関すること	安全衛生に関する計画（衛生に係る部分に限る）の作成、実施、評価および改善に関すること
安全教育の実施計画の作成に関すること	衛生教育の実施計画の作成に関すること
労働基準監督署長等から文書により命令、指示、勧告または指導を受けた事項のうち、労働者の危険の防止に関すること	化学物質による有害性の調査ならびにその結果に対する対策の樹立に関すること
	作業環境の測定結果およびその結果の評価に基づく対策の樹立に関すること
	定期に行われる健康診断、臨時の健康診断、みずから受けた健康診断およびその他医師の診断、診察または処置の結果ならびにその結果に対する対策の樹立に関すること
	労働者の健康保持増進を図るため必要な措置の実施計画の策定に関すること
	長時間にわたる労働による労働者の健康障害の防止を図るための対策の樹立に関すること
	労働者の精神的健康の保持増進を図るための対策の樹立に関すること
	労働基準監督署長等から文書により命令、指示、勧告または指導を受けた事項のうち、労働者の健康障害の防止に関すること
その他労働者の危険の防止に関する重要な事項	その他労働者の健康障害の防止および健康の保持増進に関する重要な事項

    ア 安全管理者のうちから事業者が指名した者

    イ その事業場の労働者で、安全に関し経験のある者のうちから事業者が指名した者

ⅱ）労働者代表の推薦に基づき指名する委員は、過半数代表者の推薦に基づき指名しなければならない。

② 衛生委員会（法18条）

1）衛生委員会の設置対象事業場

　常時50人以上の労働者を使用する事業場では、業種や規模にかかわらず衛生委員会を設けなければならない。

2）衛生委員会の権限

　衛生委員会の権限は図表3-1-13に示した付議事項を調査審議し、事業者に意見を述べることである（安衛則22条）。なお、意見の取りまとめにあたっては、労使の意見の合致を前提とすることが望ましい。

3）衛生委員会の構成

　①　議長……前述の安全委員会と同様である。

　②　委員……衛生委員会の議長となる委員以外の委員の半数は、前述の安全委員会と同様である。

　　ⅰ）事業者が指名する委員は、次の者である。

　　　ア　衛生管理者のうちから事業者が指名した者

　　　イ　産業医のうちから事業者が指名した者

　　　　※委員会の構成員である産業医は必ずしも当該事業所の専属の必要はなく、また、その出席を委員会の開催要件とするか否かは各委員会が独自に決める事項である（昭和63.9.16 基発601号の1）。

　　　ウ　その事業場の労働者で、衛生に関し経験のある者のうちから事業者が指名した者

　　　エ　上記のほか、その事業場の労働者で、作業環境測定を実施している作業環境測定士である者を衛生委員として指名することができる

　　ⅱ）過半数代表者の推薦に基づき指名する委員は、前述の安全委員会と同様である。

　　ⅲ）産業医は、労働者の健康を確保する観点から、衛生委員会または安全衛生委員会に対して必要な調査審議を求めることができる（安衛則23条）。この場合、当該産業医は、当該委員会に出席する必要がある。

③ 安全衛生委員会

1つの事業場において安全委員会と衛生委員会の双方の委員会を設けなければならないときには、双方の委員会をまとめて安全衛生委員会を設けることができる（法19条）。なお、安全衛生委員会を設ける義務のない事業者は、安全または衛生に関する事項について、関係労働者の意見を聴くための機会を設けるようにしなければならない（安衛則23条の2）。関係労働者とは、当該事業における個々の安全衛生問題に関係のある労働者をいう（昭35.5.11 基発737号）。

安全委員会・衛生委員会または安全衛生委員会（以下、「安全衛生委員会等」という）は、情報通信機器を用いて開催することができる。この場合、事業者は、十分な調査審議を確保するための適切な通信機器を用い、かつ適切な運営が行われるように事業場の実情に応じた適切な方法により、設置・運営を行う必要がある（令2.8.27 基発0827第1号）。

④ 安全衛生委員会等の開催・記録・議事概要の周知

安全衛生委員会等は、毎月1回以上開催し、開催のつど、これらの委員会の意見、当該意見を踏まえて講じた措置の内容および議事で重要なものを記録し、これを3年間保存しなければならない（安衛則23条）。なお、当該記録を書面ではなく電磁的記録（磁気的方式等で作られる記録であって、電子計算機による情報処理の用に供されるものをいう）により作成および保存するときには、労働基準監督官等の臨検時等、保存文書の閲覧、提出等が必要とされる場合に、直ちに必要事項が明らかにされ、かつ、写しを提出しうるシステムとなっていることが必要である（平17.3.31 基発0331014号）。

事業者は委員会開催のつど、遅滞なく、委員会における議事の内容を次に掲げるいずれかの方法によって労働者に周知しなければならない。

① 常時各作業場の見やすい場所に掲示し、または備え付けること

② 書面を労働者に交付すること

③ 磁気テープ、磁気ディスクその他これらに準ずる物に記録し、かつ、各作業場に労働者が当該記録の内容を常時確認できる機器を設

置すること

また、安全衛生委員会等の開催に要する時間は労働時間とみなされ、委員会が法定労働時間外に行われたときは、出席した労働者に対し割増賃金が支払われなければならない（昭47.9.18 基発602号、昭63.9.16 基発601号の1）。

⑤ 産業医の辞任または解任時の衛生委員会または安全衛生委員会への報告

産業医の身分の安定性を担保し、その職務の遂行の独立性・中立性を高める観点から、事業者は、産業医が辞任したときまたは産業医を解任したときは、遅滞なく（おおむね1ヵ月以内）、その旨およびその理由を衛生委員会または安全衛生委員会に報告しなければならない（安衛則13条）。

（6）危険有害業務の就業制限（法61条・安衛令20条）

事業者は、労働者をクレーンの運転その他の業務で法令で定める特定の危険有害業務に就労させるときは、都道府県労働局長の免許を有する者または都道府県労働局長の登録を受けた者が行う技能講習を修了した者等の資格を有する者（安衛則別表3）でなければ就業させてはならない。また、資格を有する者以外の者は当該業務を行ってはならない。

資格を有する者が当該業務に従事するときは、資格に係る免許証その他の資格を証する書面を携帯しなければならない。

4 事業者・元方事業者・特定元方事業者の措置義務

（1）事業者の措置義務

事業者は、図表3-1-14の危険または健康障害を防止するための措置を講ずる義務がある（安衛法20条〜24条）。具体的措置の内容は、厚生労働省令で定めるとされ（法27条）、膨大な数の条文が安衛則、クレーン則等に規定されている。さらに国は、事業者が講ずるべき措置の適切かつ有効な実施を図るため必要な技術上の指針を定めるものとされ（法28

図表3-1-14 ● 事業者が防止措置を講ずべき危険または健康障害等

1	機械、器具その他の設備による危険
2	爆発性の物、発火性の物、引火性の物等による危険
3	電気、熱、その他のエネルギーによる危険
4	掘削、採石、荷役、伐木等の業務における作業方法から生ずる危険
5	労働者が墜落するおそれのある場所、土砂等が崩壊するおそれのある場所等に係る危険
6	原材料、ガス、蒸気、粉じん・酸素欠乏空気、病原体等による健康障害
7	放射線、高温、低温、超音波、騒音、振動、異常気圧等による健康障害
8	計器監視、精密工作等の作業による健康障害
9	排気、排液または残さい物による健康障害
10	労働者を就業させる建設物その他の作業場について、通路、床面、階段等の保全、換気、採光、照明、保温、防湿、休養、避難、清潔
11	労働者の健康、風紀および生命の保持
12	労働者の作業行動から生じる労働災害

条）、多くの指針により具体的義務措置が明らかにされている。事業者に措置義務違反があった場合は、監督機関から是正指導を受けるほか、罰則が適用されることがある。

(2) 元方事業者の措置義務

① 元方事業者の一般措置義務

　元方事業者とは、一の場所において行う事業の仕事の一部を請負人に負わせている事業者をいう。請負契約が2以上ある場合は、最先次の請負契約の注文主が該当する（安衛法15条1項）。業種のいかんは問わない。

　元方事業者には、以下の措置義務がある（法29条）。

　① 関係請負人および関係請負人の労働者が、当該仕事に関し、安衛法令に違反しないよう指導すること

　② 上記の違反があると認める場合は、是正のため必要な指示をすること

② 製造業の元方事業者の特例

製造業の元方事業者（造船業を除く）は、その労働者および関係請負人の労働者の作業が同一の場所において混在して行われることによる労働災害を防止するため、以下の必要な措置をとる義務がある（法30条の2、安衛則643条の2〜643条の6）。

① 作業間の連絡・調整

② クレーン等の運転についての合図の統一

③ 事故現場の標識の統一

④ 警報の統一

製造業においても、業務請負契約の締結により、構内下請が行われることが多くなったため、特定元方事業者の措置義務（法30条）に準じる措置が2005（平成17）年に設けられた。統括安全衛生責任者等に相当する安全衛生管理体制の設置は、安衛法の明文では義務づけられていないが、通達（平18.8.1 基発0801010号）により「作業間の連絡調整等を統括管理する者」の選任を行政指導することとされた。

③ 建設業の元方事業者の特例

建設業の元方事業者は、その労働者および関係請負人の労働者の作業が一の場所において一定規模の混在作業を行う場合、その現場ごとに、混在作業による労働災害を防止するため店社安全衛生責任者を選任し、その者に本節**3** (2) ③2）「店社安全衛生管理者の職務」に掲げた事項を行わせる義務がある。この場合、現場において、後述 **(3)** により統括安全衛生責任者・元方安全衛生管理者が選任されている場合は、その現場で店社安全衛生責任者に業務を行わせる義務はない（安衛法15条の3、安衛則18条の6第2項）。

また、建設業の元方事業者は、土砂が崩壊するおそれのある場所、機械等が転倒する場所等において関係請負人の労働者が当該事業の仕事の作業を行うときは、当該関係請負人が講ずべき危険防止措置が適正に講ぜられるよう、技術上の指導その他必要な措置を講じなければならない（法29条の2、安衛則634条の2）。

（3）特定元方事業者の措置義務

　特定元方事業者とは、建設業・造船業の元方事業者をいう（安衛法15条1項）。特定元方事業者は、その労働者および関係請負人の労働者の作業が同一の場所において混在して行われることによる労働災害を防止するため、本節 **3** （2）①3）「統括安全衛生責任者の職務」に掲げた措置をとる義務がある（法30条）。

　また、混在労働者数が常時50人の現場の場合（一定の工事の場合は常時30人以上）は、特定元方事業者は、統括安全衛生責任者を選任して上記の措置の実施業務を統括管理させ（法15条）、元方安全衛生管理者を選任して上記の措置の実施業務のうち技術的事項を管理させなければならない（法15条の2、建設業に限る）。統括安全責任者の選任義務のない現場であっては、特定元方事業者はその措置義務を自ら行う義務がある。

5　安全衛生教育

　労働災害や職業性疾病を防止するためには、機械や設備の安全を図るだけでなく、これを使用する労働者に対して適切な教育を実施する必要がある。労働者に対する安全衛生教育や訓練については、国が法令上実施することを義務づけているものと、個々の事業場が独自の判断で実施するものとがある。国は、事業者に対して、災害防止対策の重点として法定および法定外の安全衛生教育に関する教育全般について推進することとしている。

（1）法定教育

　安衛法で定められた安全衛生教育は、次のとおりである。
① 　雇入れ時の安全衛生教育（法59条1項、安衛則35条）
〈作業内容変更時の安全衛生教育（法59条2項、安衛則35条）〉
　労働者を雇い入れたときまたは労働者の作業内容を変更したときには、図表3-1-15に掲げる事項についての安全衛生教育を行わなければなら

図表3-1-15 ● 雇入れ時、作業内容変更時の安全衛生教育事項

①	機械等、原材料の危険性または有害性およびこれらの取扱方法に関すること
②	安全装置、有害物抑制装置または保護具の性能およびこれらの取扱方法に関すること
③	作業手順に関すること
④	作業開始時の点検に関すること
⑤	当該業務に関して発生するおそれのある疾病の原因および予防に関すること
⑥	整理、整頓および清潔の保持に関すること
⑦	事故時等における応急措置および退避に関すること
⑧	①~⑦に掲げるもののほか、当該業務に関する安全または衛生のために必要な事項

ない。ただし、次に掲げる業種以外の事業場の労働者には、①~④の事項についての教育を省略することができる。

　　　林業、鉱業、建設業、運送業、清掃業、製造業（物の加工業を含む）、電気業、ガス業、熱供給業、水道業、通信業、各種商品卸売業、家具・建具・じゅう器等卸売業、各種商品小売業、家具・建具・じゅう器等小売業、燃料小売業、旅館業、ゴルフ場業、自動車整備業、機械修理業

　教育時間およびその内容については、労働者が従事する業務に関する安全衛生を確保するために必要な内容および時間とすることとしている。

　安全衛生教育を行う時期は、雇入れ時の安全衛生教育については、雇入れ後直ちに実施すること、パートタイム労働者やアルバイト労働者にも確実に実施する必要がある。作業内容変更時の安全衛生教育については、転換した作業に就く前に実施することが大切である。また、作業内容を変更したときとは、異なる作業に転換をしたときや作業設備、作業方法等について大幅な変更があったときをいうものであって、これらについて軽易な変更があったときを含まないものである（昭47. 9. 18 基発602号）。

　なお、教育すべき事項の全部または一部に関し十分な知識および技能

を有していると認められる者については、当該事項についての安全衛生教育を省略することができる（安衛則35条2項）。

② 特別教育（法59条3項、安衛則36条等）

事業者は、労働者を安衛則36条等に列挙されている危険有害業務に従事させるときは、安全衛生に関して特別の教育を行わなければならない。列挙されている危険有害業務のうち一定の業務に係る特別教育の実施について必要な事項は、厚生労働大臣が定めることとしている（同則39条）。なお、教育すべき事項の全部または一部に関し十分な知識および技能を有していると認められる者については、当該科目についての教育安全衛生教育を省略することができる（同則37条）。具体的には、①当該業務に関連し、上級の資格（免許または技能講習修了）を有する者、②他の事業場において、当該業務に関しすでに特別の教育を受けた者、③当該業務に関し職業訓練を受けた者等、がこれに該当する（昭48.3.19 基発145号）。

特別教育の講師についての要件は特に定められていないが、教育科目について十分な知識経験を有する者でなければならない（昭48.3.19 基発145号）。

事業者が特別教育を行ったときは、当該特別教育の受講者、科目等の記録を作成して、3年間保存する義務がある（安衛則38条）。

③ 職長教育（法60条、安衛令19条、安衛則40条）

Column 知ってて便利

《建設業の新規入場者教育》

建設工事現場では、その現場に新たに就労して1週間以内に被災するケースが多いことから、関係請負人は現場ごとに新規入場者教育（通称）を行っている。特定元方事業者（元請）は、当該新規入場者教育を行う場所の提供、当該教育に使用する資料の提供等の措置を講じる（安衛則638条）ことにより、関係請負人が行う当該教育を援助することが義務とされている（安衛法30条1項4号・36条、罰則は同法120条）。具体的には、教育場所、教材等の提供である。

　職長とは、生産現場において部下を直接指揮・監督して与えられた仕事を完成する責任を有している監督者で職場の要であり、安全衛生を確保するうえでも同様である。作業に熟達している職長級の監督者の適切な指導により、災害が著しく減少している事例が多く見られる。

　そのため安衛法では、災害発生の比較的多い業種を特定し、その職場の職長に新たに就くこととなった者その他労働者を直接指導または監督する者（作業主任者を除く）に対して職長教育を義務づけている。

　職長教育を行うべき事業は、安衛令19条に列挙されている建設業、一定の製造業（除外業種あり）および電気業、ガス業、自動車整備業、機械修理業である。職長教育の内容および時間は、安衛則40条2項に規定されている。なお、教育すべき事項の全部または一部について十分な知識および技能を有していると認められる者については、当該事項についての教育を省略することができる。

④　危険有害業務従事者教育（法60条の2）

　技術革新の進展に伴う新規機械等の導入や作業内容の変化等に対応して、危険有害業務に就いている作業者が特別教育に限らず、新たな知識・技能を取得することができるようにするために、事業者はこれらの作業者に対し、その業務に関する安全衛生教育を行うように努めなければならない。

　国は、この教育の適切かつ有効な実施を図るために、「危険又は有害な業務に現に就いている者に対する安全衛生教育に関する指針」（平元.5.22 安全衛生教育指針公示1号）を公表している。指針では、就業制限業務従事者、特別教育業務従事者を対象に1日程度のモデルカリキュラムを規定している。

⑤　安全衛生業務従事者の能力向上教育（法19条の2）

　安全衛生体制の中核となる者が新たな知識・技能を取得することができるようにするため、事業者は安全管理者、衛生管理者、安全衛生推進者等、作業主任者および元方安全衛生管理者に対し、その業務に関する能力の向上を図るための教育・講習等を行い、またはこれらを受ける機

会を与えるように努めなければならない。

　国は、この教育の適切かつ有効な実施を図るために、「労働災害の防止のための業務に従事する者に対する能力向上教育に関する指針」（平元.5. 22 指針公示第1号）を公表している。

⑥　健康教育（法69条）

　高年齢労働者の運動機能等の低下を原因とする労働災害の増加、技術革新による職場環境の急激な変化に伴うストレス、職場不適応等による心の健康問題の発生等、職場の安全衛生面に新たな課題が生じている。

　そこで事業者は、労働者に対する健康教育および健康相談その他労働者の健康の保持増進を図るため必要な措置を、継続的かつ計画的に講ずるように努めなければならないとしている。

　また、労働者に対しては、事業者が健康教育および健康相談等の措置を講じても、労働者の参加と自身の努力がなければ予期した効果が期待できないことから、事業者が講ずる措置を利用して健康の保持増進に努めるものとされている。

　国は、事業者が講ずべき健康の保持増進に適切・有効な実施を図るため指針を公表するものとされ（法70条の2）、「事業場における労働者の健康保持増進のための指針」（昭63. 9. 1 健康保持増進指針公示1号）および「労働者の心の健康増進のための指針（平18. 3. 31 健康保持増進指針公示3号）が公表されている。

⑦　都道府県労働局長の指示に基づく労働災害防止業務従事者に対する講習の指示（法99条の2）

　都道府県労働局長（以下、「労働局長」という）は、労働災害が発生した場合であって再発防止のため必要があると認めるときは、事業者に対して期間を定めて、その現場の総括安全衛生管理者、安全管理者、衛生管理者、総括安全衛生責任者等の労働災害を防止するための業務に従事する者に、労働局長が指定する指定講習機関において行う講習を受けるよう指示させることができる。

　講習修了者には、指定講習機関から労働災害防止業務従事者災害再発

防止講習修了証が交付される。

⑧　労働局長の指示に基づく就業制限業務従事者に対する災害の再発防止のための講習の指示（法99条の3）

　労働局長は、安衛法61条の就業制限業務に従事して、安全衛生法令に違反して労働災害を発生させた場合で再発防止のため必要があると認めるときは、当該従事者に対して、期間を定めて労働局長の指定する指定講習機関が行う再発防止のための講習を受けるよう指示することができる。

　講習修了者には、指定講習機関から就業制限業務従事者災害再発防止講習修了証が交付される。

（2）教育実施の時間と費用負担

　安衛則59条の安全衛生教育（雇入れ時または作業内容変更時の安全衛生教育、危険有害業務に従事させる者に対する特別教育）および同則60条の職長教育については、労働災害防止を図るために事業者の責任で実施すべきものであるので、所定労働時間内に行うことが原則である。当該安全衛生教育が法定労働時間外に行われた場合には、割増賃金が支払われなければならない。

　また、法定で行う特別教育ないし職長教育を企業外で行う場合の講習会費、講習旅費等については、事業者が負担すべきものである（昭47.9.18 基発602号）。

（3）各種指針、通達等による安全衛生教育

　法定教育ではないが、業務に関し、国が示した各種のガイドラインや指針、通達等の中で、従事する業務について安全衛生教育を行うことを求めている。それらでは、教育の対象者および実施時期、教育内容等について定めている。強制力はないが、災害防止の観点から、実施することが望ましい。

（4）法定教育に準じて行うべき教育

① 法定教育以外の教育

　国は安衛法に基づく雇入れ時教育をはじめとする安全衛生教育および
これに準じた研修等を実施することを事業者に求めている。さらに国は
事業者に対して、これら法定教育以外に、労働災害の防止のために必要
な次に掲げる安全衛生教育及び研修（以下、「教育等」という）を実施す
ることとしている（「安全衛生教育及び研修の推進について」（平3. 1. 21
基発第39号（平28. 10. 12 基発第1012第1号による改正後のもの））別
紙「安全衛生教育等推進要綱」）。

① 就業制限業務または特別教育を必要とする危険有害業務に準ずる
危険有害業務に初めて従事する者に対する特別教育に準じた教育

② 就業制限業務または特別教育を必要とする危険有害業務に従事す
る者に対する危険再認識教育

③ 一定年齢に達した労働者に対する高齢時教育

④ 安全推進者、職長等に対する能力向上教育に準じた教育

⑤ 作業指揮者に対する指名時の教育

⑥ 安全衛生責任者に対する選任時および能力向上教育に準じた教育

⑦ 交通労働災害防止担当管理者教育

⑧ 荷役災害防止担当者教育

⑨ 危険性または有害性等の調査等担当者・労働安全衛生マネジメン
トシステム担当者教育

⑩ 化学物質管理者教育

⑪ 健康保持増進措置を実施するスタッフ養成専門研修

⑫ 事業場内産業保健スタッフ等に対するメンタルヘルスケアを推進
するための教育研修

⑬ 特定自主検査に従事する者に対する能力向上教育に準じた教育

⑭ 生産・施工部門の管理者、設計技術者等に対する技術者教育

⑮ 経営トップ等に対する安全衛生セミナー

⑯ 管理職に対する安全衛生教育

⑰　労働安全コンサルタント、労働衛生コンサルタント等の安全衛生専門家に対する実務向上研修

⑱　就業予定の実業高校生に対する教育等

安全衛生教育の推進にあたっては、中小企業、第三次産業、高年齢労働者、外国人および就業形態の多様化（パートタイム労働者、派遣労働者、海外派遣労働者等）といった労働災害防止上の課題に適切に対応していくことが重要である。

また、労働者の危険感受性の低下が懸念されていることから、十分な安全を確保したうえで、作業に伴う危険性を体感させるような教育等や日々の危険感受性を向上させる教育等も有効である。

これらの課題に対しては、雇入れ時教育等の法定教育の実施を徹底することはもとより、労働災害の発生等の実情に応じた教育等の推進が肝要である。

② 教育等の実施体制

教育等は、企業、安全衛生団体等および国がそれぞれの立場で相互に連携して推進する。

企業および安全衛生団体等は、教育等の実施にあたっては、次により計画的な実施と教育等の内容等の充実を図る。

(1) 実施計画等の作成

教育等の種類ごとに、対象者、実施日、実施場所、講師および教材等を定めた年間の実施計画を作成する。企業においては、労働者の職業生活を通じての継続的な教育等の実施等のため、中長期的な推進計画を作成することが望ましい。

(2) 実施結果の保存等

教育等を実施した場合には、台帳等にその結果を記録し、保存する。

(3) 実施責任者の選任

実施計画の作成、実施、実施結果の記録・保存等教育等に関する業務の実施責任者を選任する。

(4) 教育等の内容の充実

教育等の内容の充実のため、講師の養成・選定、教材の作成・選定
等については次の点に留意する。

ア　講師は、法令等に基づく要件を満たし、当該業務に関する知識・
経験を有する者であること。また、講師は、労働安全コンサルタ
ント、労働衛生コンサルタント、安全管理士、衛生管理士等の、
当該業務のみならず安全衛生業務に広く精通している者を活用す
ることが望ましい。さらに、教育等の技法に関する知識・経験を
有する者や教育等の講師となる人材の養成のための研修を受講す
る等して専門的知識、教育等の技法等に関する教育訓練を受けた
者であることが望ましい。このため、安全衛生団体等は、指導者
に対する研修等の実施により講師の養成を図る。

イ　教材は、カリキュラムの内容を十分満足したものであることは
もちろんのこと労働災害事例等に即した具体的な内容とする。ま
た、視聴覚機材を有効に活用することが望ましい。

ウ　教育等の技法は、講義方式のほか、教育等の対象者、種類等に
応じ、受講者が直接参加する方式、たとえば、事例研究、課題研
究等の討議方式を採用する。

（5）安全衛生教育センターの活用

国においては、教育等の水準の向上を図る観点から安全衛生教育セ
ンターを設置し、中央労働災害防止協会および建設業労働災害防止協
会に運営を委託しているところである。同センターにおいては、教育
等の講師となる人材の養成のための講座を開設しているので積極的な
活用を図る。

③　教育対象者別の教育体系

教育等の対象者ごとに実施する教育等の種類、実施時期等の教育等の
体系は、図表3-1-16のとおりである。

図表3-1-16●安全衛生教育等の体系

教育等の対象者		就業資格	就業時教育等	就業中教育等
1. 作業者	一般業務に従事する者		雇入時教育	(作業内容変更時教育) 高齢時教育
	危険有害業務に従事する者			
	・就業制限業務に従事する者	免許試験・技能講習		
	・特別教育を必要とする危険有害業務に従事する者		特別教育	危険有害業務従事者教育（定期又は随時）及び危険再認識教育
	・その他の危険有害業務に従事する者		特別教育に準じた教育	
	一般業務に従事する者および危険有害業務に従事する者			健康教育
2. 安全衛生に係る管理者	安全管理者	実務経験等	能力向上教育（初任時）	能力向上教育（定期又は随時）
	衛生管理者	免許試験等		
	安全衛生推進者	実務経験・養成講習		
	衛生推進者	実務経験・養成講習		
	店社安全衛生管理者	実務経験		
	元方安全衛生管理者	実務経験		
	救護技術管理者	研修		
	計画参画者	実務経験・研修		
	作業主任者	免許試験・技能講習		
	安全推進者	実務経験		能力向上教育に準じた教育（定期又は随時）
	職長等		職長等教育	能力向上教育に準じた教育（定期又は随時）
	作業指揮者		指名時教育	
	安全衛生責任者		選任時教育	能力向上教育に準じた教育（定期又は随時）
	交通労働災害防止担当管理者		選任時教育	
	荷役災害防止担当者		指名時教育	
	危険性または有害性等の調査等担当者・労働安全衛生マネジメントシステム担当者		指名時教育	
	化学物質管理者		選任時教育	原材料、作業方法等に大幅な変更があったとき（随時）
	健康保持増進措置を実施するスタッフ			健康保持増進措置を実施するスタッフ養成専門研修
	事業場内産業保健スタッフ			メンタルヘルスケアを推進するための教育研修
3. 経営トップ等	事業者			安全衛生セミナー
	統括安全衛生管理者			
	統括安全衛生責任者			
	安全衛生責任者			
	管理職			
4. 安全衛生専門家	産業医	医師		実務能力向上
	労働安全コンサルタント	免許試験・登録		
	労働衛生コンサルタント	免許試験・登録		
	作業環境測定士	試験・講習・登録		
	安全管理士	実務試験等		
	衛生管理士	実務試験等		
5. 技術指導	特定自主検査に従事する者	実務経験・研修		能力向上教育に準じた教育（定時又は随時）
	定期自主検査に従事する者		選任時教育	
	生産技術管理者			技術者に対する機械安全教育（随時）
	設計技術者等			
6. その他	就業予定の実業高校生		卒業前教育	

出所：厚生労働省「安全衛生教育等推進要綱　別図」（平28.10.12 基発1012第1号別紙）

6　労働災害の防止

（1）労働災害発生のしくみ

　労働災害の直接原因は、設備、環境等の不安全・不衛生な状態（物的原因）と労働者の不安全・不衛生な行動（人的原因）である。これらの

図表3-1-17 ● 労働災害発生のしくみ

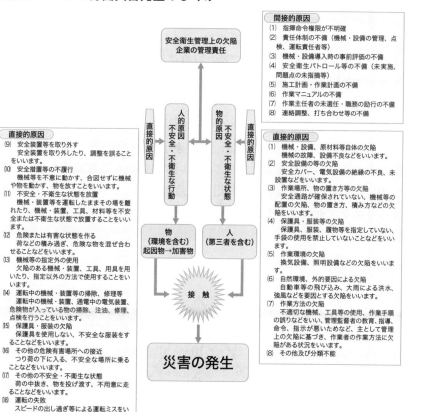

出所：東京労働局ホームページ

いずれかの原因または各原因が競合して接触したときに、現象として労働災害が発生する。さらに直接的原因に関し、間接的に事業者の安全衛生管理上の不備・欠陥が競合することがある。この直接的原因たる物的原因および人的原因と、それらにからむ間接的原因のそれぞれの具体例が図表３-１-17である。

（２）災害原因は身近に潜在的に存在する

　フランク・バード（米国）は、1969年に297社、175万件余りの事故を分析している。その結果は、図表３-１-18のとおりである。重傷ないしは死亡災害１件に対し、その背後には軽傷災害が10件、物損事故が30件、災害や事故に至らなかったヒヤリ・ハット等のニアミスが600件発生している。さらにヒヤッとした、ハッとしたと感じることもない無感覚に見過ごしている不安全状態・不安全行動が常に無数潜在している。

　労働災害を防止するためには、この身近にある不安全状態・不安全行動のような、いまだ災害になっていないが災害になる可能性を秘めた潜在的危険（有害）要因を見つけ出し、除去することが重要である。後述するリスクアセスメントは、この考え方と同質のものである。

図表３-１-18●バードの法則

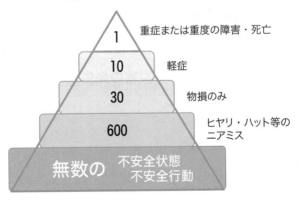

（3）誰が災害を防止するか

　労働災害の防止義務は、安衛法3条、20条から27条において事業者に課しているが、一方、法4条に、労働者は事業者が講じた労働災害の防止に関する措置に協力するように努めるべき義務を負っていることが規定されている。さらに、法26条・27条は労働者が事業者の措置義務に応じて必要な事項を守るべき義務を規定しており、違反には罰則が科される（法120条1号）。なお、労働契約法5条において使用者（事業者）には「労働契約に伴い、労働者がその生命、身体等の安全を確保しつつ労働することができるよう、必要な配慮をするものとする」と、安全衛生に関しての配慮義務があることが規定されている。

　労働災害を起こさないためには、事業者が災害防止措置を講じ必要なコストを投じることはもちろんだが、労働者も事業者の講ずる措置を実行するとともにさらに災害を少なくすべく知恵を出し、事業者と協調・協力して推進することが必要であろう。

（4）災害防止のための安全衛生活動

① ゼロ災運動（ゼロ災害全員参加運動）

　ゼロ災運動は、人間尊重を理念とし、「経営者、管理監督者をはじめ、全部門、全職場の従業員の自主参加によって、労働災害の絶滅と全員健康の理想を実現する」ことを趣旨として、中央労働災害防止協会が1973（昭和48）年に提唱した安全衛生運動である。ゼロ災運動は、「ゼロ災害へ全員参加」のスローガンのもと、ゼロ災運動3原則（ゼロの原則・先取りの原則・参加の原則）に基づいて職場の安全と健康をみんなで先取りしようという安全衛生運動であり、ゼロ災害・ゼロ疾病を究極の目標としている。

　ゼロ災運動の活動手法としては、ゼロ災小集団活動、危険予知訓練（KYT）、指差し呼称、ヒヤリ・ハット活動等が挙げられる。

② 4S運動・5S運動

　4Sとは、整理・整頓・清掃・清潔をいい、5Sとは、4S＋躾をいい、

図表3-1-19●5Sの内容

項目	内　　　容
整理	必要なものと不要なものを区別し、不要なものを処分すること
整頓	必要なものがいつでも使えるように、置き場所や置き方を決めておくこと
清掃	点検・清掃を行い、ゴミや汚れのない状態にすること
清潔	整理、整頓、清掃を実行し、きれいな状態を維持すること
躾	決められたことを、決められたとおりに実行できるようにすること

安全衛生活動の基本である。この活動の徹底を図っていくと、労働者が
それぞれ職場をよく見るようになり、問題点が顕在化して職場の安全性
向上が図れるとともに、業務の効率化、不良発生の未然防止、コストダ
ウンなどの効果がある。→図表3-1-19

中小企業においては、整理・整頓の2Sから行うことでも十分な効果
がある。

③　ヒヤリ・ハット活動

ヒヤリ・ハット活動は、事故や災害には至らなかったが、ヒヤッとし
たり、ハッとした出来事を報告し、事故や災害の発生を防止するために
活用する活動である。

職場内の潜在的危険有害要因を可能な限り発見してリスク情報を共有
し、除去することに有効である。

ヒヤリ、ハットしたことを感じた労働者から文書で報告を受け、安全
衛生委員会等で調査審議し、改善策を提案・実施する。

④　危険予知訓練（KYT）

KYTは、ゼロ災運動の手法の1つで、「危険を予知して労働安全衛生
先取りと全員参加」を理念としている。

KYTは、事業場や作業に潜む危険と、それにより発生すると見込まれ
る災害について話し合い、労働者の危険を予知または予測する能力を高
め、危険に対する感受性を高める目的で行われる。短時間で行うことに
より、集中力や解決意欲が向上する効果もある。

図表3-1-20 ● 4ラウンドKYT

第1ラウンド	**現状把握** どんな危険が潜んでいるか
第2ラウンド	**本質追求** これが危険のポイントだ
第3ラウンド	**対策樹立** あなたならどうする
第4ラウンド	**目標設定** 私たちはこうする

　KYTの手法として、ブレーンストーミング形式で行う4ラウンドKYTがある。4ラウンドKYTは、作業現場や作業者を描いたイラストシートを見ながら、図表3-1-20の要領で進める。さらに、第4ラウンド終了後に全員で大きな声で行動目標を指差呼称し、各自の認識を促す。

⑤　安全パトロール

　安全パトロールは、経営トップ、安全・衛生管理者、職場の管理者等

Column　コーヒーブレイク

《全国安全週間、全国労働衛生週間》

　全国安全週間、全国労働衛生週間は、厚生労働省および中央労働災害防止協会が主催者となって行われている。

　全国安全週間は、毎年7月1日〜7日に実施される。1928（昭和3）年の第1回実施以来、一度も中断することなく毎年続けられている。理念は「人命尊重」、目的は「産業界での自主的な労働災害防止活動を推進し、広く一般の安全意識の高揚と安全活動の定着を図ること」である。

　全国労働衛生週間は、毎年10月1日〜7日に実施される。1950（昭和25）年の第1回実施以来、毎年続けられている。

　それぞれの週間には、事業場において安全大会や衛生大会を開催したり、安全衛生表彰を行ったりしている。また、各週間の前月1ヵ月間は準備月間として、各週間中の行事を有効に行うための準備期間である。

　さらに、それぞれの週間に合わせて中央災害防止協会からは、毎年「安全の指標」および「労働衛生のしおり」が発行されている。労働災害の現況や、最近の安全衛生対策の展開状況等の把握に役立つものである。

が、作業現場や工場などを巡視し、職場の危険要因のチェックと指導を行うことである。職場の環境、労働者の行動を確認し、問題のある点はその場で指摘をして改善を進める。

⑥　安全衛生改善提案活動

改善提案制度は、作業者みずからが考えて、作業や設備などの改善を行い、安全性の確保や作業効率の向上、不具合発生の防止に役立てる活動である。この活動は、事業場や作業上の危険に関しての指摘だけでなく、労働者に改善するための方策を提案してもらい、実際の改善活動につなげることが望まれる。

⑦　ツールボックスミーティング（TBM）

TBM（tool box meeting）は、安全朝礼とは別に作業開始前に作業現場で職長等が中心となって、当日の作業内容、段取り、役割と配置、安全衛生のポイント等作業上の注意点を話し合い、確認する短時間のミーティングをいう。

（5）労働災害発生時の措置
──労働災害または事故が発生したら事業主が行うべきこと

①　事故報告（法100条、安衛則96条）

事業場において安衛則96条1項に掲げる特定の事故が発生した場合は、遅滞なく、所定の事故報告書を所轄労働基準監督署長に提出しなければならない。事故により労働者が被災したときには、事故報告とは別に労働者死傷病報告書を提出しなければならない。

②　労働者死傷病報告（法100条、安衛則97条）

労働災害が発生し、労働者が負傷または死亡した場合には、事業者は所定の労働者死傷病報告（死傷病報告）を所轄労働基準監督署長に提出しなければならない。休業4日以上の場合または労働者が死亡したときは、遅滞なく、そのつど提出しなければならない。また、休業4日未満の災害については、4半期（4〜6月、7〜9月、10〜12月、1〜3月）ごとにそれぞれの期間の最後の月の翌月末日までに提出しなければならない。

提出先については原則、労働者の所属する事業場を管轄する労働基準監督署長であるが、建設の事業については、災害発生現場を管轄する労働基準監督署長となる。たとえば、建設現場で下請負人の労働者が被災した場合には、下請負人が災害発生現場を管轄する労働基準監督署長に提出することとなる。その際、死傷病報告様式中の労災保険番号欄については、元請負人の労働保険番号を記入する。

業務上被災した労働者が外国人（在留資格が公用・外交、特別永住者を除く）である場合は、死傷病報告様式に設けられた国籍・地域および在留資格の記入欄に記入を要する。

派遣労働者が派遣先事業において業務上被災した場合は、派遣先事業および派遣元事業の双方の事業主が、派遣労働者に係る死傷病報告をそれぞれの所轄労働基準監督署長に提出しなければならない（安衛法100条、労働者派遣法45条15項）。

③ 報告の受け方

災害が発生した場合の報告内容は、再発防止に向けた検討資料になることも踏まえて、次に掲げる内容について把握することが必要であり、報告者に対してもその内容に沿った報告が求められる。

- ・誰が……氏名・性別・年齢・所属・従事する職種・経験年数等の人的要素に関する事項
- ・いつ……災害発生日時・曜日・季節・気候等に関する事項
- ・どのような場所で……災害発生場所とその周囲の環境に関する事項
- ・どのような作業をしているときに……作業行動を明らかにすべき内容に関する事項
- ・どのような物または環境に……起因物または加害物となった物または環境に関する事項
- ・どのような不安全な状態があって……起因物にどのような不安全な状態があったか
- ・どのようにして災害が発生したか……災害発生の経過（作業指示の有無、どのような作業行動をとったか、身体および心理状態にあったか等）
- ・受診した医療機関
- ・傷病名、傷病の部位

> ・休業の必要性と休業必要な場合には、その見込日数
> ・損害見込額
> ・その他

④　労働災害の再発防止対策を講ずること

　労働災害が発生した場合に事業者は、再発防止のための次に掲げる措置を講ずることが望ましい。なお、労働災害の原因および再発防止対策は、安全（衛生）委員会での審議事項となっているので、災害調査および再発防止対策の樹立に向けての行動は、安全（衛生）委員会が行い、その意見を事業者に述べることとなる。

　事業者は、その意見を十分に聴いたうえで、必要な対処をしなければならない。

①　災害調査の実施と災害原因の分析、検討

②　対策の樹立

③　文書化

労災かくし

　労災かくしとは、「故意に労働者死傷病報告を提出しないこと」または「虚偽の内容を記載した労働者死傷病報告を所轄労働基準監督署長に提出すること」をいい、このような労災かくしは適正な労災保険給付に悪影響を与えるばかりでなく、労働災害の被災者に犠牲を強いて自己の利益を優先する行為で、労働安全衛生法第100条に違反し、または同法第120条第5号（筆者注：第100条第1項または第3項の規定による報告をせず、もしくは虚偽の報告をし、または出頭しなかった者は、50万円以下の罰金に処する）に該当することとなります。

　このような労災かくしに対して厚生労働省は、罰則を適用して厳しく処罰を求めるなど、厳正に対処（送検）することとしています。

出所：厚生労働省「『労災かくし』は犯罪です」より（ただし、カッコ内は筆者が加筆）

④　再発防止対策の関係労働者に対しての周知（安全衛生教育の実施
　　等）

⑤　一定期間後、再発防止対策の効果を確認し、必要に応じて再検討
　　すること

（6）災害原因の調査と分析

①　災害調査と災害原因の分析

　災害調査は、発生した災害の災害発生状況等について事実調査を行う
とともに問題点を把握し、災害防止に役立てることを目的としている。
災害調査は、災害発生の真実を追求することが大切であって、関係者の
責任追及をすることが目的ではない。

　災害原因の分析は、災害調査に基づいて当該災害の直接原因となった
不安全な行動または不安全な状態、および直節原因の背景となっている
人間的・設備的・作業的要因に係る基本原因、ならびに直接原因・基本
原因の全体の背景にある管理要因について、再発防止対策を樹立するた
めに分析検討することである。

　分析方法には、個別的災害原因分析と統計的手法による原因分析があ
る。個別的原因分析は、おのおのの災害ごとの原因を詳しくとらえよう
とするものであり、統計的分析は、各要因の相互関係とか分布状態を分
析して災害原因を全体的にとらえようとするものである。

②　災害原因要素分類の方式

　厚生労働省では、死傷災害の分布状態等その発生の動向を大数的に把
握し、死傷災害の原因要素をできるだけ簡明に把握するために「事故の
型分類および起因物分類」を災害原因要素分類としている。

　事故の型とは、傷病を受けるもととなった起因物が関係した現象をい
い、転倒、墜落・転落、はさまれ・巻き込まれ等21項目に分類されてい
る。起因物とは、災害の主因となった機械、装置もしくはその他のもの
または環境等をいい、一般的には不安全な状態にあったものを指してい
る。それぞれに分類項目が定められている。

　個々の事業場において災害発生要因を深く掘り下げて分類する場合には、あらかじめ定められた事故の型および起因物の分類項目の範囲を超えた事業場特有の分類項目が必要とされる。

　さらに、事故の型および起因物分類に業種別等の要素を組み合わせることにより、災害の分布状態を多角的に解明し、災害防止に役立てることができる。→図表３-１-21

③　労働災害率と算定方式

　労働災害の発生状況を把握する指標として、次の労働災害率（度数率・強度率・年千人率）を用いることがある。

図表３-１-21 ●事故の型別死傷者、死亡者の割合（令和２年全産業）

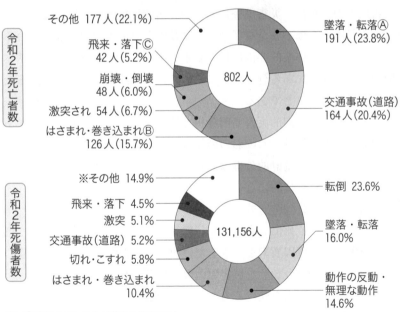

注）Ⓐ建物などから人が落ちたりすること
　　Ⓑ物や機械にはさまれたりすること
　　Ⓒ物体が飛んできたり、落ちて人に当たったりすること

※新型コロナウイルス感染症のり患による労働災害は6,041人で、事故の型別では「その他」に分類している。

出所：中央労働災害防止協会編『安全の指標　令和３年度』

1）度数率

度数率は、労働災害により発生する100万延べ実労働時間当たりの死傷者数を示すもので、災害の頻度を表す。算出方法は、次の算式で表される。

$$度数率 = \frac{労働災害による死傷者数（不休災害を除く）}{延べ実労働時間数} \times 1,000,000$$

2）強度率

強度率は、労働災害によって失われる1,000延べ実労働時間当たりの労働損失日数を示すもので、災害の重さの程度を表す。算出方法は、次の算式で表される。

$$強度率 = \frac{延労働損失日数}{延べ実労働時間数} \times 1,000$$

※延労働損失日数について

延労働損失日数とは、労働災害による死傷者の延労働損失日数をいい、次の基準により算出する。

(1) 死亡および永久全労働不能（障害等級1～3級）は、7,500日。

死亡とは、労働災害のため死亡したもの（即死のほか負傷が原因で死亡したものを含む）をいう。また、永久全労働不能とは、労働基準法施行規則に規定された身体障害等級表の1～3級に該当する障害を残すものをいう。

(2) 永久一部労働不能（障害等級4～14級）は、級に応じて50～5,500日。

永久一部労働不能とは、身体の一部を完全に喪失したもの、または身体の一部の機能を永久に不能にしたもので、身体障害等級表の4～14級に該当する障害を残すものをいう。

(3) 一時全労働不能は、暦日による休業日数に300／365を乗ずる。

災害発生の翌日以降、少なくとも1日以上は負傷のため労働できないが、ある期間を経過すると治ゆし、身体障害等級表の1～14級に該当する障害を残さないものをいう。

身体障害等級別労働損失日数表

身体障害等級	1～3	4	5	6	7	8	9	10	11	12	13	14
労働損失日数	7,500	5,500	4,000	3,000	2,200	1,500	1,000	600	400	200	100	50

3）年千人率

　年千人率は、1年間の労働者1,000人当たりに発生した死傷者数の割合を示した数値で、次の算式で表される。

$$年千人率 = \frac{1年間の死傷者数}{1年間の平均労働者数} \times 1,000$$

7 労働安全衛生マネジメントシステム（OSHMS）

（1）OSHMSの概要

　厚生労働省は安衛則24条の2の規定に基づき「労働安全衛生マネジメントシステムに関する指針」（平11労働省告示53号）（以下、本項において「指針」という）を定め、労働安全衛生マネジメントシステム（以下、「OSHMS（occupational safety and health management systems）」）の枠組みを示している。OSHMSは、潜在的な危険・有害要因を低減させ、安全衛生管理を経営と一体化させ、安全衛生管理のノウハウを適切に継承し、その効果的かつ継続的な実施を可能とするしくみである。事業者は、これを適切に実施し、運用することにより、労働災害のさらなる減少、そして安全衛生水準の一層の向上を実現する可能性が広がる。→図表3-1-22

　なお、国際的な基準としてILO（国際労働機関）においてもISO（国際標準化機構）において、OSHMSの国際規格ISO45001が策定されているが、厚生労働省の指針はILOのガイドラインに準拠している。

（2）OSHMSの特徴

① PDCAサイクル構造の自律的システム

　OSHMSは、安全衛生のリスクを洗い出し、それをマネジメントすることである。また、システム監査のチェック機能を取り入れている。自主的な安全衛生対策を「計画（Plan）−実施（Do）−評価（Check）−改善

図表３-１-22 ● OSHMSの概要

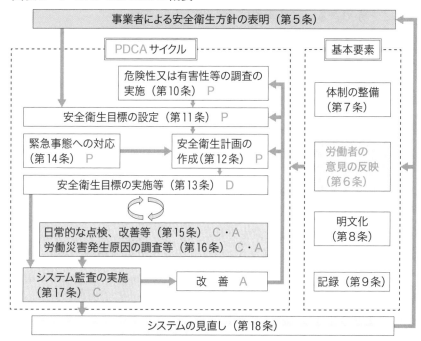

※図表内のカッコ内は、指針の該当条を示す。

出所：厚生労働省職場のあんぜんサイト「安全衛生キーワード」
　　　https://anzeninfo.mhlw.go.jp/index.html

（Act）」という一連の過程（PDCAサイクルという）を連続的かつ継続
的に実施し、現在実施されているPDCAサイクルについてシステム監査
を行って評価を行い、その評価に基づいて改善した結果が次のPDCAサ
イクルのベースとなる。そのステップアップした安全衛生目標を掲げた
PDCAサイクルを実行し、これらを連続的に行うことにより、安全衛生
水準がスパイラル状に向上することが期待される。→図表３-１-22

② 事業運営と一体となっての運用

　OSHMSは、法人が同一である製造業、建設業、運送業その他第三次
産業等すべての業種および規模の複数の事業場を一の単位として実施す

361

ることができ（指針４条ただし書の場合を除く）、システムを柔軟に運用することができる（指針４条）。

OSHMS導入にあたって事業者は、安全衛生に対する姿勢を明確にするために、みずからの安全衛生に関する基本的な考え方を安全衛生方針として表明し、労働者および関係請負人その他の関係労働者に広く周知させることとしている。その安全衛生方針には、指針５条２項に掲げられた事項を盛り込むこととしている（指針５条）。

OSHMSを組織的に運用するために、運用を推進する部署およびシステム各級管理者の役割、責任および権限を定め、担当者を指名するとともに、リスクアセスメント担当者、内部監査者などOSHMS運用に必要な人材の確保やその育成も求められている（指針７条）。

事業者は、策定した安全衛生方針に基づいて安全衛生目標を設定（指針11条）し、安全衛生計画を作成することとされる（指針12条）。その安全衛生計画には、安全衛生目標を達成するために行うべき活動を明確にするために、同条２項に列挙されている事項を含むものとされている。

③　労働者の意見の反映（指針６条）

安全衛生目標の設定ならびに安全衛生計画の作成、実施、評価および改善にあたっては、労働者の意見を反映する手順を定めるとともに、この手順に基づき、労働者の意見を反映することとされている。

④　手順化、文書化、記録化（指針８条）

事業者は、安全衛生活動を均質に、確実に、かつ効果的に実施するために、次の事項について文書化することとしている。

①　安全衛生方針

②　OSHMSに従って行う措置の実施の単位

③　システム各級管理者の役割、責任および権限

④　安全衛生目標

⑤　安全衛生計画

⑥　各種手順（指針６条・８条２項・10条・13条・15条１項・16条および17条１項の規定に基づき定められた手順）

　文書管理をするにあたって、事業主は、文書を管理する手順を定め、定められた手順に沿って適切に保管、改訂、廃棄等の文書管理を行うこととしている。なお文書は、電子媒体の形式でも差し支えない。

⑤　危険または有害要因の特定（指針10条）

　労働災害に結びつく可能性のある危険または有害要因を調査（リスクアセスメント）のうえ特定し、その要因を排除または低減させる措置を講じることにより、職場の本質的な安全を図ることができるものである。したがって、リスクアセスメントはOSHMSの運用における安全衛生計画の実施項目の中で中核をなす活動といえる。なお、リスクアセスメント実施手順等については **(3)** で示すこととする。

(3) リスクアセスメント

① リスクアセスメントの目的

　災害防止の本筋は、災害が起きた後で時間と人手をかけて再発防止を図るのではなく、いかにして災害を未然に防ぐかの調査、研究、設備改善、教育、要員配置等に時間とコストとを十分にかけて未然防止に傾注することである。未然防止は、いまだ発生していない災害を事前に想定して対策を講じ災害発生を予防することである。

　災害の未然防止の手法として、リスクアセスメント（危険性および有害性の調査）が挙げられる。リスクアセスメントは、事業場の危険性または有害性を網羅的に抽出して存在するリスクを把握・特定し、そのリスクについて評価と見積もりを行って優先度を付け、合理的な判断のもとにリスクの除去または低減措置を講じることである。リスクアセスメントは、リスクを先取りしてリスクの除去または低減を図る措置であり、災害の未然防止にきわめて有効な手段であるといえる。

　労働安全衛生に関係するリスクアセスメントには、次に掲げるものがある。

　①　機械設備等の設計時のリスクアセスメント

　②　化学物質の危険・有害性のリスクアセスメント

③　職場および作業のリスクアセスメント

② リスクアセスメントの実施手順

　国では、リスクアセスメントを効果的に各事業場において適切かつ有効に実施されるよう、法28条の2の規定に基づき「危険性又は有害性等の調査等に関する指針」（平18.3.10 指針公示1号）を定め、その基本的な考え方および実施事項を示している。この指針に基づくリスクアセスメントの実施手順等についての一連の流れをまとめたものが、図表3-1-23である。

図表3-1-23 ● リスクアセスメントの実施手順

いつ行うか（実施時期）		●建設物を設置し、移転し、変更し、または解体するとき ●設備、原材料、作業方法または作業手順を新規に採用したとき、または変更するときその他指針5に示された事項に該当するとき ●前回行ったリスクアセスメントから一定の期間が経過し、機械設備等の経年変化や従事する労働者の交代等により、前回見積もったリスクに変化が生じたとき、または生じるおそれのあるとき
手順1	危険性または有害性の特定	●職場に潜むすべての危険・有害要因を洗い出し、労働者の就業に係る危険性または有害性を作業単位で特定する。 ●リスクアセスメントを実施する対象は再発防止策を講じた災害だけでなく、事業場で発生したすべての事故・不休災害を含むすべての災害を検討するとともに、事故・災害には至らないもののその可能性のある危険有害要因（HAZARD）を含めて検討することが必要である。 ●初めてリスクアセスメントに取りかかるときは、危険・有害と見込まれる作業・作業場所を絞り込み、できるところから行う。 危険・有害要因の洗い出しにあたっては、作業手順書、取扱説明書、ヒヤリ・ハット事例、KYT（危険予知訓練）の活動事例、安全パトロール時の巡視状況、外部からのクレーム等を労働者から幅広く、かつ詳細に収集することが大切であるとともに、それらの情報を労働者から吸い上げるしくみ作りも必要である。また、安全衛生委員会の審議記録を参考にしたり、公開されている他社での類似災害情報を活用することも一法である。

手順2	リスクの見積もり	●特定された危険性または有害性ごとにリスク（特定された危険性または有害性によって生ずるおそれのある負傷または疾病の重篤度（ひどさ）と負傷または疾病の発生可能性の度合いをいう）を見積もり、許容リスクレベル内かどうか評価する。 ●リスク見積もり、評価の方法としてマトリックス法、数値化法、リスクグラフ法がある。 ●リスク見積もり、評価を確実なものとするため、専門家や熟練労働者等を参加させた検討会を立ち上げ、作業内容の分析・検討を行うのも一法である。
手順3	リスク低減のための優先度の設定・リスク低減措置の検討	(1) 見積もりに基づくリスクを低減するための優先度を設定する。 (2) リスクを合法的方法により許容レベル以下に低減させる対策案を検討する。対策案の検討順位は次のとおりであるが、法令の規定に基づくことは必ず実施しなければならない。 ① 法令に規定された事項の実施（法令遵守） ② 危険な作業の廃止・変更等、設計や計画の段階から労働者の就業に係る危険有害性を除去・低減する措置 ③ インターロック、局所排気装置等の設置等の工学的対策 ④ マニュアル整備等の管理的対策の検討 ⑤ 保護手袋等個人用保護具の対策の検討
手順4	リスク低減措置の実施	(1) 優先度に応じたリスク低減措置を実施する。 (2) 対策実施後に再度リスクアセスメントを実施し、リスク低減措置が許容レベル以下にあることを検証する。
手順5	記　録	次に掲げる事項を記録し、災害防止のノウハウを蓄積する。 ① 洗い出した作業 ② 特定した危険性または有害性 ③ 見積もったリスク ④ 設定したリスク低減措置の優先度 ⑤ 実施したリスク低減措置の内容

<table>
<tr><td>第 **2** 節</td><td></td></tr>
</table>

健康管理・
メンタルヘルスの基礎

学習のポイント

◆健康管理措置としての各種健康診断の種類・対象・実施後の
措置等について理解する。
◆職場におけるメンタルヘルスケア、ストレスチェック、過重
労働の防止等事業主が行うべき事項について理解する。
◆法令等の根拠を示しているので、詳細については各自で確認
することが望ましい。

1　労働衛生の3管理

　健康障害を防止するための労働衛生対策は、作業環境管理、作業管理、
健康管理の3つの視点からアプローチが行われなければならない。この
作業環境管理、作業管理、健康管理を3管理といい、事業場における健
康障害を防止するための対策の基本である。

①　作業環境管理（安衛法65条・65条の2）

　作業場所の物理的環境や有害物質の気中濃度を法定の技術基準に従
って作業環境測定して評価を行い、作業環境の改善を図ることにより、
労働に起因する健康障害の発現を防ぐとともに快適な作業環境を維持
すること

②　作業管理（法65条の3・65条の4）

　労働者の作業時間、作業量、作業強度、作業方法、作業姿勢等を管
理することにより職業性疾病を予防すること

③　健康管理（法66条〜71条）

　健康診断の実施とその結果に基づく事後措置、医師による面接指導、ストレスチェック、心身両面の健康保持増進策等を実施し、労働者の健康の保持増進を図ること

2　各種健康診断の実施

　健康診断は、健康管理の基本となるもので、事業者にその実施が義務づけられている。

（1）健康診断の種類

　安衛法では、健康診断として一般健康診断と特殊健康診断が定められている。そのほか行政指導による健康診断がある。

① 　一般健康診断

　安衛法66条1項に定められた健康診断で、労働者の一般的な健康状態を調べる。次に掲げる種類がある。

（1）雇入れ時の健康診断（安衛則43条）

　常時使用する労働者を雇い入れた際（雇入れの直前または直後をいう（昭23. 1. 16 基発83号、昭33. 2. 13 基発90号））に実施する健康診断である。適正配置、入職後の健康管理に役立てるものであって、採用可否決定を目的としたものではない（平5. 4. 26 事務連絡）。

（2）定期健康診断（安衛則44条）

　常時使用する労働者（同則45条の特定業務従事者に該当する労働者を除く）に対して、1年以内に1回、定期（定期とは、一定の時期という意味であって、各事業場において適宜決定すべきものである（昭23. 1. 16 基発83号））に実施する健康診断をいう。

　なお、定期健康診断を実施すべき時期に、労働者が育児休業・療養等により休業中の場合には、事業者は、定期健康診断を実施しなくても差し支えない。実施しなかった場合には、休業終了後速やかに実施

する必要がある（平4.3.13 基発115号）。

(3) 特定業務従事者の健康診断（安衛則45条）

　安衛則13条1項3号に掲げる深夜業を含む業務、坑内業務、潜水業務、有害放射線にさらされる業務等の特定業務に従事する労働者（常時従事する労働者に限る）に対して、当該業務への配置替えの際および6ヵ月以内ごとに1回（診断項目のうち胸部X線検査および喀痰検査については1年に1回）、実施する健康診断である。

(4) 海外派遣者の健康診断（安衛則45条の2）

　労働者を海外に6ヵ月以上派遣（業務命令によって、転籍、在籍出向、出張等で日本国外の業務に6ヵ月以上従事させること）しようとするときは派遣前に、また、海外に6ヵ月以上派遣した労働者が帰国し、その者を国内業務に就かせるときには帰国後に実施する健康診断である。

　なお、この健康診断を実施する6ヵ月以内に、すでに実施されている健康診断（雇入れ時健康診断、定期健康診断、特定業務従事者の健康診断、特殊健康診断をいう）がある場合は、重複する健康診断項目については、省略することができる。

(5) 給食従業員の検便（安衛則47条）

　事業に附属した食堂や炊事場で給食業務に従事する労働者に対して、雇入れの際または当該業務への配置替えの際に行う検便による健康診断で、感染症保菌者発見のための細菌学的検査を行う。

(6) 歯科医師による健康診断（安衛則48条）

　安衛令22条3項の業務に常時従事する労働者に対して、雇入れの際または当該業務への配置替えの際および当該業務についた後6ヵ月以内ごとに1回、定期に、歯科医師が行う健康診断である。

(7) 深夜業に従事する労働者の自発的健康診断（法66条の2、安衛則50条の2〜50条の4）

　深夜業（午後10時から午前5時までの間における業務）に従事する労働者（常時使用され、この健康診断受診前の6ヵ月間を平均して1

ヵ月当たり4回以上深夜業に従事した者）であって、自己の健康に不安を抱き、次回行うべき特定業務従事者の健康診断の実施日まで待てない者がみずからの判断で受診した健康診断をいう。

この健康診断を受診した労働者は、受診日から3ヵ月以内に医師による定期健康診断の項目の診断結果を証明する書類を事業者に提出することができる。

② 特殊健康診断

安衛法66条2項・3項に規定された健康診断をいう。労働衛生対策上、特に有害である業務に現に従事する労働者または過去に従事した労働者であって現に使用されている者を対象として、当該有害業務に起因する健康障害の状況を調べる健康診断である。

特殊健康診断は、各特別規則によって特別な健康診断項目および健康診断の実施回数について規定されている。

また、粉じん作業に従事する（した）労働者については、じん肺法に健康診断の規定がある（じん肺法3条）。通常、特殊健診とは安衛法によるものをいうが、広義には、じん肺法その他の法律による有害業務従事に伴う健康診断を含む。

特殊健康診断には、図表3-2-1に掲げる種類がある。

③ 行政指導による健康診断（指導勧奨による特殊健康診断）

②の特殊健康診断とは別に、29業務については、各種通達により健康診断を実施するよう示されている。

④ 臨時健康診断（法66条4項、安衛則49条）

法66条4項に規定された健康診断で、労働局長が法95条の規定による労働衛生指導医の意見に基づき、事業者に対して臨時の実施を指示して行わせる健康診断である。

⑤ 労災保険による二次健康診断等給付

二次健康診断等給付は、労働者が法66条1項に基づいて受診した健康診断（雇入れ時の健康診断、定期健康診断、特定業務従事者の健康診断、海外派遣労働者の健康診断）のうち直近の健康診断（一次健康診断とい

図表３-２-１ ●特殊健康診断の一覧

特殊健康診断の種類 （根拠法・条文）		対 象 業 務
労働安全衛生法	高気圧業務健康診断 （高圧則38条）	高圧室内業務または潜水業務（安衛令22条１項１号）
	電離放射線健康診断 （電離則56条）	エックス線、その他の電離放射線にさらされる業務 （安衛令22条１項２号）
	除染等電離放射線健康診断 （除染電離則20条）＊	除染等業務（除染電離則２条７項）
	鉛健康診断 （鉛則53条）	鉛等を取り扱う業務（安衛令22条１項４号）
	四アルキル鉛健康診断 （四アルキル則22条）	四アルキル鉛の製造、混入、取扱いの業務 （安衛令22条１項５号）
	有機溶剤等健康診断 （有機則29条）	屋内作業場等（第３種有機溶剤はタンク等の内部に限る）における有機溶剤業務（安衛令22条１項６号）
	特定化学物質健康診断 （特化則39条） （同則別表第３・第４）	１．安衛令22条１項３号の業務(石綿等を取り扱い、または試験研究のため製造する業務を除く) ２．安衛令22条２項に掲げるもの（石綿を除く）を過去に製造し、または取り扱っていたことのある労働者で現に使用している者
	石綿健康診断 （石綿則40条）	１．石綿等の取扱い、または試験研究のための製造に伴い石綿の粉じんを発散する場所における業務（安衛令22条１項３号） ２．過去に石綿等を製造、または取扱いに伴い石綿の粉じんを発散する場所における業務に従事させたことのある労働者で、現に使用している者（安衛令22条２項）
	歯科医師による健康診断 （安衛則48条）	塩酸、硝酸、硫酸、亜硫酸、フッ化水素黄りんその他歯またはその支持組織に有害なもののガス、蒸気または粉じんを発散する場所における業務（安衛令22条３項）
じん肺法	じん肺健康診断 （じん肺法３条・７条〜10条）	じん肺則別表に掲げる粉じん作業業務従事者等（じん肺則２条、同則別表）

＊除染電離則の正式名称：東日本大震災により生じた放射性物質により汚染された土壌等を除染するための業務等に係る電離放射線防止規則

う）において脳・心臓疾患に関連する一定の項目（血圧、血中脂質、血糖、腹囲、BMI（肥満度））のすべてについて医師が異常の所見を認めた場合に、労働者の請求に基づいて労災保険から給付が行われる（労災法26条）。二次健康診断等給付には、二次健康診断の給付と特定保健指導の給付があり、それぞれに係る費用は労災保険から給付されるので労働者が負担することはない。

　二次健康診断終了後、労働者から二次健康診断の結果の提出を受けた事業者は、医師の意見を聴取する義務がある（労災法27条）。

（2）健康診断実施後の措置

　健康診断を実施した事業者は、一定の事後措置を講じなければならない（法66条の5）。一般健康診断実施後の事後措置の流れは、下記のとおりである。このほか特殊健康診断の事後措置、自発的健康診断受診者がその結果を提出した場合の事後措置等がある。

　事後措置を講じるにあたっては、「健康診断結果に基づき事業者が講ずべき措置に関する指針」（平8. 10. 1 指針公示1号。以下、本項において「健康診断結果措置指針」という）に留意しなければならない。

① 　健康診断個人票を作成し（法66条の3）、5年間保存すること（法103条、安衛則51条）。ただし、次に掲げる特殊健康診断に係る個人票の保存については、30年間ないし40年間の保存とする

　　1）クロム酸等を鉱石から製造する事業場においてクロム酸等を取り扱う業務に常時従事し、または従事した労働者に係る特定化学物質健康診断個人票は、30年間保存（特化則40条2項）

　　2）電離放射線健康診断個人票は、30年間保存。ただし、当該記録を5年間保存した後において、厚生労働大臣が指定する機関に引き渡すときを除く（電離則57条）

　　3）石綿健康診断個人票は、当該労働者が当該事業場で常時当該業務に従事しないこととなった日から40年間（石綿則41条）

② 　健康診断結果の届出

ⅰ）労働者を50人以上使用する事業場では、前記 **(1)** ① (2)、(3)、(6) の健康診断（定期のものに限る）について「定期健康診断結果報告書」を所轄労働基準監督署長へ遅滞なく届け出ること（安衛則52条）

ⅱ）特殊健康診断（行政指導によるものを除く）を実施した事業者は、事業場の使用労働者数にかかわりなく当該特殊健康診断に応じた特殊健康診断結果報告書を所轄労働基準監督署長へ遅滞なく届け出ること。なお、じん肺健康診断については、その実施の有無にかかわらず毎年12月末の状況を翌年2月末日までに報告すること（じん肺則37条）

③ 健康診断を受けた労働者に対して事業者は、異常の所見の有無にかかわらず、遅滞なくその結果を通知すること（法66条の6、安衛則51条の4）

④ 健康診断の結果に所見があった者について事業者は、医師等（医師または歯科医師をいう。産業医が選任されている事業場では産業医から意見を聴くことが適当であるが、産業医の選任義務のない労働者数が50人未満の事業場においては、地域産業保健センターの登録産業医など認定産業医でよい）の意見を聴取すること（法66条の4、健康診断措置指針2－（3））。なお、当該労働者に係る就業区分およびその内容に関する医師等の判断を図表3-2-2の就業区分（例）によって求めること（健康診断結果措置指針2－（3））。また、作業環境管理および作業管理を見直す必要がある場合には、作業環境測定の実施、施設または設備の設置または整備、作業方法の改善その他の適切な措置の必要性について意見を求めるものとすること

⑤ 健康診断の結果、特に健康の保持に努める必要があると医師等が認める労働者について、事業者は医師、保健師による保健指導を行うように努めること（法66条の7）

⑥ 医師等に対する意見聴取の結果、医師等の意見による就業区分に応じた就業上の措置を講ずること。また、医師等の意見を衛生委員

図表3-2-2●医師の判断を求める就業区分（例）

就 業 区 分		就業上の措置の内容
区 分	内 容	
通常勤務	通常の勤務でよいもの	通常勤務のまま
就業制限	勤務に制限を加える必要のあるもの	勤務による負荷を軽減するための措置 ・労働時間の短縮　・時間外労働の制限 ・作業の転換　　　・出張の制限 ・労働負荷の制限　・就業場所の変更 ・深夜業の回数の減少 ・昼間勤務への転換など
要 休 業	勤務を休む必要のあるもの	療養のため休業させる措置 ・休職・休暇など

会等へ報告すること（法66条の5）。なお、就業上の措置を講ずるにあたっては、当該労働者から意見を聴取するとともに、当該労働者の所属する職場の管理監督者の理解を得ることが必要である

⑦ ④および⑥の就業上の措置は、定期健康診断の事後措置以外に、長時間労働やストレスチェック後の医師の面接指導、メンタルヘルス不調における職場復帰支援、がん等の身体の病気の両立支援、中高年齢者等についての配慮に関する場合においても、要否を検討のうえ実施を求められることがある。

⑧ 健康診断の実施および健康診断実施後の事後措置を講ずるにあたっては、健康診断結果やこれに対する医師等の意見は個人情報であるから、当該労働者のプライバシーの保護に留意することが大切である（法104条）。また、健康診断に従事した者には、守秘義務が課せられている（法105条）

（3）健康診断を実施すべき短時間労働者

事業者は、常時使用する労働者であって次のいずれの要件をも満たす短時間労働者には、安衛法66条に基づき健康診断を実施する必要がある（平31.1.30 基発0130第1号第3-11-（4）ト）。

① 期間の定めのない労働契約により使用される者であること。なお、期間の定めのある契約により使用される者については、次の者を含むものであること

i) 当該契約の契約期間が1年以上である者（ i ）～ⅲ）の場合、安衛則45条の特定業務従事者健診の対象となる業務に従事する者については、6ヵ月）

ⅱ) 契約更新により1年以上使用されることが予定されている者

ⅲ) 1年以上引き続き使用されている

② 当該労働者の1週間の労働時間数が当該事業場において同種の業務に従事する通常の労働者の1週間の所定労働時間数の4分の3以上であること

なお、1週間の労働時間数が当該事業場において同種の業務に従事する通常の労働者の1週間の所定労働時間数の4分の3未満である短時間労働者であっても前記①の要件に該当し、1週間の労働時間数が、当該事業場において同種の業務に従事する通常の労働者の1週間の所定労働時間数のおおむね2分の1以上である者に対しても一般健康診断を実施することが望ましいとされている。

（4）労働者の受診義務

労働者は、事業者が行う法定の健康診断を受診する義務がある（法66条5項）。また、事業者が行う法定外の健康診断についても就業規則に規定があり、それが合理的であり、周知されていれば受診義務がある（労働契約法7条、最判昭61.3.13）。ただし、労働者は法定健康診断につき、事業者が指定した医師・歯科医師が行う健康診断の受診を希望しない場合であって、みずから選定する医師・歯科医師が行った健康診断証明書を提出したときは、受診義務は免除される。

（5）健康診断の費用・時間の取扱い （昭47.9.18 基発602号）

健康診断の費用は、事業主が負担すべきものである。ただし、事業者

の行う健康診断を労働者が希望しないで、それに相当する健康診断を他で受診した場合は、この限りでない。

　健康診断の受診に要した時間の賃金の支払いについては、一般健康診断の場合は、事業者が当然に負担すべきものではなく、労使協議によって定めるべきものであるが、事業者が支払うことが望ましい。特殊健康診断の場合は、事業の遂行にあたって当然に実施すべきものであるから、所定労働時間内に実施することが原則であり、また、特殊健康診断に要する時間は労働時間となるので、この健康診断が時間外に行われたときには、割増賃金を支払わなければならない。

3　心身両面にわたる健康保持増進

　THP（Total Health promotion Plan）とは、安衛法69条に基づき全年齢層の労働者を対象として、かつ、心とからだの両面から健康の保持増進を図るもので、「職場における心とからだの健康づくり」とも呼ばれている。THPは事業者の努力義務ではあるが、その進め方について厚生労働省は法70条の2の規定に基づき「事業場における労働者の健康保持増進のための指針」（昭63. 9. 1 指針公示1号）（以下、本項において「指針」という）を示している。その概要は、次のとおりである。なお、厚生労働省は「職場における心とからだの健康づくりのための手引き」（https://www.mhlw.go.jp/content/000747964.pdf）を作成し、公開している。

　①　健康保持増進対策の基本的考え方（指針2）

　　労働者の健康の保持増進には、労働者が自主的、自発的に取り組むことが重要であるとともに、それに加えて、事業者の行う健康管理の積極的推進が必要である。具体的措置としては、運動指導、メンタルヘルスケア、栄養指導、口腔保健指導、保健指導等があり、各事業場の実態に即し実施していくことが必要である。さらに、事業者は、健康保持増進対策を推進するにあたって、①健康保持増進対策における対象（個人か集団か）の考え方、②労働者の積極的な参加を促すための

取組、③労働者の高齢化を見据えた取組に留意することが必要である。

② 健康保持増進対策の推進にあたっての基本事項については、図表
3-2-3に示している（指針3）

③ 健康保持増進措置の内容（指針4-（2））

健康保持増進措置は、事業場の規模や特性、健康上の課題特性、労

図表3-2-3 ● 健康保持増進対策の推進の基本事項
（THPのPDCAサイクル）

健康保持増進対策は、中長期的視点に立って、継続的かつ計画的に行うことが必要である。
事業者は、次に掲げるPDCAサイクルに沿って積極的に進めていくことが求められる。

（指針3）

① 健康保持増進方針の表明
事業者が健康保持増進方針を表明する。
指針3-(1)に示された事項を含むこと。

② 推進体制の確立
健康保持増進対策を推進するため、その実施体制を確立する。

③ 課題の把握
労働者の健康の保持増進に関する課題等を把握し、健康保持増進措置を検討する。

⑧ 実施結果の評価
健康保持増進対策を、継続的かつ計画的に推進していくため、当該対策の実施結果等を評価し、新たな目標や措置等に反映させることにより、今後の取組を見直す。

④ 健康保持増進目標の設定
健康保持増進目標を設定し、当該目標において一定期間に達成すべき到達点を明らかにする。また、長期的な指標を設定し、その達成のために計画を進めることが望ましい。

⑦ 健康保持増進措置の実施
⑥の健康保持増進計画を適切かつ継続的に実施する。また、健康保持増進計画を適切かつ継続的に実施するために必要な留意すべき事項を定める。

⑤ 健康保持増進措置の決定
①③④を踏まえ、事業場の実情も踏まえつつ、健康保持増進措置を決定する。

⑥ 健康保持増進計画の作成
健康保持増進計画は、具体的な実施事項、日程等について定める。指針3-(6)に示された事項を含むこと。

働者の意向などに応じて、内容を柔軟に選択できる。指針の趣旨に沿うものであれば、健康経営、コラボヘルス（生活習慣病の発症や重症化の予防のため、保健事業を実施している健康保険組合等の医療保険者と積極的に連携すること）、労働安全衛生の枠組みなどで実施している活動を健康保持増進措置としても支障ない。

　健康保持増進措置は、「健康指導」と「それ以外の取組」の大きく2つに分けられる。健康指導は、健康診断や健康測定などによる労働者の健康状態の把握し、その把握された健康状態を踏まえて実施される運動指導や保健指導などの2ステップで行われる取組である。また、それ以外の取組として、健康への関心が薄い労働者の参加を促がすために、健康指導以外の健康教育、健康相談、健康保持増進に関する啓発活動や職場の環境づくりなどの取組が挙げられる。

4　情報機器作業における労働衛生管理

　職場におけるIT化は日進月歩で変化しており、情報機器作業を行う労働者の範囲はより広くなり、使用される情報機器の種類や活用状況は多様化し、作業形態もより多様化してきている。情報機器作業における健康確保対策は、個々の事業場のそれぞれの作業形態に応じたきめ細かな対策を検討する必要がある。このような状況を踏まえ、厚生労働省では「情報機器作業における労働衛生管理のためのガイドライン」（令元.7.12 基発0712第3号）を策定した。

　対象となる作業は、事務所（事務所衛生基準規則1条1項に規定する事務所をいう）において行われる情報機器作業（パソコンやタブレット端末等の情報機器を使用して、データの入力・検索・照合等、文章・画像等の作成・編集・修正等、プログラミング、監視等を行う作業）である。また、事務所以外の場所において行われる情報機器作業、自営型テレワーカーが自宅等において行う情報機器作業および情報機器作業に類似する作業についても、できる限りガイドラインに準じて労働衛生管理

を行うことが望ましい。

　ガイドラインでは、作業環境管理、作業管理、情報機器等および作業環境の維持管理、健康管理、労働衛生教育、情報機器作業の作業区分に応じて実施する事項、配慮事項等の項目について事業者が講ずべき措置を示している。

　また、「情報機器作業に係る労働衛生教育実施要領」（令元.10.11 基発1011第4号別添1）において、情報機器作業に従事する労働者および当該労働者を直接管理監督する者に対し事業者が行うべき教育カリキュラムを示している。

5 その他の健康管理

（1）腰痛の予防

　腰痛は、労災保険の請求において、休業4日以上の職業性疾病の6割を常に占める労働災害である。厚生労働省「令和元年業務上疾病発生状況（業種別・疾病別）」によると、2019（令和元）年中に発生した休業4日以上の業務上疾病のうち腰痛（災害性腰痛および非災害性腰痛）が占める割合は、62.1％となる。業種別に見ると保健衛生業（社会福祉施設、医保健業等で19.9％）が最も多く、商業・金融・広告業（10.2％）、製造業（9.4％）、運輸交通業（8.0％）の順であり、接客娯楽業でも3.5％と、業種にかかわりなく発生している。

　国は「職場における腰痛予防対策指針」（平25.6.18 基発0618第1号）*を策定し、作業管理、作業環境管理、健康管理、労働衛生教育、リスクアセスメント実施の推奨等の防止対策を示している。さらに、腰痛は特定の業種のみならず多くの業種および作業において見られるが、比較的多い作業（重量物取扱作業、立ち作業、座り作業、福祉・医療分野等における介護・看護作業、車両運転等の作業）については、個別の腰痛予防対策を示している。

　　＊ https://www.mhlw.go.jp/stf/houdou/2r98520000034et4-att/2r98520000034pjn_1.pdf

（2）職場における受動喫煙防止

　受動喫煙は、他人の喫煙によりたばこから発生した煙にさらされること（健康増進法28条3号）をいう。事業者には、室内またはこれに準ずる環境下での労働者の受動喫煙を防止するため、平27.5.15 基安発0515第1号に定められた事業者および事業場の実情に応じて適切な措置を講ずるよう努めることが求められている（安衛法68条の2）。

　職場における受動喫煙防止対策を効果的に進めていくためには、組織的に実施することが重要であり、事業者は衛生委員会、安全衛生委員会等の場において労働者の意識・意見を含めて十分調査審議し、おのおのの事業場における適切な措置を決定することが必要である。また、その他の組織的な対策事項についても、職場における受動喫煙防止のためのガイドライン（令元.7.1 基発0701第1号）*に示されている。この中で、一部の施設で喫煙を認める場合には、妊婦、呼吸器・循環器等に疾患をもつ者、がん等の疾病を治療しながら就業する者、化学物質に過敏な者など受動喫煙による健康への影響を一層受けやすい懸念がある者に対して、特に配慮を行うこととしている。

　なお、国は、労働者の健康の保持増進措置の適切かつ有効な実施を図るため、受動喫煙防止のための設備の設置促進に努めるものとされる（安衛法71条）。

　　* https://www.mhlw.go.jp/content/000524718.pdf

（3）熱中症による健康障害の防止

　安衛法22条において、事業者は、高温による健康障害を防止するため必要な措置を講じなければならないと規定されている。「熱中症」は、高温多湿な環境下において、体内の水分および塩分（ナトリウムなど）のバランスが崩れたり、循環調節や体温調節などの体内の重要な調整機能が破綻するなどして発症する障害の総称で、熱失神、熱けいれん、熱疲労、熱射病（軽症（Ⅰ度）、中等症（Ⅱ度）、重症（Ⅲ度））に分類される。厚生労働省「令和3年 職場における熱中症による死傷災害の発生状況」

によると、2017（平成29）〜2021（令和3）年の5年間の業種別の熱中症の死傷者数は、建設業が最も多く、次いで製造業、運送業の順であり、全体の55％がこれらの業種で発生している。

熱中症の予防について国は、職場における熱中症予防基本対策要綱（令3.4.20 基発0420第3号）＊（以下、「対策要綱」という）で事業者が講ずべき措置を、WBGT（Wet-Bulb Globe Temperature）値の活用、作業環境管理、作業管理、健康管理、労働衛生教育、救急措置の項目ごとに実施すべき事項を示している。

WBGT値とは、人体と外気との熱のやりとり（熱収支）に着目した指標で、人体の熱収支に与える影響の大きい①湿度、②日射・輻射など周辺の熱環境、③気温、の3つの要素を取り入れた指標である。WBGT値を求めるには、作業場所にWBGT指数計を設置する等により測定することが望ましい。特に、熱中症予防情報サイト等により事前にWBGT値が対策要綱の表1−1に掲げる身体作業強度等に応じたWBGT基準値を超えることが予想される場合は、WBGT値を作業中に随時測定し、作業の状況等に応じて熱中症予防対策を実施することが求められる。

＊ https://www.mhlw.go.jp/hourei/doc/tsuchi/T210423K0030.pdf
※「職場における熱中症予防対策マニュアル」
　https://www.mhlw.go.jp/content/11200000/000636115.pdf

（4）職場における感染症対策

感染症とは、ウイルス、細菌、真菌などの微生物がヒトに侵入・増殖して、さまざまな症状を起こすことである。職場においては、毎年冬に流行する季節性インフルエンザやノロウイルス感染症、さらには風疹や結核、HIV感染症などがあり、それぞれの感染症に応じた防止対策を講じることは、労働者の健康管理とともに経営上の課題としても重要である。

感染症への対策は感染症ごとに予防方法が異なるが、その基本は、状況に応じて①感染源を断つこと、②感染経路を断つこと、③感染を受けやすい人（主体）は、抵抗力を高めること、のいずれかの措置を講ずることである。事業場における普段の対策としては、感染症に対する労働

者の理解を深めるための健康教育の実施、感染の陽性者や濃厚接触者が出た場合の対応に係る規定の策定、ワクチン接種の勧奨等の措置が挙げられる。近年、国際交流の増加等により新たな感染症（エボラ出血熱、MERS、ジカウイルス感染症等）が海外から流入しており、これらに対しては国や自治体からの情報を収集しながら総合的に取り組む必要がある。

なお、2020（令和2）年来流行している新型コロナウイルス感染症について国は、職場の実態に即した具体的な対策を労使で検討するうえで参考にすることを目的として「新型コロナウイルス感染予防・対策マニュアル」*を作成・公表している。

* https://www.mhlw.go.jp/content/000786023.pdf

（5）病気の治療と仕事の両立支援

近年、反復・継続して治療が必要な疾病（がん、脳卒中、心疾患、糖尿病、肝炎、その他難病など）を抱える労働者が、疾病を増悪させることなく治療と仕事の両立を図るための事業者による取組（以下、「両立支援」という）の推進が社会で求められている。両立支援は事業者にとって、労働者の健康確保という意義とともに、継続的な人材の確保、労働者の安心感やモチベーションの向上による人材の定着・生産性の向上、健康経営の実現、多様な人材の活用による組織や事業の活性化、組織としての社会的責任の実現、労働者のワーク・ライフ・バランスの実現といった意義もあると考えられる。

事業者が適切に両立支援を推進するため、関係者の役割、事業場における環境整備、個別の労働者への支援の進め方を含めた取り組み方について、厚生労働省では「事業場における治療と仕事の両立支援のためのガイドライン」[1]およびその参考資料として「企業・医療機関連携マニュアル」[2]を示している。

* 1：https://www.mhlw.go.jp/stf/seisakunitsuite/bunya/0000115267.html#h2_free1
* 2：https://www.mhlw.go.jp/content/11200000/000780069.pdf

【両立支援を行うための環境整備と両立支援の進め方】

1）治療と職業生活の両立支援を行うための環境整備（実施前の準備事項）

　　事業場において、治療と仕事の両立支援を行うための環境整備として取り組むことが望ましい事項は、以下のとおりである。

① 事業者による基本方針等の表明と労働者への周知

② 労働者や管理職に対する研修等による意識啓発

③ 労働者が安心して相談・申出を行える相談窓口の明確化

④ 両立支援に関する制度・体制等の整備

　　短時間の治療が定期的に繰り返される場合などに対応するための休暇制度（時間単位の年次有給休暇、傷病休暇・病気休暇等）・勤務制度（時差出勤制度、短時間勤務制度、在宅勤務（テレワーク）、試し出勤制度等）の検討・導入

⑤ 労働者から支援を求める申出があった場合の対応手順、関係者の役割の整理

⑥ 本人の同意を得たうえで、両立支援の関係者が支援のために必要な情報を共有し、連携を図る

⑦ 両立支援を進めるために必要な届出、意見聴取等に係る様式の整備

⑧ 事業場ごとの衛生委員会等における調査審議、労使や産業保健スタッフの連携

2）治療と職業生活の両立支援の進め方

　　治療と仕事の両立支援は、以下の流れで進めることが望ましい。

① 事業者から主治医へ労働者の仕事に関する情報を提供する。

② 労働者は、主治医から「主治医意見書」等により、支援に必要な情報の提供を受ける。

③ 労働者は、主治医から収集した②の情報を事業者に提出し、両立支援を申し出る。

④ 事業者は、労働者から提出された③の情報を産業医等に提供し、就業継続の可否、就業上の措置および治療に対する職場での配慮に関する産業医の意見を聴取する。

⑤　事業者は、主治医、産業医等の意見および労働者の要望を勘案し
たうえで、就業の可否、就業上の措置（作業の転換等）、治療に対
する配慮（通院時間の確保等）の内容を決定・実施する。

入院等による休業を要しない場合の対応

⑥　両立支援プランの策定
　　治療をしながら就業を継続するための下記の事項を盛り込
んだ「両立支援プラン」を策定する。
　ⅰ）治療・投薬等の状況および今後の治療・通院の予定
　ⅱ）就業上の措置および治療への配慮の具体的内容および実
　　　施時期・期間・作業の転換（業務内容の変更）・労働時間の
　　　短縮・就業場所の変更・治療への配慮内容（定期的な休暇
　　　の取得等）等
　ⅲ）フォローアップの方法およびスケジュール（産業医等、
　　　保健師、看護師等の産業保健スタッフ、人事労務担当者等
　　　による面談等）
⑦　「両立支援プラン」等に基づく取組の実施とフォローアップ
⑧　同僚や上司等周囲の者への対応

入院等による休業を要する場合の対応

⑨　休業開始前の休業可能期間、職場復帰の手順等について情報
提供
⑩　休業期間中のフォローアップ
⑪　主治医や産業医等の意見、本人の意向、復帰予定の部署の意
見等を総合的に勘案し、配置転換も含めた職場復帰の可否を判
断する。
⑫　職場復帰支援プランの策定
　　事業者は、労働者の疾病が回復した際に配置転換も含めた職

　　　場復帰の可否を判断し、労働者が職場復帰するまでの「職場復
　　　帰支援プラン」を策定する。
⑬　「職場復帰支援プラン」等に基づく取組の実施とフォローア
　　　ップ
⑭　同僚や上司等周囲の者への対応

6　職場におけるメンタルヘルスケア

（1）事業者が行うべきメンタルヘルスケア

　事業者が行うべき職場におけるメンタルヘルスケアは、全労働者への
対応とメンタルヘルス不調者への対応に大別される。

　全労働者への対応とは、メンタルヘルス不調 Key Word の発生を予防す
る活動で、1つは事業者の責任で行われる職場環境の最適化であり、も
う1つは労働者がストレスとうまく付き合える方法を身につけさせるこ
とにある。後者については、メンタルヘルス教育により、ストレスに対
しての気づきをよくし、それに対する対処法を身につけることと、悩み
をもった人からのメンタルヘルス相談を実施し、悩みを聴くことにより
支援を行っていくことである。

　メンタルヘルス不調者への対応とは、メンタルヘルス不調者の発生か
らの疾病管理、休業そして職場復帰までの事業者が行う対応をいう。

　国では、メンタルヘルスケア（事業場において事業者が講ずるように
努めるべき労働者の心の健康の保持増進のための措置）について「労働
者の心の健康の保持増進のための指針」（平成18.3.31 公示第3号。以下、
本項において「指針」という）を定め、原則的な実施方法を示し、事業
者には、心の健康の保持増進を適切に図ることが求められている。メン
タルヘルスケアの実施にあたっては、この指針に沿って、できることか
ら事業場の実態に即した形で積極的に取り組むことが肝要である。

　メンタルヘルスケアを進めるには、まず、経営トップみずからが積極
的に推進することを表明すること、指針に基づき心の健康づくり計画

Key Word を衛生委員会で審議策定し、実施することが基本である。

　そのうえで４つのケア（労働者によるセルフケア、ラインによるケア、事業場内産業保健スタッフ等によるケア、事業場外資源によるケア）を継続的・計画的に行うことが重要である。その際、心の健康問題についての特性を理解すること、心の健康の情報の収集および利用にあたっては、個人情報への配慮すること、人事労務管理部門と十分な連携をとることに留意しなければならない。また、心の健康問題は職場のストレスの要因だけではなく、家庭・個人生活など職場外のストレス要因の影響を受けている場合があり、また、個人の要因なども心の健康問題に影響を与え、これらが複雑に関係し、相互に影響し合う場合があることに配慮することが求められる。→図表３-２-４

Key Word

メンタルヘルス不調──精神および行動の障害に分類される精神障害や自殺のみならず、ストレスや強い悩み、不安など、労働者の心身の健康、社会生活および生活の質に影響を与える可能性のある精神的および行動上の問題を幅広く含むものをいう。

心の健康づくり計画──メンタルヘルスケアは、中長期的視野に立ち継続的・計画的に行うこと、事業者が労働者の意見を聴きつつ事業場の実態に即した取組を行うことが必要である。このため衛生委員会において十分調査審議を行い、次に掲げる事項を盛り込んだ「心の健康づくり計画」を策定することが必要である。

① 事業者がメンタルヘルスケアを積極的に推進する旨の表明に関する事項
② 事業場における心の健康づくりの体制の整備に関する事項
③ 事業場における問題点の把握およびメンタルヘルスケアの実施に関する事項
④ メンタルヘルスケアを行うために必要な人材の確保および事業場外資源の活用に関する事項
⑤ 労働者の健康情報の保護に関する事項
⑥ 心の健康づくり計画の実施状況の評価および計画の見直しに関する事項
⑦ その他労働者の心の健康づくりに必要な措置に関する事項

図表3-2-4 ● 心の健康づくりの基本的な考え方

事業者による心の健康づくりに対する意思表明

心の健康づくり計画の策定 衛生委員会で審議する

4つのメンタルヘルスケアの実施

労働者によるセルフケア	
労働者自身がストレスや心の健康について理解し、みずからのストレスを予防、軽減すること、あるいはこれに対処するために実施する活動	・ストレスへの気づき ・ストレスへの対処 ・自発的な相談

ラインによるケア	
管理監督者が部下である労働者の心の健康保持増進のために行う活動	・職場環境の把握と改善 ・部下からの相談への対応

事業場内産業保健スタッフ等によるケア	
事業場内産業保健スタッフ、心の健康づくり専門スタッフ、人事労務管理スタッフが相互に連携して、セルフケアおよびラインによるケアが効果的に実施されるように、労働者および管理監督者に対する支援を行う活動 **事業場内産業保健スタッフ** 産業医、衛生管理者、安全衛生推進者または衛生推進者、事業場内の保健師 **事業場内の心の健康づくり専門スタッフ** 心理相談担当者、産業カウンセラー、臨床心理士、精神科医、心療内科医等	・労働者および管理監督者に対する教育研修 ・職場環境等の改善 ・管理監督者からの相談対応 ・個別労働者からの相談対応等 ・ネットワークの形成 ・ラインによるケアへの支援 ・教育研修の実施

事業場外資源によるケア	
事業場外のメンタルヘルス支援機関、メンタルヘルス支援の専門家等を活用して、その支援を受け入れる **メンタルヘルス支援機関** 都道府県産業保健支援センター、地域産業保健センター、健康保険組合、労災病院勤労者メンタルヘルスセンター、中央労働災害防止協会、労働者健康保持増進サービス機関等 **メンタルヘルス支援の専門家** 労働衛生コンサルタント、産業カウンセラー、臨床心理士、精神保健福祉士等	・サービスの活用 ・ネットワークの形成

（2）労働者の職場復帰の支援

　心の問題により休業し、医学的に業務に復帰するのに問題がない程度に回復した労働者に対しては、職場復帰支援についてあらかじめ定めた事業場全体のルール（職場復帰支援プログラム）を策定し、関連規程や体制を整備し、組織として休業から復職までの流れをあらかじめ明確にして、計画的・継続的に取り込むことが重要である。

　国は、「心の健康問題により休業した労働者の職場復帰支援の手引き」（平21. 3. 23 基安労発0323001号）において、実際の職場復帰にあたり、事業者が行う職場復帰支援の内容を総合的に示している。事業者はこれを参考にしながら、衛生委員会等において調査審議し、職場復帰支援に関する体制を整備・ルール化し、教育の実施等により労働者への周知を図っていくことが必要である。

　手引きによる職場復帰支援の流れは、図表3-2-5の5つのステップからなっている。

7　過重労働による健康障害防止

（1）過重労働による脳・心疾患

　過重労働とは、労働者が疲労を回復することができないような長時間にわたる労働により、心身に過度な負荷をかける働き方をいう。このような長時間にわたる過重な労働は、疲労の蓄積をもたらす最も重要な要因と考えられ、さらには、脳・心臓疾患の発症との関連性が強いという医学的知見が得られている。

　事業者には、労働者の長時間にわたる過重労働を排除していくとともに、労働者に疲労の蓄積を生じさせないようにするため、労働者の健康管理に係る措置を適切に実施することが求められている。

①　脳・心疾患の発症

　労働者が業務上の事由によって脳・心臓疾患を発症し、死亡に至るいわゆる「過労死」が社会的にも大きな問題となっている。その根拠とな

図表3-2-5 ● 職場復帰支援の流れ

第1ステップ	**病気休業開始と休業中のケア** 　診断書の提出、管理監督者によるケア、産業保健スタッフなどによるケア、病気休業期間中の労働者の安心感の醸成のための対応、その他で構成される。

・診断書の受理・休業手続（休業期間、休業中の連絡等）
・休業中の情報提供の支援（傷病手当金、悩み事の相談先紹介等）

第2ステップ	**主治医による職場復帰可能の判断** 　労働者からの職場復帰の意思表示および職場復帰可能の診断書の提出

・主治医の職場復帰可能の診断書の提出
・主治医の診断書について、産業医の意見を求めること

第3ステップ	**職場復帰可否の判断と職場復帰支援プランの作成** ●情報の収集と評価…労働者の意思の確認、産業医などによる主治医からの意見収集、労働者の状態などの評価、職場環境の評価など） ●職場復帰の可否についての判断 ●職場復帰支援プランの作成…復職させるにあたっての個別具体的な支援内容を定めたもの 　職場復帰日／管理監督者による業務上の配慮／人事労務管理上の対応／産業医などによる医学的見地から見た意見、フォローアップなど。職場復帰場所は、元職場が原則である。

・職場復帰支援プランの作成（以下の項目について検討）
　職場復帰日／人事管理上の対応／就業上の配慮の検討／復帰の段階／労働者（その家族）が責任をもつべき事項／利用できる事業場外資源その他

第4ステップ	**最終的な職場復帰の決定** 　労働者の状態の最終確認、就業上の措置などに関する意見書の作成、事業者による最終的な職場復帰の決定

職 場 復 帰

第5ステップ	**職場復帰後のフォローアップ** 　症状の再燃・再発、新しい問題の発生などの有無の確認、勤務状況および業務遂行能力の評価、治療状況の確認、職場復帰支援プランの評価と見直し

・疾患の再燃・再発、新しい問題の発生等の有無の確認
・勤務状況および業務遂行能力の評価
・職場復帰支援プランの実施状況の確認
・治療状況の確認
・職場復帰支援プランの評価と見直し
・職場環境等の改善等
・管理監督者、同僚等の配慮

っているのは、長期間にわたる長時間労働や睡眠不足による疲労の蓄積が健康へ影響し、業務と脳・心臓疾患の発症と関連性が強いというもので、労災保険の支給決定件数も増加の傾向にある。

　時間外・休日労働時間（休憩時間を除き1週間当たり40時間を超えて労働させた場合におけるその超えた時間をいう）が1ヵ月当たりおおむね45時間を超えて時間外労働・休日労働時間が長くなるほど、業務と脳・心疾患との発症の関連性が強まる（健康障害のリスクが高まる）との医学的知見が得られている（→図表3-2-6）。なお、図表中の「時間外・休日労働時間が2〜6ヵ月平均で月80時間を超える」とは、過去2ヵ月間、3ヵ月間、4ヵ月間、5ヵ月間、6ヵ月間のいずれかの月平均の時間外・休日労働時間が80時間を超えるという意味である。また、脳・心臓疾患の認定にあたっては、労働時間のみによって評価されるものではなく、就労態様の諸要因も含めて業務の過重性を総合的に評価される。

　業務に起因する脳・心疾患の発症を防止するには、長時間にわたる過重労働を防止するとともに、長時間労働や睡眠不足により疲労が蓄積するおそれがある場合の健康管理対策を行うことが必要である。

② 労働時間等の管理、改善

図表3-2-6 ● 過重労働と健康障害リスク

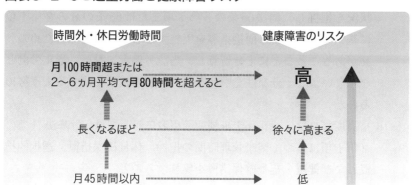

出所：厚生労働省パンフレット「過重労働による健康障害を防ぐために」より

　国は、過重労働による健康障害を防止するために「過重労働による健康障害防止のための総合対策」(平18. 3. 17 基発0317008号) により、事業主が講ずべき措置を示している。

①　時間外・休日労働時間等の削減

　ⅰ) 労基法36条に基づく三六協定の締結にあたっては、過半数代表者とともにその内容が「労働基準法第36条第1項の協定で定める労働時間の延長及び休日の労働について留意すべき事項等に関する指針」(平30厚労省告示323号) に適合したものであること

　　また、限度時間を超えて時間外・休日労働をさせることができる場合をできる限り具体的に定めなければならないとともに、限度時間を超え時間外・休日労働させることができる時間を限度時間にできる限り近づけるように協定するよう努めなければならないこと

　ⅱ)「労働時間の適正な把握のために使用者が講ずべき措置に関するガイドライン」(平29. 1. 20 基発0120) に基づき、労働時間の適正な把握を行うこと

　ⅲ) 裁量労働制の適用者や管理監督者を含むすべての労働者 (高度プロフェッショナル制度適用者を除く) について、安衛法66条の8の3の規定により医師による面接指導の実施のため労働時間の状況を把握し、同法66条の8第1項または66条の8の2第1項に基づく医師による面接指導を実施するなど健康確保のための義務があることなどに十分留意し、当該労働者に対し、過重労働とならないよう十分な注意喚起を行うなどの措置を講ずるよう努めること

　ⅳ) 高度プロフェッショナル制度適用者に対しては、労基法41条の2第1項に基づく健康管理時間の把握、休日確保措置、選択的措置および健康・福祉確保措置を実施すること

②　労基法39条7項に基づき、年5日間の事業主による時季指定の年次有給休暇について確実に取得させるとともに、年次有給休暇を取

得しやすい職場環境づくりや年次有給休暇の計画的付与制度の活用
等により年次有給休暇の取得促進を図ること

③　過重労働による健康障害を防止する観点から、特に、労働時間等
設定改善法（平20厚労省告示108号）において努力義務とされた勤
務間インターバルは、労働者の生活時間や睡眠時間を確保するため
のものであり、過重労働による健康障害の防止にも資することから、
事業者はその導入に努めること

③　健康管理措置の徹底

　過重労働による労働者の健康障害を防止するには、事業者が法令で定
められた労働者の健康管理に係る措置の徹底に努めなければならない。
その要旨は、「過重労働による健康障害防止のための総合対策について」
（平18. 3. 17 基発0317008号）の別添「過重労働による健康障害を防止す
るため事業者が講ずべき措置」（以下、本項において「指針」という）の
中に示されている。その概要は、以下のとおりである。

1）　健康管理体制の整備・健康診断の実施等

①　健康管理体制の整備

　ⅰ）事業者は、安衛法に基づき、産業医、衛生管理者、衛生推進者
　　　等を選任し、その者に事業場における健康管理に関する職務等を
　　　適切に行わせる等健康管理に関する体制を整備すること

　ⅱ）事業者は、産業医に対し、本章第1節 **3 (1)** ④ 3）「**産業医の
　　　職務**」⑤に示した情報を提供すること

　ⅲ）事業者は、産業医（労働者数が50人未満の事業場であって産業
　　　医を未選任の事業場にあっては、選任した労働者の健康管理等を
　　　行うのに必要な知識を有する医師または保健師）が労働者からの
　　　健康相談に応じ、適切に対応するために必要な体制の整備を次の
　　　とおり実施すること（安衛法13条の3）

　　ア　事業者は、産業医の業務の具体的な内容、産業医に対する健
　　　　康相談の申出の方法（健康相談の日時・場所等を含む）および
　　　　産業医による労働者の心身の状態に関する情報の取扱いの方法

について労働者に周知すること

イ　医師等を選任した事業者は、医師等の業務の具体的な内容、医師等による健康相談の申出の方法（健康相談の日時・場所等を含む）および医師等による労働者の心身の状態に関する情報の取扱いの方法について労働者に周知するよう努めること

iv）衛生委員会等において長時間労働者等に対する面接指導等（医師による面接指導および面接指導に準ずる措置をいう。以下同じ）に係る事項ならびに以下に掲げる事項（詳細については、指針参照のこと）について、調査審議すること（安衛則22条9号・10号）。なお、事業場が常時50人未満の労働者を使用するものである場合には、事業者は、衛生委員会に代えて、安衛則23条の2に規定された関係労働者の意見を聴くための機会を設けるなど労働者の意見が反映されるよう努めること

ア　長時間労働者等に対する面接指導等に係る事項

イ　メンタルヘルス対策に係る事項

ウ　ストレスチェック対策に係る事項

エ　「労働者の心身の状態に関する情報の適正な取扱指針」（平30.9.7 公示第1号）において示された労働者の心身の健康情報に係る取扱規程に関する事項で、衛生委員会等で調査審議することとされている事項

②　健康診断の実施

i）事業者は、安衛法66条から66条の7までの規定に基づき、健康診断、健康診断結果についての医師からの意見聴取、健康診断実施後の措置、保健指導等を確実に実施すること。特に、深夜業を含む業務に常時従事する労働者に対しては、6ヵ月以内ごとに1回の健康診断を実施しなければならないことに留意すること。なお、医師からの意見聴取の際には、事業者は労働時間等に関する情報を提供することが適当であること

ii）事業者は、安衛法66条の2に基づく深夜業に従事する労働者を

対象とした自発的健康診断制度や、労災法に基づく二次健康診断
等給付制度の活用について、労働者への周知に努めるとともに、
労働者からこれらの制度を活用した健康診断の結果の提出があっ
たときには、安衛法66条の5に基づく事後措置についても講ずる
必要があることについて留意すること

③　健康教育等

　事業者は、安衛法69条に基づき、労働者の健康保持増進を図るため
の措置を継続的かつ計画的に実施すること

2）長時間労働により健康の保持を考慮すべき労働者に対する医師による面接指導

①　休憩時間を除き1週間当たり40時間を超えて行った時間外・休日
労働時間が1ヵ月当たり80時間を超え、かつ疲労の蓄積が認められ
る者に対し、本人からの申出に基づき医師による面接指導を行わな
ければならない（安衛法66条の8、安衛則52条の2）。なお、海外
派遣された労働者が面接指導の対象となった場合には、情報通信機
器を用いた面接指導を実施することが適当である（平30. 12. 28 基
発1228第16号。平27. 9. 15 基発0915第5号は、その要件を示して
いる）。

②　休憩時間を除き1週間当たり40時間を超えて行った時間外・休日
労働時間が1ヵ月当たり100時間を超える研究開発業務従事者に対
して、本人からの申出なしに医師による面接指導を行わなければな
らない（安衛法66条の8の2、安衛則52条の7の2）。また、時間
外・休日労働時間が1ヵ月当たり100時間を超えない場合でも、そ
の超えた時間が80時間を超え、かつ疲労の蓄積が認められた場合に
は、①で規定される面接指導の対象となるため、労働者から申出が
あれば、事業者は、面接指導を行わなければならない

③　高度プロフェッショナル制度対象労働者の1週間当たりの健康管
理時間が40時間を超えた場合におけるその時間について1ヵ月当た
り100時間を超える者に対して、申出なしに医師による面接指導を

行わなければならない（安衛法66条の8の4、安衛則52条の7の4）

④ ②および③の面接指導の費用は、事業者が負担するものであり、当該面接指導は所定労働時間内に行われるべきものである

⑤ ①〜③の規定により面接指導を行う労働者以外の労働者であって健康への配慮が必要なものについては、必要な措置を講じるように努めなければならない（安衛法66条の9、安衛則52条の8）

⑥ 事業者は、面接指導の結果の記録を作成し、5年間保存しなければならない。この記録には、面接指導を実施した医師の意見を記載したものでなければならない（安衛則52条の6・52条の7の4）

3）メンタルヘルス対策の実施

① 事業者は、衛生委員会等において調査審議のうえ策定した「心の健康づくり計画」に基づき、心の健康問題の特性を考慮しつつ、健康情報を含む労働者の個人情報の保護および労働者の意思の尊重に留意しながら、労働者の心の健康の保持増進のための措置を実施すること

なお、事業者は、心身の状態の情報の取扱いに労働者が同意しないことを理由として、または、労働者の健康確保措置および民事上の安全配慮義務の履行に必要な範囲を超えて、当該労働者に対して以下に掲げるような不利益な取扱いを行うことはあってはならない（「労働者の心身の状態に関する情報の適正な取扱いのために事業者が講ずべき措置に関する指針」（平成30.9.7 労働者の心身の状態に関する情報の適正な取扱い指針公示1号2（8））

ⅰ）就業上の措置の実施にあたり、安衛法令上求められる適切な手順に従わないこと

ⅱ）就業上の措置の内容・程度が聴取した医師の意見と著しく異なる等、安衛法令上求められる要件を満たさないこと

ⅲ）心身の状態の情報の取扱いに労働者が同意しないことや心身の状態の情報の内容を理由として、解雇、雇止め、退職勧奨、不当な動機・目的をもってなされたと判断されるような配置転換また

　　は職位（役職）の変更その他労働契約法等の労働関係法令に違反
　　する措置を講じること

　②　事業者は、長時間労働者等を対象とした面接指導等の対応だけで
　　なく、高ストレス者に対する面接指導の結果および当該結果に基づ
　　く就業上の措置に係る医師の意見も活用して、過重労働による健康
　　障害防止対策に取り組むこと

４）事業者は、過重労働による業務上の疾病を発生させた場合には、産
　　業医等の助言を受け、または必要に応じて労働衛生コンサルタントの
　　活用を図りながら、原因の究明および再発防止の徹底を図ること

５）事業者は、事業場における労働者の心身の状態の情報に係る取扱規
　　程を策定することによって、当該情報を適正に管理すること（平30.9.7
　　労働者の心身の状態に関する情報の適正な取扱指針公示１号２（２））

④　労働時間の状況の把握

　事業者は、安衛法66条の８第１項の規定による面接指導または安衛法
66条の８の２第１項の規定による面接指導を実施するため、労働者の労
働時間の状況を把握しなければならない（安衛法66条の８の３、安衛則
52条の７の３）。労働時間の状況の把握とは、労働者の健康確保措置を適
切に実施する観点から、労働者がいかなる時間帯にどの程度の時間、労
務を提供しうる状態にあったかを把握するものである（平30.12.28 基
発1228第16号）。

　また、事業者は、把握した労働時間の状況の記録を作成し、３年間保
存するための必要な措置を講じなければならない（安衛法66条の８の３、
安衛則52条の７の３）。労働時間の状況の記録・保存の方法については、
紙媒体で出力することによる記録のほか、磁気テープ、磁気ディスクそ
の他これに準ずるものに記録・保存することでも差し支えない。

１）対象労働者

　労働時間の状況の把握の対象となる労働者は、高度プロフェッショナ
ル制度の適用者を除き、①研究開発業務従事者、②事業場外労働のみな
し労働時間制の適用者、③裁量労働制の適用者、④管理監督者等、⑤派

遣労働者、⑥短時間労働者、⑦有期契約労働者を含めたすべての労働者である（平30. 12. 28 基発1228第16号）。

2）労働時間の状況の把握の方法

　原則として、タイムカード、パーソナルコンピュータ等の電子計算機の使用時間（ログインからログアウトまでの時間）の記録、事業者（事業者から労働時間の状況を管理する権限を委譲された者を含む）の現認等の客観的な記録により、労働者の労働日ごとの出退勤時刻や入退室時刻の記録等を把握しなければならない。なお、労働時間の状況の把握は、賃金台帳に記入した労働時間数をもって、それに代えることができる。ただし、管理監督者等、事業場外労働のみなし労働時間制の適用者、裁量労働制の適用者については、この限りではない。

　やむを得ず客観的な方法により労働時間の状況を把握し難い場合（たとえば、労働者が事業場外において行う業務に直行または直帰する場合など、事業者の現認を含め、労働時間の状況を客観的に把握する手段がない場合があり、この場合に該当するかは、当該労働者の働き方の実態や法の趣旨を踏まえ、適切な方法を個別に判断することとなる）においては、労働時間の状況を労働者の自己申告により把握することが考えられる。なお、この場合、その日の労働時間の状況を翌労働日までに自己申告させる方法が適当である。しかし、労働者が事業場外において行う業務に直行または直帰する場合などにおいて、たとえば、事業場外から社内システムにアクセスすることが可能であり、客観的な方法による労働時間の状況を把握できる場合は、直行または直帰であることのみを理由として、自己申告により労働時間の状況を把握することは、認められない。

⑤　労働者への労働時間に関する情報の通知

　事業者は、時間外・休日労働時間の算定を行ったときは、当該超えた時間が1ヵ月当たり80時間を超えた労働者本人に対して、速やかに（おおむね2週間以内に）当該超えた時間に関する情報を通知しなければならない（安衛則52条の2）。当該通知は、疲労の蓄積が認められる労働

者の医師による面接指導の申出を促すものであり、労働時間に関する情報のほか、面接指導の実施方法・時期の案内等をあわせて行うことが望ましい。

　通知の方法は、書面や電子メール等による方法が適当である。なお、研究開発業務従事者については、時間外・休日労働時間が1ヵ月当たり100時間を超えた者に対して、申出なしに面接指導を行わなければならないため、事業者は、対象労働者に対して、労働時間に関する情報を面接指導の案内とあわせて通知する必要がある。

（2）長時間労働と精神障害

　近年、業務による心理的負荷が原因となって精神障害を発症し、あるいは自殺したことについての労災請求事案が増加している。

　国は「心理的負荷による精神障害の認定基準」（平23.12.26 基発1226第1号）を定め、これに基づいて対象疾病の発病前おおむね6ヵ月の間に、業務による強い心理的負荷が認められるときに労災認定を行うこととしている。業務による心理的負荷の強度の判断にあたっては、精神障害発病前おおむね6ヵ月の間に、対象疾病の発病に関与したと考えられる業務による出来事（長時間労働、退職強要、パワーハラスメント・いじめ（令2.5.29 基発0529第1号で追加）、セクシュアルハラスメント等）とその関連状況を具体的に把握し、それらによる心理的負荷の強度について、別表1「業務による心理的負荷評価表」（以下、「別表」という）を指標として「強」「中」「弱」の3段階に区分することとしている。総合評価が「強」と判断される場合には、対象疾病の発病前おおむね6ヵ月の間に、業務による強い心理的負荷が認められるという認定条件を満たしたことになる。

　別表中、たとえば長時間労働に関しては、「特別な出来事」に分類される極度の長時間労働「発病直前の1ヵ月におおむね160時間を超えるような、またはこれに満たない期間にこれと同程度の（たとえば、3週間におおむね120時間以上の）時間外労働を行った（休憩時間は少ないが手待

ち時間が多い場合等、労働密度が特に低い場合を除く）場合」に該当すると、総合評価は「強」と評価される。「特別な出来事」に該当しない場合には、それぞれの関連項目により評価することとなり、恒常的長時間労働が認められるときの総合評価が「強」となる事例を3例挙げている。

8 ストレスチェック

（1）ストレスチェックとは

　労働者のメンタル不調を未然防止すること、労働者自身のストレスへの気づきを促すこと、ストレスの原因となる職場環境の改善につなげること等の目的で、心理的な負担の程度を把握するための検査（以下、「ストレスチェック」という）およびその結果に基づく面接指導を事業者に義務づけること等を内容としたストレスチェック制度が、常時50人以上の労働者を使用する事業場の事業者に義務づけられている（安衛法66条の10）。なお、50人未満の事業場は当分の間、努力義務である（安衛法附則4条）。

　ストレスチェックにつき事業者が講ずべき措置として国は、「心理的な負担の程度を把握するための検査及び面接指導の実施並びに面接指導結果に基づき事業者が講ずべき措置に関する指針」（平27.4.15 公示1号。以下、本項において「指針」という）を示している。

　指針2ではその目的を、定期的に労働者のストレスの状況について検査を行い、本人にその結果を通知してみずからのストレスの状況について気づきを促し、個々の労働者のストレスを低減させることを事業者が実施すること、検査結果を集団ごとに集計・分析し、職場におけるストレス要因を評価し、職場環境の改善につなげることで、ストレスの要因そのものを低減するよう努めることを事業者に求めることとしている。さらにその中で、ストレスの高い者を早期に発見し、医師による面接指導につなげることで、労働者のメンタルヘルス不調を未然に防止することを目的としている。

(2) 衛生委員会における調査審議

　ストレスチェック制度を円滑に実施するためには、事業者は、ストレスチェック制度に関する基本方針を表明したうえで、衛生委員会において、ストレスチェック制度の実施方法および実施状況ならびにそれを踏まえた実施方法の改善等について調査審議を行わせることが必要である。

　指針5（2）では、安衛則22条において、「労働者の精神的健康の保持増進を図るための対策の樹立に関すること」が衛生委員会の付議事項として規定されており、ストレスチェックに係る事項も審議事項となる。また、事業者は、調査審議の結果を踏まえて、当該事業場におけるストレスチェック制度の実施に関する規程を作成し、これをあらかじめ労働者に対して周知することとしている。

(3) ストレスチェックの実施

　ストレスチェックは、常時使用する労働者に対し、1年以内ごとに1回以上実施しなければならない（安衛則52条の9）。実施者は、医師、保健師のほか、一定の研修を受けた歯科医師、看護師、精神保健福祉士、公認心理師であり、労働者に対する人事に関して直接の権限を有する監督的地位にある者は、実施の事務に従事することはできない（同則52条の10）。ストレスチェックは、調査票により実施される。使用する調査票は、「職業性ストレス簡易調査票」（57項目）を用いることが望ましいとされている。

　その結果は、検査実施者から直接本人に通知される（同則52条の12）が、本人の同意なく事業者に提供することは禁止されている（法66条の10第2項）。これだけにとどまらず、ストレスチェック制度に関する労働者の健康情報の保護が適切に行われることがきわめて重要である（指針11）。事業者が労働者から同意を得て実施者からストレスチェックの結果の提供を受けた場合は、当該検査結果の記録を作成し、5年間保存しなければならない（安衛則52条の13）。

　事業者は、検査の結果、一定の要件に該当する労働者から申出があっ

た場合には、遅滞なく医師による面接指導を実施しなければならない（同則52条の16、指針7・8）。その後、面接指導の結果に基づいて遅滞なく医師の意見を聴き、必要に応じて前掲図表3-2-2に示した就業上の措置と同じ措置を講じなければならない（法66条の10第6項）。さらに面接指導の結果について事業主は、その結果の記録を作成し、5年間保存しなければならない（法66条の10第4項、安衛則52条の18）。ストレスチェックの受検は労働者に義務づけられてはいないが、指針は「メンタルヘルス不調で治療中のため受検の負担が大きい等の特別の理由がある労働者まで受検を強要する必要がないためであり、本制度を効果的にするためにも、すべての労働者がストレスチェックを受検することが望ましい」としている（指針3）。→図表3-2-7

図表3-2-7 ● ストレスチェック制度の概要

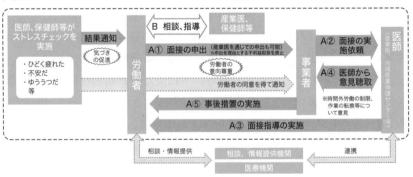

出所：厚生労働省ホームページより

　常時50人以上の労働者を使用する事業者は、検査、面接指導の実施状況などについて、毎年1回定期的に、心理的な負担の程度を把握するための検査結果等報告書を所轄労働基準監督署長に提出しなければならない（安衛則52条の21）。

　なお、派遣労働者個人に対するストレスチェックの実施、本人通知、面接指導については派遣元が実施義務を負っている（指針12）。

（4）集団ごとの集計・分析および職場環境の改善

　ストレスチェックを通じて労働者のメンタルヘルス不調を防止するためには、（3）で述べた一連のストレスチェックに関する事項を実施するだけではなく、ストレスの要因となる職場環境の改善を図ることも大事になる。

　このため事業者には、安衛則52条の14の規定に基づいて、実施者に対してストレスチェック結果を一定規模の集団ごとに集計・分析させるとともに、その結果を勘案し、必要に応じて、当該集団の労働者の実情を考慮して、当該集団の労働者の心理的な負担を軽減するための適切な措置を講じるよう努めなければならない。事業者は、集団ごとの集計・分析を行った場合には、その結果に基づき、記録を作成し、これを5年間保存することが望ましい（指針9）。

　派遣労働者に関しては、派遣労働者個人に対するストレスチェックの実施等の義務は派遣元事業者が負っているが、一方で努力義務となっている集団ごとの集計・分析については、職場単位で実施することが重要であることから、派遣先事業者においても派遣労働者に対してストレスチェックを実施し、派遣労働者を含めた集団ごとにストレスチェック結果を集計・分析し、その結果に基づく措置を実施することが望ましい（指針12（2））。

　なお、集団ごとの集計・分析については、『労務管理2級』第3章第2節 5 「ストレスチェックの集団分析の実施」にて詳説する。

（5）健康情報の保護

　ストレスチェック制度は、健康診断とは異なって安衛法66条の10第2項の規定において、労働者の同意なくストレスチェック結果が事業者には提供されないしくみとされている。同意は、書面または電磁的記録によらなければならず（安衛則52条の13）、同意を得る時期は、ストレスチェック結果通知後とされる。（指針11）。なお、ストレスチェックを受検した労働者が事業者に対して面接指導の申出を行った場合は、その申

出をもってストレスチェック結果の事業者への提供に同意があったものとみなされる（指針11）。

このほか指針11において、事業者には、実施事務従事者の選定およびストレスチェック結果の労働者への通知について、実施者に対しては、ストレスチェック結果の事業者への提供、集団ごとの集計・分析の結果の事業者への提供、面接指導結果の事業者への提供にあたって労働者の健康情報を適切に保護するとの留意事項を示している。

（6）労働者に対する不利益な取扱いの防止

ストレスチェックに関して労働者の不利益な取扱いについて、安衛法66条の10第3項では、事業者は、労働者が医師による面接指導の申出をしたことを理由とした不利益な取扱いをしてはならないこと、労働者が面接指導を受けていない時点においてストレスチェック結果のみで就業上の措置の要否および内容を判断することはできないことから、事業者は、当然に、ストレスチェック結果のみを理由とした不利益な取扱いについても、これを行ってはならないことを規定している。

さらに指針10において、一般的に合理的なものとはいえない労働者の不利益な取扱いについて以下のように列挙し、事業者はこれらを行ってはならないものとしている。

① 労働者が受検しないこと、ストレスチェックの結果を事業者に提供することに同意しないこと、面接指導の要件を満たしているにもかかわらず、面接指導の申出をしないことを理由にした懲戒処分等を行うこと

② 面接指導の結果を理由に、解雇、雇止め、退職勧奨、不当な動機をもって配置転換や職位の変更を行うこと

③ 面接指導後の医師の意見を聴くことなく、不利益取扱いをすること

第 3 節 福利厚生の基礎

◆福利厚生には、公的な社会保障システムの一翼を担う法定福
利厚生と、労働者の生活保障、人材確保、労使関係の安定等
を図るために行う法定外福利厚生がある。これら法定福利厚
生と法定外福利厚生の調和をとった制度を立案し、運用する
ことが福利厚生管理である。

◆法定福利厚生としての社会保険については、次の事項につい
て留意しなければならない。

・各種社会保険の役割と連携を理解すること

・各種社会保険の適用事業、被保険者、保険料、保険給付等
について、具体的な手続や運用上の実務的な留意点を理解
するとともに、制度間の相違についても理解すること

・大要の説明となっており、また、法改正や料率等の改定が
頻繁にあるので、詳しいことは、労働保険については厚生
労働省または都道府県労働局もしくは公共職業安定所の、
また、社会保険については厚生労働省または協会けんぽ、
健康保険組合もしくは日本年金機構のホームページを参照
するか、それぞれの行政官庁または機関から資料を取り寄
せて履修すること

1 わが国の福利厚生制度

（1）福利厚生とは

　企業が従業員に支払う報酬は、現金給与と付加給与の2つの形態があり、前者は賃金・賞与であり、後者は福利厚生と退職金等（退職給与という）で構成されている。

　福利厚生は、「企業福祉」や「産業福祉」などとも呼ばれる。また、海外では、従業員福祉という意味でEmployee Benefit、賃金の付加的給付や賃金外諸給付という意味のFringe Benefitなどという名称でも呼ばれる。

　福利厚生の直接的な意義は、従業員の生活の安定と生活福祉の向上である。生活の安定は、従業員の募集・確保と定着性の向上に寄与するとともに、従業員の労働意欲を高める作用をもたらす。生活福祉の向上は従業員の向上意識と結びつき、労働力の質の向上とともに、労使関係の安定のために重要な影響を与えている。

（2）法定福利厚生と法定外福利厚生

　わが国の福利厚生は、運営主体の違いから法定福利厚生と法定外福利厚生に大別される。

　法定福利厚生（以下、「法定福利」という）は、公的な社会保障システムの一翼を担う福利厚生で、労働者災害補償保険・雇用保険・健康保険・介護保険・厚生年金保険などの広義の社会保険制度である。これらは、国またはそれに準ずる保険者が運営する制度であり、それぞれの法律で、事業主に対して加入や費用負担等を義務づけている。従業員についても保険料の一部を負担させている。機能としては、万一、労働者が働くことができない状態に陥った場合、継続して雇用されることが困難となった場合、それらにより生活に支障を来すこととなったときなどに、労働者保護の観点から保険事故に応じた各種の制度に基づく救済策を講じ、労働者の生活や生命を守るしくみで、いわば労働者のセーフティネットといえる。

　一方、法定外福利厚生（以下、「法定外福利」という）は、原則的には法定福利のように事業主が法令上何ら費用負担の責務を負わないが、従業員の生活保障、人材の確保、労使関係の安定・強化を図るために、ま

た、企業に対するグッドウィル（好意）の形成を期待して企業が独自にその裁量で展開する福利厚生である。個々の企業が人事労務管理上の必要性などから、従業員やその家族に対して法定福利制度の補完・上乗せの機能を果たしたり、職業生活上で必要とされる事項の援助・支援等について事業主が費用負担を行い、現物や現金により給付する施策である。給付形態も法定福利のように現物または現金給付に限らずに、施設、設備、サービスなどのさまざまな形態で給付される。

このほかに、法定外福利は、各種法令で規定されている企業が実施すべき事項について、分担または補完している側面もある。たとえば、健康・医療関連、出産・育児・介護支援、仕事と生活の両立支援、メンタルヘルスケアなどの制度が挙げられる。さらに、退職金制度や労働時間管理、賃金管理、教育等制度と隣接し、重複したり制度間の境界が曖昧だったりする。そして、同じ名称の福利厚生施策であっても、企業風土および企業の規模、業種、年齢構成、資本力、労使関係、制度を設けたときの時代背景等によって、その内容は企業ごとに大きく異なることに留意することが必要である。法定外福利は、多種多様な個々の制度・施策の集合体であるといえる。

なお、一般に法定外福利のことを単に「福利厚生」ともいい、国等が主体となって実施している法定福利と明確に区別するために「企業福祉」とも呼ばれる。

（3）福利厚生の関係法令

福利厚生施策を企画・運営するうえで、福利厚生に関係する法令と、その関連事項についての理解が必要である。

福利厚生に関係する法令としては、大別すると社会保険法令と労働関係法令および税務関係法令である。→図表3-3-1

（4）福利厚生管理

福利厚生の給付等の制度を立案し、運用することを福利厚生管理とい

図表3-3-1 ●福利厚生に関する法令

分　類	主　な　法　令
社会保険法令	健康保険法、国民健康保険法、厚生年金保険法、国民年金法、介護保険法、労働者災害補償保険法、雇用保険法、労働保険徴収法、子ども・子育て支援法、児童手当法、確定給付企業年金法、確定拠出年金法
労働関係法令	労働基準法、事業附属寄宿舎規程、建設業附属寄宿舎規程、賃金支払確保法、中小企業退職金共済法、勤労者財産形成促進法、育児・介護休業法、男女雇用機会均等法、労働安全衛生法、障害者雇用促進法、パートタイム・有期雇用労働法、次世代育成支援対策法
税務関係法令	法人税法令（基本通達を含む）、所得税法令（基本通達・個別通達を含む）、租税特別措置法法人税関係通達、租税特別措置法所得税関係通達、消費税取扱通達、相続税法基本通達
その他の法令	借地借家法、保険業法、貸金業法など

う。福利厚生管理は、福利厚生を行う目的、福利厚生費の管理、福利厚生制度の管理の観点から見ることができる。福利厚生を行う目的は、福利厚生をどのような人事管理上のねらいをもった報酬とするかである。福利厚生費の管理は、目的を実現するために福利厚生にどの程度の費用をかけるかである。福利厚生制度の管理は、どのような福利厚生を、どのようなしくみによって従業員に配分するのかということである。

（5）福利厚生費

① 法定福利費と法定外福利費

　福利厚生費は総額人件費のうちの一部であり、さらに、法定福利に企業が負担する費用である法定福利費と、法定外福利に要する費用である法定外福利費に仕分けることができる。法定外福利費は、企業が負担する福利厚生施設の維持管理に要する費用から、利用者の負担した利用（使用）料や一部負担金等を差し引いた企業が純然と負担した額をいう。

　法定福利費と法定外福利費の仕分けについては、厚生労働省が行っている就労条件総合調査と一般社団法人日本経済団体連合会が行っている

福利厚生費調査が参考となる。前者の法定福利費の内容については次に
示すとおりであり、これ以外は法定外福利費となる。

> 法律で義務づけられている次に掲げる社会保障制度のうち、企業が負担すべき費
> 用をいう。
> 　健康保険料・介護保険料、厚生年金保険料、子ども・子育て手当拠出金、労働
> 　保険料（雇用保険に係る額、労災保険に係る額、石綿健康被害救済法に基づく
> 　一般拠出金を含む）、障害者雇用納付金、法定補償費（業務上疾病による最初の
> 　3日間の休業補償）、その他の法定福利費（石炭鉱業年金掛金及び船員保険料等
> 　をいう）

　2021（令和3）年実施の就労条件総合調査で労働費用に関する調査が
行われている。その中で法定外福利費の項目があり、当該調査票に記入
上の注意として、各法定外福利に係る費用について解説されている。そ
の内容は、図表3-3-2のとおりである。

図表3-3-2 ● 法定外福利に係る費用

法定外福利費の種類	解　　説
社宅に関する費用	世帯住宅、単身用住宅等などの物的施設の費用をいい、独身寮等における給食施設等の費用を含む。
持家援助に関する費用	従業員の家屋取得または土地取得代金の一部または全部を企業が負担した場合の費用をいい、給与として支給する住宅手当は、ここには含めない。
医療保健に関する費用	①病院、診療所等の費用、②健康診断等の費用、③保健薬等の支給の費用をいい、企業が健康保険組合の職員の人件費等を直接援助している場合の費用を含み、健康保険組合が設置運営する施設に係る費用を除く。
健康診断に関する費用	雇入れ時の健康診断、定期健康診断等の費用をいい、人間ドックの費用を含む。
食事に関する費用	①給食用の物的施設の費用および材料費、②光熱水道料金等および業者への委託費、③注文による食事の供与の費用等をいう。
文化・体育・娯楽に関する費用	①教育機関へ通学する従業員への授業料等の補助、②企業内学校の物的施設費用、③図書館、娯楽室等の物的施設の費用、④運動会等各種行事に係る企業負担額

	およびクラブ活動への補助金、⑤文化施設等の利用者に対する企業の補助費用等をいう。
私的保険制度への拠出金	企業が労働者を被保険者とする生命保険の保険料の一部または全部を負担している場合の負担額をいい、企業年金の掛金は、ここには含めずに「退職給付（一時金・年金）等の費用」に含める。
労災付加給付の費用	企業が業務上災害または通勤途上災害の被災者またはその家族に対して支給した費用および労災付加給付を目的に損害保険会社等と契約している場合の掛金をいい、労災補償給付金、法定補償費および損害保険会社等から労働者に支給された保険金は除く。
慶弔見舞等の費用	結婚、出産祝金、永年勤続表彰金、災害見舞金等として企業が支出した費用をいう。
財産形成貯蓄奨励金、給付金および基金への拠出金	財形貯蓄、財形給付金、財形基金への拠出金として企業が支出した費用をいう。
その他の法定外福利費	通勤バス・売店等の費用、共済会への拠出、持株援助に関する費用等、各費用に分割できない費用をいう。

Column **コーヒーブレイク**

《福利厚生費の労働費用総額占める割合》

　厚生労働省の各年の「就労条件総合調査」によれば、①福利厚生費は、労働費用総額のうち約1割強を占める、②法定福利費は、額も割合も増加傾向にある、③法定外福利費は、額も割合も低下傾向にある。労働費用総額が減少傾向にある中にあって、法定福利費は削減できないから、法定外福利費を減らしている姿が見られる。

常用労働者1人1ヵ月平均の労働費用　　　（　）内は%

調査年度	労働費用総額	法定福利費	法定外福利費	退職手当等の費用
2002（平14）年	449,699円（100.0）	41,937円（9.3）	10,312円（2.3）	25,862円（5.8）
2006（平18）年	462,329円（100.0）	46,456円（10.0）	9,555円（2.1）	25,517円（6.0）
2011（平23）年	434,083円（100.0）	46,872円（10.8）	8,933円（2.1）	23,379円（5.4）
2016（平28）年	416,824円（100.0）	47,693円（11.4）	6,528円（1.6）	18,834円（4.5）
2021（令3）年	408,140円（100.0）	50,283円（12.3）	4,882円（1.2）	15,955円（3.9）

注）本社の常用労働者が30人以上の民間企業

② 福利厚生費と労働基準法ならびに税法との関連

福利厚生費を考える場合、労働基準法（以下、本節において「労基法」という）および法人税・所得税等の税務関係法令を考慮することも必要である。賃金と福利厚生費との線引きについて労基法上は、次のとおり解釈されている（①、②：昭22.9.13 基発17号、③：昭30.10.10 基発644号、④、⑤：昭63.3.14 基発150号）。

① 労働者の福利厚生施設とみなされるものは、賃金としないこと

② 結婚祝金、死亡弔慰金、災害見舞金等の恩恵的給付は原則として賃金とみなさないこと。ただし、結婚手当等であって労働協約、就業規則、労働契約等によってあらかじめ支給条件の明確なものはこの限りでないこと

③ 食事の供与は、その支給のための代金を徴収するか否かを問わず、一定の条件（賃金の減額を伴わないこと、労働条件の内容となっていないこと、社会通念上僅少なものと認められること）を満たす限り、原則として、これを賃金として取り扱わず福利厚生として取り扱うこと

④ 労働者が法令により負担する所得税、社会保険料等を事業主が労働者に代わって負担する場合の負担額は、賃金とみなされる

⑤ 労働者が自己を被保険者として生命保険会社等と任意に保険契約を締結したときに企業が保険料の補助を行う場合、その補助金は、福利厚生のための費用であるから、賃金とは認められない

税法上課税されるもの、課税されないものの取扱いは、上記に示した労基法上の福利厚生の取扱いと違い、要件ごとに課税・非課税が決められていることに注意を要する。また、福利厚生費は、給与所得や交際費との境界が微妙であるので、税務上福利厚生費として認められるためには、支出の目的、支出金額（社会通念上の相当性）、一定の支出基準等に配慮する必要がある。

2 法定福利厚生──社会保険制度の概要

（1）社会保険とは

　社会保険は、社会保障制度の一機能である。憲法25条では、1項で「すべて国民は、健康で文化的な最低限度の生活を営む権利を有する」、2項では「国は、すべての生活部面について、社会福祉、社会保障及び公衆衛生の向上及び増進に努めなければならない」と規定している。国民には生存権があり、国家には生活保障の義務があることを明らかにしている。さらに、「社会保障制度に関する勧告」（1950（昭和25）年社会保障制度審議会）において社会保障制度を社会保険、国家扶助、公衆衛生および医療、社会福祉の4つに分類しており、社会保険には、「健康保険、国民健康保険、国家公務員共済組合、船員保険、厚生年金保険、失業保険（現雇用保険）及び労働者災害補償保険が含まれる」としている。

　社会保険とは、保険技術を活用して、保険給付の対象者（多くの場合、被保険者。労災保険においては労働者）の疾病、負傷、分娩、失業、障害、死亡、要介護などの事故（保険事故）が生じた場合に、その保護のために一定の給付を行い、所得または医療などを保障する制度である。

　社会保険制度は労働者のセーフティネットであるので、法が定める要件に該当すれば事業主に強制的に加入を義務づけるとともに、保険給付の対象者となるべき者についても、法が定める要件に該当すれば当然に被保険者になることとされており、恣意的に被保険者にならないということはできない。

　わが国の社会保険制度は、職域で加入する社会保険（被用者保険）と、職域の社会保険に加入できない住民が居住する地域（市区町村）で加入する社会保険とがある。職域は、特定の職域（国家公務員、地方公務員、私立学校教職員など）と、特定以外の一般の職域に分類され、それぞれで加入する制度が違っている。本テキストでは、一般の職域において適用される社会保険制度を主に解説することとする。なお、被用者年金保険については、2015（平成27）年10月から国家公務員、地方公務員、私

立学校教職員の各共済年金が厚生年金保険に一元化されている。

　社会保険制度は、労働者が出合う保険事故（負傷、疾病、障害、死亡、出産、失業等）に応じて立法化されている。各保険に医療の提供、年金給付等の目的が定められており、職域および地域においては、それぞれの制度の目的に応じた社会保険制度の組み合わせにより加入することとなる。なお、社会保険の分類で狭義には健康保険、厚生年金保険を社会保険と呼び、労災保険と雇用保険を労働保険という。

　職域および地域において加入すべき保険が応じた社会保険制度は、次のとおりである。

　①　被用者が職域で加入する社会保険（総称して、職域保険ともいう）

　　１）業務災害・通勤災害に対する医療および年金保険制度……労働者災害補償保険（労災保険）

　　２）失業等に対する給付を行う保険制度……雇用保険

　　３）業務外の傷病に対する医療保険制度……健康保険

　　４）老齢、障害等に対する年金保険制度……厚生年金保険

　②　上記健康保険、厚生年金保険の対象から漏れる国民が地域（市区町村）で加入する社会保険（総称して、地域保険ともいう）

　　１）傷病に対する医療保険制度……国民健康保険

　　２）老齢、障害等に対する年金保険制度……国民年金

なお、介護保険は、第1号被保険者は地域保険、第2号被保険者は職域保険でカバーしており、地域保険、職域保険双方の性格を有する。また、国民年金は厚生年金保険の被保険者を第2号被保険者としており、この点では職域保険の性格を有する。

（2）社会保険法令の構成

　社会保険各法には、大筋以下のようなことが規定されている。ただし、労災保険および雇用保険においては、③適用事業のうち保険関係の成立・消滅と⑤保険料に関する事項については、別途に、労働保険の保険料の徴収に関する法律（以下、「徴収法」という）に規定されている。

① 目的（どんな保険事故が生じたときに保険給付を行うのか）
② 保険者（保険を運営する者）
③ 適用事業（保険に加入すべき事業、保険関係の成立・消滅）
④ 被保険者または保険の対象者（被保険者となる者、ならない者。労災保険の場合は、保険給付の対象となる者）
⑤ 保険料（保険料の負担と保険者への保険料納付）
⑥ 保険給付（保険事故があったときにどんな給付が受けることができ、その手続はどうするのか）
⑦ 不服申立て（被保険者資格・保険給付等保険者が行った処分について不服があるときの申立て）

3 労働保険の概要

（1）労働保険の適用

　労働保険とは、労災保険と雇用保険の総称である。労災保険と雇用保険は、その目的や給付の内容がそれぞれ異なる保険である。しかし、保険関係の成立・消滅、保険料の納付等については徴収法において、両保険を労働保険として一体のものとして規定している。

　労働保険の適用を受ける事業は、その事業の内容により、「一元適用事業」と「二元適用事業」に分かれる。

　一元適用事業とは、労災保険と雇用保険の保険関係を合わせて1つの労働保険の保険関係として成立し、保険料の算定・納付等を両保険について一元的に処理をする事業をいう。また、二元適用事業とは、労災保険と雇用保険の保険関係を適用のしくみの違い等から、保険料の算定・納付を別々に（二元的に）処理をする事業（農林水産の事業、建設の事業、港湾労働法の適用される港湾において、港湾運送の行為を行う事業、都道府県および市区町村の行う事業）をいう。

　本テキストでは、以後の記述において、「一元適用事業」を解説するものとする。両保険の目的、保険者、加入義務、保険料等の相違について

は、図表3-3-3のとおりである。

図表3-3-3 ● 労災保険と雇用保険の相違比較

	労働保険	
	労災保険	雇用保険
目　　的	①業務上の事由、複数事業労働者の二以上の事業の業務を要因とする事由または通勤による労働者の負傷、疾病、障害、死亡等（業務災害または通勤災害）に対して迅速かつ公正な保護をするため、必要な保険給付を行うこと。 ②二次健康診断等に対する給付を行うこと。 ③社会復帰促進等の事業を行うこと。 （労災法1条）	①労働者が失業した場合や労働者についての雇用の継続が困難となる事由が生じたときに必要な給付を行う。 ②労働者がみずから職業に関する教育訓練を受けた場合および労働者が育児休業をした場合に、必要な給付を行うことにより、生活および雇用の安定を図る。 ③求職活動を容易にし、就職を促進する。 ④労働者の雇用の安定に資するため、二事業を行う。 （雇保法1条）
保　険　者	国	
行政の窓口	事業所を管轄する労働基準監督署	事業所を管轄する公共職業安定所
加　入　義　務	●労働者を1人でも使用する事業（農林水産業のうち、一部の事業が暫定任意適用事業となっている）は、労災保険に加入しなければならない。（労災法3条） ●労働者を使用する事業とは、原則として業種・規模のいかんを問わない。また、事業経営の主体が個人・法人を問わない。 ●事業ごとに加入する。	●労働者を雇用する事業（農林水産業のうち、一部の事業が暫定任意適用事業となっている）は、雇用保険に加入しなければならない。（雇保法5条） ●同左 ●同左
保険関係の成立	●保険関係は、その事業が開始された日または適用事業に該当することとなった日に、事業主の意思にかかわりなく成立する。（徴収法3条・4条） ●事業主は、事業開始から10日以内に保険関係成立届を所轄労働基準監督署・所轄公共職業安定所へ届け出なければならない。（徴収法4条の2）	
保険の対象となる者	●労働者全員 ●労働者ではないが、特別加入を認められた者	●労働者のうち、被保険者となるための一定の要件を満たした者
保　険　料	労働保険料は、継続事業の場合、1年に1回、労働局もしくは労働基準監督署に事業主が申告・納付することとなっている。詳細については、**(4)**「労災保険・雇用保険の保険料」を参照のこと。	

（2）労働者災害補償保険の概要

① 労災保険の目的（労災法1条、2条の2）

労働者災害補償保険（労災保険）は、労働者が業務上の事由、事業主が同一人でない二以上の事業に使用される労働者（以下、「複数事業労働者」という）の二以上の事業の業務を要因とする事由または通勤により、負傷し、疾病にかかり、その結果として心身に障害が残り、または死亡した場合に、被災労働者またはその遺族に対して迅速かつ公正な保護をするため、必要な保険給付を行う制度である。

さらに保険給付の事業に加えて、二次健康診断等に対する給付（→本章第2節 **2**（1）⑤「労災保険による二次健康診断等給付」を参照）および社会復帰促進等の事業を行っている。

社会復帰促進等の事業（労災法29条）

　労災保険では、業務災害・複数業務要因災害・通勤災害による被災労働者およびその遺族に対する各種の保険給付とあわせて、次に掲げる社会復帰促進等の事業を行っている。社会復帰等促進事業のうち、その一部について独立行政法人労働者健康安全機構に行わせている。
(1)　社会復帰促進事業…義肢等補装具費の支給、外科後処置、労災はり・きゅう施術特別援護措置、アフターケア、アフターケア通院費の支給、振動障害者社会復帰援護金の支給および頭頸部外傷症候群等に対する職能回復援護（以上、労災則24条～31条）、労災病院の設置・運営その他
(2)　被災労働者等援護事業…労災就学援護費、労災就労保育援護費、休業補償特別援護費、長期家族介護者援護金および労災療養援護金の支給（以上、労災則32条～37条）、特別支給金の支給（労災保険特別支給金規則）
(3)　安全衛生確保等事業…働き方改革推進支援助成金および受動喫煙防止対策助成金の支給（労災則38条～40条）、未払賃金の立替払事業（賃確法）その他

---

② 労働基準法と労災保険

労基法8章において、労働者が業務上負傷し、または疾病にかかった場合（業務災害という）には、使用者に被災労働者やその遺族に対して災害補償を行うべき責任を課している。

労災保険は、労基法に規定された使用者の災害補償責任の履行を担保

する保険として1947（昭和22）年に制定され、以来数次にわたる制度改定が行われた結果、現在は労基法による災害補償の水準を大きく上回っている。また、通勤災害について、使用者には労基法上の災害補償責任はないが、それについても業務災害と同様の保険給付が行われている。さらに、以下で述べる事業主を異にする複数の事業に従事する複数業務要因災害についても、労基法ではそれぞれの就労先の業務上の負荷のみでは業務と疾病等との因果関係が認められないからいずれの使用者にも災害補償責任は発生しないが、労災保険では複数の就労先の業務を総合的にみて因果関係が認められる場合には保険給付が認められている。同様に、労災保険には労基法の災害補償にはない保険給付として、二次健康診断等給付や介護（補償）給付が設けられている。

③　適用事業

労働者を1人でも使用する事業は、労災保険に加入しなければならない（強制適用事業）。その事業経営の主体が個人であるか法人であるかを問わない。ただし、官公署の事業（国・地方自治体の非現業の事業）は適用除外となるが、地方自治体の現業の事業には適用がある（労災法3条）。常時5人未満の労働者を使用する農林水産業の個人経営の事業（一部例外あり）は、暫定任意適用事業となる。

【労働者派遣事業の場合】

派遣労働者に係る災害補償責任は派遣元事業主にあり、派遣元事業主が労災保険・雇用保険の適用事業主となる。労働者派遣法には、派遣元事業主の労基法上および労災保険法上の適用事業に係る特例規定が設けられていない。

④　保険者・行政窓口・対象者

1）保険者・行政窓口

保険者は国である。厚生労働省が所管し、行政事務の窓口は、事業場を管轄する労働基準監督署労災課である。

2）労災保険の適用を受けることができる者

労災保険の適用を受けるのは「労働者」であって、労基法9条に規定

される労働者と同義である。

　労働者は、常用の正規労働者ばかりでなく、短時間労働者、アルバイト、派遣労働者等の非正規労働者を含むものであり、雇用形態には関係がない。また、外国人であって資格外活動、不法残留等入国管理法違反に当たる労働者も含まれる（昭63.1.26 基発50号・職発31号）。

　さらに、被災した（業務や通勤が原因でけがや病気などになったり、死亡した）時点で、事業主が同一でない複数の事業場と労働契約関係にある労働者（複数事業労働者）や、次に掲げる者も労災保険の適用を受けることができる。

　ⅰ）１つの事業と労働契約関係にあり、かつ、他の事業場において特別加入している者

　ⅱ）複数の事業場において特別加入をしている者

　ⅲ）複数事業労働者に類する者

　　算定事由発生日（業務災害、複数業務要因災害もしくは通勤災害が発生した日または診断によって疾病の発生が確定した日）時点で複数の事業について労働契約関係にない場合であっても、算定事由発生日前におけるその「負傷、疾病、障害または死亡（災害）」の原因や要因となる事由が生じた時点で、事業主が同一人でない２以上の事業に同時に使用されていた労働者をいう（労災則５条）。

　これらの労働者または複数事業労働者が、業務上の事由・複数事業の業務を要因とする事由・通勤により負傷し、または疾病にかかった場合には、例外なく受給権が生じる。

３）労災保険の特別加入制度

　労災保険は、労働者でない者に対しては保護が及ばない。しかし、このような者の中にも、業務の実態や災害の発生状況から見て、労働者に準じて保護することがふさわしい者たちが存在する。また、労災保険の適用範囲は日本国内に限られていることから、国内の事業場から国外の事業場へ派遣された者は、たとえ労働者であっても労災保険の保護が及ばない。このような海外で働く日本人労働者に対しても国内労働者と同

様の保護を与える必要がある。そこで、これらの者たちについて、一定の要件のもとに労災保険に特別に加入することを認めている。

特別加入の種類は、中小事業主等の特別加入・一人親方等の特別加入・特定作業従事者の特別加入・海外派遣者の特別加入の４種に大別される（労災法33条）。

ⅰ）中小事業主等の特別加入[*1]

中小事業主[*2]やその家族従事者等（中小事業主等という）が特別加入するには、その事業に使用される労働者について労災保険に加入しており、かつ、労働保険事務を労働保険事務組合[*3]に事務委託していることが必要である。

　[*1]　https://www.mhlw.go.jp/new-info/kobetu/roudou/gyousei/rousai/040324-5.html
　[*2]　中小事業主とは、使用する労働者数が常時300人（金融業、保険業、不動産業、小売業にあっては、50人以下。卸売業、サービス業にあっては、100人以下）の労働者を使用する事業主をいう（労災則46条の16）。
　[*3]　労働保険事務組合とは、中小規模事業所の労働保険事務（労働保険料の納付その他労災保険、雇用保険の事務）を軽減し、労働保険の未加入事業場の加入促進を図るために設けられた制度である（徴収法33条）。

Column　知ってて便利

《特別加入の対象拡大》

2021（令和3）年からフリーランス（実店舗がなく、雇人もいない自営業主や一人社長であって、自身の経験や知識、スキルを活用して収入を得る者をいう）として働く者の保護のため特別加入制度の対象が拡大された。また、高年齢者雇用安定法に基づく創業支援等措置により就業する者のうち、常態として労働者を使用しないで作業を行う者についても新たに特別加入制度の対象とされた。

(1) 一人親方等の特別加入の適用拡大が図られた対象者は、自転車を使用して貨物運送事業を行う者、柔道整復師、高年齢者雇用安定法の創業支援等措置に基づき事業を行う者、歯科技工士（2022（令和4）年7月から対象）である。

(2) 特定作業従事者の特別加入の適用拡大が図られた対象者は、芸能関係作業従事者、アニメーション制作作業従事者、ITフリーランスである。

労働保険事務組合に事務委託をすると、労働保険事務を代行すること、概算保険料を延納（分割納付）をする場合に有利な条件で行うことができること、中小事業主等の特別加入制度が利用できること、の3つのメリットがある（徴収法33条）。

ⅱ）一人親方等の特別加入[*4]・特定作業従事者の特別加入[*5]

一人親方等の特別加入を認められる者は、一定の事業に従事する労働者以外の者（家族従事者等）が労働者を使用しないで事業を行うことを常態とする者であり、特別加入者の範囲は労災則46条の17に定められている。

また、特定作業従事者の特別加入が認められる者は、中小事業主等または一人親方等以外の者（たとえば、労働組合等の常勤役員、家内労働者など）であって、労災則第46条の18に定められている者である。

なお、一人親方等の特別加入および特定作業従事者の特別加入の適用にあたっては、政府の承認を得た特別加入団体を事業主、一人親方等または特定作業従事者を労働者とみなすこととされている（労災法35条）。

[*4] https://www.mhlw.go.jp/new-info/kobetu/roudou/gyousei/rousai/040324-6.html
[*5] https://www.mhlw.go.jp/new-info/kobetu/roudou/gyousei/rousai/040324-8.html

ⅲ）海外派遣者の特別加入[*6]

国内の事業場に所属し、その事業場の使用者の指揮に従って単に労働の提供の場が海外にあるにすぎない場合は、「海外出張者」として取り扱われる。海外出張者の海外出張中の業務災害または通勤災害については、国内で成立している労災保険関係により補償される。しかし、海外駐在員等海外派遣者の海外での災害については派遣先国の制度が適用されることがあるが、わが国の労災保険に準じた補償がされないことも多々あり得る。そこで、国は海外派遣者の特別加入制度（第3種特別加入）を設けて、海外派遣者の労働災害に対しての保護を図っている（労災法33条）。

「海外派遣者」とは、海外の事業場に所属して、その事業場の使用者

の指揮に従って勤務する労働者またはその事業場の使用者（事業主およびその他労働者以外の者）である。「海外出張者」と「海外派遣者」のどちらに当たるかは、勤務の実態によって総合的に判断される。

海外派遣者の特別加入は、海外派遣者を送り出す事業主が都道府県労働局長に加入申請を行い、その承認を受けなければならない（労災法36条、労災則46条の25の２）。また、労働者が海外で行われる中小事業の代表者や取締役として派遣される者についても、特別加入することができる。

＊６　https://www.mhlw.go.jp/new-info/kobetu/roudou/gyousei/rousai/040324-7.html

⑤　保険給付

１）保険給付の概要

業務災害、複数業務要因災害または通勤災害の際に労災保険から給付を受けられるものの概要は、図表３-３-４のとおりである。

図表３-３-４ ● 保険給付の概要（2022（令和４）年３月１日現在）

（「保険給付の種類」欄〈 〉カッコ内の給付の名称は複数業務要因災害に対する給付、（ ）カッコ内の給付の名称は通勤災害に対する給付）

保険給付の種類	どんなときに給付されるか	給付の内容	特別支給金 社会復帰促進等の事業
療養補償給付 〈複数事業労働者 療養給付〉 （療養給付）	業務災害・複数業務要因災害・通勤災害による傷病により、労災病院または労災指定医療機関等で療養を受けるとき	必要な療養の給付 ※療養のため通院したときは、通院費が支給されることがある。	
	業務災害・複数業務要因災害・通勤災害による傷病により、労災病院または労災指定医療機関等以外で療養を受けるとき	必要な療養の費用の支給 ※療養のため通院したときは、通院費が支給されることがある。	
休業補償給付 〈複数事業労働者 休業給付〉 （休業給付）	業務災害・複数業務要因災害・通勤災害による傷病による療養のため労働することができず、賃金を受けられないとき	休業４日目から、休業１日につき給付基礎日額の60％相当額	休業特別支給金 休業４日目から休業１日につき給付基礎日額の20％相当額

障害補償給付 〈複数事業労働者 障害給付〉 （障害給付）	業務災害・複数業務要因災害・通勤災害による傷病が治癒（症状固定）した後に、心身に障害が残ったとき ●年金…障害等級１級～７級 ●一時金…障害等級８級～14級	●年金は、障害の程度に応じ、給付基礎日額の313日分～131日分 ●一時金は、障害の程度に応じ、給付基礎日額の503日分～56日分	●年金受給者は、**障害特別支給金 ＋障害特別年金** ●一時金受給者は、**障害特別支給金 ＋障害特別一時金**
遺族補償給付 〈複数事業労働者 遺族給付〉 （遺族給付）	業務災害・複数業務要因災害・通勤災害により死亡したとき ●年金…所定の遺族がいるとき ●一時金…年金を受け得る所定の遺族がいないとき等	●年金は、遺族の数等に応じ、給付基礎日額の245日分～153日分 ●一時金は、給付基礎日額の1,000日分	●年金受給者は、**遺族特別支給金 ＋遺族特別年金** ●一時金受給者は、**遺族特別支給金 ＋遺族特別一時金**
葬祭料 〈複数事業労働者 葬祭給付〉 （葬祭給付）	業務災害・複数業務要因災害・通勤災害により死亡した場合に、その葬祭を行うとき	315,000円＋給付基礎日額の30日分（その額が給付基礎日額の60日分に満たない場合は、給付基礎日額の60日分）	
傷病補償年金 〈複数事業労働者 傷病年金〉 （傷病年金）	業務災害・複数業務要因災害・通勤災害による傷病が療養開始後１年６ヵ月を経過した日または同日後において次の各号のいずれにも該当することとなったとき ①傷病が治癒（症状固定）していないこと ②傷病による障害の程度が傷病等級（１級～３級）に該当すること	障害の程度に応じ、給付基礎日額の313日分～245日分の年金	**傷病特別支給金 ＋傷病特別年金**
介護補償給付 〈複数事業労働者 介護給付〉 （介護給付）	障害補償年金・複数事業労働者障害年金・障害年金または傷病補償年金・複数事業労働者傷病補償年金・傷病年金の受給者のうち、障害等級・傷病等級の第１級の者または第２級の者（神経・精神の障害および胸腹部臓器の障害の者）であって、現に常時または随時介護を受けているとき	●常時介護の場合は、介護の費用として支出した額（171,650円上限）。 親族等により介護を受けており介護費用を支出した場合、または支出した額が75,290円を下回る場合は75,290円。 ●随時介護の場合は、介護の費用として支出した額（85,780円上限）。 親族等により介護を受けており介護費用を支出した場合、または支出した額が37,600円を下回る場合は37,600円。	

	事業主が行った直近の定期健康診断等（一次健康診断）において、次の(1)、(2)のいずれにも該当するとき (1) 血圧検査、血中脂質検査、血糖検査、腹囲またはBMI（肥満度）の測定のすべての検査において異常の所見があると診断されていること (2) 脳血管疾患または心臓疾患の症状を有していないと認められること ※関連記述 本章第2節 **2** (1) ⑤参照	二次健康診断および特定保健指導の給付 (1) 二次健康診断 　脳血管および心臓の状態を把握するために必要な空腹時血中脂質検査、空腹時血糖値検査等の検査 (2) 特定保健指導 　脳・心臓疾患の発生の予防を図るため、医師等により行われる栄養指導、運動指導、生活指導	
二次健康 診断等給付 ※船員法の適用を受ける船員については対象外		

※給付基礎日額とは

　給付基礎日額とは、原則として労基法12条の平均賃金に相当する額である。同条１項の平均賃金を算定すべき事由の発生した日に該当するのは、業務上災害、複数業務要因災害もしくは通勤災害の発生日または医師の診断によって疾病の発生が確定した日（賃金締切日が定められているときは、その日の直前の賃金締切日。以下、「算定事由発生日」という）であり、その算定事由発生日の直前３ヵ月間に労働者に支払われた賃金の総額（臨時に支払われる賃金および３ヵ月を超える期間ごとに支払われるものを除く）を、その期間の暦日数で除した１暦日当たりの賃金額をいう（労災法８条１項）。複数事業労働者については、当該複数事業労働者を使用する事業ごとに算定した給付基礎日額に相当する額を合算した額を基礎として、政府が給付基礎日額を決定する（労災法８条３項）。

　なお、給付基礎日額は平均賃金と常に同額とは限らず、たとえば、最低保証額が設けられているなど、平均賃金より高くなることもありうる。

2）給付請求

　原則として労働者が業務上の事由・複数事業の業務を要因とする事由・通勤により負傷し、または疾病にかかった場合は、事案に応じた請求書を、所轄労働基準監督署長へ提出することにより、国が審査のうえ支給・不支給を決定する。なお、複数事業労働者が被災した場合は、就業する各事業場のいずれかの所轄労働基準監督署長に提出することで足り、就業する各事業場の所轄労働基準監督署長にそれぞれ提出する必要はない。また、複数事業労働者が保険給付の請求を行う際には、給付基礎日額の算定等に影響があることから、複数事業労働者であるか否かを記載するとともに、非災害発生事業場（業務上の事由による傷病等が発生した事業場を除く事業場をいう）であっても賃金等について事業主の証明

を受けることとしている。

　複数業務要因災害に係る保険請求においては、「業務災害」に係る保険給付と「複数業務要因災害」に係る保険給付は同時に請求することができるが、支給される保険給付はいずれかのみであり、「業務災害」として労災認定される場合は、業務災害が優先される。

　被災労働者が事故のため、みずから保険給付その他の手続を行うことが困難である場合は、事業主には、その手続を助力することおよび被災労働者から保険給付を受けるために必要な証明を求められたときは、すみやかに証明する義務がある（労災則23条）。

【療養補償給付・複数事業労働者療養給付・療養給付】

　負傷、疾病の場合は、労災指定の病院・指定薬局・指定柔道整復師等（以下、「指定病院等」という）で療養の（補償）給付を受けることができる。窓口での治療費の本人負担は要しない。給付を受けるには、所定の請求様式を指定病院等に提出することにより請求する。

　もし、指定外の病院等で治療等を受けた場合には、自由診療扱いとなり、全額自己負担となる。自費で負担した治療費については、後日、療養の費用請求を行うことができる。

　災害の発生原因が第三者によるものであるときは、第三者行為災害届を作成し、労働基準監督署へ届け出なければならない（労災則22条）。

【休業補償給付・複数事業労働者休業給付・休業給付】

　療養のための休業が継続するか断続するかを問わず、実際に休業した日の第４日目（負傷または疾病が、所定労働時間内に発生した日が休業１日目となる）から、休業期間中に賃金を受けていない場合には、休業１日につき給付基礎日額の60％相当額を支給する。さらに社会復帰促進等事業から、給付基礎日額の20％相当額の休業特別支給金が支給される。これらの給付を受けるには、所定の請求書様式を所轄労働基準監督署長に提出することにより請求する。

　なお、業務災害の場合、被災当日を含む最初の休業３日間の休業補償については労基法76条に基づき、事業主が平均賃金の60％を補償し

なければならない。

　また、労働者が所定労働時間のうち通院などのために一部を休業した場合は、給付基礎日額から実際に労働した分に対して支払われる賃金額を控除した額の60%が支給される。

　（複数事業労働者に係る休業補償給付と災害補償責任）

　　複数事業労働者の休業補償給付の給付基礎日額は、当該複数事業労働者を使用する事業ごとに算定した給付基礎日額に相当する額を合算したうえで決定する。

　　この場合、当該複数事業労働者を使用する非災害発生事業場の事業主は、労基法に基づく災害補償責任を負わない。また、災害が発生した事業場の事業主は、みずからの事業場での平均賃金を基礎にした労基法に基づく休業補償責任を負うが、非災害発生事業場での平均賃金を基礎とした給付分まで労基法に基づく災害補償責任を負わない。

【労災未加入事業場での災害】

　労災保険未加入の事業場で発生した労働災害でも、労働者は、国に給付請求をすることができる。この場合、国は事業主に対して2年間遡及して保険料を徴収するとともに、追徴金が徴収される（徴収法21条）。さらに、労働者に保険給付が行われたときには、追徴金に加えて労災保険給付に要した費用の全部または一部が事業主から徴収される（労災法31条、労災則44条）。

⑥　業務災害・複数業務要因災害・通勤災害

1）支給決定

　所轄労働基準監督署長に労災保険に係る請求が行われたときに、労働基準監督署長は当該負傷、疾病または死亡の原因が業務上であるか業務外（通勤災害の場合は、通勤に該当するか否か）であるかを判断し、「支給」または「不支給」を決定する。

2）業務上と業務外の判断

　業務上・外の判断は、業務起因性と業務遂行性を検討して行う。

　業務起因性とは、業務が負傷、疾病の原因となったことであり、業務と負傷、疾病との因果関係をいう。また、業務遂行性とは、労働者が労働契約に基づいて事業主の支配下にある状態をいう。

3）業務上の判断基準について

【負傷の場合】

① 　所定労働時間内や時間外労働中に事業場内施設内において業務に従事している場合（事業主の支配・管理下で業務に従事している場合）に被った負傷は、特段の事情がない限り業務災害と認められる。

② 　就業の前後や休憩時間中に事業場内施設内にいながら業務に従事していない場合（事業主の支配・管理下にあるが業務に従事していない場合）に被った負傷は、私的行為であり、原則として業務災害とは認められない。

③ 　出張や社用での外出等のように事業場施設外において業務に従事している場合（事業主の支配下にあるが、管理下を離れて業務に従事している場合）に被った負傷は、業務災害について特に否定すべき事情がない限り、業務災害と認められる。

【疾病の場合】

　業務上疾病とは、事業主の支配下にある状態において、有害因子に曝露したことによって発症した疾病で、労基法75条に基づき労基則別表第1の2に規定されている。

　労働者に疾病が発生し、請求があった場合には、業務との因果関係を推定し、作業内容、作業環境条件等を審査のうえ業務上・外を判断する。業務上疾病を認定するための判断基準の一例は、次のとおりである。

① 　腰痛……業務上腰痛の認定基準（昭51. 10. 16 基発750号）

② 　過労死等…血管病変等を著しく増悪させる業務による脳血管疾患及び虚血性心疾患等の認定基準（令3. 9. 14 基発0914第1号）→図表3-3-5・6

③ 　精神障害・自殺……心理的負担による精神障害の認定基準（平23.

図表3-3-5 ●脳・心臓疾患の対象疾病

脳血管疾患	虚血性心疾患
・脳内出血（脳出血） ・くも膜下出血 ・脳梗塞 ・高血圧性脳症	・心筋梗塞 ・狭心症 ・心停止（心臓性突然死を含む） ・重篤な心不全 ・大動脈解離

12.26 基発1226号）

④ 石綿による疾病（石綿肺、肺がん、中皮種等）……石綿による疾
病の認定基準（平24.3.29 基発0329第2号）

4）複数業務要因災害

複数業務要因災害とは、複数事業労働者（これに類する者（→本項(2)
④2）ⅲ）参照）を含む）の2以上の事業の業務を要因とする負傷、疾病、
障害または死亡（以下、「複数業務要因災害」という）をいう（労災法7
条1項2号）。

複数業務要因災害は、複数事業労働者の稼得能力や遺族の被扶養利益
の損失を填補する観点から、1つの事業では業務災害には該当しないも
のの、複数事業の各事業における業務上の負荷を総合的に評価のうえ、
当該業務と負傷、疾病、障害または死亡の間に因果関係が認められたと
きに労災認定できるかどうかを判断する（令2.8.21 基発0821第1号第
1-2-(1)-ア）。なお、業務による負荷は、労働時間については通
算し、労働時間以外の負荷要因については負荷を総合的に評価し、業務
による明らかな過重負荷を受けたか否かを判断する。

複数業務要因災害による疾病の範囲は、脳・心臓疾患、精神障害（労
基則別表1の2第8号および第9号に掲げる疾病）およびその他2以上
の事業の業務を要因とすることの明らかな疾病である（労災則18条の3
の6）。

複数業務要因災害に関する保険給付は、前掲図表3-3-4に示したと
おり、業務災害に関する給付または通勤災害に関する給付と同じ内容で

図表3-3-6 ● 脳・心臓疾患の労災認定フローチャート

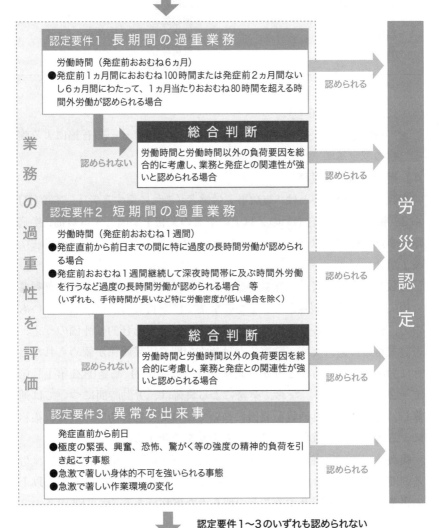

出所：厚生労働省パンフレット「脳・心臓疾患の労災認定－過労死等の労災補償Ⅰ」
　　　より

あり、受給権者の範囲および他の社会保険による給付との調整等も同様である。

5）通勤災害の認定

　通勤災害の通勤とは、就業に関して①住居と就業の場所との間の往復、②就業の場所から他の就業の場所への移動、③住居と就業の場所との間の往復に先行し、または後続する住居間の移動*のいずれかであって、合理的な経路および方法で行うことをいい、業務の性質をもつものを除くものとされ、往復の経路を逸脱し、または中断していないことが要件である（労災法7条2項）。しかし、往復の経路を逸脱または中断をした場合には、逸脱または中断の間およびその後の往復は、通勤とはならない。ただし、逸脱または中断が日常生活上必要な行為であって、やむを得ない事由により厚生労働省令（労災則8条）で定める行為を最小限の範囲で行う場合は、逸脱または中断の間を除き、合理的な経路に復した後は再び通勤として扱われる（労災法7条3項）。

> ＊住居と就業の場所との間の往復に先行し、または後続する住居間の移動とは転任に伴い、当該転任の直前の住居と就業の場所との間を日々往復することが当該往復距離（片道60キロメートル以上等）を考慮して困難となったため住居を移転した労働者であって、一定のやむを得ない事情により、当該転任の直前の住居に居住している配偶者と別居することとなったものの居住間の移動をいう。
>
> 　また、配偶者がない場合の子との別居、ならびに配偶者および子がない場合の父母または親族（要介護状態にあり、かつ、当該労働者が介護していた父母または親族に限る）との別居についても同様に取り扱われる。

（3）雇用保険の概要

① 雇用保険の目的

　雇用保険の目的は、①労働者が失業した場合や雇用の継続が困難となる事由が生じた場合に必要な給付を行うこと、②労働者がみずから職業に関する教育訓練を受けた場合および労働者が育児休業をした場合に必要な給付を行い、その生活の安定および雇用の安定を図ること、③求職活動を援助し、再就職の促進を図ること、④雇用安定事業・能力開発事

図表3-3-7●雇用保険の事業

失業等給付	求職者給付 求職者の生活の安定を図るとともに、求職活動を容易にするために行う	一般被保険者に対する求職者給付	基本手当	
			技能習得手当	受講手当
				通所手当
			寄宿手当	
			傷病手当	
		高年齢被保険者・特例高年齢被保険者に対する求職者給付	高年齢求職者給付金	
		短期雇用特例被保険者に対する求職者給付	特例一時金	
		日雇労働被保険者に対する求職者給付	日雇労働求職者給付金	
	就職促進給付 失業者の再就職の援助、促進を図る	就業促進手当	就業手当	
			再就職手当	
			常用就職支度手当	
			就業促進定着手当	
		移転費		
		求職活動支援費		
	教育訓練給付 能力開発の取組みを支援し雇用の安定と再就職の促進を図る		教育訓練給付金	
	雇用継続給付 労働者の職業生活の円滑な継続の援助促進を図る	高年齢雇用継続給付	高年齢雇用継続基本給付金	
			高年齢再就職給付金	
		介護休業給付	介護休業給付金	
育児休業給付	育児休業給付金 出生児育児休業給付金	出生時育児休業給付金はいわゆる産後パパ育休をした場合、育児休業給付金はそれ以外の育児・介護休業法に定める育児休業をした場合に支給される。		
二 事 業	雇用安定事業	被保険者等(被保険者、被保険者であった者、被保険者になろうとする者)の失業の予防、雇用状態の是正、雇用機会の増大その他雇用の安定を図るために政府が実施する事業		
	能力開発事業	被保険者等の職業生活の全期間を通じて能力を開発し、また向上させることを促進するために政府が実施する事業		

業(二事業)を実施することにより、積極的に失業の発生を防止することである。この目的に沿って、図表3-3-7に示した事業を行っている。

② 保険者・行政窓口・被保険者

1)保険者・行政窓口

保険者は国である。厚生労働省が所管し、行政事務の窓口は、事業所を管轄する公共職業安定所(通称「ハローワーク」)である。

2)被保険者

雇用保険の適用事業に使用される労働者は、その意思のいかんにかか

わらず、被保険者となる（雇用保険法（以下、本項において「雇保法」という）4条）。ただし、労働者であっても同法6条の適用除外に該当する者は、被保険者とならない。

　被保険者には、雇用態様、年齢等によって高年齢被保険者（同法37条の2）、特例高年齢被保険者 **Key Word**（同法37条の5）、短期雇用特例被保険者（同法38条）、日雇労働被保険者（同法43条）および一般被保険者（前述の被保険者以外の者）がある。

3）被保険者となる者、ならない者の具体例

Key Word

特例高年齢被保険者――65歳以上の高年齢労働者であって、次のいずれにも該当する者本人が自身の住居所を管轄する公共職業安定所長に申し出ることにより、特例高年齢被保険者となる。資格喪失も同様である（雇保法37条の5）。そして、事業主は、当該労働者が当該資格の得喪の申出をしたことを理由として解雇その他不利益な取扱いをしてはならない（同法73条）。

① 2以上の事業主の適用事業に雇用される65歳以上の者であること

② 1つの事業主の適用事業における1週間の所定労働時間が5時間以上20時間未満であること

③ 2つの事業所の労働時間を合計して、1週間の所定労働時間が20時間以上であること

④ 2つの事業所のそれぞれの雇用見込みが31日以上であること

特例高年齢被保険者は、離職して特例高年齢被保険者資格を喪失し、求職申込みを住居所の公共職業安定所に行った後、要件を満たせば高年齢求職者給付金を受給できる。1つの事業所のみの離職であっても、離職した事業所の賃金日額を基礎にした金額を受給可能である。また、要件を満たすと、育児休業給付・介護休業給付・教育訓練給付・就職促進給付も受給できる。

※本制度は、2022（令和4）年4月1日から施行されている。副業を含むいわゆるマルチジョブホルダー向けのもので、65歳以上の年齢層に試行して、施行後5年を目途に検証がなされることとなっている。本制度は、「被保険者は雇用保険の被保険者資格を任意に取得し喪失することはできない」という原則の例外である。1つの事業所でその所定労働時間をすべて把握し公共職業安定所長に届け出ることができないからである。

適用除外となる者は、次のとおりである（同法6条）。
① 1週間の所定労働時間が20時間未満である者
② 同一の事業主の適用事業に継続して31日以上雇用されることが見込まれない者
③ 季節的に雇用される者のうち一定の者
④ 学校教育法に規定する学校・専修学校・各種学校等の学生・生徒
⑤ 国・地方公共団体・これらに準じる事業に雇用される者のうち一定の者

被保険者となる者、ならない者の具体例は、図表3-3-8のとおりである。適用除外事由の具体的適用や労働者性の有無が問題とされる。

図表3-3-8 ● 雇用保険の被保険者となる者、ならない者の例

例	被保険者となる者、ならない者の要件
・短時間就労者（パートタイマー） ・派遣労働者	次のいずれの要件にも該当する場合に限り、被保険者となる。 (1) 1週間の所定労働時間が20時間以上であること (2) 同一の事業主の適用事業に継続して31日以上雇用されることが見込まれる者
昼間学生	昼間学生は被保険者とならない。ただし、次に掲げる者は被保険者となる。 (1) 卒業見込証明書を有する者であって、卒業前に就職し、卒業後も引き続き同一事業所に勤務する予定の者 (2) 休学中の者 (3) 事業主の命により、または事業主の承認を受け（雇用関係を存続したまま）大学院等に在学する者
在宅勤務者 ※労働日の全部またはその大部分について事業所への出勤が免除され、かつ自己の住所または居所で勤務することを常とする者をいう。	事業所勤務と同一の就業規則等の諸規程（その性質上在宅勤務者に適用できない条項を除く）が適用され、次のいずれの要件にも該当する場合に限り被保険者となる。 (1) 指揮監督系統が明確であること (2) 拘束時間が明確であること (3) 各日の始業・終業の時刻等の勤務時間管理が可能なこと (4) 報酬が、勤務した時間または時間を基礎としていること (5) 請負・委任的色彩の不存在性等を総合的に判断し、事業所勤務者との同一性が確認できること
在日外国人	・日本国において合法的に就労する外国人は、その者の在留資格のいかんを問わず被保険者となる。ただし、外国において雇用

	関係が成立した後、日本国内にある事業所に赴き勤務している者については被保険者とならない。 ・ワーキングホリデーの在留資格で国内で就労する外国人は、被保険者とならない。 ・外国人技能実習生として受け入れられ、技能等の修得をする活動を行う場合には、受入先の事業主と雇用関係にあるので、被保険者となる。ただし、入国当初に雇用契約に基づかない講習（座学（見学を含む）により実施され、実習実施期間の工場の生産ライン等商品を生産するための施設における機械操作教育や安全衛生教育は含まれない）が行われる場合には、当該講習期間中は受入先の事業主と雇用関係にないので、被保険者とならない。
国外で就労する者	・適用事業所に雇用される者が事業主の命により、出張または国外の支店等へ転勤した場合は、被保険者となる。 ・国外の他の事業主の事業に出向し雇用された場合でも、国内の出向元事業主との雇用関係が継続している限り被保険者となる。
長期欠勤者	長期欠勤している労働者であっても、雇用関係が存続する限り被保険者となる。この場合、賃金の支払いを受けているか否かを問わない。
2以上の事業主に雇用される者	同時に2以上の雇用関係にある者は、その者が生計を維持するに必要な主たる賃金を受ける一の雇用関係についてのみ被保険者となる。ただし、前記の特例高年齢被保険者を除く。
事業主に雇用されつつ自営業を営む者等	適用事業の事業主に雇用されつつ自営業を営む者または他の事業主のもとで委任関係に基づきその事務を処理する者（雇用関係にない法人の役員等）については、当該適用事業の事業主のもとでの就業条件が被保険者となるべき要件を満たすものである場合には、被保険者となる。

出所：業務取扱要領雇用保険適用関係「被保険者の範囲に関する具体例」

4）被保険者資格の取得・喪失

　事業主は、労働者を雇い入れた場合には、資格取得届を公共職業安定所に翌月10日までに届け出なければならない（雇保則6条）。公共職業安定所が被保険者となったことの確認をすると、雇用保険被保険者証が事業主を通じて被保険者に交付される（同則10条）。なお、資格取得手続が遅れるなどして遡及適用する場合は、時効により申し出た日から2年前までである。しかし、事業主が被保険者資格取得の届出を行わなか

ったため未加入とされていた者のうち、事業主から雇用保険料を控除されていたことが給与明細等の書類により確認された者については、2年を超えて資格取得時期が遡及する（雇保法22条5項）。

　労働者が離職した場合その他離職以外の理由により被保険者に該当しなくなった場合には、事業主は、資格喪失届を離職日の翌日から起算して10日以内に公共職業安定所に届け出なければならない。喪失原因が離職による場合には、原則として資格喪失届に離職証明書を添付しなければならない。ただし、本人が離職票の交付を希望しない場合は、原則として不要である（雇保則7条）。

③　保険給付

　雇用保険の給付は前掲図表3-3-7に示したとおり、失業等給付と育児休業給付、二事業による助成措置に大別される。本テキストでは、失業等給付の主なものについて解説する。失業等給付は、求職者給付、就職促進給付、教育訓練給付と雇用継続給付に大別される。

1）基本手当を受給するには

　基本手当は、被保険者が離職し、労働の意思および能力を有するにもかかわらず、職業に就くことができない状態にある（以下、「失業」という。雇保法4条）場合に、失業状態にある期間中の生活保障機能をもった給付である。

　一般被保険者に対する基本手当を受けるためには、次に掲げる要件をいずれも満たしていることが必要である。

①　離職日から遡った一定期間に、次のいずれかの被保険者期間があること

ⅰ）原則として離職の日以前2年間に、離職日から遡って1ヵ月ごとに区切った期間に、賃金支払基礎日数が11日以上ある月または賃金支払いの基礎となった時間数が80時間以上ある月が通算して12ヵ月以上あること（雇保法13条1項・14条）

ⅱ）離職事由により特定受給資格者（倒産・解雇等により、再就職の準備をする時間的余裕がなく離職を余儀なくされた者）または

特定理由離職者（期間の定めのある労働契約が更新されなかった
こと、または正当な理由のある自己都合により離職した者）に該
当する場合は、離職の日以前1年間に、離職日から遡って1ヵ月
ごとに区切った期間に、賃金支払基礎日数が11日以上ある月また
は賃金支払いの基礎となった時間数が80時間以上ある月が通算し
て6ヵ月以上あること（同法13条2項・3項、23条2項）

② 失業状態にあること（同法15条1項）

③ 公共職業安定所に求職の申込みをしていること（同法15条2項）

④ 所定の求職活動を行った後、失業認定を受けること（同法15条5
項）

2）基本手当の受給

基本手当は、雇用保険の根幹をなす給付である。基本手当は、在職中
の賃金額に応じた基本日額（離職日前の総賃金÷6ヵ月の総歴日数）の
一定割合（50%〜80%）を一定期間受給することができ（同法16条・17
条）、給付日数は、算定基礎期間に応じて定められている（同法22条）。
なお、特定受給資格者または特定理由離職者に該当する場合は、所定給
付日数が原則的な給付日数より長くなる（同法23条、同法附則4条。特
定理由離職者への優遇措置は、2024（令和6）年度末まで）。基本手当は、
原則として離職日の翌日から1年以内に受給しなければならない（同法
20条）。

基本手当は、離職者が公共職業安定所に求職の申込みを行った日から
7日間は支給されない。これを待機という（同法21条）。

被保険者が自己の責に帰すべき重大な事由により解雇された場合、ま
たは正当な理由がなく自己都合退職した場合には、待機終了後3ヵ月以
内の間で基本手当が支給されない。これを給付制限という（同法33条）。
なお、特定受給資格者または特定理由離職者に該当する場合は、事業主
都合による退職となるため、給付制限を受けない。

3）高年齢求職者給付金

65歳以上の被保険者であって、短期雇用特例被保険者および日雇労働

被保険者以外の者を高年齢者被保険者という（同法37条の2）。

　高年齢被保険者が離職し、失業状態にある場合で、離職の日以前1年間のうちに被保険者期間が6ヵ月以上あるときに、公共職業安定所の認定により高年齢受給資格が認められる。高年齢受給資格者は、離職日の翌日から起算して1年を経過する日までに公共職業安定所に出頭し、求職の申込みをしたうえ失業認定を受けた場合、高年齢求職者給付金として一時金が支給される（同法37条の2～37条の4）。なお、特例高年齢被保険者については、1事業所のみを離職する場合であっても、当該事業所の賃金に基づいて算出し、給付される（同法37条の6）。

算定基礎期間	1年以上	1年未満
給付日数	50日	30日

4）雇用継続給付

　雇用継続給付は、高齢化または介護休業取得による賃金収入の低下等雇用の継続が困難となる事由が生じた場合を雇用保険の保険事故とみなして取り扱い、給付を行うものである。

① 高年齢雇用継続基本給付金（同法61条）

　一般被保険者であった期間が5年以上である者が60歳に達した以後、失業給付を受給することなく、60歳時点に比して各月の賃金額が75％未満に低下した状態で雇用されている者が支給対象となる。支給額は、支払われた賃金の15％が上限となる。事業主は、60歳に到達した被保険者が当給付金申請のため「六十歳到達時等賃金証明書」を求めた場合には、これを当該被保険者に交付しなければならない（雇保則101条の5）。

　なお、60歳到達前の離職した時点で被保険者期間が通算して5年以上ある者が、60歳に達した日において被保険者ではなく、それ以降の再就職により被保険者となった者であっても、一定の要件を満たすことにより高年齢雇用継続基本給付金の受給資格の確認を受けることができる。

② **高年齢再就職給付金**（同法61条の２）

　一般被保険者であった期間が５年以上である者が、基本手当を受給し支給残日数が100日以上ある場合、60歳に達した後において安定した職業に再就職して被保険者資格を取得したが、支払われた賃金が「基本手当の賃金日額×30日」の75％未満に低下した者が支給対象となる。支給額は、支払われた賃金の15％が上限となる。支給期間は、支給残日数が200日以上の場合は２年、支給残日数が100日以上の場合は１年であり、65歳後は支給しない。事業主は、60歳に到達した被保険者が当給付金申請のため「高年齢雇用継続給付受給確認票」に事業主証明を求めた場合には、これに協力しなければならない（雇保則101条の９）。

③ **介護休業給付**（同法61条の４）

　対象家族の介護を行うための介護休業を取得した一般被保険者・高年齢被保険者・特例高年齢被保険者であって、介護休業開始前２年間に、賃金支払基礎日数が11日以上ある月が12ヵ月以上ある者（賃金支払基礎日数が11日以上ある月が12ヵ月未満の者であっても、賃金支払基礎日数が11日以上ある月または賃金支払いの基礎となった時間数が80時間以上ある月が12ヵ月以上ある者を含む）に、本人からの請求に基づき支給される。支給額は、１ヵ月当たり休業開始日前の賃金日額の40％であるが、暫定措置として最大67％まで支給されている（同法附則12条）。

　なお、特例高年齢被保険者については、２以上のすべての適用事業において介護休業を取得した場合に支給される（同法37条の６）。

５）育児休業給付

① **育児休業給付金**（同法61条の７）

　１歳（①保育所における保育の実施が行われない等の場合には１歳６ヵ月または２歳、②パパ・ママ育休プラス制度を利用する場合は１歳２ヵ月）未満の子を養育するための育児休業を取得し、育児休業開始前２年間に、賃金支払基礎日数が11日以上ある期間が通算して12ヵ

月以上ある（賃金支払基礎日数が11日以上ある月が12ヵ月未満の者で
あっても、賃金支払基礎日数が11日以上ある月または賃金支払いの基
礎となった時間数が80時間以上ある月が12ヵ月以上ある者を含む）一
般被保険者・高年齢被保険者・特例高年齢被保険者（男女を問わない）
が一定の要件を満たしたときに、本人からの請求に基づき支給される。
なお、育児休業取得中の者に賃金が支払われる場合、育児休業給付の
支給要件を満たしていても賃金との調整が行われ、賃金が「休業開始
時みなし賃金日額×支給日数」の80％以上のときは、育児休業給付金
は支給されない（同法61条の7第6項）。

育児休業給付の1支給単位期間ごとの給付額[*1]は、次の算式により
算出する。

休業開始時みなし賃金日額[*2]×支給日数[*3]×67％（ただし、育児休
業の開始から6ヵ月経過後は50％）

* *1　給付額には上限がある。また、育児休業期間中に賃金が支払われてい
ると減額される場合がある。
* *2　休業開始時みなし賃金日額は、原則として、育児休業開始前6ヵ月間
の総支給額（保険料等が控除される前の額。賞与は除く）を180で除し
た額。
* *3　1支給単位期間の支給日数は、原則として、30日（ただし、育児休業
終了日を含む支給単位期間については、その育児休業終了日までの期間）。

なお、特例高年齢被保険者については、2以上のすべての適用事業に
おいて育児休業を取得した場合に支給される（同法37条の6）。

② 出生時育児休業給付金（同法61条の8）

産後パパ育休については、雇用保険において育児休業給付金に加え
て新設された出生時育児休業給付金の対象となる。その支給要件は以
下のとおりである（同法61条の8）。

ⅰ）出生時育児休業の開始前の2年間において、みなし被保険者期
間中に賃金支払基礎日が11日以上ある月が12ヵ月以上（賃金支払
基礎日が11日以上ある月が12ヵ月未満であっても、賃金支払基礎
日数が11日以上ある月または賃金支払いの基礎となった時間数が

80時間以上ある月が12ヵ月以上ある場合を含む）あること

ⅱ）同一の子について３回目以上の出生時育児休業ではないこと

ⅲ）同一の子について出生時育児休業期間が28日を超えていない
こと

産後パパ育休は２回まで分割取得できるため、出生時育児休業給付
金も２回まで受給できる。

支給額は、以下のとおりである。

休業開始時みなし賃金日額×休業日数×支給率（67％）

なお、産後パパ育休の取得者は、休業期間中に就労が可能であるが、
就労した場合、出生時育児休業金給付金の対象となるのは、休業期間中
の就業日数が一定の水準（最大10日。10日を超える場合は、就業してい
る時間数が80時間）以下であることとされている。また、休業中賃金が
支払われた場合、出生時育児休業給付金が減額または不支給となること
がある。

（４）労災保険・雇用保険の保険料

① 労働保険料の種類

労災保険および雇用保険に係る保険料を労働保険料という。その種類
は図表３-３-９のとおりである。

② 労働保険料の費用負担

労働保険料の納付義務者は事業主であり、国は、事業主から労働保険
料を徴収する（徴収法10条・15条・19条）。

一般保険料の労災保険分については全額事業主が負担し労働者の負担
はない。第三種特別加入による海外派遣者分の保険料も同様である。ま
た、一般保険料の雇用保険分のうち失業等給付分および育児休業給付分
は労使でそれぞれ折半負担し、二事業分は全額事業主が負担する。→図
表３-３-10

事業主は、一般保険料のうち雇用保険分の被保険者負担分に相当する
額を当該被保険者に支払う賃金から控除することができる。この場合、

図表3-3-9 ● 労働保険料の種類と保険料の求め方

労働保険料の種類		保険料の求め方
一般保険料	事業主が労働者に支払う賃金を算定の基礎とする保険料	一般保険料＝労災保険分＋雇用保険分 ・労災保険分＝賃金総額×労災保険料率 　※労災保険料率は、災害率の高低に応じて事業の種類ごとに定められている。 ・雇用保険分＝賃金総額×雇用保険料率 　※雇用保険料率は、図表3-3-10参照。
特別加入保険料 第一種	中小事業主等の労災保険特別加入者等についての保険料	第一種特別保険料 ＝保険料算定基礎額の総額×第一種特別加入保険料率 ※保険料率は、当該事業の労災保険率と同一の率
特別加入保険料 第二種	一人親方等および特定作業従事者の労災保険特別加入者等についての保険料	第二種特別保険料 ＝保険料算定基礎額の総額×第二種特別加入保険料率 ※保険料率は、事業または作業の種類に応じた率
特別加入保険料 第三種	海外派遣者の労災保険特別加入者等についての保険料	第三種特別加入保険料 ＝保険料算定基礎額の総額×第三種特別加入保険料率 ※保険料率は、一律に1000分の3（2022年度）
印紙保険料	雇用保険の日雇労働被保険者についての保険料で、雇用保険印紙により納付する	省略

※賃金総額は、前年4月1日から翌年3月31日までに使用したすべての労働者に支払われた賃金の総額。
※保険料算定基礎額は、給付基礎日額に365を乗じた額。
※給付基礎日額は、算定基礎額表の範囲内（3,500円〜25,000円）で特別加入者が任意に選択した額を申請し、都道府県労働局長が決定した額。

図表3-3-10 ● 雇用保険料率と事業主および被保険者の負担分（2022年10月以降）

料率 / 事業の種類		雇用保険料率	雇用保険料率のうち、事業主・被保険者の負担分			被保険者負担分
			事業主負担分 （　）は事業主負担分に含まれる保険料率			
			失業等給付・育児休業給付の保険料率	雇用保険二事業の保険料率		
一般の事業（下記以外の事業）		13.5/1000	8.5/1000			5/1000
			(5/1000)	(3.5/1000)		
特掲事業	農林水産*・清酒製造の事業	15.5/1000	9.5/1000			6/1000
			(6/1000)	(3.5/1000)		
	建設の事業	16.5/1000	10.5/1000			6/1000
			(6/1000)	(4.5/1000)		

＊園芸サービス、牛馬の育成、酪農、養鶏、養豚、内水面養殖および特定の船員を雇用する事業については、一般の事業の率が適用される。

事業主は保険料控除に関する計算書を作成し、その控除額を被保険者に知らせなければならない（同法32条）。なお、事業主が被保険者負担額を負担した場合には、当該負担分に相当する額は、賃金とされる（昭51.3.31 労徴発12号）。

③ 一般保険料の申告・納付

1）年度更新

一般保険料は、毎年4月1日～翌年3月31日（労働保険年度という）を単位として計算される。労災保険分の保険料額は、賃金総額に労災保険率を乗じて算出される。また、雇用保険の保険料額は、賃金総額に雇用保険率を乗じて算出される（徴収法11条・11条の2）。→図表3-3-11

一般保険料の申告・納付にあたっては、まず、保険関係が成立した保険年度の当初に保険料概算額を見積もって納付（同法15条）しておき、当該保険年度末に賃金総額が確定した額をもとに次の保険年度において精算する（同法19条）という方法をとっている。

したがって、前年度またはそれ以前からすでに労災保険に加入している継続事業の事業主は、新年度の概算保険料を納付するための申告・納付と前年度申告した概算保険料を清算するための確定保険料の申告・納付の手続を同時に行うこととなる。これを年度更新といい、毎年6月1日～7月10日の間に行うこととなっている。

2）一般拠出金の申告・納付

労災保険の適用事業主は、年度更新の際、確定保険料の申告にあわせて一般拠出金を申告・納付しなければならない。これは、石綿健康被害者（労災補償の対象とならない者）の救済費用に充てるため、労災保険適用事業場の全事業主に一般拠出金を負担させる制度である。

一般拠出金の額は、賃金総額に一般拠出金率（0.2/1000）を乗じた額である（石綿による健康被害の救済に関する法律35条・37条・38条）。

④ 継続事業の一括

労働保険では事業ごとに保険関係を成立することとなっているので、事業主は本社となる事業場のほか、支店・工場等の事業場ごとに労働保

図表3-3-11 ● 労働保険料の算定基礎となる賃金早見表

賃金総額に算入するもの	賃金総額に算入しないもの
・基本給・固定給等基本賃金 ・超過勤務手当・深夜手当・休日手当等 ・扶養手当・子供手当・家族手当等 ・宿直手当、日直手当 ・役職手当・管理職手当等 ・地域手当 ・住宅手当 ・教育手当 ・単身赴任手当 ・技能手当 ・特殊作業手当 ・奨励手当 ・物価手当 ・調整手当 ・賞与 ・通勤手当 ・定期券・回数券等 ・休業手当 ・雇用保険料その他社会保険料（労働者の負担分を事業主が負担する場合） ・住居の利益（社宅等の貸与を受けない者に対し均衡上住宅手当を支給する場合） ・いわゆる前払い退職金（労働者が在職中に、退職金相当額の全部または一部を給与や賞与に上乗せするなど前払いされるもの）	・休業補償費 ・結婚祝金 ・死亡弔慰金 ・災害見舞金 ・増資記念品代 ・私傷病見舞金 ・解雇予告手当（労働基準法第20条の規定に基づくもの） ・年功慰労金 ・出張旅費・宿泊費等（実費弁償的なもの） ・制服 ・会社が全額負担する生命保険の掛金 ・財産形成貯蓄のため事業主が負担する奨励金等（労働者が行う財産形成貯蓄を奨励援助するため事業主が労働者に対して支払う一定の率または額の奨励金等） ・創立記念日等の祝金（恩恵的なものでなく、かつ、全労働者または相当多数に支給される場合を除く） ・チップ（奉仕料の配分として事業主から受けるものを除く） ・住居の利益（一部の社員に社宅等の貸与を行っているが、他の者に均衡給与が支給されない場合） ・退職金（退職を事由として支払われるものであって、退職時に支払われるものまたは事業主の都合等により退職前に一時金として支払われるもの）

出所：厚生労働省ホームページ「労働保険料の申告・納付」より

険関係を成立させ、それぞれの保険関係ごとに労働保険料の申告・納付を行わなければならない。

　この事業場ごとに行っている2以上の保険関係の労働保険料の申告・納付事務を厚生労働大臣に申請し、その承認を得て指定事業場において

一括処理することを「継続事業の一括」という（徴収法9条）。

⑤　メリット率（制）

　労災保険料率は業種により定められているが、すべての労災保険料率に非業務災害率（通勤災害、二次健康診断等および複数業務要因災害に係る給付ならびに複数事業労働者の業務災害に係る給付の一部に充てる分の保険料率のことで、全業種一律0.6/1000である）が含まれている。労災保険料率から非業務災害率を差し引いた率にメリット制が適用される。

　メリット制は、保険料負担の公平性と災害防止意欲を促進することを目的として、個々の事業場での過去3保険年度における業務災害に対する労災保険給付額の多寡に応じて、事業の種類ごとに定められた労災保険率のうち業務災害率を40％（特例メリット制の場合は45％）の範囲内で引き上げまたは引き下げた率を、過去3保険年度の最終年度から起算して次々保険年度の保険率とする制度である（徴収法12条）。

　特例メリット制は、中小事業主がTHP（心とからだの健康づくり）、安全衛生マネジメントシステム、リスクアセスメント等一定の安全衛生確保措置を講じた事業について、通常のメリット率40％の増減幅を、特例で45％とする制度である（同法12条の2、徴収則20条の2〜20条の6）。

4　社会保険の概要

（1）健康保険・厚生年金保険の概要

① 健康保険について

　健康保険は、業務外の病気やけが、死亡に対して必要な給付を行うとともに、出産に対しても給付を行うことを目的とした被用者のための医療保険であり、保険者から被扶養者として認められた一定の親族に対しても給付を行う。1922（大正11）年に、わが国の社会保険制度のうちで最初にできた制度である。→図表3-3-12

　なお、業務上または業務外ではあるが通勤途上の事由によるけが、死亡等についての給付は、労災保険で補償することとなっている。

図表3-3-12●健康保険の保険給付一覧

保険事故	保険給付の種類	被保険者に対する給付		被扶養者に対する給付の有無
		在職時	退職後	
疾病・負傷	療養の給付	○		○
	療養費	○		○
	入院時食事療養費	○		○
	入院時生活療養費	○		○
	保険外併用療養費	○		○
	訪問看護療養費	○		○
	移送費	○		○
	高額療養費	○		○
	高額介護合算療養費	○		○
	傷病手当金	○	○	
出産	出産育児一時金	○	○	○
	出産手当金	○	○	
死亡	埋葬料・埋葬費	○	○	○

② 国民年金・厚生年金保険について

1）国民年金

　被保険者の老齢、障害または死亡に対して給付を行う公的年金制度は、国民年金が土台となっており、20歳以上60歳未満のすべての国民は国民年金に加入しなければならないこととされている。国民年金からは、老齢、障害、遺族に係る基礎年金が給付される。

　国民年金の被保険者の種別は、図表3-3-13のとおりである（国民年金法（以下、「国年法」という）7条）。

　国民年金に加入すると、基礎年金番号が付番され、基礎年金番号通知書が送付される。

　保険料の納付は、第1号被保険者については毎月納付案内書に基づいて金融機関やコンビニエンスストア等で支払うか、口座振替で納付する（同法88条・92条・92条の2）。また、早割制度や前納制度（同法93条）

図表3-3-13 ● 国民年金の被保険者の種別

被保険者の種別	年齢要件	内　容
第1号被保険者	20歳以上60歳未満	第2号、第3号以外の者 （自営業者とその家族、学生、無職の者等）
第2号被保険者	70歳未満*	厚生年金保険の被保険者
第3号被保険者	20歳以上60歳未満	第2号被保険者の被扶養配偶者

＊65歳以上で年金受給権を有する者を除く。

がある。保険料の納付が困難なときには、本人からの申請によって保険料の免除（法定免除・申請免除）、納付猶予、学生納付特例等の制度（同法89条〜90条の3等）があり、後日追納することもできる（同法94条）。なお、出産予定月（出産予定日または出産日が属する月をいう）の前月（多胎妊娠の場合は、3ヵ月前）から出産予定月の翌々月までの期間に係る保険料は、免除される（同法88条の2）。免除された期間は、保険料を納付したものとして、将来の老齢基礎年金の年金額に反映される。

　第2号被保険者については、厚生年金保険から保険料財源の一部が移行するしくみとなっているので、国民年金の保険料として納める必要はない（同法94条の2）。第3号被保険者についても第2号被保険者と同様に、国民年金の保険料として納める必要はない（同条）。

2）厚生年金保険

　厚生年金保険は、被保険者の老齢、障害または死亡に対して給付を行い、被保険者とその家族の生活の安定を図ることを目的としている。厚生年金の被保険者は、同時に国民年金の第2号被保険者となるので、すべての国民に共通する国民年金から支給される基礎年金を受給するとともに、それに上乗せした給付がなされる。→図表3-3-14

③ 保険者・手続の窓口

1）健康保険

　健康保険の保険者（健康保険を運営する者）は、全国健康保険協会（協会けんぽ）と健康保険組合（組合健保）のいずれかである。

図表３-３-14 ● 公的年金制度のしくみ

◆１階部分…第１号～第３号被保険者は、すべて基礎年金の給付を受ける。
◆２階部分…第２号被保険者は、１階部分に加え厚生年金保険に加入し、
基礎年金の上乗せとして報酬比例年金の給付を受ける。

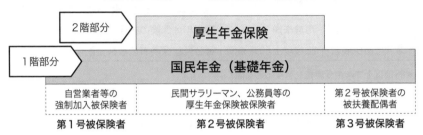

　協会けんぽは、健康保険法（以下、「健保法」という）に則って法定給付を行うが、組合健保は、規約により、法定給付に加えて一部負担還元金や付加金等のプラスアルファの給付（付加給付）をすることができる（健保法53条）。

　事務手続の窓口は、協会けんぽの場合は協会の都道府県支部であるが、事業所の適用業務や保険料の徴収業務は日本年金機構（以下、「機構」という）において厚生年金保険業務と一体的に行っている。組合健保の場合は、各健康保険組合である。

２）厚生年金保険

　厚生年金保険の保険者は、国である。国（厚生労働大臣）は、機構に対して権限を委任した業務を機構名で実施させ、また、事務を委託した業務を国（厚生労働大臣）名で実施させる。機構の窓口は、事業所を管轄する年金事務所または日本年金機構事務センターである。

④ 適用事業所と被保険者

１）適用事業所

① 強制適用事業所

　両保険において、当然に加入しなければならない事業所を強制適用事業所という。常時１人以上の者を使用している株式会社、医療・学校法人等の法人の事業所（事業主のみの場合を含む）は、事業の種類

を問わず、強制適用事業所となる。

　個人経営の事業所の場合は、常時5人以上の従業員を使用している個人の事業所であって、農林・水産・畜産業、接客娯楽業（旅館、飲食店、映画館、理容業等）の業種を除く事業所が強制適用事業所となる（厚生年金保険法（以下、「厚年法」という）6条1項、健保法3条3項）。また、常時5人以上の従業員を使用している弁護士、公認会計士、税理士等一定の士業の個人事務所も強制適用事業である。

② 任意適用事業所

　強制適用事業所に該当しない農林・水産・畜産業、接客娯楽業（旅館、飲食店、映画館、理容業等）事業に該当し、5人未満の者を使用する個人の事業所は、任意適用事業所となる。両保険に任意加入するには、事業主が被保険者となる者の2分の1以上の同意を得て、厚生労働大臣に申請し、その認可を受けなければならない（厚年法6条3項・4項、健保法31条）。

2）被保険者

　適用事業に常時使用される者は、適用除外（厚年法12条、健保法3条1項）に該当しない限り、本人の意思のいかんや報酬の多寡、国籍にかかわらず、両保険の被保険者となる。法人の役員等（理事、監事、取締役等）であって労務の対償として報酬を受けている者も被保険者となる（昭和24.7.28 保発74号）。そのほか被保険者資格を取得すべき者、資格喪失すべき者については、図表3-3-15・16のとおりである。

　被保険者資格喪失については、両保険の被保険者である者が70歳になると厚生年金被保険者資格を喪失する（厚年法9条）。また、75歳になると健康保険被保険者資格を喪失（健保法3条1項7号・36条）し、後期高齢者医療制度の被保険者となる（高齢者医療確保法50条・53条）。

3）短時間労働者の加入基準

① 短時間労働者の原則的な加入基準

　短時間労働者（1週間の所定労働時間が同一の事業所に使用される通常の労働者の1週間の所定労働時間に比し短い者をいう）であって、1

図表３-３-15 ●被保険者の種類

	保険の種類	被保険者の名称
強制加入	健康保険	一般被保険者
		日雇特例被保険者
	厚生年金保険	第１号厚生年金被保険者
		第２号厚生年金被保険者
		第３号厚生年金被保険者
		第４号厚生年金被保険者
	介護保険	第２号被保険者
任意加入	健康保険	任意継続被保険者
	厚生年金保険	任意単独被保険者
		高齢任意加入被保険者

週間の所定労働時間および１ヵ月間の所定労働日数が同一の事業所に使用される通常の労働者の４分の３以上（４分の３基準という）である者は、被保険者となる（健保法３条１項９号、厚年法12条５号）。

② 適用拡大による短時間労働者の加入基準

両保険の適用に関し、①に述べた４分の３基準を満たす短時間労働者のほかに、４分の３基準に満たない短時間労働者について、平成28（2016）年から随時適用拡大が図られている。

ⅰ）特定適用事業所で雇用される短時間労働者

特定適用事業所で雇用される４分の３基準に満たない短時間労働者であって、以下の要件をすべて満たす者（以下、「特定４分の３未満短時間労働者」という）は、①にかかわらず両保険の被保険者となる（年金機能強化法*1附則17条・46条）。

ア １週間の所定労働時間が20時間以上であること

イ 雇用期間が継続して２ヵ月を超えて（令和４年９月までは継続して１年以上）使用されることが見込まれること

ウ 賃金の月額が８万8,000円以上（年収で106万円以上）であること

エ 学校教育法に規定された生徒や学生でないこと

図表3-3-16 ● 社会保険の被保険者となる者、ならない者

例	被保険者となる者、ならない者の要件
登録型派遣労働者の派遣待機中の被保険者資格 (平14.4.24 保険発0424001号)	(健康保険および厚生年金保険につき) 一の派遣期間が終了し、次の派遣期間までの間の社会保険の取扱いについては、原則として派遣労働者本人が国民健康保険および国民年金の被保険者となる。ただし、待機期間が1ヵ月を超えることなく次の雇用契約が見込まれるとき、または見込まれていたが当該契約が締結されないこととなったとき等の派遣待機中の被保険者資格は、次のとおり取り扱う。 (1) 派遣就業先に係る雇用契約終了日において、1ヵ月以内に次の派遣先に係る雇用契約が確実に見込まれる場合には、被保険者資格は継続される。 (2) 派遣就業先に係る雇用契約終了日において、1ヵ月以内に次の派遣先に係る雇用契約が確実に見込まれていたが1ヵ月以内に契約が締結されないことが確実となった場合は、その日をもって被保険者資格は喪失する。 (3) 派遣就業先に係る雇用契約終了日において、1ヵ月以内に次の派遣先に係る雇用契約が確実に見込まれていたが1ヵ月を過ぎてしまった場合は、1ヵ月経過日に被保険者資格は喪失する。
外国人 (平4.3.31 保険発38号)	(健康保険につき) 適法に就労する外国人は、短時間就労者も含めて日本人と同様の取扱いをする。
休職中の者 (昭6.2.4 保発59号)	(健康保険につき) ・休職は使用関係を消滅させるものではなく単に実務に就けないだけなので、被保険者が休職した場合においても被保険者の資格がある。 ・休職中に給料をまったく支給されない場合であって、名目は休職であっても実質は使用関係の消滅とみられる場合は、被保険者資格を喪失する。
病気休職中の者 (昭26.3.9 保文発619号)	・被保険者資格を喪失することを要しないものと認められる病気休職等の場合は、賃金の支払停止は一時的なものであり使用関係は存続するものと認められるものであるから、事業主および被保険者はそれぞれ賃金支給停止前の標準報酬に基づく保険料を折半負担し、事業主はその納付義務を負う。
一時帰休中の者 (昭25.4.14 保発20号)	(健康保険および厚生年金保険につき) ・労基法26条の規定に基づく休業手当または労働協約等に基づく報酬(以下、「休業手当等」という)が支払われるときは、被保険者資格は存続する。 ・雇用契約が存続しているが、事実上の使用関係がなく、かつ、休業手当等も支給されないものは、被保険者資格を喪失する。
自宅待機中の者 (昭50.3.29 保険発25号)	(健康保険および厚生年金保険につき) 新たに使用することとなった者が、当初から自宅待機とされた場合の被保険者資格については、雇用契約が成立しており、かつ、休業手当等が支払われるときは、その休業手当等の支払いの対象となった日の初日に被保険者資格を取得する。

試用期間中の者 (昭13. 10. 22 社庶発229号)	(健康保険につき) 常用労働者として試みに使用される者は、雇入れの当初より被保険者となる。
臨時に使用される期間雇用者 (厚年法12条1号・健保法3条1項2号)	(健康保険および厚生年金保険につき) 臨時に使用される者であって、2ヵ月以内の期間を定めて使用される者は、両保険が適用除外となる(所定の期間を超えた場合は、被保険者となる)。この場合、雇用期間が2ヵ月以内であっても、以下の場合は、当初から被保険者となる。 ・就業規則・雇用契約書等に、その契約が「更新される旨」「更新される場合がある旨」が明示されているとき ・同一の事業所内において、同様の期間雇用者で最初の雇用契約が更新された者がいるとき
労働組合専従者 (昭24. 7. 7 職発921号)	(健康保険につき) 労働組合専従者は、従前の事業主との関係においては被保険者の資格を喪失し、労働組合に雇用または使用される者のみ被保険者となることができる。 労働組合が法人格を有する場合または法人格は有しないが常時5人以上の労働者を雇用・使用している場合は、その労働組合に雇用・使用される役職員は被保険者となる。労働組合が法人格を有せず常時5人未満の場合は、任意包括加入の認可を受けたときは、その労働組合に雇用・使用される役職員は被保険者となる。
2以上の事業所に勤務する者 (健保法7条、健保則1条の2・2条・37条)	(健康保険につき) 被保険者は、同時に2以上の事業所に使用される場合で、保険者が2以上あるときは、被保険者の保険を管掌する保険者を選択しなければならない。 (1) 被保険者が勤務する事業所が2以上の健康保険組合にわたるときは、そのいずれかの健康保険組合。 (2) 被保険者が勤務する事業所が協会けんぽと健康保険組合のときは、そのいずれかを選択しなければならない。この場合、協会けんぽを選択し、かつ協会けんぽの事務を処理する機構の年金事務所が複数あるときは、被保険者は、年金事務所も選択しなければならない。

　なお、特定適用事業所とは、直近1年のうち6ヵ月以上、事業主が同一(法人事業所の場合は、同一の法人番号を有する適用事業所をいう。個人事業所(人格なき社団等を含む)の場合は、現在の適用事業所をいう)である一または二以上の適用事業所で、被保険者(短時間労働者を除く)の総数が常時100人(2024(令和6)年10月からは、50人)を超える事業所をいう。

　＊1　「公的年金制度の財政基盤及び最低保障機能の強化等のための国民年金法等の一部を改正する法律」の略。

ⅱ）任意特定適用事業所で雇用される特定４分の３未満短時間労働者

　任意特定適用事業所とは、両保険の被保険者数100人以下の特定適用事業所以外の適用事業所であって、特定４分の３未満短時間労働者が社会保険に加入することについての労使合意（ア．適用事業所に使用される厚生年金保険の被保険者、70歳以上被用者および短時間労働者（以下、「同意対象者」という）の過半数で組織する労働組合がある場合は、その労働組合の同意、イ．アで規定する労働組合がない場合は、同意対象者の過半数を代表する者の同意、または同意対象者の２分の１以上の同意）により事業主が適用拡大を行う旨の申出を行った適用事業所をいう（公的年金制度の持続可能性向上法[*2]による年金機能強化法附則17条・46条の改正）。

　　＊2　「公的年金制度の持続可能性の向上を図るための国民年金法の一部を改正する法律」の略。

ⅲ）国または地方公共団体の適用事業所で雇用される特定４分の３未満短時間労働者

4）被扶養者

　健康保険では、被保険者の一定の親族を被扶養者（健保法３条７項）として保険給付が行われる。その被扶養者とは、図表３-３-17に示した者であって、かつ、日本国内に住所を有するものまたは健保則37条の２において規定された外国において留学をする学生その他日本国内に住所を有しないが渡航目的その他の事情を考慮して日本国内に生活の基礎があると認められるものである。ただし、後期高齢者医療の被保険者等である者その他同則37条の３に規定された者は、この限りでない。

5）外国との社会保障協定

　グローバルな国際間の人的移動に伴い、外国に派遣される日本人および外国から日本に派遣される外国人について、自国と相手国での社会保険料の二重負担および相手国で負担した保険料が掛け捨てになるという問題があった。その問題を解決するためにわが国は、諸外国と社会保障協定を締結している。

図表3-3-17●被扶養者の範囲と要件

①	主として被保険者により生計を維持する被保険者の 　　直系の尊属、配偶者（内縁関係にある者を含む）、子、孫、兄弟姉妹
②	**主として被保険者により生計を維持する者であって、同一世帯に属する** ・被保険者の３親等以内の親族で①に該当する者以外の者 ・被保険者と内縁関係にある配偶者の父母および子 ・被保険者と内縁関係にある配偶者の死亡後における父母および子

《被扶養者の範囲図（３親等以内の親族図)》

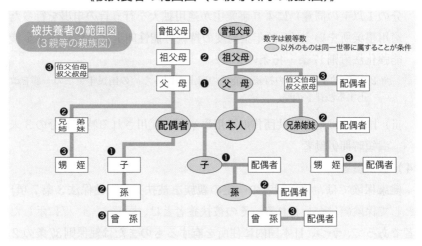

出所：全国健康保険協会ホームページより

　協定の内容は、①保険料の二重負担防止については、派遣期間に応じて自国または相手国での制度が適用となる内容の適用調整を行うこと、②保険料の掛け捨て防止については、両国間の年金制度への加入期間を通算して、年金を受給するために最低必要とされる期間以上であれば、それぞれの国の制度への加入期間に応じた年金がそれぞれの国の制度から受けられるようにすることである。

　この協定は、協定を締結した国の間でのみ有効であるので注意を要する（厚労省ホームページ（https://www.mhlw.go.jp/stf/seisakunitsuite/

bunya/nenkin/nenkin/shakaihoshou.html）参照）。

6）被保険者資格の資格取得・喪失の手続

　事業主は、新たに従業員を採用したときは5日以内に「健康保険・厚生年金保険　被保険者資格取得届、厚生年金保険70歳以上被用者該当届」を、それぞれの保険者に届け出なければならない（厚年法27条、厚年則15条、健保法48条、健保則24条1項）。この場合、70歳以上で厚生年金保険の適用事業所に新たに使用される者で次の要件に該当する場合についても、同保険の保険者に届け出なければならない（厚年則15条の2）。

① 70歳以上の者

② 過去に厚生年金保険の被保険者期間を有する者

③ 厚年法27条に規定する適用事業所に使用される者（法人事業所の事業主を含む）であって、かつ、同法12条各号に定める者に該当しない者

　また、被保険者が退職・死亡・75歳到達などの事由に該当し資格喪失する必要が生じた場合、および被保険者が70歳に到達した場合には5日以内に「健康保険・厚生年金保険被保険者喪失届、厚生年金保険70歳以上被用者不該当届」を、それぞれの保険者に届け出なければならない（厚年法27条、厚年則22条・22条の2、健保法48条、健保則29条1項）。資格喪失日は、退職日・死亡日・雇用条件の変更により適用除外となった日の翌日である（健保法36条）。ただし、健康保険の75歳到達日の資格喪失、厚生年金保険の70歳到達日の資格喪失の際は、誕生日の前日となる。

　健康保険の場合、資格取得届が受理されると、保険者から事業主を通じて被保険者に健康保険被保険者証が交付される。また、喪失届を提出する際に、事業主は被保険者から回収した健康保険被保険者証を添付しなければならない。

　被扶養者がいる場合には、資格取得届提出の際に健康保険被扶養者届を添付する。また、20歳以上60歳未満の被扶養配偶者がいる場合には、事業主は、国民年金第3号被保険者資格取得等に関する届出を機構に行う。

7）退職後の社会保険加入

　社会保険取扱担当者は、退職者から退職後の社会保険加入について尋ねられることが多い。被保険者の退職後に加入すべき社会保険についても理解しておく必要があろう。

【任意継続被保険者】

　健康保険資格喪失日の前日まで継続して2ヵ月以上の被保険者期間がある一般被保険者が、退職後20日以内に保険者に申し出ることによって、引き続き同じ健康保険に加入することができる。これを任意継続被保険者という。加入期間は、2年が限度である。なお、任意継続被保険者が、任意継続被保険者でなくなることを希望する旨を保険者に申し出た場合には、その申出が受理された日の属する月の翌月1日に任意継続被保険者の資格を喪失することとなる。

　保険料の算定基準となる標準報酬月額は、資格喪失時の額または前年の9月30日時点での保険者平均の標準報酬月額のうち少ない額であって（健保法47条）であるが、健康保険組合においては健康保険組合が規約で定めた額とすることができる。保険料は、事業主負担分も含めて全額本人負担となる。保険料の納期限は、毎月10日である（同法161条・164条）。任意継続被保険者には、保険料の前納制度が設けられている（同法165条）。

【定年後の継続雇用者】

　被保険者が60歳以上の定年で退職した後も引き続き継続雇用される場合は、定年退職日にいったん使用関係が中断したものとして定年退職日の翌日で資格喪失すると同時に、同日付で資格取得を行う（平25.10.25 保発0125号）。これは、定年退職後に改定された報酬を標準報酬額に反映させるためである。

（2）健康保険・厚生年金保険の保険料

① 保険料の負担と納付

　健康保険および厚生年金保険（以下、「両保険」という）の保険料は、

事業主が被保険者に毎月支払う報酬および年3回以内に支払われる賞与等から被保険者負担分の保険料を控除し、事業主負担分の保険料を合算して、事業主が保険者に納付するしくみとなっている。

　事業主は、その使用する被保険者および自己の負担する保険料を納付する義務を負っているので、休職中の被保険者である従業員に報酬がなく、被保険者負担分の保険料控除ができなかった場合であっても、事業主が立て替えて納付することとなる。

①　健康保険の保険料は、協会けんぽの場合は協会支部ごとに、組合健保の場合は健康保険組合ごとに定める。保険料額の計算方法は、健康保険の場合は、標準報酬月額および標準賞与額（税引き前の賞与の額から1,000円未満の端数を切り捨てたもの）に「一般保険料率＋介護保険料率」を乗じた額であり、厚生年金保険の場合は、標準報酬月額および標準賞与額に保険料率を乗じた額である。

②　協会けんぽ管掌健康保険の保険料（一般保険料および介護保険料）と厚生年金保険の保険料は、事業主と被保険者が折半で負担する（健保法161条、厚年法82条）。しかし、組合健保の場合は、規約により保険料の事業主負担の割合を高くできることとなっている（健保法162条）。なお、健康保険の任意継続被保険者については、全額自己負担となる（同法161条）。

③　両保険の毎月の保険料は、資格取得日の属する月から資格喪失日の属する月の前月まで賦課される。

　事業主は、被保険者負担分の控除にあたって、前月分の保険料を当月の報酬から控除し、当月末日に事業主負担分を合算して保険者に納付する（たとえば、4月分の保険料は5月分の報酬から控除し、5月末日に納付する）。なお、事業主が報酬から控除することができる保険料は前月分に限られており、前月分以前や当月分の保険料を控除できない（昭2.2.5 保発112号）。ただし、資格喪失日が月の初日の場合には、前月分と当月分の2ヵ月分を控除することができる。また、資格取得と喪失が同じ月（同月得喪）の場合は、当月分の保

険料を控除することができる。

　事業主は、保険料を控除した場合には、保険料の控除に関する計算書を作成して事業所ごとに備え付けるとともに、その控除額を被保険者に通知しなければならない（健保法167条3項、健保則144条）。

④　事業者は、賞与等（1年に3回以下で支払われる報酬）を支払った場合には、その旨を保険者に届け出て、賞与等に係る保険料を納付しなければならない。保険料の対象となる賞与は、資格取得月以降に支給された賞与であり、資格喪失月に支給された賞与は対象とならない。

　保険料の額は、標準賞与額に保険料率を乗じた額である。標準賞与額には上限が設けられており、健康保険は1保険年度内で573万円、厚生年金保険は支給1回につき150万円が上限となる。

⑤　健康保険の40歳以上65歳未満の被保険者は、同時に介護保険第2号被保険者となるので、介護保険料を健康保険料とともに納付しなければならない。徴収期間は、40歳の誕生日の前日の属する月から65歳の誕生日の前月までである。保険料は事業主と折半負担となる。

⑥　事業者は、厚生年金保険料納付の際、子ども・子育て拠出金を国に納付しなければならない。子ども・子育て拠出金は、厚生年金保険被保険者（育児休業等または産前産後休業により保険料を徴収されない被保険者を除く）の標準報酬月額の総額および標準賞与額の総額に子ども・子育て拠出金率（2022（令和4）年度は3.6/1000）を乗じた額で、全額事業主負担である（子ども・子育て支援法69条・70条）。

⑦　欠勤や休職等で毎月の報酬が支払われなかったような場合であっても、被保険者である限り保険料は納付しなければならない。

⑧　次の期間については両保険とも、事業主が被保険者の申出に基づいて保険者に申出書を提出することにより、事業主および被保険者の保険料が免除される。免除される期間は、休業を開始した日の属する月からその休業が終了する日の翌日が属する月の前月までの期

間である（健保法159条・159条の3、厚年法81条の2・81条の2の2）。なお、賃金に係る社会保険料の免除は、月末時点で育児休業を取得している場合のほか、月末時点では育児休業を終了していても育児休業期間が14日以上（期間中の就労日数を除く）の場合に行われる。賞与に係る社会保険料の免除は、連続して1ヵ月を超える育児休業を取得した場合に行われる。

　なお、厚生年金保険の場合、以下の(1)、(2)いずれの免除期間も将来、被保険者の年金額を計算する際は、従前の標準報酬月額により保険料を納めた期間として扱われる（厚年法26条）。

(1)　育児・介護休業法に基づく休業取得期間

　社会保険料の免除となる育児・介護休業法に基づく休業取得期間は、次のとおりである。

　なお、賃金に係る社会保険料の免除は、月末時点で育児休業を取得している場合のほか、月末時点では育児休業を終了していても育児休業期間が14日以上（期間中の就労日数を除く）の場合に行われる。賞与に係る社会保険料の免除は、連続して1ヵ月を超える育児休業を取得した場合に行われる。

　　ア　1歳に満たない子を養育するための育児休業（産後パパ育休を含む）

　　イ　1歳から1歳6ヵ月に達するまでの子を養育するための育児休業

　　ウ　1歳6ヵ月から2歳に達するまでの子を養育するための育児休業

　　エ　1歳（上記イの休業の申出をすることができる場合にあっては1歳6ヵ月、上記ウの休業の申出をすることができる場合にあっては2歳）から3歳に達するまでの子を養育するための育児休業に準ずる措置による休業

(2)　労基法65条に規定された産前産後休業期間

⑨　外国人の場合、厚生年金保険に脱退一時金の制度が設けられてい

る（厚年法附則29条）。

　厚生年金保険の脱退一時金は、6ヵ月以上の被保険者期間を有し、老齢厚生年金などの年金の受給権を満たしていない日本国籍を有しない外国人が日本を出国した場合、日本に住所を有しなくなった日から2年以内に脱退一時金を請求することができる。さらに支給要件として、老齢厚生年金等の受給資格期間（10年）を満たしていないこと、在留中に一定の年金（障害手当金を含む）を受ける権利を有したことがないことなどがある。

　脱退一時金の支給額は、「被保険者期間の平均標準報酬額×支給率」の計算式により計算される。なお、最終月（資格喪失した日の属する月の前月）が2021（令和3）年4月以降の者については、計算に用いる月数の上限が60月（5年）となっている。

② 標準報酬について

　両保険の保険料や保険給付は、標準報酬月額に基づいて算出される。標準報酬月額は、被保険者に支払われる報酬（賃金、給料、俸給、手当ま

図表3-3-18●報酬となるもの、ならないもの

	報酬となるもの	報酬とならないもの
通貨で支給されるもの	●基本給（月給・日給・時間給など） ●諸手当（能率給、奨励給、役付手当、職階手当、特別勤務手当、勤務地手当、物価手当、日直手当、宿直手当、家族手当、休職手当、通勤手当、住宅手当、別居手当、早出残業手当、継続支給する見舞金など） ●賞与・決算手当など（年4回以上支給されるもの）	●事業主が恩恵的に支給するもの（結婚祝金、災害見舞金、病気見舞金など） ●事業主以外の者から支給を受けるもの（健康保険の傷病手当金、労災保険の休業補償給付、私的保険からの給付など） ●臨時的、一時的に受けるもの（解雇予告手当、退職金、大入袋など） ●実費弁償的なもの（出張旅費、交際費など） ●年3回まで支給されるもの 　賞与など（年3回以内で支給されるものは、標準賞与額の対象となる）
現物で支給されるもの	通勤定期券・回数券、食事・食券、社宅・独身寮、被服（勤務時に着用する服でないもの）など	●食事（本人からの徴収金額が現物給与の価格の3分の2以上の場合） ●社宅（本人からの徴収金額が現物給与の価格以上の場合） ●制服・作業着などの勤務に要する被服

たは賞与およびこれに準ずるものであってその名称のいかんを問わず被
保険者が労務の対償として受けるもの。現物で支給されるものを含む）
は千差万別で、実際の報酬をもとにすると事務が煩雑になることから、
報酬月額を一定の幅で区分した等級表に当てはめた仮定的な報酬である。
→図表3-3-18

　健康保険は1級（5.8万円）～50級（139万円）、厚生年金保険は1級
（8.8万円）～32級（65万円）と設定されている。

　2以上の事業所に勤務する者の標準報酬月額の決定にあたっては、各
事業所で受けた報酬を合算して決定し、保険料は、各事業所の報酬月額
に按分して計算される（健保法161条4項、厚年法24条2項）。

③　標準報酬月額の決定および改定

　標準報酬月額の決め方には、図表3-3-19のとおりの方法がある。

図表3-3-19●標準報酬月額の決め方

標準報酬月額の決め方	内容の解説
資格取得時の決定	被保険者資格取得する際の報酬に基づいて報酬月額を決定し、資格取得月からその年の8月（6月1日から12月31日までに資格取得した人は、翌年の8月）までの各月の標準報酬とする。 （資格取得届により行う）
定時決定	原則として毎年7月1日現在で使用される被保険者について、4月、5月、6月の3ヵ月間（いずれも支払基礎日数17日以上の支払月が対象）に受けた報酬に基づいて、毎年1回、標準報酬を見直す作業。定時決定により見直された標準報酬は、9月から翌年8月までの各月の標準報酬とする。　　　　（報酬月額算定基礎届により行う）
随時改定	●原則 昇給・降給、賃金体系の変更等により被保険者の固定的賃金に変動があり、その月以降の継続した3ヵ月間（いずれも支払基礎日数17日以上。ただし、特定適用事業所等の短時間労働者については11日以上）に受けた報酬総額を3で除して得た額が、従前の標準報酬の基礎となった報酬月額に比べて原則として2等級以上の差を生じた場合において、保険者が必要と認めたときに4ヵ月目から標準報酬を改定する。 （報酬月額変更届により行う） ●年間平均による随時改定 固定的賃金の変動があり、月額変更届に該当するものの、業務の性質上、繁忙期に業務が集中する等、非固定的賃金が著しく増加することが例年見込まれる場合は、次に掲げる事由にすべて該当する場合、年間平均による保険者算定を申立てすることができる。

	・現在の標準報酬月額と通常の随時改定による報酬月額に2等級以上の差があること ・非固定的賃金を年間平均した場合の3ヵ月間の報酬の平均額と通常の随時改定による報酬月額に2等級以上の差があること ・現在の標準報酬月額と、年間平均した場合の報酬月額との差が1等級以上あること （報酬月額変更届により行う。様式1および様式2を添付）
産前産後休業終了時の改定 育児休業等終了時の改定	産前産後休業終了日または育児休業等終了日の翌日が属する月以後3ヵ月間（支払基礎日数が17日（特定適用事業所等の短時間労働者については11日）未満の月を除く）に受けた報酬の平均額に基づき、従前の標準報酬の基礎となった報酬月額に比べて原則として1等級以上の差を生じた場合において、産前産後休業終了日または育児休業等終了日の翌日が属する月から起算して4ヵ月目から新しい標準報酬月額に改定する（産前産後休業終了時報酬月額算定基礎届または育児休業等終了時報酬月額算定基礎届により行う）。
保 険 者 決 定	資格取得時決定、定時決定、育児休業等終了改定および産前産後休業終了改定における算定方法による算定が困難なとき、これらの決定・改定および随時改定の算定額が著しく不当であるとき、一時帰休による変動があったとき、のいずれかに該当するときは、保険者が算定する額を被保険者の報酬月額として標準報酬月額を決定（改定）する。

（3）保険給付

① 健康保険の保険給付

1）療養の給付・家族療養費

　被保険者や被扶養者が業務外の事由により負傷し、または疾病にかかったときには、医療機関に健康保険被保険者証を提示し、診察、薬剤の支給、処置・手術その他の医療に要する医療費の一部を自己負担することにより、残りを健康保険が負担してくれる給付である。自己負担割合は、年齢や義務教育就学前か後かにより、2割〜3割である（健保法63条・74条・110条）。交通事故など第三者から受けた傷病についても治療を受けることができるが、保険者に「第三者の行為による被害届」を提出しなければならない。

《参考》受取代理人と受任者払の相違

　健康保険の傷病手当金や療養費等および労災保険の休業（補償）給付や療養の費用の給付の給付金は、保険者に申請または請求してから労働者本人が指定した本人名義の口座に振り込まれるまでに1ヵ月程度かかる。そこで、事業主が保険

給付相当額を労働者に立替払いを行い、後日、保険から支払われる給付金を事業主の口座に振り込まれるようにすることができる。

　傷病手当金では、支給申請書において、給付金を本人以外が受け取ることができる受取人を指定することができる。受取人は、親族、友人、会社等本人が指定する者である。

　一方、労災保険の休業（補償）給付の支給金は、本人以外に受け取ることができない。ただし、事前に労働基準監督署に「受任者払承認申請書」を提出し、承認を受けると事業主が受け取ることができる。給付請求にあたっては、被災労働者が給付金の支払いを事業主に委任する旨の委任状を添付する。

　また、医師の指示によりコルセットや松葉杖等の治療用の装具を装着した場合は療養の給付は支給されないので、被保険者がその代金を支払い、療養費として請求することとなる（同法87条）。この場合、支給申請書に医師の「意見及び装具装着証明書」や領収書を添付する。

2）高額療養費

　療養の給付受給の際支払った一部負担金の額または自己負担額が一定額を超える場合には、超えた額について現金で支給する（同法115条）。ただし、事前に保険者から「限度額適用認定証」の交付を受けていると、医療機関の支払窓口では、一部負担金・自己負担額までの負担で済ますことができる。

3）傷病手当金

　被保険者（任意継続被保険者を除く）が療養のため労務に服せないときは、傷病手当金が支給される。傷病手当金は、労務に服せなくなった日から起算して4日目以降支給を始めた日から通算して1年6ヵ月間で、労務に服せない期間支給される（同法99条）。

　支給の要件は、①負傷、疾病により療養していること、②労務不能で報酬の全部または一部が受けられないこと、③労務不能となった日から連続した3日間の待期期間が経過していること、のいずれにも該当する場合である。支給額は、傷病手当金支給開始日の属する月以前の直近の継続した12ヵ月間の各月の標準報酬月額を平均した額の30分の1に相当

する額の3分の2に相当する額である（同法99条）。

4）出産育児一時金

被保険者が出産したときには、42万円（妊娠週数が22週に達していないなど、産科医療補償制度対象出産ではない場合は、40万8,000円）が被保険者に支給される（同法101条）。

5）出産手当金

被保険者が出産したときには、出産手当金が支給される。出産の日（出産の日が出産予定日であるときは出産の予定日）以前42日（多胎妊娠の場合にあっては、98日）から出産の日後56日までの間において労務に服さなかった期間支給される。支給額は、1日につき、出産手当金支給開始日の属する月以前の直近の継続した12ヵ月間の各月の標準報酬月額を平均した額の30分の1に相当する額の3分の2に相当する額である（同法102条）。

6）退職後の給付

健康保険では、退職した際に傷病手当金または出産手当金の支給を受けていた場合には、本来給付を受けることができるはずであった期間について、被保険者資格喪失後であっても継続して給付を受けることができる（同法104条）。また、資格喪失後6ヵ月以内に分娩した場合には出産育児一時金が、同3ヵ月以内に死亡した場合には埋葬料が、退職時に加入していた保険者から受けることができる（同法105条・106条）。これらの場合、資格喪失日の前日まで引き続き1年以上の被保険者期間がなければならない。

② 厚生年金保険の給付

厚生年金保険の給付は、図表3−3−20のとおりである。

1）特別支給の老齢厚生年金

厚生年金保険の加入期間が1年以上ある者で、60歳になって老齢基礎年金の受給資格期間を満たしているときに65歳に達するまで支給される。しかし、支給開始年齢は段階的に繰り下げられており、男性は1961（昭和36）年4月2日以後生まれ、女性は1966（昭和41）年4月2日以後生

図表3-3-20●厚生年金保険の保険給付一覧

保険事故	給 付 の 名 称	
老　齢	老齢厚生年金	特別支給の老齢厚生年金
		老齢厚生年金
障　害	障害厚生年金	1級障害厚生年金
		2級障害厚生年金
		3級障害厚生年金
		障害手当金
死　亡	遺族厚生年金	遺族厚生年金

まれの者には支給されなくなる。

2）老齢厚生年金

　厚生年金保険の加入期間が1ヵ月以上ある者が、65歳になって老齢基礎年金の受給資格期間を満たしているときに老齢基礎年金とともに支給される（厚年法19条1項・42条）。

3）1級・2級障害厚生年金

　厚生年金保険の加入期間中の病気やけがで1級または2級の障害が残り、国民年金の障害基礎年金が受給できるときに支給される。配偶者の加算額も支給される。

4）3級障害厚生年金・障害手当金

　1級または2級よりも障害の程度が軽いときに支給される。障害手当金は年金ではなく一時金の支給となる。

5）遺族厚生年金

　厚生年金保険の被保険者が死亡したとき、あるいは加入期間中に初診日のある病気やけがで5年以内に死亡したときなどに、被保険者によって生計を維持されていた一定の遺族に支給される。

③　特別支給の老齢厚生年金と雇用保険との支給調整

　生年月日に応じて60歳～64歳で支給される特別支給の老齢厚生年金を受給しながら、雇用保険の基本手当を同時に受給することはできないの

で、その基本手当の受給期間中は、特別支給の老齢厚生年金が支給停止される（厚年法附則11条の５）。

　また、在職老齢年金を受給しながら60歳以降も就業している者のうち、60歳到達時賃金と比較して75％まで賃金が低下したために雇用保険の高年齢雇用継続給付の受給資格を満たした場合には、在職老齢厚生年金の給付額から一定額が支給停止となる（同附則11条の６）。

④　労災保険との支給調整

　労災保険は、業務上の事由・複数事業の業務を要因とする事由・通勤（以下、「業務上等」という）による負傷、疾病、障害、死亡に関して給付される。また、業務上等が厚生年金保険の加入期間中に生じたものであれば、業務上等・業務外にかかわらず、障害基礎年金および障害厚生年金、遺族基礎年金および遺族厚生年金が満額支給されることとなる。この場合、労災保険から同一の事由について支給される年金（障害（補償）年金・複数事業労働者障害給付、傷病（補償）年金・複数事業労働者傷病年金、遺族（補償）年金・複数事業労働者遺族給付）または休業（補償）給付・複数事業労働者休業給付については、一定の割合で減額される（労災法附則別表第１第１号～第３号）。

⑤　老齢厚生年金と報酬との支給調整

　60歳～64歳で特別支給の老齢厚生年金を受給中の者が就労により報酬を得た場合、年収の月平均額が47万円（2022（令和４）年度）を超えたときは、老齢厚生年金の全部または一部が支給停止となる（厚年法附則11条）。また、65歳以上も同じく年収の月平均額が47万円（2022年度）を超えたときは、老齢厚生年金の全部または一部が支給停止となる（厚年法46条）。

5 　法定外福利厚生

（1）福利厚生制度の分類例

　前出の就労条件総合調査において、福利厚生制度については数年に一

度、法定福利費、法定外福利費、そして退職給付費用等の調査が行われ
ている。

　2007（平成19）年実施の調査では、図表3-3-21に示す項目の福利厚
生制度の有無、正社員以外も利用できる制度の有無等について行われて
いる。これらの項目は法定外福利厚生制度についてであって、厚生労働
省が分類した法定外福利厚生制度ととることができる。

　個別制度の設置状況では、「慶弔・災害見舞金」が94.5％と最も多く、
次いで「健康診断（がん検診等法定への上積み）」が71.8％、財産貯蓄制

図表3-3-21 ● 福利厚生制度の種類

福利厚生制度の種類	
住宅関連	住宅手当、家賃補助
	社宅、独身寮
	持家援助
健康・医療関連	健康診断（がん健診等法定への上積み）
	メンタルヘルスケア
育児・介護支援関連	育児休暇（法定への上積み）
	託児施設
	育児補助（ベビーシッター補助含む）
	介護休業・看護休暇（法定への上積み）
慶弔・災害関連	慶弔・災害見舞金
	遺族年金、遺児年金、遺児育英年金
文化・体育・レクリエーション関連	余暇施設（運動施設、保養所）
	文化・体育・レクリエーション活動支援
自己啓発・能力開発関連	公的資格取得・自己啓発（通信教育等）支援
	リフレッシュ休暇
財産形成関連	財形貯蓄制度
	社内預金、持株会
	個人年金など（従業員拠出）への補助
その他	社員食堂、食事手当
	その他

度が57.3％となっている。最近の傾向として、社宅・寮、持家補助といった伝統的分野の額の削減が見られることが挙げられる。

（2）財形貯蓄制度

① 制度の概要

1）目的

　勤労者財産形成促進制度（以下、「財形制度」という）とは、勤労者財産形成促進法（以下、「財形法」という）により設けられた制度である。勤労者（労働者と同意）が事業主に申し出てみずからの努力によって資産を保有することを国が援助し、事業主の協力と相まって勤労者の財産形成を促進することが勤労者の生活の安定を図り、ひいては国民経済の健全な発展に寄与するとの考え方に立って、1971（昭和46）年に発足した。

2）財形貯蓄制度

　財形貯蓄は、勤労者が金融機関などと契約を結び、事業主に申し出て、一定の貯蓄額を定期的（毎月または賞与時）に事業主が賃金から控除のうえ金融機関に預け入れることによって行う。賃金から貯蓄金を控除するにあたっては、労基法24条1項ただし書の労使協定を締結しなければならない。

　財形貯蓄制度には、勤労者財産形成貯蓄（一般財形貯蓄）、勤労者財産形成年金貯蓄（財形年金貯蓄）および勤労者財産形成住宅貯蓄（財形住宅貯蓄）の3種類がある。

　一般財形貯蓄は、3年以上の期間にわたって積み立てていく目的を問わない使途自由な貯蓄のことである。契約時の年齢制限はなく、複数の契約もできる（財形法6条1項）。財形年金貯蓄は、55歳未満の勤労者が金融機関などと契約（1人1契約）を結んで5年以上の期間にわたって積み立て、60歳以降の契約所定の時期から5年以上20年以下の期間にわたり年金として受けることを目的とした貯蓄である（同法6条2項・3項）。財形住宅貯蓄は、55歳未満の勤労者が金融機関などと契約（1人1契約）を結んで5年以上の期間にわたって積み立てを行う、持家取得

を目的とした住宅貯蓄制度である（同法6条4項・5項）。

　財形年金貯蓄および財形住宅貯蓄には、一定の条件のもとに労働者の自助努力を促進するために、貯蓄をあわせて元利合計550万円（財形年金貯蓄のうち、郵便貯金、生命保険または損害保険の保険料、生命共済の共済掛金、簡易保険の掛金等に係るものにあっては払込みベースで385万円）から生ずる利子等が非課税とされている（同法8条）。また、財形年金貯蓄については、年金の支払いが終わるまで非課税措置が継続される。なお、事業主が毎月の賃金支払時に財形貯蓄奨励金を労働者に交付する場合は、所得税法上は給与所得として課税されるが、労基法上は福利厚生施設となるので賃金とはならない（昭22.9.13 発基17号）。

　中小企業事業主に対しては、財形に係る事務負担を軽減し、財形制度への加入を促進するため、厚生労働大臣が指定する事務代行団体が構成員（中小企業）からの委託に基づいて財形事務の代行を行う事務代行制度がある（財形法14条）。

3）財形給付金制度・財形基金制度・財形持家融資制度

　財形制度には前述の貯蓄制度のほかに、①事業主が財形貯蓄をしている勤労者に毎年定期的に金銭を拠出することにより、勤労者の財産づくりを一層援助促進する財形給付金制度、②事業主と財形貯蓄を有する勤労者が勤労者財産形成基金（財形基金）を設立して事業主から拠出を受けた金銭を運用し、その元利合計額を勤労者に支給することにより勤労者の財産づくりを一層援助促進する財形基金制度、③国と事業主が協力して、勤労者の財産の主要な柱である持家の取得を促進しようとする財形持家融資制度がある。

　以上3制度については、『労務管理2級』第3章第3節 4 (3)「財形促進制度」にて詳説する。

（3）持家援助制度

　企業が労働者の持家を促進するために行っている援助制度を、持家援

助制度という。代表例として住宅資金融資制度と利子補給制度が挙げられる。

　住宅資金融資制度とは、企業が労働者に対して家屋・土地等の取得のための資金を融資する制度（独立行政法人勤労者退職金機構からの転貸融資を含む）および企業と金融機関の提携により、自社の従業員が一般の住宅ローンより有利な条件（低利、簡便、企業が人的・物的担保を提供するなど）で金融機関から融資を受ける制度をいう。

　利子補給制度とは、金融機関との提携による住宅ローン契約に対して、金利の一部を企業が負担している場合および勤退機構からの融資を受けた利率よりも低利で従業員に融資する場合など、企業が従業員の支出負担の低減を図るために、利息等の一部を補給する制度をいう。

（4）社内預金

　社内預金とは、事業主が労働者の委託を受けて、貯蓄金を管理する制度で、一般的には労基法18条および船員保険法34条に基づく預金制度をいう。

　労使協定を締結し、所轄労働基準監督署長への届出が必要である。労使協定には、預金者の範囲、預金の保全方法等について定めなければならない。さらに、事業主は貯蓄金管理に関する規程を作成し、これを労働者に周知するために作業場に備え付ける等の措置を講じなければならない。また、預金には利子を付け、労働者の請求があったときは、遅滞なく貯蓄金を返還しなければならない（労基法18条、労基則5条の2・6条）。社内預金の保全方法については、事業主は、毎年3月31日現在の受入預金額の全額につき、所定の保全措置（（ⅰ）金融機関との保証契約の締結、（ⅱ）労働者を受益者とする信託契約の締結、（ⅲ）払戻債権を被担保債権とする質権・抵当権の設定、（ⅳ）労使から構成される預金保全委員会の設置）のいずれかを講じなければならないとされている（賃金支払確保等に関する法律3条）。

　なお、労働者みずからが金融機関に預け入れた預金についてその預金

通帳を事業主が保管する、いわゆる通帳保管については、社内預金に該当しない（昭52.1.7 基発4号）。

（5）持株援助制度およびストックオプション制度

① 持株援助制度

　従業員の自社株取得・保有を奨励するため、会社が金銭を拠出するなど何らかの経済的援助を与えて、従業員（当該会社の子会社等の従業員を含む）持株会を通じて株式取得するしくみを持株制度という。従業員の経営参加意識の高揚、動機づけとしての機能のほか、従業員にとっては財産形成、会社にとっては長期安定株主の育成に寄与するものである。

　従業員持株会とは、企業の従業員である会員が組織し、会員の拠出によって自社株の取得管理を目的として運営する組織をいう。この組織は、民法667条に規定する組合とし、会社から独立した組織にすることが望ましい。民法上の組合とすると、株式の配当金は会員への配当金とされ、配当控除や確定申告にあたって源泉徴収税額の控除を受けることができる（所得税法13条・24条）。なお、人格なき社団とすることも可能であ

図表3-3-22 ● 株式取得のための経済的援助

施　策	概　　　要
奨励金の支給	実施会社（取得対象株式を発行する会社をいう）が会員に対し、定時拠出金（規約の定めにより、会員があらかじめ申し込んだ金額を賃金控除により拠出するものをいう）に関して一定比率を乗じた額または一定額の奨励金または補助金などを付与することをいう。
売買手数料の援助	自社株の売買手数料の一部または全部を実施会社が負担することをいう。
事務費等の援助	従業員が株券の保管・出納、計算等の事務を証券会社等に委託する場合に、費用の一部または全部を実施会社が負担することをいう。
購入資金の貸付	実施会社が、自社株を購入する従業員または従業員持株会等に低利、長期、無担保等の有利な条件で自社株の購入資金を貸し付けることをいう。

るが、税法上、民法上の組合としたほうが会員にとっては有利である。

従業員の株式取得のため行われる経済的な援助は、図表3-3-22のような施策がある。

② ストックオプション制度

会社役員や従業員に対し、あらかじめ決められた価格（権利行使価格）で自社株を購入できる権利を付与する制度をいう。株価が権利行使価格を上回っているときに権利を行使することによって、売却益を得ることができる。

この制度から得られる利益は、それが発生する時期および額ともに労働者の判断にゆだねられているため、労働の対償ではなく、労基法11条の賃金には当たらない（平9.6.1 基発412号）。

（6）定年退職者への援助制度

① 企業年金の支給

確定給付企業年金、確定拠出年金、企業独自の年金などの支給をいう。

② 定年退職後の医療保険制度

定年退職後から後期高齢者医療制度の適用を受ける75歳に至るまでの間、企業が定年退職者の医療費負担の軽減を図り、法定外の医療給付をする制度である。

③ 企業、健康保険組合または共済会の施設の利用

定年退職後も企業、健康保険組合または共済会が保有する施設等を利用できる制度である。

④ 親睦活動の援助

従業員、親睦会、OB会等の活動経費の援助のほか、会場の提供、機関誌の発行に伴う人的援助等を行う。

（7）中小企業退職金共済

中小企業退職金共済（中退共）制度は、中小企業退職金共済法（以下、「中退金法」という）に基づき、国が中小企業者に雇用される従業員のた

めに設けた退職金制度であり、一般的に適用される中退共制度のほか、特定の業種（建設業、清酒製造業、林業）の期間雇用者を対象とした特定業種退職金共済制度がある（本項においては、前者の制度について解説する）。中小企業者にとっては簡単な手続で退職金制度を設け、運用することができる。さらに、退職金共済契約を締結している事業主は、賃金確保法5条に定める退職金の保全措置を講じたものとみなされる（賃確法則4条）。また、共済契約者たる事業主および被共済者たる従業員とその家族は、この制度の福利厚生施設を割引料金で利用することができる。

中退共制度は、厚生労働省所管の独立行政法人勤労者退職金共済機構（以下、「機構」という。）が運営している。中退共制度に加入できる企業は、図表3-3-23に掲げる中小企業者に限られている（中退金法3条1項）。ただし、個人企業や公益法人等の場合は、常時雇用する従業員数による。

図表3-3-23 ● 中退共制度に加入できる企業

業　種	常時雇用する従業員数	資本金または出資の総額
一般業種（製造・建設業等）	300人以下	3億円以下
卸売業	100人以下	1億円以下
サービス業	100人以下	5,000万円以下
小売業	50人以下	5,000万円以下

中退共制度には、すべての従業員（期間を定めて雇用される者、試用期間中の者、定年などの短期間内に退職する者、1週間の所定労働時間が同じ事業所に雇用される通常の労働者と比べて短く、かつ30時間未満である短時間労働者等を除く）を加入させる包括加入が原則である（同法3条3項、中退金則2条）。ただし、短時間労働者については、被共済者の申出により短時間労働被共済者として加入させることができる。短時間労働者は、中退共制度に加入を促進すべき者とされており、掛金月額の特例（同法4条）や新たに中退共制度に加入する際の掛金月額の助

成の上乗せ措置が講じられている（同法23条・82条）。

　中退共制度のしくみは、中小企業者が機構と退職金共済契約を結び、従業員を被共済者として、その毎月の掛金を原則として、共済契約者の預金口座から機構の預金口座への振替により納付する（同法22条、中退金則44条1項）。加入後の事務処理は、面倒な手続がなく管理が簡単で、中小事業主の負担となることはない。被共済者が退職したときは、退職者本人またはその遺族が機構に退職金を請求すると、原則として、その請求人の預金口座へ振り込まれる（同則15条1項）。退職金の額は、掛金月額と納付月数に応じて算出した基本退職金に負荷退職金を加えた額である（同法10条）。退職金は、退職金の全額を退職時に支払う一時金払いまたは分割払い（全額分割払いまたは一部分割払い（併用払い））を選択して受け取ることができる（同法11条・12条）。なお、転職・復職、移籍・合併・分割、または特定業種退職金共済からの移動等の際に本制度（中退共または特定業種退職金共済）による退職金を受け取らないで、新たな就職先が本制度に加入しているなど一定の要件に該当した場合に掛金納付月数を通算することができる通算制度が設けられている（同法18条、中退金則39条・40条）。

　掛金月額は、5,000円以上3万円以下の掛金月額（5,000円を超え1万円未満は1,000円ごとの額、1万円を超え3万円未満は2,000円ごとの額）の中から選択し、被共済者ごとに定める。なお、短時間労働被共済者については、2,000円、3,000円、4,000円の特例掛金月額の中からも選択することができる（同法4条）。掛金は、法人企業の場合は損金（法人税法施行令135条1号）として、個人企業の場合は必要経費（所得税法施行令64条2項）として、全額非課税となる。また、新たに中退共制度に加入する場合および1万8,000円以下の掛金月額を増額する場合には、その掛金の一部を国が助成している（中退金法23条・82条）。

　　※中退共制度についてはhttps://chutaikyo.taisyokukin.go.jp/seido/index.html、
　　　Q&Aについてはhttps://chutaikyo.taisyokukin.go.jp/qa/index.html

(8) カフェテリアプラン

これまでの日本における福利厚生施策は、終身雇用や家族主義的経営と相まって、生活補助的な色彩の濃いものが多く、また、施策が網羅的で従業員も企業への依存度を強くする傾向があった。しかし、厳しい経済情勢を背景に総額人件費を見直して法定外福利費の効率的な運用を図る企業が増えている。

こうした動きの1つとして、カフェテリアプランが導入されている。カフェテリアプランは、アメリカで生まれた福利厚生制度で、シニアプラン開発機構（現・年金シニアプラン総合研究機構）編『企業の人事戦略と賃金戦略』(1990) では、「従業員に対する福利厚生のうち、複数のメニューの中から一定の予算枠内（一定のポイント）で個人のニーズに合わせて給付内容を選択するしくみのことをいう」と定義している。言い換えれば、会社は従業員が消費できる法定外福利費の金額に一定の利用枠（ポイント）を設定し、従業員はその権利行使できるポイントの範囲内で、与えられた給付の選択肢（メニュー）の中から個々の必要性に応じてメニューを選択するしくみである。この制度のメリットは企業にとって、①法定外福利厚生費の予算管理が可能であること、②ニーズに応じてメニューの改廃が容易にできること、③画一的な給付による無駄を回避できること等の効率化が図りやすいこと、④福利厚生給付の公平性が実現できることなどがある。また、従業員にとっては個人のニーズに応じて最適なメニュー選択ができることにある。

1) 制度導入にあたって

制度を導入する場合、予算総額を決定する基準をどうするか、メニューをどう設計するか、ポイントとそれぞれのメニューの費用の調整、個人別のポイントの給付基準をどう決めるかなど、慎重に検討しなければならない。カフェテリアプランのメニュー対象となるのは、法定外福利費に含まれる範ちゅうの法定外福利厚生施策である。ただし、この範ちゅうの施策であっても次に掲げるようなものについては、メニューとはなり得ない。

① 運動会、社員旅行をはじめ企業への帰属意識や一体感を醸成するための施策

② 団体保険のようなスケールメリットを前提とする施策

③ 慶弔金など社会的慣行としての儀礼的な施策

④ 社宅、寮のように利用料をポイント化しても、ポイントの大半を占めてしまうような現物給付的な施策

導入後は、ポイント管理やメニューの改変等の運用管理に係る業務負担も生じ、従業員数が多いほどニーズの多様化と業務効率化への対応を考えなければならない。このように自社で設計、管理や運用することが難しい場合は、福利厚生サービス会社と契約して業務のアウトソース化を図る選択肢もある。

カフェテリアプランを自社での運用または委託運用いずれの場合でも、従業員にニーズを踏まえたメニュー見直し、経費の効率的運用等について継続的な取組みが求められる。

2）わが国における状況

わが国におけるカフェテリアプランの導入状況は、「人事労務諸制度の実施状況」（労務行政研究所・2022年2月実施）によれば、すでに導入している企業は8.9％である。これを企業規模別で見れば、全産業従業員300人未満の企業で3.4％、300人以上1,000人未満の企業は8.5％、1,000人以上の規模の企業が14.9％となっており、運営費用などの面でスケールメリットを生かしやすいこと等から、企業規模が大きいほど高い導入率を示している。

第3章　理解度チェック

次の設問に、○×で解答しなさい（解答・解説は後段参照）。

---

1 安全管理者を選任すべき事業で、常時40人の労働者を使用する事業場では、事業場に専属の安全衛生推進者を選任しなければならない。

2 常時50人以上の労働者を使用する事業場では、心の健康づくり計画の策定やストレスチェック制度の実施方法の改善等については、毎月1回以上開催すべき衛生委員会で調査審議することが求められる。

3 労災保険の適用事業所から海外で行われている開発プロジェクトに派遣中の労働者が現地で業務上負傷した場合にも、当然に国内で成立している労災保険関係により補償される。

4 労基法65条に規定された産前産後休業期間中の健康保険・厚生年金保険の保険料が免除された場合、厚生年金保険においてその免除期間は、将来被保険者の年金額を計算する際は、保険料納付期間として扱われる。

5 通勤途上で負傷し、5日間休業した労働者の最初の休業3日間については、労災保険からの休業給付が支給されないので、当該期間について使用者が休業補償した支給金は、法定福利費となる。

6 事業主が毎月の賃金支払い時に労働者に交付する財形貯蓄奨励金は、所得税法上は福利厚生施設として非課税であるが、労基法上は賃金として取り扱われる。

7 中小企業退職金共済（中退共）制度の被共済者が退職し、退職金を請求しないで転職した場合、転職先の企業が中退共制度に加入していることなど一定の要件に該当すれば、前勤務先企業と転職先企業との掛金納付月数を通算することができる。

第3章 理解度**チェック**

解答・解説

1 ○
安全管理者を選任すべき業種の事業であって、常時10人以上50人未満の事業場では、安全衛生推進者を選任しなければならない（安衛法13条、安衛則12条の2）。選任にあたっては、事業場に専属のものを選任することとされている（安衛則12条の2第1項2号）。

2 ○
常時50人以上の労働者を使用する事業場では、業種にかかわりなく衛生委員会を設けなければならない（安衛法18条）。また、1つの事業場において安全委員会と衛生委員会の双方の委員会を設けなければならないときには、双方の委員会をまとめて安全衛生委員会を設けることができる（同法19条）。衛生委員会または安全衛生委員会は、毎月1回以上開催しなければならない（安衛則23条1項）。
心の健康づくり計画の策定に関しては「労働者の心の健康の保持増進のための指針」で、ストレスチェック制度の実施方法の改善等に関しては「心理的な負担の程度を把握するための検査及び面接指導の実施並びに面接指導結果に基づき事業者が講ずべき措置に関する指針」において、衛生委員会等において十分調査審議を行うことが求められている。

3 ×
海外出張中の業務災害または通勤災害については、国内で成立している労災保険関係により補償される。しかし、海外派遣者の海外での災害については、海外派遣者の特別加入をしていない場合には、補償されない。

4 ○
労基法65条に規定された産前産後休業の期間については、健康保険・厚生年金保険とも、事業主が被保険者の申出に基づいて保険者に申出書を提出することにより、事業主および被保険者の保険料が免除される。厚生年金保険の場合、産前産後休業期間中の免除期間は将来、被保険者の年金額を計算する際に、保険料を納めた期間として扱われる。

5 ×
労働者が業務上負傷し、休業した場合の最初の休業3日間について使用者が休業補償したときは、当該休業補償は法定福利費となる。しかし、通勤災害については労災保険からの給付はあるものの、業務外のため法定外福利費となるので誤り。

6 ×
事業主が毎月の賃金支払い時に財形貯蓄奨励金を労働者に交付する場合は、所得税法上は給与所得として課税されるが、労基法上は福利厚生施設として取り扱われるので賃金とはならない（昭22.9.13 発基17号）。しかし、財形貯蓄奨励金は財形法上の勤労の対償としての賃金ではないが、勤労者の財産形成の趣旨に沿うものであるので財形貯蓄に積み立てることができる（昭47.1.22 基発38号）。

7 ○

被共済者が退職したときは、本人が機構に退職金を請求すると、その請求者に直接支払われる。しかし、中退共制度の加入企業から他の加入企業に転職した場合、前の企業で退職金を請求していないなど次の条件を満たしていれば、前の企業での掛金納付実績をそのまま新しい共済契約に通算することができる（中退金法18条、中退金則39条・40条）。

- ・掛金が12ヵ月以上納付されていること
  ただし、会社都合などで転職した場合は、掛金納付月数が12ヵ月未満であっても、厚生労働大臣の認定を得ることにより通算できる。
- ・前の企業を退職してから3年以内に申し出ること
- ・前の企業で退職金を請求していないこと

また、中退共制度・特定業種退職金共済制度の制度間を移動した場合は、各退職金共済制度を通算（制度間移動通算）することができる。他の加入企業に転職した場合の通算するための条件は、次のとおりである。

- ・前の企業を退職してから退職後3年以内であること
- ・前の企業で退職金を請求していないこと
- ・被共済者本人が通算を希望し、その旨を申し出ること
- ・前の企業の退職が、当該被共済者の責めに帰すべき事由またはその都合によるものでないと厚生労働大臣が認めたこと

個別労働紛争
解決方法の概要

この章のねらい

　個別の労働関係において、生きた自然人としての労働者にはさまざまな不満が生じるものである。

　労務管理の（集団化されたものではない）個別化や雇用形態の多様化によって、使用者と個々の労働者との間の個別労働紛争が増加している。

　そのような紛争が生じないように労務管理することが第1章「労使関係の概要」から第2章「就業管理の概要」、第3章「安全衛生・福利厚生の概要」と学習を進めてきた目的の1つであるが、不幸にして紛争が生じた場合のために解決のための引き出しを広く念頭に置いておくことも労務管理の課題である。

第 1 節 | 個別労働紛争解決の方法

学習のポイント

◆個別労働紛争は、まず社内で自主的に解決することが基本である。

◆増加する個別労働紛争に対応する裁判外紛争解決手続（ADR）の行政型として、個別労働紛争解決促進法による個別労働紛争解決制度が整備され、均等法等各法に基づく紛争解決援助制度と調停制度が拡充している。

◆民間の非営利団体が行うADRも拡大している。

◆司法型ADRとして労働審判法による労働審判制度などが整備されている。

1 個別労働紛争と社内での対応

　企業における個別労働紛争は、職場環境の悪化や職場全体の生産性の低下、これらに伴う経営的な損失等につながるものである。そのような紛争になる前に事業主は、法令を遵守し、就業規則・労働協約・労働契約を適切に定めて、その周知と理解を進め、その防止に努めなければならない。それはこの労務管理を学ぶことの目的の１つでもある。

　そして個別労働紛争が生じたときは、当該個別労働紛争の当事者は、早期に、かつ、誠意をもって、自主的な解決を図るように努めなければならない（個別労働関係紛争の解決の促進に関する法律（以下、本節において「個別労働関係紛争解決促進法」または「個労紛法」という）2条）。

　また、苦情（募集および採用に係るものを除く）が紛争になる前に当該労働者からの相談に応じ、適切に対応するために必要な体制の整備その他の雇用管理上の措置を義務づけた。均等法等個別の労働法においても、各法が定める国の紛争解決援助の前提として、実際に当該労働者から苦情の申出を受けたときは、苦情処理機関に対し当該苦情の処理をゆだねるなどして、その自主的な解決を図るように努めなければならないとされている（均等法15条、育介法52条の2、パートタイム・有期雇用労働法22条、障害者雇用促進法74条の4）。

　この場合の苦情処理機関とは、事業主を代表する者および当該事業場の労働者を代表する者を構成員とする当該事業場の労働者の苦情を処理するための機関をいう。

　この苦情の自主的解決については、これら均等法等と同様に不合理な待遇の禁止等の措置義務を定めた労働者派遣法においても同様である（同法47条の5）。

　労働者や労働組合等の参画を得て紛争を防止するためには、企業別労働組合があるのであれば、第1章第3節 6「労使協議制の目的・形態・運営等」で述べた労使協議会等の労使協議機関、無組合企業においても同章第3節 7「労使コミュニケーション組織の目的・形態・運営等」で述べた社員会、職場懇談会等の労使コミュニケーション組織を充実させることは有効だろう。

　また、職場におけるハラスメントについては、労働者の健康障害の防止および健康の保持増進に関することとして労働安全衛生法18条1項に規定する衛生委員会の付議事項とすることも考えられる。

2 個別労働紛争と社外対応

　労働者と使用者との間に紛争が発生した場合、労働者は（弁護士を代理人とすることも含め）個別に交渉をするほか、次のような対応をすることになる。

①　労働基準監督署への申告

トラブルの原因が使用者による労基法等の明らかな違反であれば、労働者は、その事実を所轄労働基準監督署長等に申告することができる（→第１章第１節**3**(2)「労働基準監督行政」を参照）。その場合、労働基準監督官は、罰則を背景とした是正勧告などの行政指導によって法違反を是正することになる。

②　外部の労働組合への加入

労働者が社外の個人単位でも加盟できる労働組合の組合員となった場合は、集団的労使関係として、解雇や労働条件の不利益変更を含め、第１章第３節**3**「団体交渉の目的と当事者等」で解説した団体交渉等で解決を図ることになる。

③　日本司法支援センター（通称：法テラス）への相談

法テラスは、刑事・民事を問わず、国民がどこでも法的なトラブルの解決に必要な情報やサービスの提供を受けられるようにしようという構想のもと、総合法律支援法に基づき、2006（平成18）年４月に設立された法務省所管の公的な法人である。解決手続の機関ではないが、労働に関する問題も含め、さまざまな問題を解決するための法制度や手続、適切な相談窓口を無料で案内している。

3　個別労働紛争とADR

個別労働紛争の解決手続として、次のような裁判外紛争解決手続（Alternative Dispute Resolution：略称ADR）がある。

（1）行政型ADR

以下の手続は行政型ADRに区分される。

①　労働局による個別労働紛争解決制度

個別労働紛争解決制度は、個別労働関係紛争解決促進法に基づき、次の３つの方法で職場のトラブル解決のための援助を行うものである（個

労紛法3条・4条・5条)。

(1) 総合労働相談

都道府県労働局、各労働基準監督署内、駅近隣の建物など379ヵ所（2022（令和4）年4月1日現在）に、あらゆる労働問題に関する相談にワンストップで対応するための総合労働相談コーナーを設置し、専門の相談員が対応している。

(2) 助言・指導

民事上の個別労働紛争について、都道府県労働局長が、紛争当事者に対して解決の方向を示すことで、紛争当事者の自主的な解決を促進する制度である。助言は、当事者の話し合いを促進するよう口頭または文書で行うものであり、指導は、当事者のいずれかに問題がある場合に問題点を指摘し、解決の方向性を文書で示すものである。

(3) あっせん

都道府県労働局に設置されている紛争調整委員会のあっせん委員が紛争当事者の間に入って話し合いを促進することにより、紛争の解決を図る制度である。

このあっせん手続は、労働者の募集および採用に関する事項についての紛争を除く、個別労働紛争について、その個別労働紛争の当事者の双方または一方からあっせんの申請があった場合において、あっせんの期日についてあっせん委員が双方の主張を整理し、あっせん案提示などを通じて実情に即した迅速かつ適正な解決を図ることを目的としている。しかし、あっせん手続への参加およびあっせん案に強制力はない（個労紛法5条、同法施行規則12条）。

② 均等法等各法に基づく紛争解決援助制度と調停

均等法、育介法、労働施策総合推進法8章（職場におけるパワーハラスメント防止措置等）、パートタイム・有期雇用労働法、労働者派遣法、および障害者雇用促進法は、労働者と事業主との間に生じた次の紛争については、前項の個別労働関係紛争解決促進法の適用を除外し、これらの法律が定める都道府県労働局長による紛争解決援助制度と調停を行う

ものとしている（均等法16条〜27条、育介法52条の３〜52条の６、労働
施策総合推進法30条の４〜30条の８、パートタイム・有期雇用労働法23
条〜27条、労働者派遣法47条の６〜47条の10、障害者雇用促進法74条
の５〜74条の８）。

※中小企業の場合は、労働施策総合推進法30条の２第１項の職場におけるパ
ワーハラスメント防止措置について、2022（令和４）年４月１日以降に生じ
た紛争が対象。

(1) 職場におけるセクシュアルハラスメント、職場における妊娠・出
産等に関するハラスメント、その他均等法に定められた措置義務等
に関すること
(2) 職場における育児休業等に関するハラスメント、その他育介法に
定められた制度、措置義務等に関すること
(3) 職場におけるパワーハラスメントに関すること
(4) パートタイム労働者・有期雇用労働者の雇用管理について定めら
れた措置義務等に関すること

（以上、主管は都道府県労働局雇用環境・均等部（室））

(5) 通常の労働者と派遣労働者との間の不合理な待遇差等、派遣法に
定められた派遣元事業主・派遣先事業主の義務等に関すること
(6) 障害者雇用における差別的取扱い、合理的配慮に関する措置義務
等に関すること

（以上、主管は都道府県労働局職業安定部）

都道府県労働局長は、上記の民事上の紛争が生じた場合、次の２つの
方法で解決に向けた援助等を行う。

(1) 助言・指導・勧告

都道府県労働局長が労働者と事業主の間のトラブルを客観的な立場
から当事者双方の意見を聴取し、双方の意見を尊重しつつ、法律の趣
旨に沿って問題解決に必要な助言・指導・勧告をする制度である。

(2) 調停

上記の均等法等各法による民事上の紛争に関し紛争当事者の双方ま

たは一方から調停の申請があった場合において、調停委員が、当事者である労働者と事業主双方から事情を聴取し、紛争解決の方法として調停案を作成し、当事者双方に受諾を勧告することで紛争の解決を図る制度である。

③ 労働相談情報センター等

都道府県の労働行政を進める部局において、賃金・退職金等の労働条件や労働組合活動など労働問題全般にわたり相談に応じている。

労使間のトラブルで、当事者が話し合っても解決しない場合、一方の依頼と相手方の了解があれば、労使の間に入って調整（あっせん）をする。

④ 労働委員会

集団的労使関係を扱う都道府県労働委員会では、個別労働紛争をも扱うことができるようになっている。(個労紛法20条、地方自治法180条の２。なお、2022（令和４）年４月現在、東京都、兵庫県、福岡県の３労働委員会は個別労働紛争を扱っていない)

あっせんは、学識経験者等・労働組合役員等・会社経営者等「公労使」の三者委員によって行われる。

（2）民間型ADR

以下の手続は民間型ADRに区分される。

① 弁護士会

全国35の弁護士会が「紛争解決センター」「仲裁センター」「あっせん・仲裁センター」「示談あっせんセンター」「紛争解決センター」「民事紛争処理センター」「法律相談センター」「ADRセンター」等の名称で全国に38ヵ所設置され、あっせんや仲裁の手続を行っている（2022（令和４）年４月現在）。

② 社会保険労務士会

全国47都道府県の社会保険労務士が総合労働相談所を設置して労働問題に関する相談に応じている。また、「裁判外紛争解決手続の利用の促進に関する法律」（以下、「ADR法」という）に基づく法務大臣の認証お

よび厚生労働大臣の指定を受け、栃木県、大分県を除く45都道府県会が
「社労士会労働紛争解決センター」を設置して、個別労働紛争のあっせん
の手続を行っている（2022年4月現在）。

③　司法書士会

　2007（平成19）年4月のADR法の施行に従い、全国31の司法書士会
で法務大臣による認証を受けた「司法書士会調停センター」または「司
法書士会ADRセンター」を設置して、損害賠償、不動産関係、相続・離
婚等の他、個別労働紛争を含めて、調停を行っている（2022年4月現在）。

④　日本産業カウンセラー協会・支部

　一般社団法人日本産業カウンセラー協会は、ADR法が制定されたのを
機に、協会本部（東京）、中部支部（名古屋）、関西支部（大阪）、東京支部
（東京）の4ヵ所にADRセンターを設置して、男女間の維持調整に関す
る紛争のほか、個別労働紛争全般について調停を行っている。

　　※このほか地方によっては、ADR法による認証紛争解決機関として、あっせん
　　の手続を行っている公益社団法人がある。

（3）司法型ADR

　以下の手続は司法型ADRに区分される。

①　労働審判制度

　労働審判は、労働審判法に基づき、裁判所が扱う裁判外紛争解決手続
として、各都府県に1ヵ所、北海道に4ヵ所、合計50ヵ所の各地方裁判所
（以下、「地裁」という）本庁のほか、東京地裁立川支部、静岡地裁浜松
支部、長野地裁松本支部、広島地裁福山支部、福岡地裁小倉支部におい
て、個別労働民事紛争について実施されている（同法2条）。

　労働審判官（裁判官）の呼び出しに正当な理由なく出頭しないときは
5万円以下の過料に処せられる（同法31条）。

　労働審判手続は、労働審判官と労働関係の専門家である労働審判員2
名が労働審判委員会を構成し、原則として3回以内の期日で終了し（同
法15条）、労働審判手続の中で、労働審判委員会により調停が並行して行

われる（同法1条）。調停が不調の場合、最終的には労働審判が下される。

労働審判に適法な異議申立てがあったときは、労働審判は効力を失い訴訟手続に移行する（同法22条）。

訴訟手続と同様に権利関係を明らかにする手続であり、事前に証拠等を準備し、主張を的確に行う必要があるため弁護士に依頼することが多い。

② 民事調停

民事調停は、民事調停法に基づくもので、個別労働紛争も対象となる。民事調停手続は、調停主任（裁判官または調停官）と一般国民から選ばれた調停委員2名以上が調停委員会を構成し、それを介して申立人と相手方が話し合いにより解決を図る手続である。

相手方が話し合いに応じず、または合意に至らなかった場合は手続が打ち切られることがあるが、裁判所が相当と認める解決案を示すこともある。

4 裁判訴訟

① 少額訴訟

少額訴訟手続は、簡易裁判所において、訴訟の目的額が原則として60万円を超えない金銭の支払いを請求する場合にのみ、審理および裁判を求めることができる。手続には、裁判官のほか一般国民から選ばれた司法委員が関与することがある。1期日審理を原則とし、即日判決を得られる。相手方が少額訴訟の手続によることに反対した場合は、通常の訴訟手続に移行する（民事訴訟法368条〜381条）。

② 通常訴訟

個別労働紛争を解決するためのこれまでの主な手段は通常の民事訴訟手続によるもので、これによって多くの労働判例が生み出されてきた。

民事訴訟手続は、裁判官が双方の主張を聴いたり、証拠を調べたりして、最終的に判決によって解決を図る手続である。訴訟の途中で裁判上の和解により解決することもできる。

　厳格な手続のもと、主張と証拠に基づいて権利関係を明らかにしていく手続であるため弁護士を訴訟代理人として選任することが多い。

　この通常訴訟は、訴額140万円以下の事件は簡易裁判所、それ以外の事件は地方裁判所への訴訟要件を備えた訴えの提起に始まり、口頭弁論、争点整理手続、証拠調べの手続を経ることが必要で、判決後も2週間以内に上級審に上訴することができるが、控訴手続、上告・上告受理の申立て手続と、労使双方にとって多くの時間と費用が必要となる。

　個別労働紛争における裁判外紛争解決手続は、各制度の創設以来、増加傾向にあり、その利用は将来に向かっても増加していくだろう。

━━━━━━━━━━━━━━━━━━ ┃ **参考文献** ┃ ━━━━━━━━━━━━━━━━━━

本文中に挙げたもの以外に、本テキスト全体にかかわるものとして次の書物が参考となろう。
　菅野和夫『労働法〔第12版〕』弘文堂
厚生労働省の準公的見解としては「労働法コンメンタールシリーズ」である下記書物を参照のこと（いずれも労務行政刊）。
　厚生労働省労働基準局編『令和3年版労働基準法上・下』
　厚生労働省労政担当参事官室編「六訂新版労働組合法・労働関係調整法」
また、判例・通達などを参照するためには下記書籍が簡便である。
　労務行政研究所編『労働法全書』労務行政刊（各年度版刊行）

第4章　理解度チェック

次の設問に、〇×で解答しなさい（解答・解説は後段参照）。

1 | 労働者の募集および採用に関する事項についての紛争は、個別労働関係紛争解決促進法に基づくあっせんの対象とならない。

2 | 職場におけるセクシュアルハラスメントは、個別労働関係紛争解決促進法に基づくあっせんの対象となる。

3 | 労働審判法に基づく労働審判の相手方の参加について、正当な理由なく出頭しない場合は過料に処せられる。

解答・解説

1 | 〇
個別労働関係紛争解決促進法に基づくあっせんから労働者の募集および採用に関する事項についての紛争は除外される（個労紛法5条）。

2 | ×
職場におけるセクシュアルハラスメントは、均等法に基づく調停の対象となる（均等法16条）。

3 | 〇
労働審判官の呼び出しに正当な理由なく出頭しないときは、5万円以下の過料に処せられる（労働審判法31条）。

索引

——ビジネス・キャリア検定試験のご案内——

（令和6年4月現在）

●等級区分・出題形式等

等級	等級のイメージ	出題形式等
1級	企業全体の戦略の実現のための課題を創造し、求める目的に向かって効果的・効率的に働くために、一定の専門分野の知識及びその応用力を活用して、資源を統合し、調整することができる。（例えば、部長、ディレクター相当職を目指す方）	①出題形式　論述式 ②出題数　2問 ③試験時間　150分 ④合否基準　試験全体として概ね60%以上、かつ問題毎に30%以上の得点 ⑤受験料　12,100円（税込）
2級	当該分野又は試験区分に関する幅広い専門知識を基に、グループやチームの中心メンバーとして創意工夫を凝らし、自主的な判断・改善・提案を行うことができる。（例えば、課長、マネージャー相当職を目指す方）	①出題形式　5肢択一 ②出題数　40問 ③試験時間　110分 ④合否基準　出題数の概ね60%以上の正答 ⑤受験料　8,800円（税込）
3級	当該分野又は試験区分に関する専門知識を基に、担当者として上司の指示・助言を踏まえ、自ら問題意識を持ち定例的業務を確実に行うことができる。（例えば、係長、リーダー相当職を目指す方）	①出題形式　4肢択一 ②出題数　40問 ③試験時間　110分 ④合否基準　出題数の概ね60%以上の正答 ⑤受験料　7,920円（税込）
BASIC級	仕事を行ううえで前提となる基本的知識を基に仕事の全体像が把握でき、職場での円滑なコミュニケーションを図ることができる。（例えば、学生、就職希望者、内定者、入社してまもない方）	①出題形式　真偽法 ②出題数　70問 ③試験時間　60分 ④合否基準　出題数の概ね70%以上の正答 ⑤受験料　4,950円（税込）

※受験資格は設けておりませんので、どの等級からでも受験いただけます。

●試験の種類

試験分野	試 験 区 分			
	1 級	2 級	3 級	BASIC級
人事・人材開発・労務管理	人事・人材開発・労務管理	人事・人材開発	人事・人材開発	
		労務管理	労務管理	
経理・財務管理	経理・財務管理	経理	経理（簿記・財務諸表）	
			経理（原価計算）	
		財務管理（財務管理・管理会計）	財務管理	
営業・マーケティング	営業・マーケティング	営業	営業	
		マーケティング	マーケティング	
生産管理	生産管理	生産管理プランニング	生産管理プランニング	生産管理
		生産管理オペレーション	生産管理オペレーション	
企業法務・総務	企業法務	企業法務（組織法務）	企業法務	
		企業法務（取引法務）		
		総務	総務	
ロジスティクス	ロジスティクス	ロジスティクス管理	ロジスティクス管理	ロジスティクス
		ロジスティクス・オペレーション	ロジスティクス・オペレーション	
経営情報システム	経営情報システム	経営情報システム（情報化企画）	経営情報システム	
		経営情報システム（情報化活用）		
経営戦略	経営戦略	経営戦略	経営戦略	

※試験は、前期（10月）・後期（2月）の2回となります。ただし、1級は前期のみ、BASIC級は後期のみの実施となります。

●出題範囲・試験日・お申し込み方法等

　出題範囲・試験日・お申し込み方法等の詳細は、ホームページでご確認ください。

●試験会場

　全国47都道府県で実施します。試験会場の詳細は、ホームページでお知らせします。

●等級区分・出題形式等及び試験の種類は、令和6年4月現在の情報となっております。最新情報は、ホームページでご確認ください。

●ビジキャリの学習体系

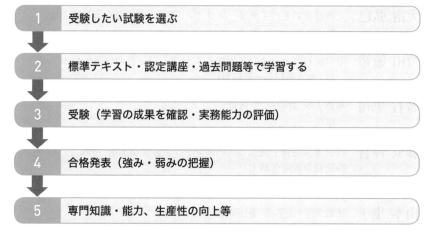

1	受験したい試験を選ぶ
2	標準テキスト・認定講座・過去問題等で学習する
3	受験（学習の成果を確認・実務能力の評価）
4	合格発表（強み・弱みの把握）
5	専門知識・能力、生産性の向上等

●試験に関するお問い合わせ先

実施機関	中央職業能力開発協会
お問い合わせ先	中央職業能力開発協会　能力開発支援部 ビジネス・キャリア試験課
	〒160-8327 東京都新宿区西新宿7-5-25　西新宿プライムスクエア11階 TEL：03-6758-2836　FAX：03-3365-2716 E-mail：BCsikengyoumuka@javada.or.jp URL：https://www.javada.or.jp/jigyou/gino/business/index.html

労務管理 **3級**〔第3版〕
テキスト監修・執筆者一覧

監修者

廣石 忠司　専修大学 経営学部 教授

山本 圭子　法政大学 法学部 兼任講師

執筆者（五十音順）

阿世賀 陽一　社会保険労務士阿世賀事務所 所長　特定社会保険労務士
　　　　　　　　生産性賃金管理士
　　　　　　　　…第1章、第2章（第1節・第16節）、第4章

大南 弘巳　大南経営アドバイザリーオフィス 代表　特定社会保険労務士
　　　　　　　…第3章

須田 敏裕　須田敏裕マネジメントオフィス 代表　特定社会保険労務士
　　　　　　　…第2章（第13節〜第15節）

廣石 忠司　専修大学 経営学部 教授
　　　　　　　…序章

藤原 伸吾　社会保険労務士法人ヒューマンテック経営研究所 所長
　　　　　　　特定社会保険労務士
　　　　　　　…第2章（第2節〜第6節・第12節）

山本 圭子　法政大学 法学部 兼任講師
　　　　　　　…第2章（第7節〜第11節）

（※1）所属は令和4年10月時点のもの
（※2）本書（第3版）は、初版及び第2版に発行後の時間の経過等により補訂を加えたものです。
　　　初版、第2版及び第3版の監修者・執筆者の各氏のご尽力に厚く御礼申し上げます。

労務管理 **3級**〔第2版〕
テキスト監修・執筆者一覧

監修者

廣石 忠司　専修大学 経営学部 教授

執筆者 (五十音順)

阿世賀 陽一　社会保険労務士阿世賀事務所 所長
　　　　　　　特定社会保険労務士　生産性賃金管理士

大南 弘巳　大南経営労務アドバイザリーオフィス 所長　特定社会保険労務士

須田 敏裕　須田敏裕マネジメントオフィス 代表　特定社会保険労務士

廣石 忠司　専修大学 経営学部 教授

藤原 伸吾　社会保険労務士法人ヒューマンテック経営研究所 所長
　　　　　　特定社会保険労務士

(※1) 所属は平成29年2月時点のもの
(※2) 本書（第2版）は、初版に発行後の時間の経過等により補訂を加えたものです。
　　　初版及び第2版の監修者・執筆者の各氏のご尽力に厚く御礼申し上げます。

労務管理 **3級**〔初版〕
テキスト執筆者

執筆者

今野 浩一郎　学習院大学 経済学部 経営学科 教授

(※1) 所属は平成19年3月時点のもの
(※2) 初版の執筆者のご尽力に厚く御礼申し上げます。

ビジネス・キャリア検定試験標準テキスト

労務管理 3級

平成19年7月9日	初　版	発行
平成29年3月7日	第2版	発行
令和4年10月28日	第3版	発行
令和6年2月22日	第2刷	発行

編　著　中央職業能力開発協会

監　修　廣石 忠司・山本 圭子

発 行 所　中央職業能力開発協会
　　　　　〒160-8327 東京都新宿区西新宿7-5-25 西新宿プライムスクエア11階

発 売 元　株式会社 社会保険研究所
　　　　　〒101-8522 東京都千代田区内神田2-15-9 The Kanda 282
　　　　　電話：03-3252-7901（代表）

ISBN978-4-7894-9652-0 C2036 ¥3300E